LA MATIÈRE
ET
L'ÉNERGIE

OUVRAGES DU MÊME AUTEUR

Le Darwinisme. — Bibliothèque utile. Un volume de 190 pages. Prix .... » 60
Le même, cartonné à l'anglaise. Prix .... 1 »
Les Apôtres, essai d'histoire religieuse, d'après la méthode des sciences naturelles. Un fort vol. in-18. Prix. 4 50
L'Ame est la fonction du cerveau. Deux forts volumes in-18. Prix 7
Paganisme des Hébreux jusqu'à la captivité de Babylone. Un fort volume in-18. Prix 3 50

EN PRÉPARATION :

La Vie et l'Ame. Un fort volume in-18.

La Cause première et la Connaissance humaine. Un fort volume in-18.

La Philosophie de Spinoza commentée à la lumière des faits scientifiques. Un fort volume in-18.

Sceaux. — Imprimerie Charaire et fils.

LA MATIÈRE

ET

L'ÉNERGIE

PAR

ÉMILE FERRIÈRE

PARIS
ANCIENNE LIBRAIRIE GERMER BAILLIÈRE ET C⁽ᵉ⁾
FÉLIX ALCAN, ÉDITEUR
108, BOULEVARD SAINT-GERMAIN, 108
—
1887

PRÉFACE

Ce livre est la première partie d'une trilogie dont le but est de démontrer l'unité de substance au moyen des faits positifs, à l'exclusion de tout argument *à priori*. Ainsi initié à la connaissance du but poursuivi, le lecteur comprendra pourquoi, des faits acquis ou de l'exposé de théories expérimentalement vérifiées, j'extrais des conclusions liées étroitement à la philosophie naturelle. Ces conclusions, en effet, sont les matériaux que je rassemble pour l'édification de l'unité de substance; ce sont les éléments que je recueille pour résoudre le problème suprême de la métaphysique. C'est la première fois qu'aura été fait au profit de la philosophie un essai de synthèse scientifique; et, vu l'état des progrès de la science cet essai ne pouvait être tenté que dans le dernier quart du xixe siècle.

Les conclusions dont je viens de parler sont isolées du compte rendu des faits et des théories; d'autre part, elles sont peu nombreuses : c'est à peine si réunies elles occupent cinq à six pages du volume entier; elles pourraient être supprimées sans que rien ne fût troublé dans l'ordre des faits ni dans la suite des démonstrations. Il résulte de là qu'aux yeux du lecteur, le livre apparaît comme un résumé des résultats acquis par la science moderne dans la voie où elle est entrée, c'est-à-dire touchant la manière dont elle conçoit l'univers et en explique les phénomènes. De fait, c'est bien un résumé; cela était dans la logique du but poursuivi. Celui-ci, en effet, exigeait que je fisse un exposé des faits et des théories d'où je tirerais mes conclusions; il marquait en même temps les limites dans lesquelles je devais me maintenir. Comme on le verra par la table analytique des matières, nulle des grandes questions qui concernent la matière et l'énergie n'est omise dans ce livre; chacune y est traitée à l'aide des faits qui font loi aujourd'hui et conformément aux théories consacrées par l'expérience.

A qui peut rendre service un livre ainsi composé? Évidemment ce n'est pas aux âmes qu'a putréfiées la lecture assidue des romans obscènes;

mais il est parmi les amis des lettres et de la philosophie nombre d'intelligences avides de connaître, qui, en face de l'univers, désirent ardemment comprendre le mécanisme particulier des phénomènes et saisir le lien qui les unit. C'est naturellement vers les traités scientifiques que se tournent ces lettrés et ces philosophes. Or, ces traités, rédigés par les savants pour les autres savants, demandent, afin d'être compris, de fortes études en mathématiques et en algèbre; les phénomènes physiques n'y sont vus qu'à travers des formules abstraites; rien ne parle aux yeux ni à l'imagination; la langue même employée dans les ouvrages techniques n'est plus la langue usuelle; c'est une langue particulière créée à l'usage des seuls initiés, qui par conséquent aurait besoin d'une traduction continuelle; enfin, sauf une exception [1], nulle part on ne trouve une vue d'ensemble qui embrasse dans une synthèse générale la multitude des faits ou des théories partielles; or, cette synthèse est l'objet suprême des recherches du philosophe. Que résulte-t-il de tout cela? C'est que le philosophe et le lettré, rebutés et pris de découragement, ferment les livres qu'ils sont impuissants à comprendre; ils

---

[1]. Celle du célèbre livre du Père Secchi : *Unité des forces physiques.*

se résignent à une ignorance qui leur pèse, mais dont personne n'a cure de les tirer.

C'est vraiment dommage; car pour une âme éprise de vérité et curieuse de comprendre, rien n'égale le spectacle que donnent les progrès de la science depuis moins de cent années. La grande conquête du xix° siècle est l'établissement définitif de la théorie mécanique générale de l'univers. C'est le triomphe de la théorie des ondulations éthérées, dans la première moitié du siècle, qui a donné l'impulsion décisive à la direction de la science.

Un grand obstacle enrayait encore la marche en avant, à savoir, l'impuissance où jusque-là on s'était trouvé de démontrer que la chaleur, l'électricité et le magnétisme n'étaient pas des agents impondérables, distincts de la matière et s'ajoutant à elle dans certaines conditions déterminées. Le jour où il fut prouvé que la chaleur se transformait en quantité équivalente de mouvement ou travail, et que réciproquement le mouvement ou travail se transformait en quantité équivalente de chaleur, ce jour-là, l'obstacle fut écarté; la victoire de la science fut complète. La chaleur, la lumière, l'électricité et le magnétisme cessèrent d'être considérés comme des agents distincts de la matière; on les tint pour ce qu'ils étaient réellement, c'est-à-dire pour des modes particuliers du mouvement matériel ; on reconnut que chacun de ces modes de mouvement se transformait en tout autre mode de mouvement, et que toutes ces transformations pouvaient être ramenées à celle de la chaleur en travail prise pour type. Ce qui contribua le plus à cette féconde évolution fut la détermination expérimentale d'une unité qui mesurait l'équivalence du travail et de la chaleur; cette unité de mesure est connue sous le nom d'équivalent mécanique de la chaleur.

Réduite à sa dernière expression, la théorie mécanique de l'univers peut se résumer en deux lignes : « Étant donnés deux genres de mouvement, rotation et translation, et le principe d'équilibre, tous les phénomènes reçoivent une explication suffisante. » C'est la simplicité unie à la grandeur.

Cette conception de l'univers a fait naître deux branches scientifiques nouvelles : à la physique de la matière s'est adjointe, sous le nom de thermodynamique, la physique de l'énergie; la chimie, qui semblait tout d'abord condamnée à rester à l'écart, est à son tour entrée dans l'orbite de la théorie mécanique; sur la chimie de la matière, créée par Lavoisier, s'est greffée la chimie de l'énergie; c'est elle qui est appelée thermochimie. La création de la thermochimie marque l'un des plus grands pas qu'ait faits vers l'unité théorique la conception mécanique de l'univers.

A cette vue de la science moderne, on a fait deux objections; voici la première :

« Cette conception mécanique est assurément belle et même grandiose; en définitive, elle repose sur l'attribution aux molécules des mouvements qui animent les masses totales des corps. Or, il est impossible de voir et de constater dans les molécules constituantes ces mouvements de rotation, de translation ou de vibration que les savants leur arrogent arbitrairement; il s'ensuit que la conception des savants repose sur une pure hypothèse. »

Telle est la première objection; voici la réponse :

L'objection s'appuie sur une équivoque; elle attribue à l'hypothèse scientifique le même sens qu'au mot hypothèse usuellement employé par le grand public; cette assimilation est une erreur. En effet, dans l'acception vulgaire, l'hypothèse est un produit de l'imagination sans fondement expérimental; la plupart du temps, elle n'est que la manifestation extérieure d'un cerveau mal équilibré; son caractère distinctif est d'être invérifiable.

L'hypothèse scientifique, au contraire, est fondée essentiellement sur des faits positifs; non seulement elle doit expliquer ces faits, mais encore elle doit permettre au savant de prévoir les faits à venir; son caractère distinctif est d'être vérifiable. Telle est, par exemple, l'hypothèse des ondulations éthérées destinée à expliquer les phénomènes lumineux; non seulement elle subit le contrôle journalier des faits, mais elle a permis d'en prévoir d'autres qui, d'après les idées anciennes, semblaient impossibles et contradictoires; par exemple, elle a prévu que, dans certaines conditions, deux ondulations lumineuses superposées donneraient de l'obscurité. Il y a donc un abîme entre l'hypothèse au sens scientifique et l'hypothèse au sens vulgaire. Toute la question se réduit à ceci : L'hypothèse du mouvement moléculaire est-elle une hypothèse scientifique, vérifiable par l'expérience, rendant compte des faits physiques et chimiques connus, et permettant d'en prévoir de nouveaux? Ou bien, n'est-ce qu'une hypothèse vulgaire, sans consistance, incapable d'expliquer la plupart des faits et encore moins d'en faire prévoir de nouveaux? La réponse à la question est péremptoire [1], comme on

---

1. Un exemple remarquable, entre autres, est fourni par le cas des vapeurs saturées sèches ; la théorie mécanique abou-

le verra en abrégé dans ce livre ; l'hypothèse du mouvement moléculaire est une hypothèse scientifique.

Telle est la réponse à la première objection ; voici la seconde objection :

« En acceptant l'hypothèse actuelle comme étant celle qui jusqu'ici rend le mieux compte des phénomènes, il n'en reste pas moins possible que les travaux ultérieurs de la science arrivent à des résultats tels que cette hypothèse soit renversée et remplacée, soit par une autre hypothèse, soit même par une théorie exempte de toute hypothèse. Il s'ensuit que la conception mécanique moderne de l'univers, étant fondée sur une hypothèse fragile, à savoir, celle des mouvements moléculaires, n'a qu'un caractère provisoire ; elle peut servir d'abri passager au savant ; mais, pour l'esprit qui cherche l'éternelle et immuable vérité, elle n'est pas l'édifice définitif où désormais il puisse reposer en paix. »

Telle est la seconde objection ; voici la réponse :
La seconde objection mêle deux choses distinctes, à savoir, la solidité particulière d'une théorie physique et la valeur générale de la connaissance

---

tissait à des conclusions opposées aux idées courantes ; l'expérience a donné raison à la théorie mécanique. Voir l'*Appendice* n° 1.

humaine. Quoique le problème de la valeur de la connaissance humaine se rattache plutôt à la métaphysique, nous allons en parler très succinctement.

Il est certain que l'esprit humain est condamné à ne pouvoir jamais atteindre l'absolu; la connaissance humaine est *relative*. En effet, comment l'homme perçoit-il le monde extérieur? Au moyen d'appareils sensitifs; il voit selon la manière dont est conformé son œil; il entend selon la constitution de son oreille; il goûte et il sent selon le développement et la délicatesse des houppes nerveuses de la langue et des narines; il en est de même pour le toucher. On sait par l'expérience de chaque jour quelles différences dans les jugements apporte chez les individus l'organisation plus ou moins riche des appareils nerveux. On comprend donc aisément que tout serait changé dans la manière dont l'homme perçoit le monde extérieur, et par conséquent dans la science physique qu'il édifie, si la structure des appareils sensitifs venait à être radicalement changée. Supposons, par exemple, que tous les yeux humains soient conformés comme le sont certains yeux affligés du daltonisme gris, la nature cessera de nous apparaître avec ses couleurs et ses nuances si variées; elle sera grise, uniformément grise.

La science de l'optique sera bouleversée de fond en comble; la peinture ne pourra naître, et la poésie, singulièrement appauvrie, n'aura plus qu'un domaine restreint. Imaginez dans les autres appareils sensoriaux des modifications analogues à celle que nous venons de citer; changez leur structure, toute la science, toute la connaissance humaine sera changée. Par conséquent, puisque nous ne connaissons le monde extérieur que par la manière et dans la mesure dont le monde extérieur ébranle des appareils construits d'une certaine façon et qui pourraient l'être autrement, il s'ensuit que la connaissance humaine est *relative*.

Prenons donc celle-ci telle que la fait la structure corporelle et intellectuelle de l'homme, et essayons de déterminer ce qui fait que telle théorie physique est solide, et que telle autre ne l'est pas. Soit la théorie de l'acoustique. On a déterminé le nombre des vibrations qui correspond à chaque note musicale; les lois de la réflexion des ondes sonores, celles des interférences, bref toutes les connaissances acquises sont exprimées par des nombres ou par des formules. On sait quel est le milieu élastique ordinaire, c'est-à-dire l'air, qui, ébranlé par les vibrations des corps sonores, envoie à l'oreille un nombre correspondant d'ondulations. Tant que l'oreille humaine conservera sa constitution actuelle, les ondulations aériennes ébranleront le tympan en nombre toujours le même pour chaque note respective; les lois de la réflexion, de la réfraction et des interférences resteront toujours les mêmes; la théorie de l'acoustique est donc bien une théorie solide. En outre, comme le milieu élastique qui ondule est un corps réellement existant qu'on pèse et qu'on analyse, il s'ensuit que la théorie de l'acoustique est vierge de toute hypothèse.

En résumé, en tant que science dépendant de la fonction d'un appareil sensoriel dont la structure pourrait être autre qu'elle n'est, la théorie de l'acoustique a, comme toute connaissance humaine, un caractère relatif; en tant que les mathématiques s'appliquent à tous les phénomènes sonores et les enferment dans des nombres ou des formules définies, invariables, la théorie de l'acoustique est une théorie solide; en tant qu'elle est exempte de toute hypothèse, elle est une théorie achevée.

Prenons maintenant une autre théorie, celle de la lumière. De même que l'acoustique exige trois éléments, à savoir : 1° des corps sonores qui vibrent; 2° un milieu élastique qui ondule; 3° un appareil sensitif, l'oreille, qui reçoit les ondulations, de même la lumière exige trois éléments, à savoir : 1° des corps lumineux qui vibrent; 2° un milieu élastique qui ondule ; 3° un appareil sensoriel, l'œil, qui reçoive les ondulations. De même que chacun des sons musicaux est représenté par un nombre défini d'ondulations sonores, ainsi chaque couleur est représentée par un nombre défini d'ondulations lumineuses; la réflexion, la réfraction et les interférences des ondulations lumineuses sont soumises à des lois, comme le sont, dans les mêmes conditions, les ondulations sonores. Tant que l'œil humain conservera la même structure, les couleurs et les lois des phénomènes lumineux resteront invariablement exprimées par les mêmes nombres et par les mêmes formules : la théorie de la lumière est donc bien une théorie solide.

Mais elle diffère de la théorie de l'acoustique en ceci : le milieu élastique qui ondule sous les vibrations des corps lumineux n'a pas encore pu être reconnu. On a été obligé d'imaginer, pour remplir cette fonction, une matière impondérable à laquelle on a donné le nom d'éther; c'est ainsi qu'à l'encontre de la théorie des ondulations sonores, la théorie des ondulations lumineuses contient une hypothèse; elle n'est donc pas une théorie parfaite.

Est-ce que cette hypothèse de l'éther détruit la

solidité de la théorie? Pas le moins du monde. Supposons, en effet, qu'on reconnaisse que le milieu élastique est le gaz hydrogène à un état d'extrême raréfaction, quel changement en résulterait-il dans la théorie des ondulations lumineuses? Au lieu de dire « les ondulations éthérées », on dirait « les ondulations hydrogénées », voilà tout. En effet, la longueur moyenne de l'onde lumineuse ne cesserait pas d'être un demi-millième de millimètre; la couleur violette correspondrait toujours à 752 trillions d'ondulations, et la couleur rouge, à 514 trillions d'ondulations, frappant, en une seconde, la rétine humaine; les lois de la réflexion, de la réfraction, des interférences et de la polarisation n'éprouveraient pas la moindre modification. Que le milieu élastique soit l'éther ou l'hydrogène ou toute autre matière, il n'importe; la théorie de la lumière restera la même, parce que les phénomènes lumineux et leurs lois sont exprimés par des nombres définis et des formules invariables. Toutes les fois que les mathématiques peuvent s'appliquer à une science particulière, la théorie de cette science est fixée.

En nous montrant en quoi consiste la solidité d'une théorie et comment une hypothèse, tout en attestant sur un point l'inachèvement d'une théorie, n'en compromet pas cependant la valeur intrinsèque, ces deux exemples nous permettront de juger si la théorie mécanique de l'univers, quoique ayant une hypothèse à son origine, à savoir, celle du mouvement des molécules, est une théorie solide. D'après les considérations précédentes, la question se réduit en ces termes : A-t-on pu évaluer numériquement les phénomènes moléculaires, tant physiques que chimiques? Oui; le problème a été résolu, dans son essence, lorsqu'il a été démontré que l'unité de mesure du travail (425 kilogrammètres) équivalait à l'unité de mesure de la chaleur (1 calorie), et que ces deux unités pouvaient se remplacer mutuellement. Est-ce à dire que l'édifice de la théorie mécanique soit entièrement achevé? Non sans doute; il l'est dans son architecture générale et dans la plupart de ses parties; la partie qui est le moins avancée est celle de l'électricité et du magnétisme; elle est en ce moment l'objet des études des savants.

Telle est la réponse à la seconde objection. Il est donc légitime de conclure que la théorie mécanique de l'univers, telle que la conçoit la science moderne, tout en étant marquée du sceau de relativité inhérent à la connaissance humaine, « possède les caractères auxquels se reconnaît une théorie conforme à la réalité : elle ne rend pas seulement compte des phénomènes connus, mais elle en fait prévoir de nouveaux; et ses prévisions supportent l'épreuve des vérifications numériques [1]. »

Bibliographie.

Les auteurs auxquels j'ai fait des emprunts sont les suivants :

Andrews, *Continuité des états liquide et gazeux*, Revue scientifique, 1870.

Bernstein, *Les Sens*, chez Germer Baillière, 1876.

Berthelot, *Essai de mécanique chimique*, 2 vol. chez Dunod, 1879.

Berthelot, *La Synthèse chimique*, chez Germer Baillière, 1876.

Berthelot, *Méthodes générales de synthèse*, chez Gauthier-Villars, 1864.

Berthelot, *Leçon sur l'isomérie*, chez Hachette, 1866.

Berthelot, *Chimie organique*, chez Dunod, 1872.

Brault, *Travaux*, dans les *Comptes rendus de l'Académie des sciences*.

Briot, *Théorie mécanique de la chaleur*, chez Gauthier-Villars, 1883.

Clausius, *La Seconde loi de la thermodynamique*, Revue scientifique, 1868.

---

1. Verdet, théorie mécanique de la chaleur, page 55.

CROOKES, *La Matière radiante*, Revue scientifique, 1879.

DAUBRÉE, *Travaux*, dans les *Comptes rendus*.

DEHÉRAIN, *Chimie agricole*, chez Hachette, 1873.

DELAUNAY, *Cours élémentaire de mécanique*, chez V. Masson, 1862.

DELAUNAY, *Cours élémentaire d'astronomie*, chez Masson, 1865.

DESAINS, *Leçons de physique*, 2 vol. chez Dezobry, 1857.

FAYE, *Sur l'Origine du monde*, chez Gauthier Villars, 1884.

GAUTIER, *La Matière et la Force*, Revue scientifique, 1885.

GAVARRET, *Les Phénomènes physiques de la vie*, chez Masson, 1869.

GROVE, *Corrélation des forces physiques*, chez Leiber, 1867.

HELMHOLTZ, *Développement des sciences*, Revue scientifique, 1870.

HUGGINS, *Analyse spectrale des corps célestes*, chez Gauthier-Villars, 1866.

JAMIN, *Petit traité de physique*, chez Gauthier-Villars, 1870.

JANSSEN, *Annuaire des longitudes*, 1883.

JOUFFRET, *Introduction à la théorie de l'énergie*. chez Gauthier-Villars, 1883.

Lamé, *Le Principe de l'inertie*, Annuaire Dehérain, 1862.

Lange, *Histoire du matérialisme*, 2 vol. chez Reinwald, 1877.

Lockyer, *Travaux*, dans les *Comptes rendus*.

Marié-Davy, *Les mouvements de l'atmosphère*, chez Masson, 1866.

Stan.-Meunier, *Le Ciel géologique*, chez Firmin-Didot, 1871.

Moutier, *La Thermodynamique*, chez Gauthier-Villars, 1885.

Riche, *Leçons de chimie*, 2 vol. chez Firmin-Didot, 1869.

Robin, *Leçons sur les humeurs*, chez J.-B. Baillière, 1867.

H. Sainte-Claire Deville, *Principes généraux de la thermochimie*, Revue scientifique, 1863.

Schlœsing, *Travaux*, dans les *Comptes rendus*.

Secchi, *Unité des forces physiques*, chez Savy, 1869.

Secchi, *Les Étoiles*, 2 vol. chez Germer Baillière, 1879.

Balfour Stewart, *Conservation de l'énergie*, chez Germer Baillière, 1875.

Tait, *Les Caractères d'une véritable science*, Revue scientifique, 1870.

TAIT, *Progrès récents de la physique*, chez Fetschérin, 1886.

W. THOMSON, *Les Sens de l'homme*, Revue scientifique, 1884.

TRESCA, *Travaux*, dans les *Comptes rendus*.

TROOST, *Constitution des corps organiques*, Revue scientifique, 1869.

TYNDALL, *La Chaleur*, chez Giraud, 1864.

TYNDALL, *Le Son*, chez Gauthier-Villars, 1869.

TYNDALL, *La Lumière*, chez Gauthier-Villars, 1875.

VERDET, *Théorie mécanique de la chaleur*, chez Hachette, 1863.

Dans la bibliothèque de vulgarisation, chez Hachette :

DELEVEAU, *La Matière*.

GUILLEMIN, *Le Soleil, la Lumière, les Étoiles, les Nébuleuses, le Son*.

MOITESSIER, *L'Air*.

RADAU, *L'Acoustique*.

TISSANDIER, *L'Eau*.

Dans la Bibliothèque utile, chez Germer Baillière :

LÉON BROTHIER, *Causeries sur la mécanique*.

LA MATIÈRE ET L'ÉNERGIE

PREMIÈRE SECTION

LA MATIÈRE

CHAPITRE PREMIER

LES ÉTATS DE LA MATIÈRE

1° — DÉFINITIONS

La définition philosophique de la matière est liée inséparablement à la solution du problème métaphysique de la Substance ; elle ne peut être donnée qu'après cette solution. Provisoirement nous entendrons la matière dans le sens vulgaire : « Ce qui tombe sous les sens. »

Au point de vue mécanique, la matière est caractérisée par *l'inertie* entendue dans le sens scientifique, et non dans le sens vulgaire. Dans la seconde section de ce livre, un chapitre est consacré à l'inertie.

La matière se présente à nous sous trois états, à

savoir, l'état solide, l'état liquide et l'état gazeux. Il est probable qu'il existe même un quatrième état, l'état *radiant*, ainsi que tendent à le démontrer les récentes expériences du physicien anglais, M. Crookes.

Pour donner plus de concision au langage, nous appellerons *atomes* les parties de la matière les plus ténues que l'imagination puisse concevoir, sans nous préoccuper de la question si débattue entre les écoles chimiques, à savoir, si les atomes sont ou ne sont pas indéfiniment divisibles. L'hypothèse des atomes indivisibles étant une manière de concevoir la matière ne peut être efficacement discutée qu'après la solution du problème de la Substance.

Nous appellerons *molécule*, soit la jonction, soit la combinaison de deux atomes, quels qu'ils soient, atomes du même corps (atomes homogènes), ou atomes appartenant à deux corps différents (atomes hétérogènes). Cette jonction ou cette combinaison de deux atomes constitue ce qu'on appelle un *système;* une molécule sera donc un système d'atomes.

Après avoir ainsi délimité le sens où nous prendrons les deux mots atome et molécule, passons à la définition des trois états de la matière ainsi que de l'état radiant.

1° *État solide.* — Lorsque les molécules d'un corps sont groupées entre elles de telle sorte que les centres d'orientation des groupes sont fixes les uns par rapport aux autres, ce corps est dit un *corps solide*.

2° *État liquide.* — Lorsque les molécules d'un corps se groupent entre elles de telle sorte que les centres de ces groupes sont mobiles les uns par rapport aux autres, ce corps est appelé *corps liquide*.

3º *État gazeux*. — Lorsque les molécules d'un corps se meuvent dans tous les sens et entrent en collision les unes avec les autres, et cela des milliers de fois par seconde, ce corps est appelé *gaz*.

D'après des calculs de probabilité, les savants sont arrivés à admettre qu'on peut regarder la vitesse moyenne des molécules comme constante pour un même gaz, quelle que soit la direction du chemin parcouru. La valeur de cette vitesse moyenne, par *seconde*, à la température de la glace fondante, c'est-à-dire à 0°, et à la pression barométrique de 760 millimètres, est de :

A. 461 mètres pour les molécules de l'oxygène ;
B. 485 mètres pour les molécules de l'air ;
C. 492 mètres pour les molécules de l'azote ;
D. 1848 mètres pour les molécules de l'hydrogène.

Ces vitesses sont comparables à celle d'un projectile à la sortie d'une arme à longue portée [1].

La vitesse des molécules est d'autant plus grande que le gaz est plus léger, ainsi qu'on le voit dans l'énumération précédente.

La chaleur a pour effet de produire un accroissement de vitesse et, par suite, si le gaz est contenu dans un vase clos, d'augmenter le nombre des chocs de molécules contre les parois du vase.

---

1. Deleveau, la *Matière*, page 77. Jouffret, *Introduction à la théorie de l'énergie*, page 160. Briot, *Théorie mécanique de la chaleur*, page 113.

4° *État radiant.* — Lorsque les molécules qui, à l'état gazeux, se mouvaient dans tous les sens, sont amenées, par l'effet de l'électricité et de la raréfaction, à se mouvoir en ligne droite et que, par suite, elles entrent plus rarement en collision les unes avec les autres, ces molécules sont dites à l'état *radiant* [1].

L'importance de cette découverte récente mérite que l'on résume les travaux de M. Crookes sur ce quatrième état de la matière.

II° — L'ÉTAT RADIANT

La notion de matière radiante fut introduite en 1816 par Faraday. Dans une de ses leçons sur les propriétés générales de la matière, il avait prononcé les paroles suivantes :

« Si nous imaginons un état de la matière aussi éloigné de l'état gazeux que celui-ci l'est de l'état liquide, en tenant compte, bien entendu, de l'accroissement de différence qui se produit à mesure que le

---

[1]. JOUFFRET, *Introduction à la théorie de l'énergie*, page 167. On a calculé qu'à la pression barométrique de 760 millimètres, le nombre moyen des chocs entre les molécules gazeuses serait :

1° Pour l'*oxygène*, par seconde, 4065 millions;
2° Pour l'*air*, par seconde, 4700 millions;
3° Pour l'*azote*, par seconde, 4760 millions;
4° Pour l'*hydrogène*, par seconde, 9480 millions.

Si la pression barométrique était cent mille fois moindre, c'est-à-dire égale à $0^{mm},0076$, vide que produisent à peine les meilleures machines pneumatiques, la moyenne de libre parcours deviendrait cent mille fois plus grande, c'est-à-dire égale à *un centimètre* environ; le nombre des chocs ne serait plus que de 47,000 par seconde.

degré du changement s'élève, nous pourrons peut-être, pourvu que notre imagination aille jusque-là, concevoir à peu près la matière radiante ; et de même qu'en passant de l'état liquide à l'état gazeux la matière a perdu un grand nombre de ses qualités, de même elle doit en perdre plus encore dans cette dernière transformation. »

Cette conception hardie du grand physicien anglais fut développée par lui dans les années suivantes, et l'on peut lire dans ses lettres, recueillies par M. Bence Jones, le passage suivant :

« Je puis signaler ici une progression remarquable dans les propriétés physiques qui accompagnent les changements d'état : peut-être suffira-t-elle pour amener les esprits inventifs et hardis à ajouter l'état radiant aux autres états de la matière déjà connus.

« A mesure que nous nous élevons de l'état solide à l'état liquide et de celui-ci à l'état gazeux, nous voyons diminuer le nombre et la variété des propriétés physiques des corps, chaque état en présentant quelques-unes de moins que l'état précédent. Quand des solides se transforment en liquides, toutes les nuances de dureté et de mollesse cessent nécessairement d'exister; toutes les formes cristallines ou autres disparaissent. L'opacité et la couleur sont souvent remplacées par une transparence incolore, et les molécules des corps acquièrent une mobilité pour ainsi dire complète.

« Si nous considérons l'état gazeux, nous voyons s'anéantir un plus grand nombre de caractères évidents des corps. Les immenses différences qui existaient entre leurs poids ont presque entièrement disparu ; les traces des différences de couleur qu'ils avaient conservées s'effacent. Désormais tous les corps sont transparents et élastiques. Ils ne forment plus qu'un même genre de substances, et les différences de densité, de dureté, d'opacité, de couleur, d'élasticité et de forme, qui rendent presque infini le nombre des solides et des liquides, sont désormais remplacées par de très faibles variations de poids et quelques nuances de couleur sans importance.

« Ainsi, pour ceux qui admettent l'état radiant de la matière, la simplicité des problèmes qui caractérisent cet état, loin d'être une difficulté, est bien plutôt un argument en faveur de son existence. Ils ont constaté jusqu'alors une disparition graduelle des propriétés de la matière à mesure que celle-ci s'élève dans l'échelle des formes, et ils seraient surpris que cet effet s'arrêtât à l'état gazeux. Ils ont vu la nature faire de plus grands efforts pour se simplifier à chaque changement d'état, et pensent que dans le passage de l'état gazeux à l'état radiant cet effort doit être plus considérable. »

A l'époque où Faraday écrivait ces lignes, la science expérimentale n'avait pas encore à sa disposition les ressources dont elle profite aujourd'hui ; les appareils perfectionnés que l'on emploie en ce moment faisaient défaut, et avec les plus puissantes machines à faire le vide, que l'on possédait alors, on ne pouvait jamais dépasser une certaine limite. Or la raréfaction du gaz poussée très loin était une condition indispensable pour réaliser la conception de Faraday et soumettre ses vues au contrôle de l'expérience. Depuis une trentaine d'années, aux machines pneumatiques à corps de pompe munis de piston on a substitué des appareils permettant de faire le vide à l'aide du mercure et dans des récipients de forme quelconque. Ces appareils se rattachent à deux types, la pompe à mercure et la trompe à mercure ou trompe de Sprengel [1].

§ I. **Propriétés physiques.** — Nous avons vu que les gaz sont considérés comme composés d'un nombre indéfini de petites particules, lesquelles sont sans cesse en mouvement et animées de vitesses de toutes les grandeurs.

Nous avons vu également que, par suite de leur nombre immense, ces particules ne peuvent se mouvoir dans aucune direction sans se heurter presque aussitôt à une autre particule.

Qu'arrivera-t-il si dans un vase clos on retire une grande partie du gaz que ce vase contient? Il est clair que plus le nombre des molécules du gaz diminuera, moins les molécules auront occasion de se heurter les unes contre les autres. On peut donc induire ceci, que dans un vase clos où l'on fera un vide croissant, la distance qu'une molécule quelconque pourra parcourir sans se heurter contre une autre s'accroîtra; théoriquement la longueur de la course libre, c'est-à-dire la longueur de la distance qu'une molécule quel-

---

[1]. DELEVEAU, la *Matière*, pages 255-257.

conque pourra parcourir sans entrer en collision avec une autre, sera en raison inverse du nombre des molécules restantes, ou, ce qui est la même chose, en raison directe du vide qu'on opérera.

Comme dans l'état gazeux ordinaire les molécules sont continuement en collision les unes avec les autres; comme cette collision continue est précisément ce qui détermine les propriétés physiques des gaz, il résulte de là que si les molécules parcourent des distances plus ou moins longues sans entrer en collision, cette différence dans la manière d'agir doit donner des propriétés physiques différentes et par conséquent constituer pour la matière un état différent. Ce quatrième état sera aussi éloigné de l'état gazeux que l'état gazeux l'était lui-même de l'état liquide. C'est ce que M. Crookes a démontré expérimentalement.

Expérience. — Au centre d'un tube on dispose un disque métallique qui doit servir de pôle négatif; à chacun des deux bouts du tube se trouve un pôle positif. On fait le vide, puis on fait passer le courant électrique au moyen d'une bobine d'induction. On remarque alors autour du pôle négatif central un espace sombre tandis que le reste du tube à chaque bout est illuminé. Cet espace sombre est la distance que parcourent les molécules gazeuses sans se heurter; l'espace illuminé est celui où elles sont entrées en collision.

Plus on accroît le vide, plus la bande sombre s'allonge, car les molécules restantes peuvent parcourir une distance plus longue sans entrer en collision. En règle générale, l'espace sombre s'allonge ou décroît selon que le vide est rendu plus ou moins parfait. L'espace sombre est donc la mesure de la course libre des molécules, c'est-à-dire de la distance qu'elles parcourent sans se heurter. Dès qu'elles se heurtent, la lumière apparaît.

1º PHOSPHORESCENCE. — A. *Partout où elle frappe, la matière radiante détermine une action phosphorescente énergique.*

Lorsque les molécules radiantes se heurtent entre elles, l'intérieur du tube devient lumineux ; lorsqu'elles viennent heurter les parois du tube, les parois deviennent phosphorescentes.

La phosphorescence d'un tube en verre d'urane est vert foncé ; celle d'un verre anglais est bleue ; celle d'un verre d'Allemagne est vert pomme.

Si dans l'intérieur d'un tube où l'on fait le vide on dispose un diamant et qu'on soumette ce diamant au bombardement des molécules radiantes, le diamant acquiert une phosphorescence verte dont l'éclat est égal à celui d'une bougie.

B. *Le degré de vide le plus favorable pour la production maximum de phosphorescence est un millionième d'atmosphère.*

Il y a un certain degré de raréfaction de l'air qui est plus favorable que tout autre pour la production de la phosphorescence. M. Crookes l'estime, en chiffres ronds, à un millionième d'atmosphère.

Si l'on continue à raréfier l'air au delà de ce degré,

la phosphorescence diminue jusqu'à ce que l'étincelle électrique se refuse à passer.

Il y a cent ans, en 1785, un physicien anglais, W. Morgan, dans une communication faite à la Société royale de Londres, avait déjà constaté les faits relatifs au passage de l'électricité à travers un air raréfié :

1° Dans un tube où le vide était presque absolu, le courant électrique très probablement ne passait point, car le tube restait obscur;

2° En faisant entrer une bulle d'air, le courant électrique passait; la lumière devenait visible; elle était *verte;*

3° En introduisant deux, trois, plusieurs bulles d'air, la lumière électrique passait du vert au *bleu*, du bleu à l'*indigo*, et de l'indigo au *violet;*

4° Enfin, lorsque l'introduction croissante des bulles d'air avait donné au milieu une certaine densité, l'étincelle électrique ne passait plus.

Morgan avait conclu de ces expériences deux choses :

A. La conductibilité de l'air pour l'électricité se meut entre deux limites, une limite minimum et une limite maximum; *au-dessous* d'une certaine limite de raréfaction et *au-dessus* d'une certaine limite de densité, l'air ne conduit plus l'électricité.

B. La teinte de la lumière électrique peut servir à mesurer la densité de l'air contenu dans un tube; la teinte verte correspond au minimum; la teinte violette, au maximum. Vert, bleu, indigo, violet, telles sont les quatre nuances qui indiquent les quatre degrés de densité d'un air clos qui conduit l'électricité.

II° Électrisation et mouvement rectiligne. — A. *Matière non-radiante*. — Si dans un tube de verre le degré de raréfaction est faible, c'est-à-dire si le vide est poussé seulement à quelques millimètres, la matière n'est pas à l'état radiant; alors l'électricité passe du pôle positif au pôle négatif; la traînée de lumière électrique est violette; elle est droite ou s'infléchit selon la position respective des deux pôles. Comme le courant électrique va toujours du pôle positif au pôle négatif, il s'ensuit que la position du pôle positif a une grande importance.

Conclusion. — Lorsque la matière n'est pas à l'état radiant, le courant électrique part toujours du pôle positif; la ligne qu'il décrit est droite ou courbe selon la position respective des deux pôles.

B. *Matière radiante*. — Si dans un tube de verre le degré de raréfaction est très fort, c'est-à-dire si le vide est poussé à un millionième d'atmosphère, la matière est à l'état radiant; alors les molécules électrisées rayonnent exclusivement du pôle négatif; elles vont toujours en ligne droite, quelle que soit la position du pôle positif; elles agissent donc comme si le pôle positif n'existait pas.

En outre, le chemin qu'elles parcourent dans le tube est obscur; mais la plaque de verre qu'elles bombardent prend la phosphorescence verte. Cette phosphorescence verte ne change ni de place ni d'intensité, quel que soit le déplacement qu'on fasse subir au pôle positif, ce qui prouve nettement que la direction rectiligne suivie par les molécules radiantes est indépendante de la position du pôle positif.

Enfin, les molécules radiantes lancées loin du pôle négatif sont électrisées négativement; leur vitesse est due à la répulsion mutuelle entre le pôle et les molécules chargées de la même électricité. En effet, si l'on fait passer deux courants parallèles de matière radiante, ces deux courants se repoussent mutuellement; ils agissent donc simplement comme des corps chargés d'électricité de même nom, et non comme les fils conducteurs d'un courant.

Conclusions : 1° La matière radiante est électrisée négativement;

2° Le courant électrique part du pôle négatif et se meut en ligne droite.

III° ACTION D'UN AIMANT. — A. *Sur la matière non-radiante.* — Dans un tube droit horizontal, où le degré de raréfaction est faible, la lumière électrique violette va en ligne droite du pôle positif au pôle négatif.

Si au-dessous de ce tube, vers la partie centrale, on dispose un aimant en fer à cheval, la raie violette s'infléchit concavement vers l'aimant, puis elle se redresse et reprend sa ligne droite en se dirigeant vers le pôle négatif.

Conclusion. — Quand la matière n'est pas à l'état radiant, l'inflexion de la raie électrique, sous l'influence d'un aimant, est concave et momentanée.

B. *Sur la matière radiante.* — Dans un tube droit où le vide est poussé à un millionième d'atmosphère, la matière radiante part du pôle négatif et se dirige en droite ligne.

Si au-dessous de la partie centrale du tube on dispose un aimant, la traînée rectiligne s'infléchit paraboliquement et ne se redresse pas.

Conclusion. — Quand la matière est à l'état radiant, l'inflexion de la ligne radiante, sous l'influence d'un aimant, est parabolique et définitive.

IV° Effets produits par l'interception d'un corps. — Dans un tube où le vide est faible, tels que le sont les tubes de Geissler, il n'y a pas d'ombre, l'illumination du tube est entière.

1ᵉʳ *Effet*. — Dans un tube en forme de poire, on dispose une petite croix en aluminium de manière à intercepter une partie des molécules radiantes, lesquelles partent du pôle négatif. On fait passer le courant. Alors le fond du tube, que bombardent les molécules radiantes, s'illumine en vert; mais au milieu de cette illumination se dessine une croix noire : c'est l'ombre de la croix d'aluminium qui a arrêté au passage celles des molécules radiantes qui la frappaient.

2° *Effet*. — Si l'on donne au tube une légère secousse de manière à faire tomber la croix, alors les molécules radiantes frappent le fond tout entier du tube; une croix verte brille là où était l'ombre noire de la croix; son éclat est supérieur à celui des autres parties qui avaient été tout d'abord illuminées; mais cet éclat s'affaiblit peu à peu, et l'image de la croix lumineuse finit par s'effacer.

Conclusions : 1° Interceptée par un corps, la matière radiante laisse ce corps projeter une ombre;

2° La partie du verre bombardée par les molécules

radiantes perd une partie de sa sensibilité; elle est moins apte à la phosphorescence.

L'impression faite sur le verre par la matière radiante est si durable que M. Crookes ayant amolli et déformé au chalumeau le tube où l'expérience de la croix avait été faite, puis ayant, par le soufflage, rendu au tube sa forme primitive, le physicien anglais n'a pu, en recommençant le bombardement moléculaire, communiquer au verre tout l'éclat de la phosphorescence primitive. La sensibilité du verre sous l'action de la matière radiante est donc capable de résister à la fusion et au soufflage.

V° ACTION MÉCANIQUE. — 1re *Expérience*. — Dans un tube sont disposées parallèlement deux tiges de verre; sur elles repose l'axe d'une petite roue à palettes. Si l'on dirige le courant des molécules sur les palettes, la roue tourne et s'avance sur les rails de verre. Lors même qu'on incline un peu le tube, l'action impulsive donnée par les molécules radiantes est assez énergique pour faire remonter la pente à la petite roue.

2° *Expérience*. — Si au lieu de diriger directement du pôle négatif les molécules radiantes sur les palettes de la roue on fait passer le courant électrique par un fil de platine disposé convenablement autour de la roue, le fil de platine devient incandescent; alors les molécules radiantes échauffées par le fil de platine frappent les palettes et font marcher la roue.

Conclusion. — Sous l'action de l'électricité ou de la chaleur, la matière radiante a un pouvoir mécanique très grand.

VI° PRODUCTION DE CHALEUR PAR SUITE DE L'ARRÊT DU MOUVEMENT DES MOLÉCULES RADIANTES CONTRE UNE PAROI.

— **1re *Expérience*.** — On enduit de cire un espace circulaire de la paroi extérieure du tube à expérience ; puis à l'aide d'un aimant, on dévie le bombardement moléculaire sur cette partie ; la cire fond ; puis la paroi se fendille en fentes qui rayonnent du centre de chaleur ; le verre s'amollit ; la pression atmosphérique extérieure pousse la paroi en dedans ; enfin le verre fond, un petit trou s'ouvre au milieu, l'air envahit le tube et met ainsi fin à l'expérience.

2° *Expérience*. — Dans l'intérieur du tube on dispose un petit morceau de platine iridié ; puis à l'aide d'un aimant, on dirige le bombardement radiant sur le petit morceau de métal. Celui-ci s'échauffe, devient lumineux.

Si avec l'aimant on détourne le bombardement, le métal redevient obscur ; on peut ainsi, en ramenant ou en éloignant le bombardement, faire passer le métal alternativement de l'état lumineux à l'état obscur.

Si on laisse le courant continuer son action sur le platine iridié, celui-ci passe du rouge au blanc éblouissant et finit par fondre.

Conclusion. — Le mouvement de la matière radiante, lorsqu'il est arrêté par un corps, se transforme en chaleur.

Remarque générale. — Les propriétés physiques de la matière radiante sont communes à tous les corps, quels qu'ils soient, pourvu que ces corps soient amenés par la raréfaction à l'état radiant. Soit que l'on opère sur l'hydrogène, sur l'acide carbonique ou sur l'air ordinaire, tous les phénomènes, à savoir, phosphorescence, ombre, chaleur, déviation magnétique, etc., sont identiques. Seulement ils apparaissent à des degrés différents.

§ II. **Propriétés chimiques.** — Les propriétés physiques de l'état radiant sont identiques chez tous les corps; il n'en est pas de même des propriétés chimiques. En effet, certains phénomènes indiquent que, même avec de si faibles densités, les molécules radiantes de chaque corps conservent les caractères chimiques propres au corps particulier d'où elles émanent.

Par exemple, on peut faire absorber les molécules radiantes de la vapeur d'eau par l'anhydride phosphorique, celles de l'acide carbonique par la potasse, celles de l'hydrogène par le potassium, etc.

M. Crookes s'est servi des propriétés chimiques que conservent les molécules radiantes pour pousser le vide à un degré supérieur à celui que donnent les meilleurs instruments pneumatiques. Il a obtenu un vide de *un vingt-millionième* d'atmosphère. En supposant une colonne barométrique haute de 4,800 mètres, ce vingt-millionième d'atmosphère correspondrait environ à *un quart de millimètre !*

Puisque la matière radiante, même à cet état inconcevable de raréfaction, pèse encore assez pour équilibrer un quart de millimètre de mercure dans un baromètre haut de 4,800 mètres, il s'ensuit que la matière radiante n'est pas sans poids.

De ses étonnantes expériences, M. Crookes conclut qu'il est impossible à l'homme de faire le vide absolu [1].

IIIe — LIQUÉFACTION DES GAZ

Tous les corps matériels sont-ils aptes à revêtir les trois états solide, liquide et gazeux? En est-il quelques-uns qui ne puissent exister que sous un seul état? Comme les corps solides et les liquides peuvent tous passer à l'état gazeux, la question se réduit aux termes suivants : Tous les gaz sont-ils liquéfiables? car l'état liquide se lie à l'état solide par une ligne continue.

Le problème de la liquéfaction des gaz offre au chimiste et au physicien un double intérêt : au point de vue pratique, tout gaz liquéfié met dans les mains du savant un nouvel et puissant instrument de recherche ou d'application industrielle; au point de vue théorique, la solution du problème projette une vive lumière sur la constitution moléculaire des corps.

A son tour, dans cette unité de loi qui régit les états physiques de la matière, le philosophe trouve un premier jalon dans la voie qui conduit à l'unité du Tout.

Lavoisier avait prévu la liquéfaction des gaz, comme l'atteste son quatorzième *Mémoire sur la cha-*

---

1. CROOKES, la *Matière radiante*, *Revue scientifique*, 25 octobre 1879. Voir aussi DELEVEAU, la *Matière*, la 4e partie.

leur [1]. Ce fut Guyton de Morveau qui, en 1790, liquéfia le premier gaz; ce gaz était l'ammoniaque. Ensuite vint la liquéfaction de l'acide sulfureux par Monge et Clouet. En 1823, Faraday créa une méthode de liquéfaction fondée sur la réfrigération, d'une part, et d'autre part sur la pression qu'exerce sur lui-même le gaz enfermé dans un tube; c'est ainsi que Faraday réussit à liquéfier le chlore, l'acide sulfureux, l'acide sulfhydrique, l'acide carbonique, le protoxyde d'azote, le cyanogène et l'acide chlorhydrique. Un physicien français, Thilorier, à l'aide d'un appareil puissant, liquéfia des quantités considérables d'acide carbonique, lequel en s'échappant par un robinet tombait en neige solide dans un récipient en bois.

Les procédés de Faraday pour la liquéfaction des gaz n'avaient donné aucun résultat quand on opérait avec l'azote, l'oxygène, l'hydrogène, le bioxyde d'azote, l'oxyde de carbone et le gaz d'éclairage. Théoriquement le problème de la liquéfaction des gaz était résolu; les savants, en effet, ne doutaient pas que si les six gaz précédents avaient résisté jusqu'ici, l'insuccès des tentatives provenait de l'insuffisance des moyens physiques qu'avaient à leur disposition les expérimentateurs. Mais comme la méthode expérimentale exige que l'on ne prenne pour vrai que ce qui est acquis expérimentalement, on avait donné à ces six gaz le nom provisoire de *gaz permanents*.

Le problème en était là, lorsqu'en 1870 de nouvelles

---

1. Voir dans DELEVEAU, la *Matière*, page 180, les pages de Lavoisier.

expériences tentées amenèrent un physicien anglais, M. Thomas Andrews, à la découverte d'un phénomène remarquable, à savoir, le *point critique*.

1° LE POINT CRITIQUE. — 1° Si on liquéfie partiellement de l'acide carbonique par l'action de la *pression seule* et qu'on élève la température à 31°, on voit la surface de séparation entre le gaz et le liquide devenir indécise, perdre sa courbure, puis finir par disparaître complètement. La capacité de l'appareil est alors remplie par un fluide homogène.

Lorsqu'on diminue *brusquement* la pression ou qu'on abaisse légèrement la température, ce fluide homogène manifeste des apparences de stries mobiles ondoyant au travers de la masse entière.

2° Si la température s'élève au-dessus de 31°, la liquéfaction visible de l'acide carbonique, c'est-à-dire la séparation de cette substance en deux états distincts, devient impossible, même en ayant recours à des pressions de 300 et 400 atmosphères.

M. Andrews appelle *point critique* la température au-dessus de laquelle l'état gazeux persiste, quelle que soit la pression exercée [1].

Il résulte de là, au point de vue pratique, que pour liquéfier un gaz, il faut abaisser la température au-dessous du point critique.

Les recherches de M. Andrews rappelèrent l'attention des savants sur les expériences faites par Cagniard de la Tour dans la première moitié du XIX° siècle.

1. Th. ANDREWS, *Continuité des états liquide et gazeux de la matière*, Revue scientifique, 9 avril 1870.

On remplit jusqu'à la moitié ou aux deux tiers un tube de verre épais, avec de l'eau sous la seule pression de sa vapeur; on ferme à la lampe, et on chauffe jusqu'à 300°, ou 400°. Que se passe-t-il alors, et du côté de la vapeur, et du côté du liquide?

A. *La vapeur*. — D'après les lois connues d'un liquide qu'on vaporise en vase clos, la quantité de vapeur superposée au liquide augmente très rapidement; sa densité croît dans le même rapport que son poids.

B. *Le liquide*. — D'autre part, la portion demeurée liquide éprouve, par suite de l'action croissante de la chaleur, une dilatation croissante, qui finit par dépasser celle des gaz (Thilorier).

Conséquence : Il est clair que par l'effet de ces variations inverses, à savoir, *densité croissante* de la vapeur et *dilatation croissante* du liquide, on finit par atteindre une température limite où liquide et vapeur ont le *même poids sous le même volume.*

En soumettant à des pressions croissantes l'acide carbonique liquide et gazeux, M. Jamin a trouvé qu'à 13°, le liquide est près de cinq fois plus dense que le gaz; à 35°, le liquide ne pesait plus que les six centièmes du gaz [1].

---

1. JAMIN. *Sur la compressibilité et la liquéfaction des gaz*, Comptes rendus, 2 juillet 1883.

TABLEAU DES DENSITÉS COMPARATIVES DU LIQUIDE ET DU GAZ A DES TEMPÉRATURES CROISSANTES :

1° Température	13°1	21°5	31°5	32°5	35°5;
2° Densité du liquide	475	432	336	319	304;
3° Densité du gaz	85	110	210	241	286.

Comme résultat de ses expériences et de ses mesures,

II° ÉTAT DE LA VAPEUR ET DU LIQUIDE PARVENUS AU POINT CRITIQUE. — Lorsque la vapeur et le liquide sont arrivés au point où ils ont même poids sous le même volume, ils ne sont plus séparés; la vapeur ne se réfugie pas dans le haut, le liquide ne tombe pas dans le bas. Que voit-on alors? Tout d'abord la petite tranche liquide qui sépare deux surfaces d'état différent, en un seul mot, le ménisque disparaît, la surface de séparation cesse d'être distincte, puis la masse entière se mêle avec des stries ondoyantes et mouvantes qui accusent un mélange de densités encore différentes; enfin le tout prend un état homogène qu'on suppose être gazeux. Le liquide, en effet, n'est plus visible; il est mêlé au gaz dans lequel il nage à cause de l'égalisation des densités. On a atteint le *point critique*. On peut, dit M. Jamin, définir le point critique : *La température où un liquide et la vapeur saturée ont la même densité.*

En continuant à chauffer, les deux densités restent égales, ou, pour mieux dire, le liquide se vaporise tout entier; il n'y a plus qu'une seule densité, celle d'un gaz qui s'éloigne de plus en plus de son point de liquéfaction.

En général, toute vapeur saturée se distingue du liquide générateur par deux conditions, à savoir : sa densité moindre et sa chaleur latente. Or, dans le cas

---

M. Jamin ajoute ceci : Au lieu d'énoncer la loi de Mariotte en disant que les volumes sont en raison inverse des pressions, il est plus simple d'exprimer que la *densité d'un gas est proportionnelle à la pression.*

où liquide et vapeur chauffés en vase clos sont arrivés au point critique, les densités sont devenues égales; la chaleur latente est comme si elle n'était pas, car, dans un vase clos, le volume de la vapeur ne change point; il n'y a aucun travail d'expansion; or, la chaleur latente ne peut se manifester que dans le travail d'expansion.

De là vient que dans les expériences de Cagniard de la Tour, on voit si brusquement le liquide renaître ou disparaître par les moindres abaissements ou élévations de température. En effet, en abaissant la température, on rend *inégales* les densités du liquide et de la vapeur, le liquide reparaît: en élevant de nouveau la température, on rend de nouveau *égales* les deux densités, le liquide disparaît.

En résumé, lorsqu'un liquide et sa vapeur sont arrivés au point critique, la tension du liquide et de sa vapeur, leur densité, leur chaleur de constitution, leur aspect, sont les mêmes; aucune propriété ne permet de les distinguer.

III° DÉDUCTIONS THÉORIQUES. — Toute disparition ou diffusion d'un liquide au sein d'un milieu gazeux, en vase clos, étant due à l'égalisation des deux densités, à savoir : celle du liquide et celle du gaz, on doit pouvoir réaliser les deux cas suivants :

1er *cas*. En remplaçant, dans le tube à expérience, le milieu gazeux employé par un autre gaz moins dense; puis, cela fait, en comprimant le tout d'une manière croissante, il doit arriver qu'on retardera la disparition du liquide dans le milieu gazeux.

En effet, le nouveau milieu gazeux étant moins dense que le premier milieu employé, il faudra une plus grande pression, par conséquent, plus de temps pour rendre sa densité égale à celle du liquide.

L'expérience a été effectuée par M. Cailletet [1].

A. Avec un premier mélange de 1 partie d'air (azote et oxygène) et 5 parties d'acide carbonique à la température de 25°, le point critique est à la pression de 79 atmosphères.

B. Avec un second mélange de 1 partie d'hydrogène et 5 d'acide carbonique, à la même température, c'est-à-dire à 25°, le point critique est à la pression de 183 atmosphères.

2° *cas*. Si, en maintenant la même température, on augmente indéfiniment la pression totale d'un volume composé d'un liquide et d'un gaz à peu près permanent, tel qu'est l'hydrogène, on doit arriver à ceci : c'est que la densité du gaz doit devenir plus grande que celle du liquide; alors, le liquide devra se séparer du gaz et se rassembler au sommet du tube, parce qu'il sera plus léger que le gaz; le gaz se tiendrait au bas du tube parce qu'il serait plus lourd que le liquide.

M. Cailletet a essayé l'expérience, mais il n'a pas réussi.

IV° THÉORIE DE LA LIQUÉFACTION DES GAZ. — D'après la théorie contemporaine, les gaz seraient constitués par des particules (molécules et atomes) soumises à deux forces contraires, l'une qui tend à rapprocher

---

1. *Comptes rendus*, 21 mai 1883, page 1450.

ces particules, c'est la loi d'attraction ; l'autre, qui tend à les écarter, c'est la force répulsive de la chaleur. De là les deux déductions suivantes :

1° *Soustraction de la chaleur.* — Si l'on parvient à diminuer le mouvement calorifique, c'est-à-dire si l'on parvient à refroidir suffisamment les molécules gazeuses, de sorte que la force répulsive devienne inférieure à la force d'attraction ; alors les molécules se précipiteront l'une sur l'autre : il y aura condensation du gaz, soit à l'état liquide, soit même à l'état solide. Tel sera l'effet d'un froid suffisamment intense.

2° *Pression énergique.* — Si l'on exerce sur un gaz une pression assez forte pour que l'attraction devienne plus énergique que la répulsion calorifique, le gaz se condensera. Au fur et à mesure que les molécules gazeuses se rapprocheront du point où elles seront toutes condensées, on verra suinter des gouttelettes liquides, indice certain que progressivement les molécules se précipitent l'une sur l'autre et se condensent.

Comme la chaleur imprime aux molécules gazeuses un écart répulsif d'autant plus énergique qu'elle est plus élevée, il s'ensuit que, pour amener la condensation, la pression devra être d'autant plus forte que sera plus élevé le degré de température où seront les molécules gazeuses.

Nous venons de voir que si la température dépasse le point critique, la pression devient impuissante à produire la condensation.

Remarque sur les liquides fixes et sur les liquides volatils. — A une température identique, les molécules gazeuses issues d'un liquide fixe s'attirent à une distance plus grande que ne s'attirent les molécules gazeuses issues d'un liquide volatil.

En effet, du moment qu'un liquide, tel que l'eau, est fixe à la température ordinaire, c'est que les molécules de ce liquide résistent mieux à l'action répulsive de la chaleur : la force d'attraction agit plus énergiquement sur elles; elles pourront donc se précipiter l'une sur l'autre à une distance d'autant plus grande que le liquide d'où elles sont issues sera plus stable, c'est-à-dire moins sensible à l'action répulsive de la chaleur.

Inversement, un liquide est dit volatil lorsqu'une faible chaleur exerce sur ses molécules une énergique répulsion; par conséquent, la force d'attraction ne pourra triompher de la force répulsive que lorsque les molécules seront amenées à une distance très petite l'une de l'autre.

Remarque sur les gaz réputés permanents. — « La distinction entre un gaz et une vapeur a été jusqu'ici fondée sur des principes qui sont entièrement arbitraires. L'éther ordinaire à l'état gazeux s'appelle une vapeur; l'acide sulfureux dans le même état est dit un gaz; en réalité, ils sont, l'un aussi bien que l'autre, des vapeurs dérivées, la première d'un liquide qui bout à $+35°$, la seconde d'un liquide qui bout à $-10°$. Ainsi, la distinction est basée sur une insignifiante condition, à savoir : si le point d'ébullition du liquide, sous la pression atmosphérique ordinaire, est placé au-dessus ou au-dessous de la température ordinaire de l'atmosphère. Une pareille distinction peut présenter quelque utilité au point de vue pratique; mais elle n'a pas la moindre valeur scientifique [1]. »

Un gaz peut être considéré comme un liquide qui, à une température extrêmement basse, subit énergiquement l'action séparatrice et répulsive de la chaleur. Il résulte de là que pour liquéfier un gaz réputé permanent, il faut le concours simultané de deux actions :

1° Un *abaissement énorme de température* pour détruire l'action répulsive du mouvement calorifique ;

2° Une *pression considérable* pour que les molécules refroidies puissent se trouver à la distance infinitésimale où la force attractive soit capable de les précipiter l'une sur l'autre et de les condenser.

Il est clair qu'au fur et à mesure que l'homme disposera de moyens réfrigérants de plus en plus énergiques, la nécessité d'employer concurremment une forte pression ira en décroissant.

V° LIQUÉFACTION DES GAZ RÉPUTÉS PERMANENTS. — 1° *Expériences de M. Cailletet* (novembre 1877). M. Cailletet refroidit l'oxygène à — 29° au moyen de l'acide sulfureux liquide, et comprime le gaz à 300 atmosphères; puis, il ouvre un robinet d'échappement et détend ainsi *brusquement* la pression. Cette brusque détente doit donner, d'après la formule de Poisson,

---

[1]. Thomas Andrews, *Revue scientifique*, 9 avril 1870, page 301. — Voir aussi Secchi, *L'unité des forces physiques*, page 81, la note.

un abaissement de température de 200 degrés au moins [1].

Sous l'action de ce froid intense, l'oxygène se condense en un brouillard épais produit, soit par la liquéfaction du gaz, soit même par sa solidification.

Même résultat avec l'oxyde de carbone, avec l'azote, avec l'air, avec l'hydrogène.

Précédemment à ces expériences, M. Cailletet avait liquéfié l'*acétylène* C^2H^2 à des pressions d'autant plus fortes que la température était plus élevée, ce qui est conforme à la théorie ci-dessus exposée :

A 1°, il avait fallu une pression de 48 atmosphères;
A 10°, il fallut une pression de 63 idem;
A 25°, il fallut une pression de 94 idem;
A 31°, il fallut une pression de 103 idem.

Si l'on refroidit l'acétylène à — 102°,5, comme l'a fait ultérieurement M. Wroblewski, une seule atmosphère suffit pour liquéfier le gaz.

MM. Chappuis et Hautefeuille avaient liquéfié l'ozone refroidi à — 23° sous une pression de 10 atmosphères. L'ozone liquide a une belle couleur bleu azur. Comprimé dans l'appareil de M. Cailletet à 200 atmosphères et maintenu à — 23°, l'ozone se colore de plus en plus ; sa coloration va également en augmentant à mesure que la température s'abaisse.

[1]. Voir J. Moutier, *Thermodynamique*, page 69. L'abaissement de température, à la suite d'une détente, a une limite ; la température ne peut descendre au-dessous du zéro absolu, c'est-à-dire au-dessous de —273 degrés de l'échelle centigrade. Dans un chapitre ultérieur on verra qu'avant d'atteindre le zéro absolu, tout gaz change d'état. Voir le chapitre intitulé : *La Chaleur dans les trois états de la matière*.

2° *Expériences de M. Raoul Pictet* (décembre 1877 et janvier 1878). Presque à la même époque où M. Cailletet faisait ses remarquables expériences, M. Raoul Pictet, muni d'appareils extrêmement puissants, liquéfiait l'oxygène et l'hydrogène.

Lorsque l'oxygène eut été refroidi à — 130°, puis comprimé à 523 atmosphères, M. Raoul Pictet ouvrit le robinet d'échappement ; un jet liquide d'oxygène, mêlé à des parties solidifiées du même gaz, s'élança ; mais, un instant après, l'oxygène repassait à l'état gazeux.

L'hydrogène comprimé à 650 atmosphères et refroidi à — 140°, s'élança du robinet d'échappement en un jet liquide également mêlé de particules solides.

Dans la méthode de MM. Cailletet et Pictet, on voit quel rôle important joue la détente brusque. C'est un froid de 200 degrés que cette détente ajoute au froid obtenu par les réfrigérants [1].

3° *Expériences de M. Wroblewski* (avril 1883 et 1884). M. Wroblewski a refroidi l'oxygène au moyen de l'éthylène C^2H^4 liquéfié ; puis, au moyen d'une pression d'autant moins forte que le froid était plus intense, il a obtenu l'oxygène liquide et a pu le conserver en cet état dans un tube de verre.

Voici le tableau des expériences de M. Wroblewski pour liquéfier l'oxygène :

---

1. Ainsi qu'on l'a dit dans une note précédente, il ne faut pas oublier qu'un gaz ne peut pas descendre à —273° sans qu'auparavant il ne se liquéfie ou se solidifie.

A — 131°,5, il a fallu une pression de 26 atmosphères ;
A — 133°,4, il a fallu une pression de 24,8 atmosphères ;
A — 135°,8, il a fallu une pression de 22,5 atmosphères ;
A — 184°, il a fallu une pression de une atmosphère.

L'oxygène liquide est incolore et transparent comme l'est l'acide carbonique liquide ; il est très mobile.

A la pression d'une atmosphère, l'air se liquéfie à — 192°,2.

A la pression d'une atmosphère, l'azote se liquéfie à — 194°,3 ; c'est un liquide incolore et transparent, comme le sont l'oxygène et l'acide carbonique liquides.

Les éléments de l'air ne se séparent pas lorsqu'on liquéfie l'air. L'air liquéfié est destiné à devenir le réfrigérant de l'avenir.

A l'aide de l'éthylène liquide, M. Wroblewski a solidifié le sulfure de carbone à — 116° ; le sulfure de carbone fond à — 110°.

M. Wroblewski a solidifié l'alcool à — 130°,5. L'alcool solide est un corps blanc. A la température de — 120°, l'alcool est visqueux comme de l'huile [1].

Conclusion. — « Les états gazeux et liquide ordinaires ne sont, au fond, que des formes largement séparées d'un même état matériel ; ils peuvent passer de l'un à l'autre par une série de gradations si douces

---

1. M. OLSZEWSKI, 9 février 1885 (*Comptes rendus*), dit avoir solidifié l'azote en masse neigeuse à — 225°, avec une pression de 4 millimètres de mercure.

A la pression de 100 millimètres de mercure, et à la température de — 207°, l'oxyde de carbone s'est solidifié.

A la pression de 4 millimètres de mercure, et à — 211°, l'oxygène était liquide, mais non solidifié.

que le passage ne présente, en aucun point, d'interruption ni de solution de continuité. Depuis l'acide carbonique à l'état de gaz parfait jusqu'à l'acide carbonique à l'état de liquide parfait, la transition peut s'accomplir, comme nous l'avons vu, par un procédé continu ; le gaz et le liquide ne sont que des termes éloignés d'une longue série de changements physiques continus [1]. »

IV° — UNITÉ D'ACTION DE LA MATIÈRE DANS LES TROIS ÉTATS PHYSIQUES

Jusqu'à l'époque contemporaine, on a cru que chacun des trois états de la matière se distinguait des deux autres par certains caractères essentiels ; il n'en est rien ; on est parvenu, en effet, à faire écouler les solides à la façon des liquides, et à faire agir les gaz à la manière des corps solides et incompressibles.

§ I**er**. **Écoulement des solides.** — I° PHASES DE LA DÉFORMATION. — Prenez une bande de caoutchouc, puis tirez-la fortement dans le sens longitudinal, quel phénomène se produit-il ?

A. La bande se rétrécit dans le sens latéral : il y a donc *compression* des molécules du caoutchouc dans le sens latéral.

B. La bande s'allonge dans le sens longitudinal : il y a donc *extension* des molécules dans le sens longitudinal.

1. Thomas ANDREWS, *Revue scientifique*, 9 avril 1870.

Si au contraire vous comprimez une boule de caoutchouc de haut en bas, les parties latérales s'étendront; les parties longitudinales diminueront de volume; en d'autres termes, il y aura *extension* des molécules dans le sens latéral, et *compression* des molécules dans le sens longitudinal.

On peut conclure de là que toute déformation est le résultat de deux faits concomitants, à savoir, *extension* et *compression*.

1° *Déformation temporaire* ou *élastique*. — On donne le nom d'élasticité au phénomène que manifestent les corps qui, déformés par une force quelconque, reprennent leur forme première lorsque la force comprimante cesse d'agir.

Tels sont les exemples familiers que nous donnent le caoutchouc, les billes d'ivoire lancées contre une bande de billard ou tombant sur les dalles, les bâtons pliés sur les genoux, puis reprenant leur rectitude première lorsque la main les lâche, etc.

Dans les cas de déformation temporaire, la déformation est proportionnelle à la force déformatrice.

2° *Déformation permanente*. — L'élasticité dont jouissent les corps élastiques n'est pas indéfinie; elle a une limite, laquelle varie suivant les corps: Qu'arrive-t-il lorsque la pression déformatrice sur un corps atteint la limite d'élasticité de ce corps? Le corps ne peut plus reprendre la forme première; la déformation est devenue permanente

3° *Écoulement*. — Lorsque la pression déformatrice augmente d'intensité, elle finit par atteindre un point où le corps solide s'écoule comme un liquide. Ce point s'appelle le *coefficient de fluidité*. Par exemple, soumis à une pression de 130 kilogrammes par centimètre carré, le plomb s'écoule ; le nombre 130 kilogrammes est le coefficient de fluidité du plomb.

Dans cette troisième phase, le corps ne change plus de volume ; il devient aussi peu compressible qu'un liquide [1].

Dans la phase de l'écoulement, l'extension et la compression, c'est-à-dire l'écartement et le rapprochement des molécules, ne se produisent plus, si ce n'est dans des proportions infinitésimales. Déjà permanente, la déformation se fait seulement en vertu du glissement ou du roulement des molécules l'une sur l'autre.

A. La densité d'un corps solide qui s'écoule ne varie plus ; il en est ainsi chez les liquides.

B. Dans le corps solide qui s'écoule, la pression se

---

[1]. Les liquides ne sont pas absolument incompressibles, mais il le sont relativement peu. D'après les expériences de l'illustre Regnault, un volume d'eau qui compterait un million de litres dans le vide, c'est-à-dire s'il n'avait aucune pression à supporter, diminue de 48 litres lorsqu'il supporte la pression de 1 atmosphère ; de 2 fois 48 litres, lorsqu'il supporte la pression de 2 atmosphères ; de 3 fois 48 litres, pour une pression de 3 atmosphères, et ainsi de suite.

Un volume de mercure diminue de 3 litres et demi pour chaque atmosphère dont on augmente la pression qu'il supporte. On sait que le mercure est d'une densité 13,6 supérieure à celle de l'eau.

Voir DELAUNAY, *Mécanique*, page 386.

Voir JAMIN, *Petit Traité de physique*, page 42.

Voir DESCAMPS, *Étude sur la compressibilité des liquides*, *Revue scientifique*, 6 juillet 1872.

transmet dans toutes les directions, il en est ainsi chez les liquides.

C. La résistance aux déformations devient constante, c'est-à-dire que lorsqu'on a atteint la pression qui oblige le corps solide à s'écouler (coefficient de fluidité), le corps solide n'opposera pas une résistance plus grande quand même la pression deviendrait supérieure ; la résistance qu'il oppose à cette pression supérieure est la même que celle qu'il oppose à la pression du coefficient de fluidité. Il en est ainsi chez les liquides.

D. Enfin, la contraction de la veine d'écoulement chez les solides qui s'écoulent, se manifeste comme elle le fait chez les liquides et chez les gaz. Voici en quoi consiste la contraction de la veine :

Les liquides à l'intérieur d'un vase convergent vers l'orifice d'écoulement ; leur convergence ne disparaît pas brusquement au moment où ils atteignent l'orifice ; elle persiste jusqu'à une certaine distance au delà. Il en résulte que la veine ne présente pas à son origine la figure d'un cylindre ; elle se *contracte d'abord*, puis bientôt devient sensiblement cylindrique.

Le même phénomène, comme il était naturel de le penser, se présente dans l'écoulement des gaz ; la veine gazeuse *se contracte* au delà de l'orifice, comme le fait la veine liquide. C'est ce qu'on peut vérifier facilement en chargeant l'air de fumée, ce qui rend la veine gazeuse visible et permet d'en observer la configuration [1].

1. DELAUNAY, *Mécanique*, pages 427, 434.

Comme on l'a dit plus haut, il en est de même de la veine d'écoulement des solides.

Lorsque, dans une masse de plomb qui s'écoule, on fait une coupe longitudinale, on voit que l'écoulement se produit par l'affluence des molécules venant de toutes les parties du vase en décrivant des courbes en éventail pour venir s'engouffrer dans l'orifice. On étudie ainsi sur le plomb les lois de l'écoulement des liquides mieux qu'on ne pourrait le faire sur un liquide même ; car un liquide est toujours trop mobile.

II° Expériences de M. Tresca [1]. — « M. Tresca considère un poinçon cylindrique qui pénètre dans un prisme ou dans un cylindre de métal, dans la direction de l'axe du corps, en chassant devant lui les molécules qui s'opposent à son passage. Il y reconnaît et il y montre les déplacements latéraux, les remous, qui se manifestent dans les liquides ; il y reproduit jusqu'à la formation de cette proue fluide dont l'existence a été signalée pour la première fois, en ce qui concerne l'eau et l'air, par Dubuat, dans ses belles expériences sur la résistance des fluides.

« La conséquence générale et frappante de tous les faits d'observation, c'est que, dans le poinçonnage, les pressions exercées sur le poinçon et transmises par lui se propagent dans tous les sens, et que, sous leur action, les molécules solides fuient à la manière de celles des corps mous et des liquides, dans toutes

---

1. *Rapport du général Morin, Comptes rendus*, 10 février 1870.

les directions où elles ne rencontrent pas d'obstacle extérieur solide. »

1er *Cas, où un bloc cylindrique plein est maintenu, au moyen d'armatures résistantes, par ses faces inférieure et supérieure, tandis que le reste de la surface est libre.*

Lorsqu'un bloc cylindrique ainsi disposé est traversé par un poinçon de même force, le solide se renfle à la surface extérieure ; l'écoulement des molécules se fait dans le sens parallèle aux deux faces inférieure et supérieure.

2° *Cas, où un bloc plein et libre en tous les sens est simplement posé sur une surface plane perpendiculaire à la direction du poinçon.*

Dans ce cas, les déplacements moléculaires ont lieu dans toutes les directions. La surface supérieure se relève par ses bords, et la surface extérieure se dilate.

Cet effet est tout à fait analogue à ce qui se produit sur un liquide ou sur un corps mou lorsqu'à la surface horizontale de ce liquide ou de ce corps mou pénètre un corps qui tombe verticalement.

3° *Cas, où le bloc cylindrique est maintenu à la fois par sa base inférieure et par sa surface extérieure dans une enveloppe solide.*

Si le poinçon a un diamètre peu différent de celui de l'enveloppe, la matière comprimée ne pouvant plus s'échapper que par l'intervalle annulaire qui règne entre le poinçon et l'enveloppe, sort sous la forme d'un tube parfaitement calibré.

Ces résultats sont en concordance frappante avec ceux qu'on obtient dans certaines industries où l'on opère sur des matières molles et plastiques, telles que les pâtes alimentaires, les terres glaises.

4° *Cas, où la plaque sur laquelle repose le bloc, au lieu d'être pleine, est percée d'un trou dont le diamètre est exactement le même que celui du poinçon.*

Les effets de la pression déterminent l'expulsion du métal sous la forme d'une veine analogue à la veine liquide avec le phénomène connu sous le nom de contraction de la veine.

TABLEAU DES COEFFICIENTS DE FLUIDITÉ DE PLUSIEURS MÉTAUX PAR CENTIMÈTRE CARRÉ. — D'après ses nombreuses expériences, M. Tresca a trouvé qu'il fallait, pour forcer certains métaux à s'écouler comme les liquides, les pressions suivantes évaluées en kilogrammes par centimètre carré. On sait que la pression atmosphérique équivaut à 1 kilogramme et 3 grammes par centimètre carré. Il suit de là que les pressions suivantes sont à peu près équivalentes à un même nombre d'atmosphères :

1° Plomb. . . 182 kilogrammes par centimètre carré;
2° Étain. . . 209 —   —   —   —
3° Zinc . . . 900 —   —   —   —
4° Cuivre. . 1893 —   —   —   —
5° Fer. . . . 3757 —   —   —   —

Ces nombres représentent le coefficient de fluidité de chacun des métaux.

III° UNIVERSALITÉ DE LA LOI D'ÉCOULEMENT DES SOLIDES. — Les expériences de M. Tresca ne portent que sur les métaux ductiles ou malléables ; mais il ne peut y avoir de doute sur l'universalité de la loi. En effet, où il y a déformation, là il y a glissement des molécules, coulure. L'acier trempé, la fonte, finissent par acquérir à la longue une courbure permanente. La pierre la plus dure se tasse sous le poids de nos édifices ; elle s'aplatit, s'étend horizontalement comme le bloc de plomb de M. Tresca sous l'action du poinçon. Un bâton de verre et une lame d'acier, dit Poncelet, s'ils sont restés appuyés pendant longtemps contre un mur, finissent par acquérir une courbure permanente. Ils ne reviennent plus à leur forme primitive ; il y a donc eu glissement des molécules et nouvelle distribution pour produire les allongements et les raccourcissements qui accompagnent toute déformation.

Conclusion. — « Les magnifiques travaux de M. Tresca, dit le Père Secchi, nous ont appris que la différence entre les solides et les liquides n'est que du *plus au moins*. Les liquides sont ceux qui coulent sous la simple pression de leur propre poids ; les solides sont ceux qui pour couler doivent être soumis à une pression extérieure dont l'action s'ajoute à celle de la gravité [1]. »

Les travaux de M. Tresca apportent une preuve de plus en faveur de *l'unité de constitution moléculaire des corps*, sous leurs différents états.

« Si, comme nous le croyons, dit M. Tresca, ces faits prouvent que quelques-uns de ces effets ont leurs analogues dans ceux de l'hydrodynamique, nous aurons apporté une preuve de plus en faveur de l'unité de constitution moléculaire des corps sous leurs diffé-

---

1. Secchi, *L'unité des forces physiques*, page 447.

rents états, et nous aurons établi que les mouvements des liquides eux-mêmes ne sont qu'un cas particulier d'un effet plus général de l'action des forces sur un groupe quelconque de molécules, plus ou moins libres de se déplacer les unes par rapport aux autres [1]. »

§ II. **Action mécanique des gaz fortement comprimés sur les métaux.** — Travaux de M. Daubrée [2]. — Des prismes d'acier corroyé, de première qualité, étaient soumis à des pétards de dynamite d'un poids total de 2 et 5 kilogrammes. Le pétard était simplement appliqué sur l'une des faces, de telle sorte que la pression des gaz n'agit que d'un seul côté.

1° *Action d'érosion et d'arrachement.* — Les alvéoles produites dans les masses d'acier par l'action des gaz comprimés atteignent jusqu'à 5 millimètres de profondeur.

Ces alvéoles présentent souvent, sur une partie de leur périphérie, un rebord ou bourrelet, en forme de bavure, qui fait saillie de 1 à 2 millimètres sur la surface générale du métal. Elles ressemblent au logement d'un projectile lancé par un canon dans une plaque métallique où il pénètre.

Ainsi les gaz n'ont pas seulement produit sur le métal des érosions, ils ont aussi arraché et refoulé le métal, comme l'aurait fait le choc d'un burin d'acier énergiquement poussé.

1. Tresca, *Comptes rendus*, 15 avril 1867.
2. Expériences faites avec le concours de M. Sarrau, ingénieur en chef des poudres et salpêtres, et membre de l'Institut. Voir les *Comptes rendus*, 16 juillet 1877 5 mars 1877, 11 août 1879.

La force érosive des gaz croît très rapidement avec leur pression et leur température ; car les gaz de la dynamite produisent des effets beaucoup plus accentués que ceux de la foudre, quoiqu'ils agissent dans un temps incomparablement plus court.

2° *Action d'écrasement.* — En même temps que la barre d'acier s'est brisée et élargie, elle a subi une autre déformation : ce sont des écrasements formant bourrelet le long de la plaque et en saillie de 2 ou 3 millimètres ; de larges stries sont perpendiculaires aux bavures, comme si elles étaient le produit de laminage sous les étreintes des corps solides.

3° *Action de frottement.* — En outre, on remarque sur beaucoup de fractures de la masse d'acier certaines surfaces, les unes polies, les autres très finement striées. Ces surfaces, bien qu'elles se poursuivent dans l'intérieur des morceaux suivant des fissures très minces, se sont évidemment produites en même temps que les ruptures.

4° *Action de pulvérisation.* — Dans une expérience où la pression s'était élevée à 1500 atmosphères, les gaz ont d'abord fondu l'acier ; puis ils ont immédiatement arraché et emporté cet acier fondu, à l'état de division extrême, comme on le voit pour l'eau dans les appareils bien connus sous le nom de pulvérisateurs. Les personnes présentes perçurent immédiatement à la gorge une sensation caractéristique qui dénotait la présence du fer répandu dans l'air de la chambre. De plus, on reconnut que ces mêmes gaz avaient projeté sur un écran voisin une poussière

4

noire magnétique et aussi impalpable que le produit d'une volatilisation.

Poids du gaz qui produisait ces effets mécaniques. — La surface du prisme d'acier était de 134 centimètres carrés; le poids du gaz agissant sur cette surface était de 1500 grammes, ce qui en moyenne correspond à un poids de gaz de 112 milligrammes par millimètre carré!

« Une quantité de gaz extrêmement faible, dit M. Daubrée, produit des effets extrêmement considérables. Un poids de gaz de 1 kilogramme et demi agissant sur un prisme d'acier y produit, à part divers affouillements de surface :

« 1° D'abord des *ruptures* qu'opéreraient à peine des pressions de 1 million de kilogrammes, c'est-à-dire la pression d'un poids 600,000 fois plus grand que celui du gaz, cause de ces déchirements.

« 2° Puis, des *écrasements* qui ne peuvent correspondre à moins de 3,000 atmosphères. »

Conclusion. — « Les gaz arrachent donc et refoulent l'acier comme le ferait l'action d'un poinçon du même métal. Les gaz aussi fortement comprimés se comportent comme des corps momentanément solides, qui posséderaient une grande cohérence et une dureté assez considérable pour entailler le fer.

« De très fortes pressions modifient donc singulièrement les caractères qu'on avait crus autrefois essentiels aux trois états solide, liquide et gazeux. Tandis qu'elles forcent les corps solides à s'écouler comme des liquides, elles font agir les gaz à la manière des corps solides et incompressibles, effaçant ainsi des démarcations consacrées par l'usage, et montrant la continuité ou mieux *l'unité réelle d'action* pour les différents états de la matière [1]. »

CHAPITRE II

DIVISIBILITÉ DE LA MATIÈRE

1° — DISGRÉGATION PHYSIQUE

I. Corps inorganiques. — « D'après le procédé dû au professeur Brücke, dit M. Tyndall, on fait dissoudre 1 gramme de résine pure dans 87 grammes d'alcool absolu; puis on verse la dissolution limpide dans un flacon d'eau claire qu'on agite vivement. Il se forme ainsi un précipité d'une finesse extrême, qui révèle sa présence par son action sur la lumière. Si l'on place une surface noire derrière le flacon et qu'on y laisse arriver la lumière d'en haut ou par devant, l'eau du flacon paraît distinctement bleue. Helmholtz n'a pas craint de nous révéler qu'un œil bleu est simplement un milieu trouble.

« Ce flacon préparé d'après la méthode de Brücke a été soumis à M. Huxley, qui a examiné le liquide avec son microscope le plus puissant. M. Huxley n'a pu discerner aucune particule distincte. Et cependant

---

1. Daubrée, *Comptes rendus*, 9 juillet 1883.

si elles avaient eu, disait-il, 1 *quatre-millième de millimètre* en diamètre, elles n'auraient pu échapper à son observation. Mais il lui fut impossible d'en apercevoir une seule : sous le microscope, le liquide trouble ne pouvait se distinguer de l'eau distillée [1]. »

On sait que dans l'espace d'un millimètre il y a, en moyenne, 2 mille ondes lumineuses, ce qui donne comme longueur pour une onde 1 *deux-millième de millimètre*. Il s'ensuit que la longueur d'une particule résineuse du flacon de Brücke étant inférieure à 1 *quatre-millième de millimètre* était plus de deux fois moindre que la longueur d'une onde lumineuse.

On trace jusqu'à 10,000 raies dans un millimètre [2]. Chaque raie est donc 1 *dix-millième de millimètre*. Or, on fait des feuilles d'or assez minces pour que 10,000 d'entre elles superposées fassent un millimètre. Chaque feuille d'or est donc *cinq fois* plus courte qu'une onde lumineuse [3].

Ces feuilles d'or, qui déjà n'ont que le cinquième de la longueur d'une onde lumineuse, Faraday les

---

1. TYNDALL, *Rôle de l'imagination dans les sciences*, Revue scientifique, 1" janvier 1874.
2. Note recueillie au cours de physique professé par M. Jamin à la Sorbonne.
3. Note recueillie, en 1868, au cours de chimie professé par Henri Sainte-Claire Deville, à la Sorbonne. Voici le procédé tel que l'a décrit l'illustre chimiste : On place une lame d'or entre deux feuilles de baudruche d'une surface plus large; on martèle jusqu'à ce que la lame d'or ait atteint la largeur des baudruches. Cela fait, on prend la feuille d'or et on la met entre deux nouvelles feuilles de baudruche, d'une superficie plus grande; on martèle jusqu'à ce que la feuille d'or ait égalé la surface des baudruches et ainsi de suite.

prend, les fait flotter sur une dissolution de cyanure de potassium ; par ce procédé, il les réduit à une épaisseur qui est le cinquantième de la longueur d'une onde lumineuse ; c'est-à-dire que l'épaisseur de chaque feuille d'or s'est abaissée à 1 *cent-millième de millimètre* [1] ! Voilà pour les métaux ; voici pour les corps vivants.

II. Corps organiques. — « Dans certaines diatomées circulaires, dont le diamètre égale la longueur d'une onde lumineuse (1 deux-millième de millimètre), on peut compter sur ce diamètre plus de cent cellules. Chacune de ces cellules est composée elle-même de molécules de diverses substances [2].

« D'autres végétaux et infusoires microscopiques ont une longueur moindre que celle d'une onde lumineuse, et cependant ils contiennent tous les organes nécessaires à leur nutrition et aux fonctions vitales. »

II° — DISSOCIATION CHIMIQUE

En pulvérisant un grain de sel marin ou chlorure de sodium NaCl, on fait une disgrégation physique ; en séparant le chlore d'avec le sodium, on fait une dissociation chimique.

« A la disgrégation, dit le Père Secchi, correspond la dissociation chimique découverte par Henri Sainte-Claire Deville. Quand intervient ce mode de division,

---

1. Secchi, *L'unité des forces physiques*, page 272.
2. Secchi, page 603, ajoute en note : Le comte Casvacane a mesuré six mille cellules de l'*Amphipleura pellucida* sur la longueur d'un millimètre.

l'esprit se refuse à concevoir à quel degré de rareté la matière peut atteindre [1]. »

1er *Exemple.* — Tyndall remplit un flacon d'acide sulfureux gazeux ; puis il fait passer un rayon de lumière, lequel a la propriété de dissocier insensiblement le composé chimique. « D'abord on ne voit rien de particulier ; le récipient qui contient le gaz semble absolument vide. Bientôt cependant, sur ce passage du rayon lumineux, on observe une belle couleur bleu de ciel, qui est due aux parcelles du soufre mises en liberté. Pendant quelques instants, le bleu devient plus intense ; puis bientôt il blanchit, et du bleu blanchâtre il passe au blanc, d'une manière plus ou moins complète. Si l'action se maintient pendant un temps suffisamment long, le tube finit par se remplir d'un épais nuage de parcelles de soufre [2]. »
Voici ce qui s'est passé :

L'acide sulfureux SO^2 est la combinaison des atomes du soufre avec les atomes de l'oxygène ; les rayons lumineux brisent le lien de l'affinité chimique ; l'acide sulfureux est dissocié ; les atomes du soufre sont mis en liberté. Tout d'abord ces atomes, à cause de leur inconcevable ténuité, étant incapables d'exciter la rétine humaine d'une manière sensible, sont invisibles.
« Peu à peu ils se réunissent de manière à former des parcelles ; ces dernières, en s'accroissant d'une manière continue par l'adjonction de nouveaux atomes,

---

1. Secchi, *L'unité des forces physiques*, page 604.
2. Tyndall, *Rôle de l'imagination dans les sciences*, *Revue scientifique*, 1er juillet 1871.

arrivent, au bout d'une minute ou deux, à présenter l'aspect de la matière du ciel. Dans cet état, *tout en étant invisibles elles-mêmes*, elles peuvent envoyer à la rétine une quantité de mouvements ondulatoires suffisante pour produire le bleu du firmament. Les parcelles restent dans cet état, ou du moins on peut les y faire rester un temps considérable, pendant lequel elles échappent à nos meilleurs microscopes. Mais comme elles grossissent constamment, elles arrivent par des gradations insensibles à l'état de nuage, et alors elles ne peuvent plus échapper à l'œil armé d'un instrument puissant. Ainsi et sans aucune solution de continuité, nous partons de la matière à l'état de molécule et nous arrivons à la matière à l'état de masse.

« J'ai fait agir un rayon de lumière sur une certaine vapeur, l'acide sulfureux. En deux minutes, le bleu s'était montré; mais au bout d'un quart d'heure, il était encore bleu. Les parcelles avaient certainement, en diamètre, moins de 1 quatre-millième de millimètre. Et maintenant, je vous demanderai de soumettre à votre imagination la question suivante : Voici des parcelles de matière qui se sont constamment accrues pendant un quart d'heure, et qui, au bout de ce temps, sont indubitablement plus petites que celles qui ont défié le microscope de M. Huxley; quelle devait être dans l'origine la grosseur de ces parcelles? Quelle idée pouvez-vous vous faire de la grandeur de ces parcelles semblables? De même que les distances des espaces stellaires ne produisent en nous que le sentiment d'une immensité étourdissante sans laisser d'impression distincte dans l'esprit, de même les grandeurs auxquelles nous avons affaire ici nous laissent un sentiment étourdissant de petitesse [1]. »

2° *Exemple.* — « Placée dans certaines conditions, dit M. Faye, la matière, sans qu'elle cesse pour cela de tomber sous nos sens, est d'une divisibilité presque indéfinie. Par exemple, un milligramme d'aniline, dissous dans un poids cent millions de fois plus grand d'alcool, communique au liquide une coloration sensible. Les nébulosités cométaires sont d'une rareté inimaginable. On sait qu'un brouillard de quelques centaines de mètres d'épaisseur nous masque complètement les plus brillantes étoiles et même le soleil. Or à travers la queue des comètes, on aperçoit les étoiles de la plus faible grandeur; l'épaisseur de la queue varie de 20,000 à 50,000 lieues, sur une longueur de 20,000,000 à 40,000,000 de lieues [2]. »

« Supposez, dit Tyndall, toute cette matière cométaire réunie et suffisamment comprimée, quel en serait le volume? John Herschel vous dirait probablement que la masse tout entière serait facilement emportée, en un seul voyage, par un cheval ordinaire. En réalité, je ne crois pas qu'il fallût plus d'une petite fraction de cheval pour enlever la poussière cométaire [3]. » Aussi le physicien français Babinet disait-il plaisamment des comètes : ce sont des riens visibles.

1. TYNDALL, *Rôle de l'imagination*, page 19.
2. FAYE, *Sur la figure des comètes, Annuaire du bureau des longitudes*, 1883.
3. TYNDALL, *Rôle de l'imagination dans les sciences.*

« Nous sommes entre deux infinis, dit le Père Secchi, l'infiniment grand des espaces célestes et l'infiniment petit des distances atomiques [1]. »

Les chimistes et les physiciens qui n'admettent pas que la matière soit indéfiniment divisible, ont essayé de déterminer quelles pouvaient être les dimensions des atomes ainsi que la distance qui s'étend du centre d'une molécule au centre d'une autre molécule. « Le diamètre des molécules gazeuses, dit sir William Thomson, ne doit pas être moindre que 5 dix-millio-

---

[1]. Secchi, *Unité des forces physiques*, page 603.
On connaît l'admirable page de Pascal, *Pensées*, chapitre II, *Grandeur et misère de l'Homme* : « Qu'est-ce qu'un homme dans l'infini ? Mais pour lui présenter un autre prodige aussi étonnant, qu'il recherche dans ce qu'il connaît les choses les plus délicates ! Qu'un ciron lui offre dans la petitesse de son corps des parties incomparablement plus petites, des jambes avec des jointures, des veines dans ces jambes, du sang dans ces veines, des humeurs dans ce sang, des gouttes dans ces humeurs, des vapeurs dans ces gouttes ; que, divisant encore ces dernières choses, il épuise ses forces en ces conceptions, et que le dernier objet où il peut arriver soit maintenant celui de notre discours ; il pensera peut-être que c'est là l'extrême petitesse de la nature. Je veux lui faire voir là dedans un abîme nouveau. Je veux lui peindre non seulement l'univers visible, mais l'immensité qu'on peut concevoir de la nature, dans l'enceinte de ce raccourci d'atome. Qu'il y voie une infinité d'univers, dont chacun a son firmament, ses planètes, sa terre, en la même proportion que le monde visible ; dans cette terre, des animaux et enfin des cirons, dans lesquels il retrouvera ce que les premiers ont donné ; et trouvant encore dans les autres la même chose, sans fin et sans repos, qu'il se perde dans ces merveilles aussi étonnantes dans leur petitesse que les autres par leur étendue ; car qui n'admirera que notre corps, qui tantôt n'était pas perceptible dans l'univers, imperceptible lui-même dans le sein du Tout, soit à présent un colosse, un monde, ou plutôt un Tout, à l'égard du néant où l'on ne peut arriver. »

nièmes de millimètre. Quant aux solides et aux liquides, la distance entre deux molécules doit varier de 14 dix-millionièmes à 46 dix-millionièmes de millimètre. Dans les liquides transparents ou translucides, la distance moyenne des centres de deux molécules contiguës est comprise entre 1 dix-millionième et 2 cent-millionièmes de millimètre. Pour nous faire une idée de la manière dont les corps sont constitués, figurons-nous une goutte de pluie et supposons-la grossie jusqu'à égaler le volume de la terre; supposons que les atomes dont elle est composée soient grossis dans la même proportion. La sphère aqueuse ainsi obtenue sera composée de petites sphères (atomes) plus grosses que des grains de plomb, mais plus petites que des oranges [1]. »

L'éminent physicien anglais Clerk Maxwell s'est servi d'une antithèse frappante pour exprimer l'inconcevable divisibilité des corps matériels : « Ce qui se voit est fait de choses qui ne se voient pas. »

CHAPITRE III

LOIS DES COMBINAISONS DE LA MATIÈRE

1° — LOI DES PROPORTIONS DÉFINIES

Les corps se combinent entre eux en proportions définies.

[1]. WILLIAM THOMSON, *Dimension des atomes, Revue scientifique*, 16 mars 1872.

Exemple. — 1 gramme d'hydrogène se combine avec 8 grammes d'oxygène; le résultat de la combinaison est la production de 9 grammes d'eau.

Si dans l'eudiomètre [1] où s'accomplit la combinaison j'avais mis 1 gramme d'hydrogène et 9 grammes d'oxygène, la combinaison se serait faite exclusivement entre 1 gramme d'hydrogène et 8 grammes d'oxygène; j'aurais trouvé dans l'eudiomètre 9 grammes d'eau + un gramme d'oxygène non combiné.

Ce qui est vrai de l'hydrogène et de l'oxygène l'est également de tous les corps. Tous les corps, sans exception, lorsqu'ils se combinent entre eux, se combinent en proportions définies.

La loi des proportions définies a été découverte par un chimiste français, Proust, né à Angers en 1755 et mort en 1826.

II° — LOI DES PROPORTIONS MULTIPLES

Dans les combinaisons, si l'un des deux corps qui se combinent est pris pour unité, l'autre corps peut se combiner avec lui en proportions définies multiples.

1er *Exemple.* — A. 1 gramme d'hydrogène se combine avec 8 grammes d'oxygène, HO.

B. 1 gramme d'hydrogène se combine avec 8×2 grammes d'oxygène, HO^2.

2e *Exemple.* — 14 grammes d'azote se combinent avec 8 grammes d'oxygène, AzO.

---

[1]. L'eudiomètre est un tube de verre épais par où l'on fait passer l'étincelle électrique; c'est l'étincelle qui provoque la combinaison des deux gaz hydrogène et oxygène.

B. 14 gr. d'azote se combinent avec 8×2 gr. d'oxygène, AzO²
C. 14 gr. d'azote se combinent avec 8×3 gr. d'oxygène, AzO³
D. 14 gr. d'azote se combinent avec 8×4 gr. d'oxygène, AzO⁴
E. 14 gr. d'azote se combinent avec 8×5 gr. d'oxygène, AzO⁵

La loi des proportions multiples a été découverte en 1808 par le chimiste anglais Dalton, né en 1766, mort en 1844 [1].

III° — LOI DES ÉQUIVALENTS

Dans les combinaisons entre corps simples ou entre corps composés, les combinaisons, les substitutions ou les échanges entre les corps qui se combinent se font selon des rapports constants; le rapport constant suivant lequel tout corps se combine avec un autre ou se substitue à un autre dans une combinaison s'appelle l'*équivalent* de ce corps.

1° *Exemples de combinaison entre corps simples* :

Lorsque l'iode se combine avec un autre corps, c'est toujours dans le rapport de 127.

    A. Iodure de potassium = 127 iode et 39 potassium.
    B. Iodure de sodium   = 127 iode et 23 sodium.
    C. Iodure de calcium   = 127 iode et 20 calcium.
    D. Iodure de mercure = 127 iode et 100 mercure.

Quelle que soit la quantité de iodure que l'on ait, l'iode s'y trouve constamment dans le rapport de 127. Le nombre 127 est l'équivalent de l'iode.

---

1. Note recueillie, en 1868, au cour de chimie professé à la Sorbonne par Henri Sainte-Claire Deville. Henri Sainte-Claire Deville taxait d'absurdité la dénomination de loi des proportions multiples : « Le véritable nom est loi des proportions simples ou loi des rapports simples. Cette loi a été trouvée et nommée par Dalton. Dalton était un esprit médiocre; l'idée

Il en est de même de tout corps; c'est ainsi, par exemple, que le potassium se combine toujours dans le rapport de 39; le sodium, dans celui de 23; le calcium, dans celui de 20, etc. Aussi dit-on que 39 est l'équivalent du potassium; 23, celui du sodium; 20, celui du calcium, etc.

2° *Exemples de combinaison entre corps composés.*

L'acide sulfurique SO^3 est le produit de la combinaison d'un équivalent de soufre (*soufre* $= 16$) avec trois équivalents d'oxygène ($8 \times 3 = 24$); l'équivalent de l'acide sulfurique est donc $16 + 24 = 40$.

L'oxyde de potassium ou en un seul mot la *potasse* KO est le produit de la combinaison de l'oxygène (oxygène $= 8$) avec le potassium (potassium $= 39$); l'équivalent de l'oxyde de potassium est donc $8 + 39 = 47$.

A. Toutes les fois que l'acide sulfurique SO^3 se combine avec l'oxyde de potassium KO, ce sera dans la proportion de 40. Il en est de même de toute combinaison de l'acide sulfurique avec tout autre oxyde. Le nombre 40 est l'équivalent de l'acide sulfurique.

B. L'oxyde de potassium KO se combinant avec tout acide dans le rapport de 47, il en résulte que 47 est l'équivalent de l'oxyde de potassium.

---

qu'il poursuivait était chimérique; ses expériences étaient fausses; sa théorie était absurde, et ses expériences aussi, répétait d'un ton animé Henri Deville; la loi des rapports simples a été, en réalité, découverte par Wollaston. Mais celui-ci était doué d'un si mauvais caractère que Berzélius, pour lui faire pièce, alla découvrir la loi dans Dalton. »

WOLLASTON, physicien anglais, né en 1766, est mort en 1828.

Il en est de même de toute combinaison des corps composés entre eux.

3° *Exemples d'échanges dans les combinaisons entre corps composés.*

L'équivalent de l'acide sulfurique SO^3 est $16 + 24 = 40$.
L'équivalent de l'acide carbonique CO^2 est $6 + 16 = 22$.
L'équivalent de l'oxyde de sodium ou soude NaO est $23 + 8 = 31$.
L'équivalent de l'oxyde de cuivre CuO est $31,8 + 8 = 39,8$.

Supposons que l'on mette du carbonate de soude NaO, CO^2 (acide carbonique et oxyde de sodium) en présence du sulfate de cuivre CuO, SO^3 (acide sulfurique et oxyde de cuivre); il se fera un échange de leur oxyde entre les deux acides; on aura, comme résultat de l'expérience, du carbonate d'oxyde de cuivre et du sulfate de soude.

A. Dans le carbonate de cuivre CuO, CO^2, le rapport de l'acide carbonique sera toujours 22; et celui de l'oxyde de cuivre, 39,8.

B. Dans le sulfate de soude NaO, SO^3, le rapport de l'acide sulfurique sera toujours 40; et celui de la soude, 31.

C'est-à-dire que l'acide sulfurique du sulfate de cuivre primitif *aura échangé* ses 39,8 d'oxyde de cuivre contre les 31 d'oxyde de sodium du carbonate de soude. Et celui-ci aura échangé ses 31 d'oxyde de sodium contre les 39,8 d'oxyde de cuivre du sulfate de cuivre.

Comme l'échange se fait toujours dans les mêmes rapports, quelle que soit la quantité des corps mis en expérience, il en résulte que :

A. 40   est l'équivalent de l'acide sulfurique;
B. 22   est l'équivalent de l'acide carbonique;
C. 39,8 est l'équivalent de l'oxyde de cuivre;
D. 31   est l'équivalent de l'oxyde de sodium.

En résumé, l'équivalent d'un corps quelconque est le rapport constant (*en poids*) selon lequel tout corps se combine avec un autre, ou se substitue à un autre, ou fait un échange avec un autre.

En comparant la loi des équivalents à la loi des proportions définies, on reconnaît que l'équivalent n'est pas autre chose qu'une certaine proportion définie constante que les chimistes sont parvenus à déterminer à l'aide d'expériences précises et délicates [1].

[1]. Lorsqu'on connaît les équivalents des corps, il est facile de déterminer dans un poids quelconque de sel chimique la quantité proportionnelle de chacun des corps composants :

Problème : Quelle quantité d'iode entre-t-il dans 20 grammes d'iodure de potassium?

Solution : L'équivalent de l'iode est   127
L'équivalent du potassium. . .   39
D'où iodure de potassium.   = 166

1° 166 grammes d'iodure de potassium renferment 127 grammes d'iode;

2° 1 gramme d'iodure de potassium en renfermera 166 fois moins;

d'où $\frac{127}{166}$;

3° 20 grammes d'iodure de potassium en renfermeront 20 fois plus;

d'où $\frac{127 \times 20}{166} = 15^{gr}3$.

Si l'on voulait déterminer la quantité de potassium, on dirait :

1° 166 grammes d'iodure de potassium renferment 39 grammes de potassium;

CHAPITRE IV

CONSERVATION DE LA MATIÈRE

1° — LOI DES POIDS

Le poids d'un composé est égal à la somme des poids composants.

Cette loi, découverte par Lavoisier, est la base de la chimie ; c'est d'elle que sont dérivés les progrès merveilleux qu'a faits cette science.

Au point de vue philosophique, son importance est capitale. C'est elle, en effet, qui a donné expérimentalement sur la matière les connaissances les plus certaines que l'on ait. Toute métaphysique qui ne la prend pas pour fondement est destinée à succomber.

Voyons comment se comportera le poids de la matière prise, soit dans les trois états physiques, à savoir, solide, liquide et gazeux, soit dans les états

2° 1 gramme d'iodure de potassium en renfermera 166 fois moins ;

d'où $\dfrac{39}{166}$;

3° 20 grammes d'iodure de potassium en renfermeront 20 fois plus ;

d'où $\dfrac{39 \times 20}{166} = 4^{gr}7$.

Ainsi 20 grammes d'iodure de potassium renferment $15^{gr}3$ d'iode et $4^{gr}7$ de potassium ; en tout, $15^{gr}3 + 4^{gr}7 = 20$ grammes.

Toutes les déterminations peuvent être faites à l'aide des équivalents, d'après ce type.

chimiques, c'est-à-dire dans les combinaisons où la matière est engagée.

A. *États physiques.* — Je prends de l'eau solide, c'est-à-dire de la glace; j'en pèse 2 grammes, que je mets dans un ballon préparé pour l'expérience. Je chauffe doucement; au bout de quelques minutes, la glace est fondue; l'eau, de l'état solide, est passée à l'état liquide. Pesée à la balance, l'eau liquide donne 2 grammes, le même poids qu'elle avait à l'état solide.

Continuant l'expérience, je chauffe les 2 grammes d'eau liquide jusqu'à ce qu'ils soient vaporisés. Je pèse de nouveau la vapeur formée; je trouve 2 grammes. Ainsi, à l'état gazeux, l'eau n'a pas changé de poids.

Comme vérification et contre-épreuve, je refroidis mes 2 grammes de vapeur d'eau : l'eau redevient liquide; ce liquide pèse 2 grammes.

Je plonge mon ballon dans un mélange réfrigérant; mes 2 grammes d'eau liquide se solidifient. La glace formée pèse également 2 grammes.

B. *États chimiques.* — Trois cas peuvent se présenter : 1*er cas, où le poids de la matière reste le même, en évidence immédiate.* — Dans l'une des branches d'un tube ayant la forme d'un V renversé, plaçons une dissolution d'azotate de baryte; et dans l'autre, une dissolution de sulfate de potasse; ces deux sels n'étant pas en contact ne réagissent pas. Fermons le tube à la lampe; suspendons-le à l'un des bras d'une balance, puis équilibrons-le par des poids placés à l'autre bras.

Cela fait, inclinons le tube de manière à mélanger

les dissolutions; aussitôt le liquide se trouble, une combinaison complexe s'exécute : il se forme du sulfate de baryte insoluble et de l'azotate de potasse dissous.

Fixons de nouveau le tube à la balance : son poids n'a pas subi la plus légère variation.

2° cas, où le poids de la matière semble augmenter. — Je prends 100 grammes de mercure; je les chauffe dans une atmosphère contenant une quantité connue d'oxygène, 10 grammes par exemple. Pendant un nombre suffisant de jours, je maintiens le mercure à une température supérieure à 300°, mais n'atteignant jamais 400°. A la fin de l'expérience, tout mon mercure a pris l'aspect d'une matière rougeâtre. Mis sur la balance, ce mercure rouge pèse 108 grammes, c'est-à-dire 8 grammes de plus que le mercure primitif : le mercure primitif semble donc avoir augmenté de poids. Il n'en est rien.

En effet; pendant que le mercure augmentait de 8 grammes, l'atmosphère d'oxygène, au sein de laquelle le mercure était chauffé, perdait 8 grammes de poids; à la fin de l'expérience, elle ne contenait plus que 2 grammes. Il s'ensuit que la matière rouge n'est pas autre chose que les 100 grammes de mercure combinés à 8 grammes d'oxygène.

Vérifions : je chauffe à 400° l'oxyde rouge; la combinaison se défait, le mercure métallique est régénéré, tandis que l'oxygène chassé est recueilli dans un ballon approprié. Mis sur la balance, le mercure régénéré pèse 100 grammes; l'oxygène chassé de la combinaison donne un poids de 8 grammes. Il est donc absolument certain qu'il n'y a eu ni perte ni gain, le mercure et l'oxygène ont changé d'état, mais ils n'ont rien perdu ni rien acquis.

Telle est en substance la célèbre expérience de Lavoisier, la plus féconde en résultats qu'on ait jamais faite.

3° *cas, où le poids de la matière semble réduit à zéro.*

Prenons une allumette pesant 6 grammes et, pour simplifier l'expérience, supposons que le bois dont elle est formée est du charbon pur; puis brûlons cette allumette; il ne reste rien : l'allumette semble anéantie.

Mais si, au lieu de laisser échapper le gaz produit par la combustion, nous le recueillons et nous le pesons, alors nous trouvons que notre allumette brûlée, loin d'être anéantie, pèse à l'état de gaz 22 grammes, ce gaz est l'acide carbonique CO^2.

En dissociant ces 22 grammes d'acide carbonique, nous trouvons qu'ils sont composés de 6 grammes de charbon pur et de 16 grammes d'oxygène. Notre allumette n'a donc rien perdu de son poids; elle n'a fait que changer de forme, à l'aide de la combustion[1].

Les trois cas précédents sont les types théoriques de tous les cas qui peuvent se présenter.

---

1. La combustion est l'union de deux corps pondérables, l'un *comburant*, qui est l'oxygène, et l'autre *combustible*.

Lavoisier a ainsi formulé la loi de la combustion : Le poids des produits de la combustion se compose de deux choses, à savoir, du poids du corps combustible et du poids de l'oxygène absorbé.

Cité par CHEVREUL, *Comptes rendus*, 7 septembre 1868, page 539.

II° — CONSÉQUENCES CHIMIQUES ET PHILOSOPHIQUES DE LA LOI DES POIDS

Il est démontré expérimentalement avec une certitude absolue que :

1° Il est impossible de *créer* la plus petite parcelle de matière ;

2° Il est impossible de *détruire* la plus petite parcelle de matière ;

3° Quelles que soient les variations d'état ou de combinaisons, le poids de la matière reste invariable.

De là résultent les trois théorèmes métaphysiques suivants :

1° La matière *n'a pas eu de commencement* puisqu'elle ne peut pas être créée ;

2° La matière *n'aura pas de fin*, puisqu'elle ne peut pas être détruite ;

3° La matière ne fait qu'éprouver des *changements de forme*, puisque dans toutes les combinaisons son poids reste invariablement le même.

Les mots *création*, *destruction*, ont donc perdu leur sens primitif : ils ne signifient plus aujourd'hui que *passage d'une forme à une autre forme*. Lorsque l'esprit fixe son attention sur une forme qui commence, il dit qu'il y a création ; il appelle destruction la fin de cette même forme, laquelle fait place à une autre. Quant à l'éternelle matière, son poids, à travers ses métamorphoses indéfinies, reste absolument invariable.

En chimie, ces vérités sont ainsi formulées : rien

ne se perd, rien ne se crée ; il n'y a que des changements de forme.

On a donné à cette loi le nom assez impropre, mais consacré par l'usage, de loi de la conservation de la matière.

III° — LA BALANCE, INSTRUMENT DE MESURE DE LA MATIÈRE

La chimie, en tant que science, est née le jour où il a été démontré que le poids de la matière restait invariable. L'instrument qui a permis au génie de Lavoisier de découvrir l'axiome fondamental est la balance. C'est à elle, comme on vient de le voir, que la métaphysique devra également l'une de ses assises. La balance est l'instrument qui a donné au philosophe les concepts les plus certains et les plus importants qu'il ait de la matière. On peut ajouter que l'homme est d'autant plus apte à pénétrer dans la connaissance d'un corps qu'il a pu le peser. Ayant le poids, il est capable de mesurer ce corps et de le dénombrer, c'est-à-dire d'en faire l'analyse : *Omnia in mensurâ et numero et pondere* [1].

CHAPITRE V

L'ISOMÉRIE

« En poursuivant l'étude analytique des principes immédiats, on reconnut, non sans étonnement, que

1. *Sagesse*, XI, verset 21.

la connaissance de la composition d'un principe et celle de son équivalent ne suffisent point pour le définir. Jusque-là on avait admis comme un axiome physique que l'identité de composition implique l'identité des propriétés. Mais cette opinion fut renversée le jour où l'on découvrit des corps doués de la même composition et possédant cependant des propriétés différentes [1]. »

C'est Berzélius qui a commencé les travaux sur l'isomérie, et c'est à lui qu'on en doit le nom même. C'est encore Berzélius qui a divisé les corps isomères en isomères proprement dits, en métamères et en polymères.

L'isomérie joue un rôle du premier ordre dans la constitution des corps, surtout des corps organiques. Aussi son étude est-elle d'une haute importance pour la philosophie naturelle. C'est l'isomérie, en effet, qui fait le mieux éclater la prodigieuse variété de groupements des molécules de trois ou quatre métalloïdes; or, ces quatre métalloïdes, à savoir, carbone, oxygène, hydrogène, azote, sont les éléments qui constituent à peu près totalement le corps des milliards d'êtres organiques, animaux et végétaux.

1° — DÉFINITION DES CORPS ISOMÈRES

Soient les lettres A, M, O, R, de la langue latine; on peut les combiner de la façon suivante :

1° Amor, en français, Amour;

---

1. BERTHELOT, la *Synthèse*, page 55.

2° Roma, en français, Rome ;
3° Mora   —   Retard ;
4° Ramo   —   au rameau ;
5° Armo,   —   à l'épaule ;
6° Maro, nom du poète Virgile Maro.

Ces six mots sont composés des mêmes éléments, c'est à-dire des mêmes lettres ; et cependant leurs propriétés, c'est-à-dire leurs cas, leurs sens, sont tout à fait différents. Un chimiste appellerait ces mots-là isomères (ἴσον égale, μέρος partie composante ou élément).

Les corps isomères, en chimie, sont ceux qui sont formés des mêmes éléments, unis dans les mêmes proportions, mais qui diffèrent par certaines propriétés physiques et chimiques.

Par exemple, les essences de térébenthine, de citron, d'orange, de basilic, de poivre, de persil, de romarin, sont des carbures d'hydrogène qui ont la même formule $C^{20}H^{16}$; ce qui veut dire qu'elles sont identiquement composées de 20 équivalents de carbone et de 16 équivalents d'hydrogène.

Ces carbures d'hydrogène se distinguent cependant par divers caractères :

1° *Au point de vue physique*, ils n'ont pas la même densité, ni le même point d'ébullition, ni le même indice de réfraction, ni la même chaleur spécifique, ni la même odeur, ni le même pouvoir rotatoire.

2° *Au point de vue chimique*, ces essences se combinent avec l'acide chlorhydrique dans des conditions différentes et avec des résultats différents. Telle de ces essences fournit le monochlorhydrate dans les conditions où telle autre fournit le dichlorhydrate.

A chacune de ces essences correspondent des monochlorhydrates doués d'un pouvoir rotatoire de valeur et même de sens différents.

L'équivalent de ces chlorhydrates est lui-même variable, pour quelques-uns d'entre eux, au moins [1].

II° — ARRANGEMENT DIFFÉRENT DES MOLÉCULES

De même que dans les mots latins isomères ci-dessus énumérés la différence des mots provient de la différence dans l'arrangement des lettres, de même dans les corps isomères, la différence provient de l'arrangement différent des éléments. Cet arrangement différent est invisible à l'œil de l'homme dans les corps isomères liquides ou gazeux, mais il est aisé de l'imaginer par le spectacle que nous donnent les corps solides.

1° LES DEUX FAMILLES DE SYSTÈMES CRISTALLINS. — On sait que tous les cristaux ont été ramenés par Haüy à six types ou systèmes, et qu'il est impossible de passer d'un système à un autre système; c'est-à-dire que lorsqu'un cristal appartient à un système, on a beau lui faire subir des troncatures et des biseaux ou des clivages, il est impossible de lui donner les caractères qui appartiennent aux cristaux d'un autre système.

Les six systèmes cristallins se divisent en deux *familles* selon la direction de leurs axes; les axes sont

---

1. Alfred RICHE, *Chimie*, 2ᵉ édition, tome Iᵉʳ, page 63.

au nombre de trois, à savoir, axe de la longueur, axe de la largeur, axe de la hauteur.

La *première famille* comprend les trois premiers systèmes, à savoir, système du cube, système du prisme droit à base carrée, système du prisme droit à base rectangulaire.

Les trois axes des systèmes qui appartiennent à la première famille sont rectangulaires.

La *seconde famille* comprend les trois derniers systèmes, à savoir, système du rhomboèdre, système du prisme oblique rhomboïdal, système du prisme oblique non-symétrique.

Les trois axes des cristaux qui appartiennent aux systèmes de la seconde famille sont obliques.

Chacun des six types précédents donne naissance à des *octaèdres;* mais, malgré la similitude de la forme, chacun des octaèdres typiques est séparé des autres octaèdres par un abîme infranchissable. En effet :

Le 1er système (*cube*) donne naissance à l'octaèdre régulier, dont les trois axes sont égaux.

Le 2e système (*prisme droit à base carrée*) donne naissance à l'octaèdre à base carrée, dont deux axes sont égaux, et le 3e inégal.

Le 3e système (*prisme droit à base rectangulaire*) donne naissance à l'octaèdre à base rectangulaire, dont les trois axes sont inégaux.

Dans ces trois premiers systèmes, les axes des cristaux sont rectangulaires.

Le 4e système (*rhomboèdre*) donne naissance à l'octaèdre à base rhombe, dont les trois axes sont égaux.

Le 5ᵉ système (*prisme oblique rhomboïdal*) donne naissance à l'octaèdre oblique à base rhomboïdale, dont deux axes sont égaux, et le 3ᵉ inégal.

Le 6ᵉ système (*prisme oblique non-symétrique*) donne naissance à l'octaèdre non-symétrique à base de parallélogramme, dont les trois axes sont inégaux.

Dans ces trois derniers systèmes, les axes des cristaux sont obliques.

On voit par ces exemples comment un certain arrangement des molécules assigne une origine absolument dissemblable à des corps solides analogues, dont l'apparence extérieure aurait pu donner à induire une commune origine.

II° LES CRISTAUX DISSYMÉTRIQUES. — Deux corps peuvent avoir des cristaux de la même forme et du même type, mais d'une orientation différente. On nomme dissymétriques ces cristaux ; tels sont les cristaux de l'acide tartrique droit et ceux de l'acide tartrique gauche. Les deux mains de l'homme nous offrent un modèle de dissymétrie : elles sont faites de la même façon, mais elles sont orientées en sens inverse ; elles ne sont pas superposables ; enfin, si on présente la main droite devant un miroir, l'image virtuelle que reproduit le miroir est une main gauche. A ces deux caractères, il est facile de reconnaître les corps dissymétriques.

Les corps dissymétriques exercent sur la lumière polarisée une action inverse ; par exemple, les cristaux de l'acide tartrique droit dévient à droite le plan de polarisation ; d'où le nom de *droit* qui est donné à l'acide. Les cristaux de l'acide tartrique gauche dévient le plan de polarisation du même nombre de degrés que le font les cristaux de l'acide droit, mais ils le dévient en sens inverse, c'est-à-dire à gauche, d'où le nom de acide tartrique *gauche* qui est donné à cet acide.

Par ces divers exemples on voit quelle variété de formes et de propriétés peut résulter de l'arrangement des molécules.

III° — ISOMÉRIE DES CORPS COMPOSÉS

L'isomérie dans les corps composés est extrêmement fréquente. Nous en avons vu plus haut un exemple dans les essences de térébenthine, de citron, d'orange, etc. La plupart des principes immédiats qui composent les corps vivants, végétaux ou animaux, sont isomères.

IV° — ISOMÉRIE DES CORPS SIMPLES OU ALLOTROPIE

L'isomérie existe aussi dans les corps simples; c'est à elle que Berzélius avait donné le nom d'*allotropie*.

1° L'*oxygène*. L'oxygène a son isomère dans l'ozone; l'ozone est de l'oxygène condensé dans le rapport de 3 à 2; c'est-à-dire que la densité de l'oxygène étant 16 fois celle de l'hydrogène, la densité de l'ozone sera égale à 24 fois celle de l'hydrogène.

En chauffant l'ozone à 300°, il revient à l'état d'oxygène ordinaire.

La diversité des états de l'oxygène répond à la diversité de ses fonctions chimiques [1].

2° *Le soufre*. Les différentes espèces isomériques du soufre sont :

A. Le soufre octaédrique,
B. Le soufre amorphe soluble,
C. Le soufre prismatique,
D. Le soufre amorphe insoluble,
E. Le soufre mou,
F. Le soufre huileux.

Les états moléculaires du soufre répondent à divers ordres de combinaison, c'est-à-dire à des fonctions différentes [2].

3° Le *phosphore*. Le phosphore ordinaire est blanc, fusible, cristallisable et soluble dans plusieurs dissolvants.

Le phosphore chauffé à 250° est rouge, infusible, amorphe et insoluble.

Ces deux phosphores répondent à deux séries de sulfures isomériques [3].

4° Le *carbone*. Les nombreuses variétés du carbone peuvent être rangées sous trois chefs principaux, à savoir :

A. Le carbone-*diamant* ;
B. Les carbones-*amorphes*, dérivés des matières organiques ;
C. Les carbones-*graphites*, lesquels existent dans la

---

[1]. BERTHELOT, *Revue scientifique*, 24 juillet 1870, pages 418-424.
[2]. BERTHELOT, *Revue scientifique*, 2 juillet 1870, pages 491-495.
[3]. BERTHELOT, *Revue scientifique*, 2 juillet 1870, page 496.

nature et se produisent dans la fonte de fer sous la forme hexagonale.

En sortant des combinaisons hydrogénées, le carbone prend de préférence l'état de carbone simple.

En sortant de ses combinaisons avec le chlore, le soufre, le bore et peut-être avec l'oxygène, sous l'action de la température rouge, le carbone offre une tendance à prendre l'état de carbone-graphite.

On sait que Henri Sainte-Claire Deville a désigné sous le nom de *diamant de bore* une variété de bore cristallisé, dure et brillante, laquelle renferme quelques centièmes de carbone. M. Berthelot a constaté que le carbone du diamant de bore n'y est pas à l'état de carbone-diamant, mais à celui de carbone-graphite [1].

V° — MÉTAMÉRIE

Lorsqu'un corps, isomère d'un autre corps, a été engendré par deux corps différents de ceux qui ont engendré l'autre isomère, il prend, ainsi que cet autre isomère, le nom de *corps métamère*.

La métamérie n'est, au fond, qu'un cas particulier de l'isomérie.

Exemple : l'éther formique a pour formule $C^4H^8O^4$; l'éther méthylacétique a la même formule; ces deux éthers sont donc isomères.

A. *L'éther formique* a été engendré par l'alcool ordinaire $C^4H^6O^2$ et l'acide formique $C^2H^2O^4$, lesquels

---

1. BERTHELOT, *Revue scientifique*, 30 octobre 1869, page 782.

se sont combinés en éliminant 2 équivalents d'eau, ainsi qu'on le voit par l'équation suivante :

$$C^4H^4O^2 + C^2H^4O^4 - 2HO = C^6H^6O^4 \text{ éther formique.}$$

Si l'on fait regagner de l'eau à l'éther formique, en un seul mot, si on l'hydrate, l'éther formique se dédouble en alcool ordinaire et en acide formique, c'est-à-dire en les deux corps générateurs.

B. *L'éther méthylacétique* a été engendré par l'alcool méthylique $C^2H^4O^2$ et l'acide acétique $C^4H^4O^4$, lesquels se sont combinés en éliminant 2 équivalents d'eau, ainsi qu'on le voit par l'équation suivante :

$$C^2H^4O^2 + C^4H^4O^4 - 2HO = C^6H^6O^4 \text{ éther méthylacétique.}$$

Si l'on fait regagner de l'eau à l'éther méthylacétique, en un seul mot, si on l'hydrate, l'éther méthylacétique se dédouble en alcool méthylique et en acide acétique, c'est-à-dire en les deux corps générateurs.

Le mode de génération de ces deux corps rend compte de leur formule et de leur équivalent. Il permet de prévoir les différences d'un certain nombre de leurs caractères, et notamment de ce qui se passera quand on les mettra en présence des agents hydratants.

On ne peut rien prévoir de pareil sur les générateurs et les réactions des corps isomères proprement dits [1].

En résumé, les corps métamères sont des corps isomères qui ont la même condensation, la même densité de vapeur, des propriétés physiques presque

[1]. Alfred RICHE. *Chimie*, tome I", page 65.

identiques; mais ils se distinguent par leur origine et par leur dédoublement [1].

VI° — POLYMÉRIE

Un corps polymère est celui qui est formé par la condensation, sous le même volume, de plusieurs équivalents d'un corps générateur.

Exemple : le carbure d'hydrogène qu'on appelle l'*amylène* a pour formule $C^{10}H^{10}$.

En condensant, *sous le même volume*, deux équivalents de l'amylène simple, on obtient le *diamylène* $C^{20}H^{20}$.

En condensant trois équivalents d'amylène, on obtient le *triamylène* $C^{30}H^{30}$.

En condensant quatre équivalents d'amylène, on obtient le *tétramylène* $C^{40}H^{40}$.

Et ainsi de suite.

Le diamylène, le triamylène, le tétramylène, etc., sont les corps polymères du carbure générateur l'amylène.

Chez les corps polymères, l'équivalent est un des multiples de l'équivalent du corps générateur; leur point d'ébullition est plus élevé; leur densité est plus considérable, elle est proportionnelle à leur équivalent. Par exemple, le poids d'un litre de vapeur du diamylène est le double du poids d'un litre de la

---

1. BERTHELOT, *Méthodes générales*, pages 224; toute la 15° leçon; voir aussi la 28° leçon, les deux acides lactiques métamères.
2. BERTHELOT, *Méthodes générales*, leçon 17°.

vapeur de l'amylène; le poids d'un litre de la vapeur du tétramylène est le quadruple du poids de la vapeur de l'amylène, etc.

CHAPITRE VI

CONSTITUTION DE LA MATIÈRE ORGANIQUE

PRÉLIMINAIRES

1° ÉTAT DE LA QUESTION AVANT 1860. — « Pour pénétrer dans la connaissance de la matière organique, il fallait que la chimie eût résolu deux problèmes, à savoir : celui de l'analyse exacte des corps organiques, puis celui de leur synthèse à l'aide des éléments déterminés par l'analyse [1].

« Jusqu'en 1860, les efforts tentés pour recomposer d'une manière générale les matières organiques à l'aide des éléments mis en évidence par l'analyse, et pour reproduire par l'art l'infinie variété de leurs états et de leurs métamorphoses naturelles, étaient

---

1. Les mots *Substance*, *Principe*, sont employés en chimie et en physiologie en un sens diamétralement opposé à celui qu'ils ont en philosophie. Ils représentent, en effet, les choses physiques et concrètes : un caillou, une chandelle, la viande, sont pour le chimiste des substances et des principes. Cette dissimilitude dans les sens attachés aux mêmes mots par les chimistes d'une part, et par les philosophes d'autre part, est extrêmement fâcheuse ; mais il est impossible d'y remédier. Pour éviter toute confusion, lorsque dans ce chapitre tout chimique les mots *substance*, *principes*, seront pris dans le sens philosophique, j'aurai soin de dire *substance métaphysique*, *principe métaphysique*.

demeurés infructueux. Pour bien comprendre toute la difficulté d'un semblable problème, il suffit de rappeler que les composés organiques se rencontrent exclusivement au sein des êtres vivants; qu'ils résultent de l'association d'éléments peu nombreux, suivant des proportions fixes pour chacun de ces composés, et cependant variées jusqu'à l'infini. Ces composés constituent des groupements mobiles, instables, qui se forment et subsistent seulement dans des conditions délicates et compliquées, conditions qui n'avaient point été réalisées jusqu'ici, si ce n'est au sein des êtres organisés.

« L'ensemble de ces circonstances, et surtout l'impuissance de la chimie à reproduire l'association du carbone avec l'hydrogène et les composés si divers auxquels cette association donne naissance, tout avait concouru à faire regarder, par la plupart des esprits, la barrière entre la chimie minérale et la chimie organique comme infranchissable [1]. »

On faisait intervenir une substance métaphysique, la *Force vitale*, seule apte, disait-on, à composer les corps organiques. « C'est cette force mystérieuse, écrivait Berzélius, qui détermine exclusivement les phénomènes chimiques observés dans les êtres vivants ; elle agit en vertu de lois essentiellement distinctes de celles qui règlent les mouvements de la matière purement mobile et quiescible. Elle imprime à celle-ci des états d'équilibre particulier qu'elle seule

---

[1]. Berthelot, la *Synthèse chimique*, page 269.

peut maintenir, car ils sont incompatibles avec le jeu régulier des affinités minérales. » Telle était l'explication au moyen de laquelle on justifiait l'imperfection de la chimie organique ; on déclarait cette imperfection pour ainsi dire sans remède.

II° CE QUE LA CHIMIE NE PEUT PAS FAIRE. — « En proclamant ainsi notre impuissance absolue dans la production des matières organiques, deux choses avaient été confondues :

1° La formation des substances chimiques, dont l'assemblage constitue les êtres organisés

2° La formation des organes eux-mêmes.

Ce dernier problème n'est point du domaine de la chimie. Jamais le chimiste ne prétendra former dans son laboratoire une feuille, un fruit, un muscle, un organe ; ce sont là des questions qui relèvent de la physiologie. C'est à la physiologie qu'il appartient d'en discuter les termes, de dévoiler les lois du développement des êtres vivants tout entiers sans lesquelles aucun organe isolé n'aurait ni sa raison d'être, ni le milieu nécessaire à sa formation.

III° CE QUE LA CHIMIE PEUT FAIRE. — « Mais ce que la chimie ne peut faire dans l'ordre de l'organisation, elle peut l'entreprendre dans la fabrication des substances renfermées dans les êtres vivants. Si la structure même des végétaux et des animaux échappe à ses applications, au contraire elle a le droit de prétendre à former les principes immédiats, c'est-à-dire les matériaux chimiques qui constituent les organes indépendamment de la structure spéciale en fibres et en cellules que ces matériaux affectent dans les animaux et dans les végétaux [1]. »

IV° DISTINCTION ENTRE LA MATIÈRE ET LA FORME. — Dans tout individu, cristal, arbre ou animal, on distingue la matière et la forme.

Un cristal de sel marin a la forme cubique : sa matière est le chlorure de sodium.

Un cerisier a la forme caractéristique du genre d'arbres auquel il appartient ; la matière dont il est composé est identique à celle de la plupart des êtres du règne végétal.

De même pour un animal quelconque ; par sa forme, il appartient à telle classe, à telle espèce ; la matière dont il est composé est indépendante de cette forme spécifique ; cette matière est à peu près identique à celle de tous les autres animaux.

La chimie, comme on l'a vu plus haut, ne s'occupe pas de la forme des individus ; son objet est la matière dont sont composés les individus.

« Au point de vue chimique, les êtres vivants sont conçus commes des sortes de laboratoires où les principes matériels s'assimilent, s'éliminent, se transforment sans cesse, suivant des lois invariables, que l'analyse s'efforce de pénétrer [2]. »

V° LES ÉLÉMENTS ET LES PRINCIPES IMMÉDIATS. — Dans la matière on distingue deux choses :

1° Les corps simples qui entrent dans la constitution d'un individu ; on leur donne le nom d'*éléments* ;

1. BERTHELOT, *Synthèse chimique*, pages 269-271.
2. BERTHELOT, *Synthèse chimique*, page 10.

2° Les groupements variés et définis qu'affectent ces éléments dans la constitution du même individu : on les nomme *principes immédiats.*

« Un principe immédiat est toujours formé des mêmes éléments, unis dans les mêmes proportions définies ; il est doué de propriétés constantes et caractéristiques ; fait fondamental qui jusqu'à nos jours avait été méconnu en chimie organique aussi bien qu'en chimie minérale [1]. »

VI° ANALYSE IMMÉDIATE ET ANALYSE ÉLÉMENTAIRE. — Pour montrer quelle est la marche que suit la chimie dans l'analyse des individus, prenons un exemple dans chacun des trois règnes :

§ I. **Analyse immédiate d'un minéral.** — Soit une roche naturelle, le granite.

« A première vue, il est facile de reconnaître que le granite est formé par l'association de trois matériaux distincts, à savoir :

1° Des cristaux blancs, durs et transparents : c'est le *quartz* ou cristal de roche ;

2° Des cristaux plus tendres, opaques et lamelleux colorés de teintes claire, blanche, rose ou bleuâtre, suivant les variétés de granite : c'est le *feldspath ;*

3° Enfin des paillettes minces, brillantes et flexibles, interposées entre les cristaux de quartz et de feldspath: c'est le *mica.*

En concassant le granite par des moyens purement mécaniques, on peut le résoudre entièrement dans ces

---

1. BERTHELOT, *Synthèse chimique*, page 11.

trois substances, quartz, feldspath et mica. Chacune d'elles préexiste dans la roche ; chacune constitue une espèce minérale distincte, douée de propriétés déterminées. Le quartz, le feldspath et le mica sont les *principes immédiats* du granite ; et l'opération par laquelle on les isole porte le nom *d'analyse immédiate*.

§ II. **Analyse élémentaire d'un minéral.** — La chimie opère ensuite sur chacun des principes immédiats, elle les détruit pour en extraire les éléments :

1° Le quartz est décomposé en oxygène et en silicium ;

2° Le feldspath est décomposé, d'abord en acide silicique, en alumine et en potasse ; puis l'acide silicique est résolu en silicium et oxygène ; l'alumine, en aluminium et oxygène ; et la potasse, en potassium et oxygène ;

3° Le mica est décomposé en acide silicique, en magnésie, en potasse, etc. ; et ceux-ci, en oxygène, silicium, magnésium, potassium, etc.

L'oxygène, le silicium, l'aluminium, le magnésium, le potassium sont les *éléments* du granite ; et l'analyse qui les isole s'appelle *analyse élémentaire*.

§ III. **Analyse immédiate d'un végétal.** — « Soit un citron ; le citron peut être séparé d'abord en deux masses dissemblables, à savoir, le jus et l'écorce.

A. Le *jus* est liquide, acide, sucré, légèrement mucilagineux. Or ces propriétés résident dans certains principes immédiats, susceptibles d'être isolés, à savoir :

1º L'*eau*, principe liquide, qui tient tous les autres en dissolution ;

2º L'*acide citrique*, corps solide et cristallisé, dans lequel réside le caractère acide du citron ;

3º Le sucre de canne et deux autres espèces de sucre, le glucose et le lévulose, dans lesquels réside le goût sucré du citron ;

4º Une matière *gommeuse* particulière ;

5º Un principe analogue à l'albumine ;

6º Enfin quelques sels peu abondants.

B. L'*écorce* se décompose de la même manière en principes immédiats :

1º L'essence de citron, huile volatile, qui communique au fruit son odeur pénétrante ;

2º Un *principe jaune*, qui colore en jaune le citron ;

3º Un *principe ligneux*, dont la masse représente la presque totalité de l'enveloppe, etc.

Chacun de ces principes possède des propriétés constantes et définies, correspondantes à celles de l'ensemble dont il résulte. Le citron est formé par leur assemblage, comme le granite était formé par l'assemblage du quartz, du feldspath et du mica.

§ IV. **Analyse élémentaire d'un végétal.** — L'analyse élémentaire des principes immédiats du citron aboutit au résultat suivant :

1º L'essence de citron renferme deux éléments : le *carbone* et l'*hydrogène* ;

2º Les sucres, la gomme, l'acide citrique, le principe ligneux, renferment chacun trois éléments : le *carbone*, l'*hydrogène* et l'*oxygène*;

3° La matière albumineuse renferme quatre éléments : le *carbone*, l'*hydrogène*, l'*oxygène* et l'*azote*.

Ces quatre éléments, *carbone*, *hydrogène*, *oxygène*, *azote*, associés avec de petites quantités de soufre, de phosphore, etc., sont les éléments fondamentaux, non seulement du citron, mais de tous les végétaux.

§ V. **Analyse immédiate d'un animal.** — Soit un chien ou un homme, les principes immédiats très nombreux peuvent être rangés en trois groupes principaux :

1° Les principes *albuminoïdes*;
2° Les principes *gras*;
3° Les principes *sucrés*.

A ces trois groupes il faut ajouter certains sels minéraux. Le corps de l'homme, en particulier, renferme des quantités variables des dix minéraux suivants : Soufre, phophore, fluor, chlore, silicium, potassium, sodium, calcium, magnésium, fer.

C'est l'agrégation de ces trois groupes de principes qui, sous des apparences et dans des proportions diverses, constitue tous les animaux.

§ VI. **Analyse élémentaire d'un animal.** — En décomposant les principes immédiats des animaux, nous obtiendrons le résultat suivant :

1° Les principes albuminoïdes renferment carbone, hydrogène, oxygène, azote, unis à de petites quantités de soufre et de phosphore;

2° Les principes gras renferment carbone, hydrogène, oxygène;

3° Les principes sucrés renferment carbone, hydrogène, oxygène.

Ces quatre éléments *carbone, hydrogène, oxygène, azote*, constituent la presque totalité du corps des animaux, de même qu'ils composaient déjà la presque totalité du corps des végétaux.

« En résumé, tous les êtres matériels sont formés par l'assemblage d'un certain nombre de principes immédiats. Chacun de ces principes possède des caractères définis, invariables, qu'il ne peut perdre sans changer de nature. Un changement quelconque dans l'un de ces principes suffit pour altérer plus ou moins profondément le Tout dont il fait partie. Réciproquement, tout changement dans un être matériel répond à un changement dans un ou dans plusieurs de ces principes, au point de vue de leur nature ou de leur proportion. Bref, c'est l'agrégation de ces principes, sous des apparences et dans des proportions diverses, qui constitue les minéraux, les végétaux et les animaux [1]. »

Quant aux éléments, dont le groupement constitue les principes immédiats, ils se réduisent pour tous les végétaux et pour tous les animaux à quatre principaux : carbone, hydrogène, oxygène et azote. A ces

---

1. BERTHELOT, *Synthèse chimique*, page 5. Pour tout ce qui concerne les analyses immédiates ou élémentaires, voir BERTHELOT, *Chimie organique*, pages 1-5; et *Synthèse chimique*, pages 2-5.

quatre éléments fondamentaux se joignent de petites quantités d'autres minéraux, du reste peu nombreux, une dizaine au plus.

VII° Importance de la synthèse pour atteindre a la connaissance de la constitution de la matière organique. — Les services que la synthèse a rendus et rend à la philosophie aussi bien qu'à la chimie sont immenses.

1° *La synthèse vérifie l'analyse.* Lorsque l'analyse a décomposé un corps en ses éléments, nous ne pouvons être sûrs de l'exactitude absolue de l'analyse opérée que si en recomposant ces éléments nous reconstituons le corps primitif. Nous acquérons ainsi la certitude que nous connaissons réellement les éléments de ce corps et les proportions dans lesquelles ils sont combinés; c'est donc la synthèse qui prouve que l'analyse n'avait rien oublié.

D'autre part, la synthèse d'un corps naturel n'est possible qu'à la condition que l'analyse de ce corps ait été préalablement faite avec exactitude. Il résulte de là deux choses, à savoir :

A. Que la synthèse n'a pu entrer comme méthode générale dans la chimie qu'après que les analyses des corps naturels eurent acquis un notable développement en nombre et en précision;

B. Que l'analyse et la synthèse ont besoin l'une de l'autre; elles se prêtent un mutuel et nécessaire concours.

2° *La synthèse résout les problèmes inverses.* Voici en quoi consiste, en chimie, un problème inverse :

Étant donnée l'une des combinaisons connues d'un corps, il s'agit de produire à volonté toutes les autres. Exemple emprunté aux transformations du carbone :

A. Combiné avec l'oxygène, le carbone produit l'acide carbonique;

B. Combiné avec le soufre, il produit le sulfure de carbone;

C. Combiné avec le chlore, il produit le perchlorure de carbone;

D. Combiné avec l'hydrogène, il produit le formène ou gaz des marais.

Étant donnée l'une quelconque de ces quatre combinaisons binaires du carbone, la synthèse réussit à produire à volonté les trois autres. Tel est le genre de problèmes qu'on appelle *problèmes inverses*. L'importance en est grande, car cette puissance de transformation que déploie la synthèse prouve que l'on connaît nettement la constitution des corps naturels et les lois qui en régissent les formations.

3° *La synthèse démontre que les forces chimiques, chaleur, affinité, électricité, qui président aux combinaisons de la matière minérale, sont les mêmes forces chimiques qui président aux combinaisons de la matière organique.* En employant pour refaire les principes immédiats les mêmes forces chimiques qu'emploie dans ses opérations la chimie minérale, la synthèse démontre que ces forces chimiques, chaleur, affinité, électricité, développent les mêmes effets et reproduisent les mêmes combinaisons dans la matière organique : « notion fondamentale que l'analyse peut faire pressentir, mais qu'elle est évidemment impuissante à établir. La synthèse seule peut établir d'une manière définitive l'identité des forces qui agissent dans la chimie minérale avec celles qui agissent dans la chimie organique, en montrant que les premières suffisent pour reproduire tous les effets et tous les composés auxquels les secondes donnent naissance[1]. »

4° *La synthèse démontre que nous sommes parvenus à connaître les lois qui régissent la composition des choses.* « Les vues générales conçues par l'analyse sont toujours plus ou moins personnelles; elles ne s'imposent pas d'une manière nécessaire à l'esprit humain tant qu'elles n'ont pas trouvé leur contrôle, c'est-à-dire tant que la synthèse n'a pas démontré leur conformité avec la nature des choses, laquelle ne se plie point au gré de nos théories. C'est donc par la synthèse que nous sommes parvenus aux lois mêmes qui régissent la composition des choses, et non à de pures conceptions de l'esprit[2]. »

5° *La synthèse a une puissance créatrice illimitée.* « Tandis que l'analyse se borne nécessairement aux composés naturels et à leurs dérivés, la synthèse, procédant en vertu d'une loi génératrice, reproduit non seulement les substances naturelles, lesquelles sont des cas particuliers de cette loi, mais une infinité d'autres substances qui n'auraient jamais existé dans la nature. Ainsi, par exemple, on connaissait par

---

1. BERTHELOT, *Synthèse chimique*, page 19. Voir aussi page 97. Et dans *Méthodes générales de synthèse*, page 17.
2. BERTHELOT, *Méthodes générales de synthèse*, page 17.

l'analyse quinze ou vingt corps gras neutres, extraits des végétaux et des animaux ; la synthèse, après avoir découvert et établi la loi générale qui préside à leur composition, s'appuie sur cette loi même pour former aujourd'hui non seulement ces quinze ou vingt substances naturelles, mais près de deux cents millions de corps gras, obtenus par des méthodes prévues et dont les principales propriétés sont annoncées d'avance. Le domaine où la synthèse exerce sa puissance créatrice est donc en quelque sorte plus grand que celui de la nature actuellement réalisée [1]. »

Notice historique. — La chimie organique a procédé par voie analytique durant la première moitié du siècle. La fabrication des principes immédiats était attribuée à l'intervention de la Force vitale. « Cette idée commença à être ébranlée le jour où Wöhler, en 1829, reproduisit artificiellement l'urée, c'est-à-dire un des principes immédiats les plus importants des animaux. Cependant cette première synthèse portait sur une substance très simple ; elle demeura presque isolée à tel point que Berzélius pouvait encore écrire ces paroles en 1849 : « Dans la nature vivante, les éléments paraissent obéir à des lois tout autres que dans la nature inorganique. Si l'on parvenait à trouver la cause de cette différence, on aurait la clé de la théorie de la chimie organique ; mais cette théorie est tellement cachée que nous n'avons aucun espoir de la découvrir, du moins

---

[1]. BERTHELOT, *Méthodes générales de synthèse*, page 18

quant à présent. » Et il ajoutait, faisant allusion à la reproduction de l'urée et à quelques travaux plus récents :

« Quand même nous parviendrions avec le temps à produire avec des corps inorganiques plusieurs substances d'une composition analogue à celle des produits organiques, cette imitation incomplète est trop restreinte pour que nous puissions espérer produire des corps organiques, comme nous réussissons dans la plupart des cas à confirmer l'analyse des corps inorganiques en faisant leur synthèse. »

Quelques années auparavant, Gerhardt avait écrit, dans un sens analogue : « que la formation des matières organiques dépendait de l'action mystérieuse de la Force vitale, action opposée, en lutte continuelle avec celles que nous sommes habitués à regarder comme la cause des phénomènes chimiques ordinaires... Le chimiste fait tout l'opposé de la nature vivante : il brûle, détruit, opère par analyse; la Force vitale seule opère par synthèse; elle reconstruit l'édifice abattu par les forces chimiques [1]. »

C'est en 1860, année où M. Berthelot publia son livre célèbre *Chimie organique fondée sur la synthèse*, que la synthèse fut véritablement inaugurée. Les travaux de M. Berthelot, la longue suite d'expériences par lesquelles il a réalisé la synthèse des corps gras neutres, la synthèse totale des carbures d'hydrogène et des alcools les plus simples, alcools et carbures

---

[1]. BERTHELOT, *Méthodes générales*, pages 16-18.

dont aucun n'avait été formé jusqu'ici avec les éléments; enfin, la création de méthodes générales de synthèse ont eu une influence décisive sur l'évolution nouvelle de la chimie organique [1].

1° CLASSIFICATION DES PRINCIPES IMMÉDIATS

L'analyse élémentaire des animaux et des végétaux a mis en évidence le fait suivant : les matières organiques sont formées presque exclusivement par l'association de quatre éléments, à savoir : le carbone, l'hydrogène, l'oxygène et l'azote, auxquels s'adjoignent parfois de petites quantités de minéraux; le nombre de ces minéraux ne dépasse pas douze ou quinze.

Les associations variées des quatre éléments fondamentaux qui donnent naissance aux principes immédiats peuvent être ainsi classées :

1. Méthodes générales de synthèse.
1° Hydrogénation;
2° Oxygénation;
3° Hydratation;
4° Condensation;
5° Substitution.

Formules générales des réactions synthétiques.
1. Cycle des substitutions équivalentes;
2° Cycle des additions ou soustractions d'éléments;
3° Cycle des homologues.
Ces méthodes permettent de produire à volonté tel type chimique et tel composé déterminé, soit naturel, soit artificiel.
Voir Berthelot, *Leçons sur les méthodes générales en chimie organique*; particulièrement la 32° leçon, qui est le résumé général du livre.

1° *Groupe des matières binaires*, formé par l'association du carbone et de l'hydrogène : carbures d'hydrogène, tels que le formène, l'acétylène, etc.; une grande quantité d'essences, telles que l'essence de citron, d'orange, de poivre, etc.; l'essence de térébenthine, etc.

2° *Groupe de matières ternaires*, lequel se subdivise en groupe ternaire oxygéné et groupe ternaire azoté.

A. Le groupe ternaire oxygéné est formé par l'association du carbone, de l'hydrogène et de l'oxygène : alcools, corps gras neutres, acides gras, sucres, etc.

B. Le groupe ternaire azoté est formé par l'association du carbone, de l'hydrogène et de l'azote : alcalis végétaux naturels, tels que la nicotine du tabac, la conine de la ciguë, la pipéridine du poivre, etc.

Les alcalis naturels de ce groupe sont peu nombreux; les alcalis artificiels le sont plus; parmi ceux-ci est l'aniline, base des préparations colorantes si usitées aujourd'hui dans l'industrie.

3° *Groupe des matières quaternaires azotées*, lequel se subdivise en groupe quaternaire proprement dit et groupe quaternaire contenant une petite quantité d'autres minéraux.

A. Le groupe quaternaire proprement dit est formé par l'association du carbone, de l'hydrogène, de l'oxygène et de l'azote. Il renferme presque tous les alcalis végétaux, entre autres ceux de l'opium, à savoir : morphine, codéine, thébaïne, narcotine, etc.; les alcalis des quinquinas, des strychnées, des solanées (excepté la nicotine), etc.

B. Le groupe quaternaire azoté, qui contient de

petites quantités d'autres minéraux, comprend : l'albumine, la fibrine, la caséine, la légumine, le gluten, etc.

La plupart des principes immédiats de cette catégorie contiennent un peu de soufre et de phosphore ; tels sont l'albumine, la fibrine, la caséine, principes immédiats des animaux ; tels sont l'albumine végétale, la légumine ou caséine végétale, le gluten ou fibrine végétale.

L'hémoglobine, matière colorante du sang, contient du soufre et du fer, chacun dans la proportion de un demi-gramme pour cent grammes d'hémoglobine, c'est-à-dire 0,5 0/0 [1].

II° — SYNTHÈSE DES PRINCIPES IMMÉDIATS

Les propriétés des composés organiques de tout système moléculaire dépendent plutôt de l'arrange-

---

1. DEHÉRAIN, *Chimie agricole*, page 139 : « Presque tous les extraits végétaux faits à froid, le jus de pommes de terre, celui des betteraves, renferment une matière azotée qui se coagule facilement par l'action du feu. Par l'ensemble de ses propriétés, cette matière rappelle complètement l'albumine de l'œuf ; elle a reçu le nom d'*albumine végétale*.

« Quand on traite la farine de pois, de haricots, en général, des graines de légumineuses par l'eau à froid, on peut en séparer une matière qui se précipite par l'addition de l'acide acétique. Cette matière est désignée sous le nom de *légumine* ou de *caséine végétale*.

« Quand on malaxe de la farine de froment entre les doigts sous un filet d'eau, la matière plastique qui reste dans les mains de l'opérateur après la séparation de l'amidon est le *gluten* ou *fibrine végétale*.

« Quand on détermine la composition élémentaire de ces matières, on est très frappé de voir qu'elles présentent presque

ment que de la nature même des éléments qui concourent à cet arrangement. La synthèse des composés organiques repose sur la connaissance de leurs propriétés générales, c'est-à-dire de leurs fonctions.

A. Les huit fonctions ou types organiques. — Les composés organiques peuvent être classés sous huit fonctions ou types fondamentaux, qui comprennent tous les composés aujourd'hui connus et tous ceux que nous pouvons espérer obtenir dans l'état présent de la science. Ces huit fonctions, rangées dans l'ordre graduel de leur complication, qui est précisément l'ordre de leur synthèse méthodique, sont :

1° Les *carbures d'hydrogène*. Exemple : Le formène C^2H^4 ;
2° Les *alcools*. Exemple : L'alcool méthylique $C^2H^4O^2$;
3° Les *acides*. Exemple : L'acide formique $C^2H^2O^4$;
4° Les *aldéhydes*. Exemple : L'aldéhyde ordinaire $C^4H^4O^2$;
5° Les *éthers*. Exemple : L'éther méthylformique $C^4H^4O^4$;
6° Les *alcalis*. Exemple : La méthylamine C^2H^5Az ;
7° Les *amides*. Exemple : L'amide formique $C^2H^3AzO^2$;
8° Les *radicaux métalliques composés*. Exemple : L'arséniméthyle C^2H^5As.

une composition identique, et que surtout le gluten offre la même composition que la fibrine animale, dont il partage la plasticité ; que l'albumine des plantes est identique à celle des animaux ; enfin que la légumine offre précisément la même composition que la caséine du lait. On en jugera par les résultats analytiques suivants :

	Fibrine des deux règnes.	Caséine des deux règnes.	Albumine des deux règnes.
1° Carbone.	52,25	53,56	53,47
2° Hydrogène.	6,99	7,10	7,17
3° Azote.	16,57	15,87	15,72
4° Oxygène.	23,69	23,47	23,64
	100,00	100,00	100,00

Ces huit fonctions constituent les vrais types des composés organiques [1].

Entre ces huit fonctions, il en est deux dont l'importance est capitale; ce sont les carbures d'hydrogène et les alcools. Ces corps une fois obtenus, il est aisé de former les six autres fonctions par des méthodes régulières. La formation des carbures d'hydrogène par le carbone et l'hydrogène, et la formation des alcools par les carbures d'hydrogène sont les vrais fondements de la chimie organique [2].

B. LES ACTIONS CHIMIQUES EMPLOYÉES POUR OPÉRER LA SYNTHÈSE GRADUELLE SONT LES MÊMES QUE CELLES QU'ON EMPLOIE POUR OPÉRER L'ANALYSE GRADUELLE. — Pour analyser les composés organiques et les ramener, par décomposition graduelle, à leurs éléments, les chimistes avaient mis en œuvre :

1° Les actions exercées par la chaleur et l'électricité;

2° Les actions de contact et les fermentations;

3° Les oxydations;

---

[1]. BERTHELOT, *Synthèse chimique,* page 216 : « Ce sont ces types qu'il faut considérer dans les réactions, à l'exclusion des types fictifs, tels que l'eau, l'hydrogène, l'acide chlorhydrique, trop souvent mis en jeu dans les raisonnements et qui donnent à la chimie organique l'apparence d'une scolastique sans réalité. Au contraire, la classification que je propose (celle des huit fonctions ci-dessus énumérées) embrassant pour la première fois toute la science et tous les composés dans un même principe, permet de formuler les lois générales de composition, les procédés généraux de formation et de réactions. »

[2]. BERTHELOT, *Synthèse chimique,* pages 215-217; *Méthodes générales de synthèse,* pages 6-102 et suivantes; *Chimie organique,* page 12 et suivantes.

4° **Les substitutions.**

Ce sont les mêmes actions que met en œuvre la synthèse pour créer, par composition graduelle, les principes immédiats.

C. Les combinaisons se font selon la loi des Proportions définies, la loi des Proportions multiples et la loi des Équivalents. — En chimie minérale, les combinaisons sont réglées par la loi des Proportions définies, par la loi des Proportions multiples, et par celle des Équivalents. Ces trois lois sont aussi celles qui président aux combinaisons de la matière organique. C'est Berzélius qui le premier a établi ce fait capital des mêmes lois communes au règne minéral et au règne organique [1].

§ I. **Synthèse des carbures d'hydrogène.** — On peut suivre deux marches différentes dans la synthèse des matières organiques :

1° On part des éléments simples : hydrogène et carbone;

2° On part de ces mêmes éléments complètement oxydés, c'est-à-dire de l'eau et de l'acide carbonique.

Cette dernière marche a ceci de remarquable qu'elle est comparable à celle que suit la nature pour former les matières organiques dans les végétaux.

Premier mode de synthèse en partant du carbone et de l'hydrogène. — La synthèse des carbures d'hydrogène se fait en combinant directement le carbone libre avec l'hydrogène libre au moyen de l'arc vol-

---

[1]. Berthelot, *Synthèse chimique*, page 17.

taïque. Il suffit de produire l'arc voltaïque entre deux pôles de carbone au sein d'une atmosphère d'hydrogène. Le carbone et l'hydrogène s'unissent dans les rapports les plus simples qui puissent être conçus, à savoir, 12 parties de carbone et 1 partie d'hydrogène : ils forment un premier carbure d'hydrogène, un gaz, l'*acétylène* C^4H^2. Telle est aujourd'hui la base la plus simple et la plus démonstrative de la chimie organique [1].

En effet, l'acétylène n'est pas un être isolé ; il produit, à son tour, par des transformations immédiates, une multitude d'autres composés. Il s'unit directement à l'hydrogène, à l'oxygène, à l'azote (synthèse directe des acides oxalique, acétique, cyanhydrique), aux métaux, bref à la plupart des autres éléments. Arrêtons-nous seulement à la formation des carbures d'hydrogène.

L'acétylène et l'hydrogène combinés à volumes gazeux égaux forment le gaz oléfiant ou *éthylène* C^4H^4.

Par une nouvelle addition d'hydrogène, on produit l'*hydrure d'éthylène* C^4H^6.

Enfin, la décomposition méthodique de ce dernier par la chaleur rouge engendre le gaz des marais ou *formène* C^2H^4.

Ces quatre hydrocarbures représentent les quatre combinaisons fondamentales que le carbone contracte avec l'hydrogène.

[1]. Cette expérience mémorable est due à M. Berthelot ; jusque-là on croyait que le carbone et l'hydrogène libres étaient rebelles à toute union immédiate.

Non seulement l'acétylène forme ainsi les carbures d'hydrogène les plus simples par son union avec l'hydrogène, mais on peut aussi le condenser, toujours directement et sous l'influence de la chaleur, ce qui réalise la synthèse de la *benzine* $C^{12}H^6$, carbure dont la vapeur pèse trois fois autant que celle de l'acétylène, sous le même volume.

On peut encore combiner directement l'acétylène avec les autres carbures, tels que l'éthylène, la benzine, etc., ce qui engendre, par synthèse pyrogénée, d'autres carbures, tels que le crotonylène, le styrolène, la naphtaline, l'anthracène, etc.

Ces nouveaux carbures, modifiés à leur tour sous l'influence de la chaleur ou combinés avec l'hydrogène, engendrent tous les autres composés hydrocarbonés. Bref, l'acétylène, une fois obtenu, devient l'origine de la formation expérimentale de tous les carbures d'hydrogène.

Second mode de synthèse en partant de l'eau et de l'acide carbonique. — Nous venons d'exposer la marche la plus directe pour procéder à la formation des composés organiques. Voici maintenant la seconde méthode, non moins importante peut-être, car elle prend pour point de départ l'eau et l'acide carbonique, c'est-à-dire les mêmes composés qui fournissent aux végétaux et aux animaux le carbone et l'hydrogène qu'ils renferment.

A cet effet, on change d'abord l'acide carbonique en oxyde de carbone par des procédés de réduction faciles à réaliser. Puis on prend l'oxyde de carbone, c'est-à-dire une substance purement minérale, et par le seul concours du temps et des affinités ordinaires, on combine cet oxyde de carbone avec les éléments de l'eau : on obtient ainsi un premier composé organique, à savoir, l'*acide formique*.

Cet acide, uni à une base minérale, engendre un formiate; en détruisant enfin le formiate par la chaleur, on oblige le carbone de l'oxyde de carbone et l'hydrogène de l'eau à se combiner à l'état naissant, pour donner lieu à des carbures d'hydrogène. Ainsi se forme d'abord, par une réaction régulière, le gaz des marais ou *formène* C^2H^4.

Au même moment, une portion de ce gaz naissant se condense pour former le gaz oléfiant ou *éthylène*, le propylène, etc.

Des méthodes analogues permettent d'obtenir les principaux carbures d'hydrogène au moyen des éléments par la voie des condensations simultanées. C'est le premier pas de la synthèse qui se trouve encore réalisé en suivant une méthode aussi certaine, quoique moins nette peut-être, que la précédente; cependant elle offre cet intérêt de procéder à partir des mêmes origines que la nature vivante, bien que suivant des artifices très différents [1].

§ II. **Synthèse des alcools au moyen des carbures d'hydrogène.** — Les carbures d'hydrogène, une fois obtenus, deviennent à leur tour le point de départ de la synthèse des alcools.

1. BERTHELOT, *Synthèse chimique*, pages 20-23.

Avec le formène C^2H^4 et l'oxygène; on forme l'*alcool méthylique* $C^2H^4O^2$;

Avec l'éthylène C^4H^4 et les éléments de l'eau H^2O^2, on forme l'*alcool éthylique* $C^4H^6O^2$ ou alcool ordinaire;

Avec le propylène C^6H^6 et les éléments de l'eau H^2O^2, on forme l'*alcool propylique* $C^6H^8O^2$, etc.

Voilà par quelles méthodes générales M. Berthelot a opéré la synthèse des carbures d'hydrogène et celle des alcools. Ce sont les premiers produits de la synthèse et les plus difficiles à réaliser. Les carbures d'hydrogène et les alcools, en effet, sont les plus caractéristiques peut-être parmi les composés organiques. Ils n'ont point d'analogues en chimie minérale; ils constituent la base de l'édifice synthétique, et ils servent d'origine à toutes les autres formations. L'intervention des actions lentes et délicates suffit pour les obtenir.

En s'appuyant sur les mêmes méthodes, on peut pousser plus avant; en effet, à mesure qu'on s'élève à des composés plus compliqués, les réactions deviennent plus faciles et plus variées, et les ressources de la synthèse augmentent à chaque pas nouveau. En un mot, dans l'ordre de la synthèse organique, le point essentiel réside dans la formation des premiers termes au moyen des éléments, c'est-à-dire dans celle des carbures d'hydrogène et des alcools.

Cette synthèse était d'autant plus difficile que les premiers termes, à savoir : l'acétylène, l'éthylène, l'acide formique, sont produits avec absorption de chaleur depuis leurs composants les plus prochains, tandis qu'ils engendrent au contraire les autres composés organiques avec dégagement de chaleur, à la façon des combinaisons ordinaires. C'est ce qui explique à la fois la difficulté de la formation de ces premiers termes et son importance. Aussi est-ce cette formation seule qui efface, en principe, toute ligne de démarcation entre la chimie minérale et la chimie organique [1].

1º DÉFINITION DES ALCOOLS. — Les alcools sont des principes neutres, composés de carbone, d'hydrogène et d'oxygène, capables de s'unir directement avec les acides pour former des combinaisons neutres appelées *éthers*; cette union se fait avec séparation des éléments de l'eau H^2O^2.

Les alcools se divisent en cinq grandes classes, dont l'une est celle des phénols. Chaque classe se subdivise en ordres, suivant le nombre des combinaisons qu'un même alcool peut contracter avec un autre corps.

A. Lorsqu'un alcool est capable de contracter une seule combinaison avec un acide, il est *monoatomique*. Exemple : l'alcool éthylique ou alcool ordinaire $C^4H^6O^2$, uni à l'acide acétique $C^4H^4O^4$, donne une seule combinaison, l'*éther acétique* $C^8H^8O^4$, avec élimination des éléments de l'eau H^2O^2. Voici l'équation :

$$C^4H^6O^2 + C^4H^4O^4 - H^2O^2 = C^8H^8O^4 \text{ éther acétique.}$$

En considérant l'alcool éthylique $C^4H^6O^2$ comme un carbure d'hydrogène C^4H^4 uni aux éléments de

---

[1]. BERTHELOT, *Synthèse chimique*, pages 23-24.

l'eau H^2O^2, la combinaison de l'alcool éthylique avec l'acide acétique revient à une substitution de l'acide acétique aux éléments de l'eau H^2O^2, comme on le voit par les formules suivantes :

$$C^4H^4 (H^2O^2) = C^4H^6O^2 \text{ alcool éthylique}$$
$$C^4H^4 (C^4H^4O^4) = C^8H^8O^4 \text{ éther acétique.}$$

B. Lorsqu'un alcool est capable de contracter deux combinaisons avec un acide, il est appelé *diatomique*. Exemple : le glycol $C^4H^6O^4$, uni à l'acide acétique $C^4H^4O^4$, donne une première combinaison accompagnée d'une première élimination des éléments de l'eau H^2O^2. Le résultat de cette première combinaison est un éther nommé le *glycol monoacétique*. Voici l'équation :

$$C^4H^6O^4 + C^4H^4O^4 - H^2O^2 = C^8H^8O^6 \text{ glycol monoacétique.}$$

On peut combiner ensuite le glycol monoacétique avec un second équivalent d'acide acétique, réaction accompagnée d'une seconde élimination d'eau H^2O^2; on a un second éther, le *glycol diacétique* :

$$C^8H^8O^6 + C^4H^4O^4 - H^2O^2 = C^{12}H^{10}O^8 \text{ glycol diacétique.}$$

En considérant le glycol $C^4H^6O^4$ comme un carbure d'hydrogène C^4H^2 uni à deux fois les éléments de l'eau H^2O^2, les deux combinaisons du glycol avec l'acide acétique reviennent à deux substitutions d'acide acétique aux deux H^2O^2 du glycol, comme on le voit par les formules suivantes :

1° $C^4H^2 (H^2O^2)(H^2O^2) = C^4H^6O^4$ glycol;
2° $C^4H^2 (C^4H^4O^4)(H^2O^2) = C^8H^8O^6$ glycol monoacétique;
3° $C^4H^2 (C^4H^4O^4)(C^4H^4O^4) = C^{12}H^{10}O^8$ glycol diacétique.

7.

C. Lorsqu'un alcool est capable de contracter trois combinaisons avec un acide, il est appelé *triatomique*. Exemple : la glycérine $C^6H^8O^6$, unie à l'acide acétique $C^4H^4O^4$, donne une première combinaison, avec une première élimination d'eau H^2O^2. Le produit de cette première combinaison est un éther appelé *monoacétine* $C^{10}H^{10}O^8$.

La monoacétine peut se combiner à un deuxième équivalent d'acide acétique, avec une deuxième élimination d'eau H^2O^2. Le produit de cette deuxième combinaison est un éther appelé *diacétine* $C^{14}H^{12}O^{10}$.

La diacétine peut se combiner à un troisième équivalent d'acide acétique avec une troisième élimination d'eau H^2O^2. Le produit de cette troisième combinaison est un éther appelé *triacétine* $C^{18}H^{14}O^{12}$.

En considérant la glycérine $C^6H^8O^6$ comme un carbure d'hydrogène C^6H^2 uni à trois fois les éléments de l'eau H^2O^2, les trois combinaisons de la glycérine avec l'acide acétique reviennent à trois substitutions d'acide acétique aux trois H^2O^2 de la glycérine, comme on le voit par les formules suivantes :

1° C^6H^2 (H^2O^2) (H^2O^2) $(H^2O^2) = C^6H^8O^6$ glycérine ;
2° $C^6H^2(C^4H^4O^4)$ (H^2O^2) $(H^2O^2) = C^{10}H^{10}O^8$ monoacétine ;
3° $C^6H^2(C^4H^4O^4)(C^4H^4O^4)$ $(H^2O^2) = C^{14}H^{12}O^{10}$ diacétine ;
4° $C^6H^2(C^4H^4O^4)(C^4H^4O^4)(C^4H^4O^4) = C^{18}H^{14}O^{12}$ triacétine.

D. Les alcools tétratomiques, pentatomiques, hexatomiques ; bref, les alcools polyatomiques sont ceux qui peuvent s'unir quatre fois, cinq fois, six fois ; bref, un nombre multiple de fois avec un acide en

CONSTITUTION DE LA MATIÈRE ORGANIQUE. 119

éliminant les éléments de l'eau H^2O^2 à chacune de leurs combinaisons.

II° LA PROGRESSION DES PROPRIÉTÉS DES ALCOOLS EST EN RAPPORT AVEC LA PROGRESSION DES FORMULES. — Prenons pour exemple la famille des alcools éthyliques, lesquels sont monoatomiques :

1° Alcool méthylique C^2H^2 (H^2O^2) ou $C^2H^4O^2$;
2° Alcool éthylique C^4H^4 (H^2O^2) ou $C^4H^6O^2$;
3° Alcool propylique C^6H^6 (H^2O^2) ou $C^6H^8O^2$;
4° Alcool butylique C^8H^8 (H^2O^2) ou $C^8H^{10}O^2$;
5° Alcool amylique $C^{10}H^{10}$ (H^2O^2) ou $C^{10}H^{12}O^2$;
6° Alcool hexylique $C^{12}H^{12}$ (H^2O^2) ou $C^{12}H^{14}O^2$;
7° Alcool heptylique $C^{14}H^{14}$ (H^2O^2) ou $C^{14}H^{16}O^2$;
8° Alcool octylique $C^{16}H^{16}$ (H^2O^2) ou $C^{16}H^{18}O^2$;
9° Alcool nonylique $C^{18}H^{18}$ (H^2O^2) ou $C^{18}H^{20}O^2$;
10° Alcool décylique $C^{20}H^{20}$ (H^2O^2) ou $C^{20}H^{22}O^2$;
. . . .
16° Alcool éthalique $C^{32}H^{32}$ (H^2O^2) ou $C^{32}H^{34}O^2$;
. . . .
30° Alcool mélissique $C^{60}H^{60}$ (H^2O^2) ou $C^{60}H^{62}O^2$;

La progression régulière qui existe entre les formules de ces alcools se retrouve jusqu'à un certain point dans leurs propriétés. En effet :

A. Les trois premiers alcools, méthylique, éthylique et propylique, sont liquides et mobiles ; ils se mêlent à l'eau en toutes proportions ;

B. Le quatrième alcool, alcool butylique, déjà moins mobile, est fort soluble dans l'eau ; mais il ne se mêle plus avec elle en toutes proportions ;

C. Le cinquième alcool, alcool amylique, est oléagineux et peu soluble dans l'eau ; mais il se mêle avec l'alcool ordinaire (alcool éthylique) ;

D. L'alcool octylique est insoluble dans l'eau, tandis qu'il se mêle avec l'alcool ordinaire.

E. Nous arrivons ainsi par une variation graduelle jusqu'au seizième alcool, alcool éthalique, solide, cristallisé, insoluble dans l'eau, peu soluble dans l'alcool ordinaire; et enfin, jusqu'à l'alcool mélissique, corps cireux, insoluble dans l'eau et peu soluble dans l'alcool ordinaire.

La *volatilité* décroît aussi d'une manière progressive. En effet :

L'alcool méthylique bout à 60°;
L'alcool éthylique bout à 78°;
. . . .
L'alcool octylique bout à 175°;
L'alcool éthalique bout à 360°.

En général, pour chaque C^2H^2 ajouté à la formule d'un alcool, le point d'ébullition monte en moyenne de 19° [1].

§ III. Synthèse des autres principes immédiats au moyen des alcools. — Préparés au moyen des carbures d'hydrogène, les alcools servent à fabriquer tous les autres principes : éthers, aldéhydes, acides, alcalis.

1° OXYDATION DES ALCOOLS. — A. *Oxydation ménagée des alcools.* — En oxydant les alcools avec ménagement, on donne naissance aux *Aldéhydes*, c'est-à-dire à un nouveau groupe de composés très curieux par leurs propriétés et par leurs aptitudes caractéristiques, et qui comprennent la plupart des essences oxygénées naturelles. Les principes odorants de la menthe et

---

1. BERTHELOT, *Chimie organique*, pages 147, 256, 260-266, 296.

des amandes amères, le camphre ordinaire, la coumarine, principe odorant de la fève tonka, qui existe aussi dans les fleurs du mélilot, dans l'aspérule odorante et dans le faham, auxquels la coumarine donne leur parfum; les essences de reine des prés, de cannelle, de cumin, de girofle et d'anis appartiennent à cette catégorie générale. Pour effectuer la synthèse totale au moyen des éléments, il suffit de réaliser celle des alcools qui concourent à former ces aldéhydes.

B. *Oxydation profonde des alcools.* — L'oxydation plus profonde des alcools engendre une autre classe de composés non moins générale et non moins importante que celle des aldéhydes : cette nouvelle classe est celle des *acides organiques*. Une multitude d'acides naturels ont déjà été formés au moyen des alcools; tels sont notamment l'acide des fourmis, l'acide du vinaigre, l'acide du beurre, l'acide de la valériane, plusieurs des acides gras proprement dits, l'acide du benjoin, l'acide du lait aigri, lequel se rencontre aussi dans les tissus animaux [1], les acides de l'orseille, du succin, etc. Il n'est pas jusqu'aux acides les plus oxygénés, tels que les acides malique, tartrique, si répandus dans les organes des plantes, qui n'aient été produits synthétiquement au moyen des alcools.

II° COMBINAISON DES ALCOOLS. — A. *Combinaison avec les acides.* — Il suffit de combiner les alcools avec les acides pour obtenir les *éthers*, c'est-à-dire une nouvelle classe de composés artificiels, formés suivant

---

1. Acide lactique du tissu musculaire; voir BERTHELOT, *Méthodes générales*, page 443.

une loi commune, et qui comprennent parmi eux un grand nombre de principes naturels. Tels sont, par exemple, les principes odorants de la plupart des fruits, l'essence de gaulthéria, les essences irritantes de l'ail et de la moutarde, divers principes contenus dans les baumes, les matières cireuses désignées sous le nom de blanc de baleine et de cire de Chine, enfin la cire d'abeilles elle-même.

B. *Combinaison avec l'ammoniaque.* — Ces mêmes alcools, unis à l'ammoniaque, donnent naissance à des *alcalis artificiels*. La formation régulière et les lois de composition de ces alcalis sont aujourd'hui connues; elles permettent de regarder comme probable et prochaine la reproduction artificielle des alcalis végétaux, tels que la morphine, la quinine, la strychnine, la nicotine et tant d'autres principes actifs contenus dans les végétaux. Déjà on a obtenu la conine, alcali de la ciguë. Enfin la formation des matières colorantes dérivées de la houille est une conséquence de la formation des alcalis artificiels.

III° Combinaison des acides. — A. *Combinaison avec les alcools.* — La combinaison des acides avec les alcools donne naissance, ainsi qu'on l'a vu ci-dessus, à la classe des *éthers*.

B. *Combinaison avec l'ammoniaque.* — La combinaison des acides avec l'ammoniaque donne naissance aux amides. Les amides sont formés par l'union de l'ammoniaque et des acides avec séparation des éléments de l'eau H^2O^2. C'est cette élimination de l'eau qui les

CONSTITUTION DE LA MATIÈRE ORGANIQUE. 123

fait différer des sels ammoniacaux ordinaires, comme on le voit par les formules suivantes :

1° $C^4H^4O^4 + AzH^3 \quad = C^4H^4O^4,AzH^3$ acétate d'ammoniaque ;

2° $C^4H^4O^4 + AzH^3 — H^2O^2 = C^4H^5AzO^2$ amide acétique ou acétamide.

En rendant aux amides un H^2O^2, on reproduit les sels ammoniacaux.

Lorsqu'on enlève deux H^2O^2, l'amide prend le nom de *nitrile*. Exemple :

$C^4H^4O^4 + AzH^3 — 2H^2O^2 = C^4H^3Az$ nitrile acétique ou acétonitrile.

En rendant aux nitriles un seul H^2O^2, on reproduit l'amide proprement dit.

En rendant aux nitriles deux H^2O^2, on reproduit le sel ammoniacal.

A l'étude des amides se rattache la formation de tous les principes azotés naturels qui ne dérivent pas des alcools. Entre ceux de ces principes dont la synthèse est aujourd'hui réalisée, il suffira de nommer l'urée, l'un des corps les plus importants parmi les excrétions des animaux supérieurs ; la taurine, matière contenue dans la bile ; le sucre de gélatine (glycocolle ou glycolamine) et la leucine, substances alcalines fort répandues dans les tissus animaux ; l'acide hippurique, principe contenu dans l'urine des herbivores, etc.

§ IV. **Utilité des corps artificiels; leur importance en philosophie naturelle.** — Parmi les principes organiques auxquels la synthèse a donné naissance, les uns sont identiques aux principes naturels déjà connus; d'autres, créés d'abord par l'art, ont été retrouvés plus tard dans la nature; mais la plupart sont étrangers aux organes des êtres vivants, et l'on n'a guère d'espoir de les y rencontrer jamais. Cependant leur formation et leur examen sont d'une haute importance; sans eux, l'édifice de la science demeurerait incomplet. Les principes naturels représentent, en effet, des termes isolés de séries générales extrêmement étendues et dont la connaissance complète serait à peu près impossible sans l'étude des principes artificiels [1]. C'est grâce à eux qu'on parvient, par degrés successifs, à atteindre les principes naturels; leur utilité est donc du premier ordre. Ils démontrent en même temps l'unité des lois naturelles ainsi que la fécondité de celles-ci dans la formation des composés organiques, soit dans les composés déjà réalisés, soit dans les composés possibles que le temps pourra réaliser. La synthèse des corps gras, opérée par M. Berthelot, nous en offre un mémorable exemple. Mais avant d'en rendre compte, il est bon de montrer dans quelles conditions se pose aujourd'hui le problème des synthèses organiques, et à quel degré de solution il est arrivé.

§ V. **Synthèses que la chimie organique a opérées jusqu'ici; synthèses qu'il lui reste à accomplir.** — I. Ce qui a été fait. — En considérant les matières

---

[1]. Berthelot, *Synthèse chimique*, page 99.

organiques au point de vue de la volatilité ou de la fixité, on a deux grandes divisions, à savoir, les principes volatils et les principes fixes.

A. *Les principes volatils* comprennent les carbures d'hydrogène, les alcools, les aldéhydes, les éthers, les acides, les alcalis, une partie des amides ainsi que les corps qu'on peut former avec tous ces principes.

B. *Les principes fixes* comprennent les principes gras, les principes sucrés ou hydrocarbonés, les principes azotés ou albuminoïdes.

La chimie a opéré la synthèse des principes volatils en vertu de lois générales et de méthodes régulières, lesquelles amèneront la réalisation prochaine de ceux qui ont résisté jusqu'ici à la synthèse artificielle. Cet ensemble comprend les composés naturels les plus simples et les mieux étudiés; il constitue le premier étage de la chimie organique.

Les principes fixes forment le second étage de la chimie organique. La synthèse des corps gras, comme on va le voir, a été accomplie au moyen de la glycérine et des acides gras.

II. Ce qui reste a faire. — Mais la synthèse des deux autres grandes classes, à savoir, les principes sucrés et les principes albuminoïdes, est à peine ébauchée. Cette synthèse est le but suprême de la chimie organique, le plus éloigné, mais aussi l'un des plus importants en raison du rôle essentiel que ces principes jouent dans l'économie. En l'atteignant, la science pourra résoudre dans toute son étendue le problème synthétique, c'est-à-dire reproduire avec les éléments et par le seul jeu des forces moléculaires l'ensemble des composés définis naturels et des métamorphoses chimiques que la matière éprouve au sein des êtres vivants [1]. Les travaux accomplis et les connaissances acquises surtout sur la nature des principes sucrés font légitimement espérer qu'en se fondant sur les mêmes méthodes générales qui ont donné la synthèse des principes gras, on réussira à opérer la synthèse des principes hydrocarbonés et des principes albuminoïdes.

I° PRINCIPES GRAS. — Les plus importants principes gras sont la stéarine, la margarine, l'oléine, etc. Voici comment leur synthèse a été faite :

1° En combinant un équivalent de glycérine avec un équivalent d'acide stéarique, on obtient une stéarine, neutre comme la stéarine naturelle, et résoluble comme elle par saponification en acide stéarique et en glycérine. Mais en examinant de près cette stéarine artificielle, on reconnaît qu'elle diffère de la stéarine naturelle en ce qu'elle renferme une quantité moindre d'acide stéarique, une proportion plus grande de glycérine.

2° On combine cette première stéarine artificielle avec un deuxième équivalent d'acide stéarique; on obtient une deuxième stéarine. Neutre comme la première, elle s'en distingue en ce qu'elle renferme une proportion double d'acide stéarique, uni à la même proportion de glycérine. Cependant cette deuxième

---

1. BERTHELOT, *Synthèse chimique*, pages 268-269.

stéarine n'est pas identique à la stéarine naturelle, car cette dernière fournit une proportion d'acide supérieure à celle que contient la stéarine artificielle.

3º On combine cette deuxième stéarine artificielle à un troisième équivalent d'acide stéarique ; on obtient une troisième stéarine, neutre comme les deux autres, mais dans laquelle la proportion d'acide stéarique est triple de celle que renferme la première stéarine. Cette troisième stéarine est identique à la stéarine naturelle. La stéarine naturelle est donc une *tristéarine*.

La suite des procédés à l'aide desquels M. Berthelot a réalisé la formation de la stéarine naturelle constitue une méthode générale. Celle-ci s'applique à la génération de tous les autres corps gras naturels. De même que la stéarine naturelle est une tristéarine, de même la margarine naturelle est une trimargarine ; l'oléine naturelle, une trioléine ; la butyrine naturelle, une tributyrine, etc. Telle est la voie par laquelle les principes immédiats des graisses animales et des huiles végétales ont été reproduits par la synthèse chimique [1].

Comme on le voit, la synthèse des corps gras montre :

1º *L'utilité pratique des corps artificiels;* c'est en passant par la monostéarine et la distéarine artificielles qu'on peut arriver à la stéarine naturelle.

---

1. BERTHELOT, *Synthèse chimique*, pages 184-185.

Certaines huiles végétales semblent renfermer de la dimargarine. D'autre part, le procédé suivi devient une méthode générale pour former artificiellement tous les corps gras neutres.

2° *L'importance philosophique des corps artificiels;* en effet, la stéarine naturelle ou tristéarine n'est qu'un cas partiel et défini d'une grande loi de la nature, celle en vertu de laquelle sont formés ou se forment tous les corps gras neutres.

Enfin la synthèse faite par l'homme de l'une des plus importantes catégories de principes immédiats naturels à l'aide de corps artificiels bannit à jamais de la science la prétendue nécessité d'une Force vitale dans les phénomènes de composition organique.

II° PRINCIPES SUCRÉS. — Les principes sucrés sont des alcools polyatomiques renfermant tous 12 équivalents de carbone ou un multiple de ce nombre.

Ils se partagent en trois catégories :

1° Les principes sucrés qui renferment un *excès d'hydrogène* sur les proportions de l'eau; le type est la mannite, dont la formule est $C^{12}H^{14}O^{12}$;

2° Les principes sucrés qui renferment *égalité d'hydrogène* et d'oxygène dans les proportions de l'eau; leur formule est $C^{12}H^{12}O^{12}$; leur type est le glucose ou sucre de raisin;

3° Les principes sucrés représentés par la formule $C^{24}H^{22}O^{12}$; le type est le saccharose ou sucre de canne.

On peut, par voie de fermentation, transformer les saccharoses en glucoses, les glucoses en mannites;

puis, en sens inverse, revenir de la mannite au glucose, etc [1].

A. La *mannite* s'extrait de la manne, exsudation de diverses espèces de frêne. La synthèse de la mannite s'obtient à l'aide du lévulose, sucre du groupe des glucoses.

B. Le *glucose* existe dans le raisin, le miel, les fruits mûrs. On le fabrique industriellement en faisant agir sur la fécule une solution très étendue d'acide sulfurique.

C. Le *saccharose* ou sucre de canne doit être regardé comme formé par l'association des deux glucoses avec élimination d'eau H^2O^2.

$$(C^{12}H^{12}O^{12})^2 - H^2O^2 = C^{24}H^{22}O^{22} \text{ saccharose.}$$

Le glucose est un alcool polyatomique; or la combinaison de deux alcools avec séparation des éléments de l'eau donne naissance à ce qu'en chimie on appelle un *éther mixte*; il s'ensuit que le saccharose, produit par la combinaison de deux glucoses, est un éther mixte.

I° *Polyglucoisides*, *Polysaccharides* ou *Hydrates de carbone*. — Les principes neutres qui constituent la masse principale des tissus végétaux sont des condensations du glucose avec séparation des éléments de l'eau; ce sont des *Polyglucosides*.

Comme ils peuvent être représentés par le carbone uni à l'eau, on leur donne aussi le nom de *hydrates de carbone*. Par exemple : le glucose $C^{12}H^{12}O^{12}$ peut être

---

1. Berthelot, *Chimie organique*, page 310.

considéré comme 12 équivalents de carbone unis à 12 équivalents d'eau.

Tels sont la dextrine, les amidons, le glycogène animal, les gommes, les mucilages, les principes ligneux ou celluloses végétales, la tunicine ou cellulose animale, etc.

Les polyglucosides sont des condensations du glucose $C^{12}H^{12}O^{12}$ avec élimination d'autant de fois H^2O^2 qu'il y a de condensations.

Si pour faciliter l'établissement des formules on appelle *glucoside* le glucose ayant perdu un H^2O^2, la formule du glucoside sera $C^{12}H^{10}O^{10}$; alors les polyglucosides seront des multiples simples du glucoside, comme on le voit par les formules suivantes [1] :

1° Le *glucoside* $C^{12}H^{10}O^{10}$ est le glucose $C^{12}H^{12}O^{12}$ avec élimination d'un H^2O^2;

2° Le *diglucoside* $(C^{12}H^{10}O^{10})^2$ est le glucoside condensé deux fois simplement; ou bien, c'est le glucose $C^{12}H^{12}O^{12}$ condensé deux fois avec élimination de deux H^2O^2;

La dextrine, le glycogène ou dextrine animale, l'arabine ou gomme soluble, sont des diglucosides;

3° Le *triglucoside* $(C^{12}H^{10}O^{10})^3$ est le glucoside condensé trois fois simplement; ou bien, c'est le glucose condensé trois fois avec élimination de trois H^2O^2;

L'amidon, le paramylon ou amidon animal, les mucilages sont des triglucosides;

---

[1]. Bien entendu, il ne faut voir dans ce glucoside fictif qu'un procédé mnémotechnique très commode pour avoir sur-le-champ la formule d'un polyglucoside quelconque.

4° Le *tétraglucoside* $(C^{12}H^{10}O^{10})^4$ est le glucoside condensé quatre fois simplement; ou bien, c'est le glucose condensé quatre fois avec élimination de quatre H^2O^2;

La cellulose est un tétraglucoside;

6° Les *polyglucosides* plus élevés, dont le nombre des condensations n'a pu encore être déterminé exactement, comprennent le ligneux, la tunicine ou cellulose animale.

Par leur genre de combinaison, à savoir, condensation du glucose, alcool polyatomique, avec élimination correspondante des éléments de l'eau, les polyglucosides appartiennent à la classe des éthers mixtes.

II° *Principes ulmiques et charbonneux.* — Aux polyglucosides se rattachent les principes ulmiques; ils dérivent, en effet, des hydrates de carbone par des condensations et des séparations d'eau simultanées; mais il y a ordinairement changement dans la fonction chimique. En effet, les polyglucosides sont *neutres;* au contraire, la plupart des principes ulmiques possèdent des propriétés *acides*. Tels sont les terreaux et les engrais naturels.

Les condensations successives accompagnées de séparation des éléments de l'eau finissent par éliminer à peu près l'oxygène et l'hydrogène, et par conséquent à amener les principes ulmiques à l'état de substances charbonneuses. Telle est l'origine des houilles.

Enfin par la chaleur et par l'action des corps avides

d'hydrogène, les matières charbonneuses perdent tout leur hydrogène, elles deviennent charbon pur. C'est la dernière limite.

« Principes ulmiques, principes charbonneux, carbone enfin, tels sont, dans le laboratoire comme dans la nature, les termes extrêmes de la métamorphose des composés organiques [1]. »

III° *Exemple des transformations que produit dans un corps la suppression ou la fixation des éléments de l'eau.* — Pour montrer quelles extraordinaires transformations produit dans un corps la suppression ou la fixation des éléments de l'eau, nous prendrons en exemple le diglucoside complexe appelé *Amygdaline*.

L'amygdaline existe dans les amandes d'un grand nombre de fruits à noyaux, dans les feuilles du laurier-cerise, dans les jeunes pousses de différentes espèces de *prunus* et de *sorbus*, etc.

En fixant les éléments de l'eau, l'amygdaline produit :

1° Du glucose, principe sucré, très soluble dans l'eau;

2° De l'essence d'amandes amères, principe liquide, volatil, odorant, insoluble dans l'eau;

3° De l'acide cyanhydrique, principe liquide, extrêmement volatil et odorant, vénéneux au suprême degré;

4° De l'acide amygdalique et de l'ammoniaque;

5° De l'acide benzalyloformique et de l'ammoniaque.

---

1. Berthelot, *Chimie organique*, page 388.

Il résulte de là qu'en fixant les éléments de l'eau :

1° *Substance neutre*, l'amygdaline produit des acides et de l'ammoniaque ;

2° *Insoluble*, elle devient très soluble ;

3° *Très amère*, elle devient sucrée ;

4° *Fixe et inodore*, elle devient volatile et odorante ;

5° *Non vénéneuse*, elle devient un poison violent.

« Toutes ces transformations sont effectuées en vertu d'actions chimiques très faibles, dès la température ordinaire, c'est-à-dire dans des conditions compatibles avec l'existence des êtres organisés [1]. »

III° Principes albuminoïdes. — Voici quels sont les principaux corps albuminoïdes :

A. *Albumines animales* : Albumine, fibrine, caséine, pancréatine, peptones hémoglobine.

B. *Albumines végétales* : Albumine végétale, légumine ou caséine végétale, gluten ou fibrine végétale.

On a vu, note de la page 109, quelle est la composition en centièmes des albuminoïdes du règne végétal et du règne animal.

Aux quatre éléments carbone, hydrogène, oxygène et azote s'adjoignent de petites quantités de soufre, de phosphore et de matières minérales.

L'hémoglobine renferme tout le fer de l'économie animale.

D'après les travaux accomplis, il semblerait que les principes albuminoïdes sont des *amides* complexes, formés par l'association des alcalis organiques sui-

---

1. Berthelot, *Chimie organique*, page 344.

vants : glycolamine, leucine, tyrosine, etc., avec certains acides qui appartiennent, d'une part, à la série acétique ou série des acides gras, et d'autre part à la série benzoïque ou série des acides aromatiques. La nature des amides et de leurs générateurs ainsi que leurs proportions relatives sont la cause des différences qui existent entre les divers principes albuminoïdes [1].

CONCLUSION

L'analyse chimique a démontré ce fait surprenant : « Tous les êtres vivants, végétaux et animaux, sont essentiellement formés par les quatre mêmes corps élémentaires, à savoir, carbone, hydrogène, oxygène et azote; en d'autres termes et pour prendre une formule plus saisissante, les êtres vivants sont constitués par du charbon uni aux trois gaz qui sont les éléments de l'eau et les éléments de l'air.

« La synthèse nous a conduits à la démonstration de cette vérité capitale que les forces chimiques qui régissent la matière organique sont réellement et sans réserve les mêmes que celles qui régissent la matière minérale... [2]. Or, nous disposons de ces forces à notre gré, suivant des lois régulières et connues; entre nos mains elles donnent lieu à des combinaisons infinies par leur nombre et par leur variété. Nous

---

1. BERTHELOT, *Chimie organique*, page 574; et SCHUTZENBERGER, les *Fermentations*, livre II, chapitre I".
2. BERTHELOT, *Méthodes générales*, pages 3-17.

reproduisons, dès à présent, une multitude de principes naturels, et nous avons l'espoir légitime de reproduire également tous les autres [1].

« La synthèse chimique étend ses conquêtes depuis les éléments jusqu'au domaine des substances les plus compliquées, sans que l'on puisse assigner de limite à ses progrès. Si l'on envisage par la pensée la multitude presque infinie des composés organiques, depuis les corps que l'on sait reproduire, tels que les carbures, les alcools et leurs dérivés, jusqu'à ceux qui n'existent encore que dans la nature, tels que les matières sucrées et les principes azotés d'origine animale, on reconnaît qu'on passe d'un terme à l'autre par des degrés insensibles, et l'on n'aperçoit plus de barrière absolue que l'on puisse redouter de trouver infranchissable [2].

« Par le fait de la formation des principes naturels et par l'imitation des mécanismes qui y président dans les végétaux et dans les animaux, on peut établir, contrairement aux opinions anciennes, que les effets chimiques de la vie sont dus aux forces chimiques ordinaires, au même titre que les effets physiques et mécaniques de la vie ont lieu suivant les forces purement physiques et mécaniques. Dans les deux cas, les forces moléculaires mises en œuvre sont les mêmes, car elles donnent lieu aux mêmes effets [3].

« Quoi de plus saisissant que cette conception des

---

1. BERTHELOT, *Synthèse chimique*, page 25.
2. BERTHELOT, *Synthèse chimique*, page 25.
3. BERTHELOT, *Synthèse*, page 272.

êtres vivants comme formés par l'assemblage de certaines substances définies, comparables par leurs propriétés fondamentales aux substances minérales, formées des mêmes éléments, obéissant aux mêmes affinités, aux mêmes lois chimiques, physiques et mécaniques? Quoi de plus capital que la reproduction de ces substances, matériaux premiers sur lesquels opèrent les organismes vivants par le seul jeu des forces minérales et par la simple réaction du carbone sur les éléments de l'air et de l'eau [1]? »

RÉSULTATS ACQUIS

Par la création artificielle des principes immédiats du monde organique en partant des éléments minéraux, la synthèse chimique a établi sur l'inébranlable fondement de l'expérience deux vérités d'une importance philosophique capitale, à savoir :

1° *Unité de composition* chez les animaux et les végétaux; les éléments, peu nombreux, appartiennent au monde minéral.

2° *Unité des lois chimiques* qui régissent le monde minéral et le monde organique.

La synthèse chimique a, par surcroît, rendu à la philosophie un autre et non moins signalé service en balayant pour jamais deux erreurs qui opposaient un obstacle infranchissable à la conquête de la vérité métaphysique:

1. BERTHELOT, *Méthodes générales*, page 8.

1° On croyait que le monde organique était l'antithèse du règne minéral et qu'il était régi par des lois chimiques tout opposées.

Cette erreur a été détruite expérimentalement par les créations de la synthèse chimique.

2° On croyait qu'une substance métaphysique, appelée *Force vitale*, était seule capable de refaire les principes immédiats détruits par les actions chimiques.

En créant de toutes pièces les principes immédiats, la synthèse chimique a démontré expérimentalement que la substance métaphysique nommée Force vitale était une fiction, une pure chimère.

Telle est la double série de résultats que la philosophie doit à la chimie. Science expérimentale et créatrice par excellence, la chimie, avec ses deux procédés, analyse et synthèse, est le plus puissant instrument que l'esprit humain ait à son service pour pénétrer et dévoiler la constitution réelle des choses.

« Les sciences naturelles et historiques, dit M. Berthelot, ont un objet donné d'avance et indépendant de la volonté et de l'action du savant; les relations générales qu'elles peuvent entrevoir ou établir reposent sur des inductions plus ou moins vraisemblables, parfois même sur de simples conjectures, dont il est impossible de poursuivre la vérification au delà du domaine extérieur des phénomènes observés. Ces sciences ne disposent point de leur objet. Aussi sont-elles trop souvent condamnées à une impuissance éternelle dans la recherche de la vérité, ou doivent-elles se contenter d'en posséder quelques fragments épars et souvent incertains.

« Au contraire, les sciences expérimentales ont le pouvoir de réaliser leurs conjectures. Ce qu'elles ont rêvé, elles le manifestent en acte. Les types conçus par le savant, s'il ne s'est point trompé, sont les types mêmes des existences. Son objet n'est point idéal, mais réel. Par là, en même temps que les sciences expérimentales poursuivent leur objet, elles fournissent aux autres sciences des instruments puissants et éprouvés, et des ressources souvent inattendues.

« La chimie possède cette faculté créatrice à un degré plus éminent encore que les autres sciences, puisqu'elle pénètre plus profondément et atteint jusqu'aux éléments naturels des êtres. Non seulement elle crée des phénomènes, mais elle a la puissance de refaire ce qu'elle a détruit ; elle a même la puissance de former une multitude d'êtres artificiels, semblables aux êtres naturels, et participant de toutes leurs propriétés. Ces êtres artificiels sont les images réalisées des lois abstraites, dont elle poursuit la connaissance. C'est ainsi que, non contents de remonter par la pensée aux transformations matérielles qui se sont produites autrefois et qui se produisent tous les jours dans le monde minéral et dans le monde organique ; non contents d'en ressaisir les traces fugitives par l'observation directe des phénomènes et des existences actuelles, nous pouvons prétendre, sans sortir du cercle des espérances légitimes, à concevoir les types généraux de toutes les substances possibles et à les réaliser. Que dis-je? nous pouvons prétendre à former de nouveau toutes les matières qui se sont développées depuis l'origine des choses, à les former dans les mêmes conditions, en vertu des mêmes lois, par les mêmes forces que la nature fait concourir à leur formation [1]. »

CHAPITRE VII

CIRCULATION DE LA MATIÈRE

1° — CIRCULATION GÉNÉRALE DE LA MATIÈRE DANS LES TROIS RÈGNES

Par « circulation de la matière », on entend le passage de la matière du règne minéral au règne végétal, puis du règne végétal au règne animal, et enfin le retour au règne minéral. Cette série de transformations forme un cycle complet.

§ I. **Passage de la matière du règne minéral au règne végétal.** — 1° ASSIMILATION DU CARBONE, DE L'HYDROGÈNE, DE L'OXYGÈNE ET DE L'AZOTE PAR LA PLANTE. — Les plantes, comme on l'a vu dans le chapitre précédent, sont composées presque exclusivement de quatre corps minéraux, à savoir, le carbone, l'hydrogène, l'oxygène et l'azote, auxquels s'adjoignent de petites quantités de soufre, de phosphore, de silice, de chaux, de soude et de sels divers.

---

1. BERTHELOT, *Synthèse chimique*, pages 275-277.

Comment s'opère le passage de ces minéraux dans la plante, et leur conversion en matière organique? Ou, ce qui revient au même, comment les plantes se nourrissent-elles?

A. *Assimilation du carbone par la plante.* — Le carbone est l'élément de beaucoup le plus considérable de la plante; celle-ci l'emprunte à peu près exclusivement à l'acide carbonique de l'air, soit que les feuilles l'aient absorbé directement [1], soit que l'acide carbonique y soit porté, dilué dans l'eau. Sous l'action des rayons lumineux, la chlorophylle dissocie l'acide carbonique; le carbone est retenu dans la plante; l'oxygène est renvoyé à l'atmosphère.

Le carbone entre sur-le-champ en combinaison avec l'eau [2]. Par un mécanisme que l'on ne connaît pas encore, il donne naissance au glucose $C^{12}H^{12}O^{12}$. « Le glucose est dans les plantes herbacées le premier principe immédiat qui apparaît aussitôt que la feuille fonctionne régulièrement; les autres hydrates de carbone semblent en dériver; de sorte que la formation du glucose par l'union des résidus de la décomposition de l'acide carbonique et de l'eau décomposée dans les feuilles nous apparaît comme l'acte fondamental de la vie de la plante [3]. »

B. *Assimilation de l'hydrogène par la plante.* — Il

---

1. DEHÉRAIN, *Chimie agricole*, page 34. Travaux de Corenwinder.
2. Peut-être est-ce l'oxyde de carbone qui s'unit à l'hydrogène. Voir DEHÉRAIN, *Chimie agricole*, page 42 et suivantes.
3. DEHÉRAIN, *Chimie agricole*, page 43. Voir, au chapitre précédent, les *Polyglucosides*.

est probable que l'hydrogène assimilé par la plante provient de la dissociation de l'eau qui s'opérerait en même temps que celle de l'acide carbonique ; mais on n'a pas encore pu le démontrer expérimentalement.

Remarque importante : Sous l'action d'une chaleur peu élevée, la chlorophylle de la feuille vivante dissocie aisément l'acide carbonique et l'eau. Dans nos laboratoires, pour accomplir ces deux dissociations, il nous faut avoir recours à des chaleurs excessives. La dissociation de l'eau, en effet, ne commence qu'à 1200°, et celle de l'acide carbonique, à 1300°.

C. *Assimilation de l'oxygène par la plante.* — Dans l'obscurité, la plante absorbe directement et constamment de l'oxygène, lequel doit servir à la fois à sa respiration et à sa nutrition. Elle en prend également à l'eau qui baigne ses tissus.

D. *Assimilation de l'azote par la plante.* — L'azote libre de l'air n'est pas absorbé directement par la plante ; il l'est, lorsqu'il est engagé dans une combinaison avec l'oxygène, à savoir, acide nitrique et nitrates ; et surtout avec l'hydrogène, à savoir, ammoniaque, sels ammoniacaux, principalement carbonate d'ammoniaque [1].

Absorbés par la plante, les nitrates et l'ammoniaque éprouvent cette opération chimique qu'on appelle

---

1. Cette fonction est d'une importance capitale puisque l'azote est l'élément caractérisque des principes albuminoïdes. Ci-après, à *Circulation générale de l'ammoniaque*, on trouvera l'analyse des belles recherches de M. Schlœsing.

une réduction, c'est-à-dire une élimination partielle ou totale de l'oxygène; l'azote se combine avec les hydrates de carbone.

II° PHÉNOMÈNES DE DIFFUSION. A. *Loi de la diffusion.* — Les phénomènes de diffusion, découverts par Dutrochet, ont été l'objet d'admirables recherches de la part du chimiste anglais, Th. Graham. Voici en quoi ils consistent:

1er *Cas.* Prenons deux vases, l'un en verre, que nous appellerons le vase extérieur; et un autre en matière poreuse, plus petit, que nous disposerons dans l'intérieur du vase en verre, et que nous appellerons le vase intérieur.

Cela fait, mettons dans le vase extérieur une solution étendue d'un sel quelconque, du sulfate de cuivre, par exemple, en quantité connue, soit 10 grammes. Dans le vase poreux, mettons de l'eau pure. Voici ce qui arrivera : La solution du sulfate de cuivre commencera à passer à travers les pores du vase intérieur dans l'eau pure; elle continuera de s'y diffuser jusqu'à ce que l'équilibre soit établi, c'est-à-dire jusqu'à ce que les deux solutions, celle du vase extérieur et celle du vase intérieur, contiennent chacune dissous 5 grammes de sulfate de cuivre.

2e *Cas.* Si le vase extérieur contenait deux, trois, quatre solutions, etc., ces deux, trois, quatre solutions se diffuseraient dans l'eau pure du vase intérieur comme si elles agissaient isolément, jusqu'à ce que l'équilibre fût atteint dans les solutions des deux vases.

3e *Cas.* Reprenons notre solution de sulfate de

cuivre placée dans le vase extérieur; supposons que la diffusion dans l'eau pure du vase poreux ait atteint l'équilibre; qu'arrivera-t-il si dans le vase poreux nous précipitons l'acide sulfurique du sulfate au moyen de la baryte? L'équilibre sera rompu; la solution du sulfate de cuivre du vase extérieur reprendra sa diffusion à travers l'eau pure du vase poreux et continuera jusqu'à ce qu'un nouvel équilibre soit atteint. Si cet équilibre est de nouveau rompu dans le vase poreux, le résultat définitif sera que la plus grande partie du sulfate de cuivre passera dans le vase poreux.

Première conséquence de la loi de diffusion. — En supposant que la solution du sel de cuivre soit incessamment renouvelée d'une part; que d'autre part elle soit incessamment précipitée en vertu d'une action chimique quelconque, il arrivera qu'au bout d'un certain temps, le vase poreux contiendra des quantités considérables de cuivre devenu insoluble.

Seconde conséquence de la loi de Diffusion. — La seconde conséquence est celle-ci, c'est que si deux, trois, quatre sels différents sont dissous dans le vase extérieur, le sel qui, par une cause quelconque, formera un composé insoluble dans le vase poreux sera celui qui y passera en plus grande quantité. En effet, son équilibre étant continuement rompu, sa diffusion n'éprouve pas de temps d'arrêt; chez les autres sels, au contraire, l'équilibre une fois atteint est établi, la diffusion s'arrête.

B. *Application de la loi de diffusion aux plantes.* — Remplacez le verre extérieur par ce réservoir de sels solubles qu'on appelle la terre; remplacez le verre poreux par les racines des plantes, les mêmes phénomènes de diffusion auront lieu, et les mêmes conséquences en résulteront, c'est-à-dire l'accumulation des sels dans les tissus de la plante.

1ᵉʳ *Exemple*. — La silice est soluble dans l'eau chargée d'acide carbonique; c'est dans cet état qu'elle se diffuse dans les racines avec lesquelles elle est en contact. A l'intérieur de la plante elle rencontre une cellulose avec laquelle elle forme une combinaison insoluble; l'équilibre n'étant pas établi, une nouvelle quantité de silice soluble pénètre dans la plante. C'est ainsi que les fougères, les bruyères, les prèles, etc., en accumulent de grandes quantités.

Si toutes les plantes ne sont pas gorgées de silice, cela tient à ce qu'il existe plusieurs celluloses isomériques, lesquelles ne forment pas toutes une combinaison insoluble avec la silice. Dans ces plantes l'équilibre s'établit promptement; alors la diffusion s'arrête.

2ᵉ *Exemple*. — Le carbonate de chaux neutre est peu soluble dans l'eau; mais le bicarbonate l'est beaucoup à cause de l'excès d'un équivalent d'acide carbonique. Il se diffuse dans la plante; là une partie de l'acide carbonique est évaporée par les feuilles ou dissociée par la chlorophylle sous l'action des rayons solaires. Alors une partie du sel de chaux devient insoluble et se dépose; l'équilibre est rompu, la diffusion du bicarbonate de chaux recommence. C'est ainsi que la chaux s'accumule dans la plante.

3ᵉ Exemple. — Certains varechs de la mer, le *Fucus vesiculosus* entre autres, ont la propriété de condenser en eux une quantité très notable d'iode, quoique un mètre cube d'eau de mer n'en contienne que des quantités infinitésimales. Cette condensation s'explique par une combinaison insoluble que forme l'iode marin avec les tissus de la plante au fur et à mesure qu'il y pénètre. L'équilibre n'étant jamais obtenu, la diffusion n'a pas d'arrêt. C'est ainsi que l'iode sous la forme d'iodure s'accumule dans ces varechs.

4ᵉ Exemple. — Une solution de carbonate de potasse, par exemple, pénètre par diffusion dans une plante; l'équilibre s'établit. Mais dans la plante se forme un acide végétal, soit l'acide citrique, soit l'acide oxalique, etc.; cet acide végétal s'empare de la potasse pour former un citrate, un oxalate de potasse, etc.; l'équilibre est rompu, le carbonate de potasse se diffuse de nouveau.

On voit que, pour que les minéraux s'accumulent dans les tissus des végétaux, il faut que, par une cause quelconque, combinaison ou évaporation, l'équilibre de diffusion soit rompu à l'intérieur des végétaux.

5ᵉ Exemple. — Supposons que les racines d'une plante plongent dans une solution de chlorure de potassium; la diffusion agit et l'équilibre s'établit. Mais voilà que les feuilles évaporent une partie de l'eau de la solution qui baigne les tissus; la solution devient ce qu'en chimie on appelle une solution concentrée; l'équilibre n'est pas rompu au point de vue du chlorure de potassium, mais il l'est au point de vue de l'eau qui tient le sel en solution. Alors la diffusion de l'eau, mais de l'eau seule, recommence, de sorte qu'au bout d'un certain temps, la plante se trouve, selon l'expression de Saussure, « avoir sucé plus d'eau que de sel [1] ».

Au demeurant, la loi d'équilibre de diffusion s'exerce pour le dissolvant aussi bien que pour les corps qui y sont dissous.

III° ASSIMILATION DES SELS MINÉRAUX PAR LES PLANTES.
A. *Assimilation du phosphore par les plantes.* — Le phosphore pénètre dans la plante sous forme de phosphate de chaux soluble. L'acide phosphorique est mis en liberté par la combinaison de la chaux avec les acides végétaux, acide citrique, acide malique, acide oxalique surtout. On a constaté que l'acide phosphorique accompagne toujours les principes azotés; qu'il y reste en dissolution sans se combiner avec la chaux, tant que la matière albuminoïde est elle-même soluble [2], enfin, qu'il ne réside

---

1. DEHÉRAIN, *Chimie agricole*, pages 93-96.
2. DEHÉRAIN, *Chimie agricole*, page 87. Il en est de même du phosphate de chaux qui reste soluble tant que l'albumine reste soluble. « Page 83 : Si l'on râpe des tubercules de pomme de terre, puis qu'on passe le jus au travers d'un linge, et enfin qu'on filtre, il sera aisé de constater dans le liquide la présence de la chaux et de l'acide phosphorique, qui restent en dissolution tant que la matière albuminoïde est soluble ; mais si l'on coagule celle-ci par la chaleur, une grande partie du phosphate de chaux se précipite ; et si on lave la matière albuminoïde jusqu'à ce qu'elle ne cède plus rien à l'eau, puis qu'on la calcine, on trouve des cendres à peu près exclusivement composées de phosphate de chaux. »

pas toujours dans la même partie de la plante, mais qu'en compagnie de la matière azotée, il émigre des feuilles et de la tige pour se concentrer dans la graine. Dans le blé, cette concentration est achevée une quinzaine de jours avant la récolte [1].

B. *Assimilation du soufre par les plantes.* — Les solutions de sulfate se diffusent dans la plante; la base du sulfate est enlevée par quelque acide végétal; l'acide sulfurique lui-même éprouve une réduction.

C'est en vertu des mêmes lois de diffusion et du même mécanisme chimique à l'intérieur de la plante que tous les minéraux peuvent être incorporés dans la plante, à la seule condition que leurs sels soient solubles. Car le fait constant, universel, qui domine l'absorption par les plantes est la solubilité des sels [2].

C. *Excrétion d'acide carbonique par les racines des plantes.* — Outre les causes extérieures qui rendent solubles les sels minéraux, cette solubilité est favorisée par l'excrétion d'acide carbonique qui se fait par les racines. Cette excrétion d'acide carbonique

---

1. Dehérain, *Chimie agricole*, page 191 et suivantes, d'après les recherches d'Isidore Pierre. Ce savant agronome a constaté que l'épi gagnait en acide phosphorique et en azote ce que perdaient les feuilles. Voici sa conclusion : C'est par suite d'un phénomène de transport vers l'épi que le reste de la plante perd, pendant les dernières semaines, les deux tiers de son azote. Ce phénomène de transport explique pourquoi le fourrage qu'on laisse monter en graine afin de récolter celle-ci séparément est moins nutritif que s'il était récolté avant la maturité du grain.

2. Dehérain, *Chimie agricole*, page 96. « Les racines absorbent tous les éléments solubles qui sont en contact avec elles. »

exerce une action dissolvante remarquable sur la silice et principalement sur les calcaires [1].

Conclusion. — Comme c'est dans les cellules des feuilles qu'ont lieu la décomposition de l'acide carbonique et de l'eau, la réduction des nitrates, et que les hydrates de carbone ainsi que les albuminoïdes prennent naissance, il en résulte que les feuilles sont le véritable laboratoire de la plante [2].

§ II. **Passage de la matière du règne végétal au règne animal.** — I° L'EXISTENCE DU RÈGNE ANIMAL DÉPEND DU RÈGNE VÉGÉTAL. — « S'il existe des animaux capables de vivre avec des matières minérales, dit M. Chevreul, nous ne les connaissons pas pour tels; ceux que nous connaissons bien ont un besoin incessant de la matière organisée déjà par les plantes, soit qu'ils s'en nourrissent immédiatement, soit qu'ils s'en nourrissent médiatement en se nourrissant d'animaux herbivores. En définitive, les plantes composent des produits avec excès de matière combustible aux dépens de la matière minérale, et ces produits étant la nourriture immédiate ou médiate des animaux, l'existence du règne animal est inséparable du règne végétal [3]. »

II° POUR QUE LA VIE ÉVOLUE, IL FAUT QUE LES COMBINAISONS DE L'OXYGÈNE SOIENT PEU STABLES. — Dans le monde minéral, l'atmosphère est rendue comburante

---

1. DEHÉRAIN, voir page 91, la note où sont résumées les expériences de M. Julius Sachs.
2. DEHÉRAIN, *Chimie agricole*, page 194.
3. CHEVREUL, *Comptes rendus*, 28 septembre 1868, page 649.

par la prodigieuse quantité d'oxygène qu'elle renferme actuellement. Les combinaisons se sont faites par masses énormes et à une haute température. L'eau, qui couvre les trois quarts du globe, et les roches solides, qui composent l'écorce terrestre, ne peuvent plus absorber l'oxygène dans les conditions où ces corps se trouvent [1] : ils sont au maximum de stabilité.

La vie est un mouvement continu; il s'ensuit que les conditions où doivent se trouver en regard l'un de l'autre l'élément comburant ou oxygène et l'élément combustible carbone, azote, hydrogène, etc., doivent être inverses de celles qui ont amené le règne animal à l'état stable. C'est précisément ce qui se passe chez les êtres vivants.

1° Le comburant ou oxygène, à l'intérieur des êtres vivants, est toujours en quantité inférieure à la quantité du combustible.

2° La matière combustible qui est brûlée par l'oxygène, dans chaque unité de temps, est toujours en très petite quantité; en outre, elle est dissoute généralement dans un liquide aqueux; la chaleur dégagée est très faible.

Ces conditions sont essentiellement favorables à l'exercice des affinités les plus faibles, ainsi qu'à la formation incessante et à l'incessante destruction des composés les plus riches en matière combustible [2].

---

1. Cela n'est pas rigoureusement exact pour les roches, comme on le verra plus loin au paragraphe : *Pulvérisation des roches sur place.*

2. Chevreul, *Comptes rendus*, 28 septembre 1868, page 649.

On sait que l'oxyde de carbone est un poison parce qu'il

III° **Fabrication des principes immédiats des animaux au moyen des principes immédiats des végétaux.** — Lorsque la plante a converti en principes immédiats la matière minérale, elle est devenue apte à servir d'aliment à l'animal herbivore. A son tour, celui-ci convertit par le travail chimique de son appareil digestif les principes immédiats de la plante en principes immédiats d'une forme particulière, celle qui caractérise le règne animal. En comparant les principes végétaux aux principes animaux, au point de vue de la composition élémentaire, on a reconnu qu'ils sont à peu près identiques; ils ne diffèrent entre eux que par la forme. Le travail de l'appareil digestif des animaux a précisément pour but de donner cette forme caractéristique et nouvelle. Différentes par la forme, les deux séries parallèles de principes immédiats restent identiques, quant à la composition élémentaire.

En se nourrissant des animaux herbivores, les carnivores ne font que remanier les principes immédiats animaux déjà tout élaborés. La structure de leurs dents et celle de leur appareil digestif exigent que les animaux herbivores convertissent préalablement les principes végétaux en principes animaux. Mais cette conversion préalable ne change en rien la composition élémentaire des principes immédiats; elle reste identique à elle-même. « C'est ainsi, dit M. Troost,

---

contracte une combinaison *stable* avec l'hémoglobine des globules rouges du sang. L'oxygène ne pouvant plus déplacer l'oxyde de carbone, la respiration, c'est-à-dire la combustion, est arrêtée; la mort s'ensuit.

qu'en définitive le lion mange de l'herbe quand il dévore une vache [1]. » Cela est vrai; il y a mieux encore, c'est que l'herbe n'étant que de la matière minérale transformée, il se trouve, en dernière analyse, que le lion se nourrit de terre. Comme il en est de même de tous les animaux, il résulte de là que les animaux ne sont que de la terre transformée [2].

§ III. **Retour de la matière du règne animal au règne minéral.** — 1° PHASES QUE SUBIT LE POIDS DU CORPS DANS CHAQUE ANIMAL. — Au point de vue des variations que subit le poids du corps dans chaque animal, on distingue trois phases :

1° La phase où le poids du corps s'accroît : c'est la phase de la jeunesse; l'animal gagne plus qu'il ne perd;

2° La phase où le poids du corps reste stationnaire : c'est la phase de l'âge mûr; l'animal perd exactement autant qu'il gagne [3];

---

1. TROOST, *Constitution des corps organiques, Revue scientifique*, 3 avril 1869, page 274.
2. GAVARRET, *Phénomènes physiques de la vie*, page 23, cite les paroles suivantes de Lavoisier : « Les végétaux puisent dans l'air qui les environne, dans l'eau et en général dans le règne minéral, les matériaux nécessaires à leur organisation. Les animaux se nourrissent ou de végétaux ou d'autres animaux qui ont été eux-mêmes nourris de végétaux; en sorte que les matériaux dont ils sont formés sont toujours, en dernier résultat, tirés du règne minéral. »
3. GAVARRET, page 25, autre citation de Lavoisier : « Une circonstance remarquable, c'est que les animaux qui sont dans l'état de santé et qui ont pris toute leur croissance reviennent constamment chaque jour, à la fin de la digestion, au même poids qu'ils avaient la veille, dans des circonstances semblables; en sorte qu'une somme de matière égale à ce qui est reçu dans

3° La phase où le poids du corps diminue : c'est la phase de la vieillesse; l'animal perd plus qu'il ne gagne.

En définitive, et quelles que soient les variantes qui se présentent dans ces trois phases physiologiques, on arrive nécessairement à ce résultat final : Lorsque l'animal meurt, les gains que le corps avait faits durant le cours de la vie surpassent les pertes d'un poids exactement égal à celui même que pèse le cadavre. Restitué à la terre, le cadavre achève la compensation : l'équilibre entre les gains et les pertes est alors d'une exactitude mathématique. Au point de vue de la matière, l'équation de la vie s'établit ainsi : Le nombre de kilogrammes de matière minérale qui fait retour à la terre est égal à celui qui avait revêtu successivement et par fractions la forme animale.

II° Mécanisme chimique du retour de la matière animale au règne minéral. — « La respiration, dit Lavoisier, n'est qu'une combustion lente de carbone et d'hydrogène, qui est semblable en tout à celle qui s'opère dans une lampe ou dans une bougie allumée, et, sous ce point de vue, les animaux qui respirent sont de véritables corps combustibles qui brûlent et se consument. Dans la respiration comme dans la combustion, c'est l'air de l'atmosphère qui fournit l'oxygène et le calorique. Mais comme dans la respi-

---

le canal intestinal se consume et se dépense, soit par la transpiration, soit par la respiration, soit enfin par les différentes excrétions. »

ration c'est le sang qui fournit le combustible ; si les animaux ne réparaient pas habituellement par les aliments ce qu'ils perdent par la respiration, l'huile manquerait bientôt à la lampe, et l'animal périrait comme la lampe s'éteint lorsqu'elle manque de nourriture [1]. »

Les trois excrétions qui rendent au règne minéral la matière animale brûlée par l'oxygène sont l'urine, l'haleine et la sueur [2].

Quant aux excréments, ils ne présentent que la partie des aliments qui n'a pas été utilisée, et qui par conséquent n'a pas éprouvé la nouvelle métamorphose. Leur poids s'élève en moyenne, pour l'adulte, de 150 à 200 grammes par vingt-quatre heures.

A. *L'eau restituée au règne minéral.* — Voici la quantité d'eau restituée au règne minéral par un homme, en vingt-quatre heures :

---

1. Cité par Gavarret, *Phénomènes physiques*, page 370.
2. Les analyses et les chiffres qui vont suivre sont empruntés aux auteurs suivants : Littré, *Dictionnaire de médecine*, 1884 ; Robin, *Traité des humeurs* ; Gavarret, *Phénomènes physiques de la vie*. — Il est évident que les tableaux donnés ne sont que des moyennes très générales. Vu la diversité des tempéraments, de l'alimentation, des saisons, des milieux, etc., il est impossible de donner autre chose que des analyses et des chiffres répondant d'une manière large à la réalité concrète, si variée dans chaque individu. Ce qui en fait l'utilité et même la nécessité malgré le défaut de précision, c'est de fixer les idées par des poids définis, et de donner à l'esprit un point de repère. Au fond, les chiffres quotidiens, quels qu'ils soient, n'influent en rien sur l'équation finale ; car le cadavre, qui peut être exactement pesé, est l'excédent de la matière emmagasinée qu'il reste à rendre au règne minéral pour que la restitution soit égale rigoureusement à l'emmagasinement opéré durant la vie entière.

1° Eau de l'urine.	1,400	grammes;
2° Eau de l'haleine, de 400 à	500	—
3° Eau de la sueur.	1,000	—
Total.	2,900	grammes.

L'eau de l'haleine est la vapeur d'eau rejetée par le poumon. Il est admis généralement que cette eau provient, en grande partie, de la combinaison de l'oxygène avec l'hydrogène des principes immédiats. D'après Robin [1], toute l'eau excrétée par le poumon viendrait de l'eau des aliments; il résulterait de là que l'hydrogène des principes immédiats, après leur oxydation, passerait tout entier dans les urates et dans l'urée; c'est sous cette forme qu'il retournerait au règne minéral. Ce problème de chimie biologique a de l'intérêt pour le physiologiste; il n'en a pas pour la solution du problème philosophique. Peu importe, en effet, par quel émonctoire l'hydrogène retourne au règne minéral, pourvu qu'il y retourne.

La surface du corps produit environ 40 grammes de sueur par heure dans les conditions ordinaires, c'est-à-dire à peu près un litre ou 1 kilogramme par jour [2].

La quantité de sueur augmente selon la quantité de boissons ingérées et d'exercice corporel concomitant; elle varie également à l'état de santé et à l'état de maladie; enfin elle est en relation étroite avec la température; pendant l'été, l'eau de la sueur dépasse en poids l'eau de l'urine [3]. Dans ces divers cas, ce

---

1. Robin, *Traité des humeurs*, page 80.
2. Littré, *Dictionnaire de médecine*, article *Sueur*.
3. Robin, *Traité des humeurs*, pages 621-625.

que la sueur gagne en quantité, l'urine le perd : il y a compensation.

B. *Le carbone restitué au règne minéral*. — Le carbone est restitué au règne minéral en majeure partie sous forme d'acide carbonique; puis, sous forme de carbonate, de lactate, d'hippurate, et surtout d'urate et d'urée. Ces derniers corps sont éliminés par les reins et se trouvent dans l'urine. La sueur contient aussi une minime quantité de sels dont le carbone est partie intégrante. Renvoyant au paragraphe de l'azote ce qui concerne les urates et l'urée, nous nous occuperons exclusivement de l'acide carbonique.

L'acide carbonique provient de l'oxydation du carbone des tissus vivants; il est restitué au règne minéral presque tout entier par l'expiration; c'est le poumon qui est l'organe éliminateur.

D'après Lavoisier et Seguin, le poids du carbone de l'acide carbonique éliminé en 24 heures serait de 240 grammes.

D'après Andral et Gavarret, ce poids serait de 264 grammes [1].

D'après Dumas, le poids du carbone éliminé ne dépasserait pas 200 grammes [2].

A ces chiffres il faut ajouter une certaine quantité d'acide carbonique exhalé par la peau, et une autre quantité qui, charriée dans l'urine, s'élève à un peu plus de 19 centimètres cubes par litre d'urine [3].

[1]. Gavarret, *Phénomènes physiques*, page 396.
[2]. Robin, *Traités des humeurs*, page 796.
[3]. Robin, *Traités des humeurs*, page 656. Voir aussi Ch. Richet, *Revue scientifique*, 17 octobre 1885, page 490.

C. *L'azote restitué au règne minéral.* — L'azote inspiré ne contracte pas de combinaison; il est restitué en totalité à l'air par l'expiration. En outre, l'azote de l'expiration renferme une petite quantité d'azote provenant de l'oxydation des albuminoïdes [1].

A part cette minime quantité d'azote libre provenant des matières azotées et s'éliminant par le poumon, tout l'azote des principes immédiats, après leur oxydation, entre dans la combinaison des hippurates et surtout des urates et de l'urée.

L'acide urique n'existe pas à l'état libre dans l'urine normale; il y est combiné aux bases, potasse, soude, chaux, ammoniaque et magnésie : ce sont les urates. L'acidité de l'urine des carnivores est due à une combinaison de l'acide urique avec le phosphate de soude de l'urine, combinaison qui, bien que peu soluble dans l'eau, rougit nettement le tournesol. Elle est représentée par du phosphate neutre de soude dans lequel un équivalent d'acide urique remplace un équivalent d'eau [2]. L'urine des herbivores est généralement alcaline.

Les urates se forment par l'oxydation des tissus solides, fibres et muscles. L'urine en contient dans la proportion de 1 à 1 1/2 pour mille, quantité très inférieure à celle de l'urée.

---

1. GAVARRET, *Phénomènes physiques*, page 383. ROBIN, *Traité des humeurs*, page 798.
2. LITTRÉ, *Dictionnaire de médecine*, article Urine.

L'urée éliminée dans les 24 heures est de 20 à 30 grammes, ou même de 35 grammes, d'après Vogel.

« Elle provient de la désassimilation des éléments anatomiques et se forme d'une manière constante et régulière; car elle continue à être expulsée avec l'urine pendant les maladies, pendant les jeûnes prolongés, et lorsque la nourriture est exclusivement composée de substances qui ne renferment pas trace d'azote. Lassaigne, en effet, l'a retrouvée dans l'urine d'un supplicié mort après dix-huit jours d'une abstinence absolue [1]. »

L'urée est un amide de l'acide carbonique, c'est-à-dire une combinaison de deux équivalents d'acide carbonique et de deux équivalents d'ammoniaque avec élimination d'eau H^2O^2, comme le montre l'équation suivante :

$$2(CO^2, AzH^3) - H^2O^2 = C^2H^4Az^2O^2 \text{ urée.}$$

L'urée est un corps incomplètement brûlé; à l'air libre, l'oxydation s'achève. En effet, sous l'action d'un végétal microscopique, le *micrococcus ureæ*, l'urée s'assimile de l'eau H^2O^2 et se transforme en carbonate d'ammoniaque. Le retour de l'azote animal au règne minéral est alors achevé.

D. *Le chlorure de sodium restitué au règne minéral.* — Le chlorure de sodium ou sel marin qui se trouve dans l'urine, en 24 heures, varie de 8 à 16 grammes; une fraction provient de la désassimilation de la sub-

---

[1]. Robin, *Traité des humeurs*, page 685.

stance organisée du corps; la plus grande partie vient du chlorure de sodium ajouté aux aliments ou formant partie intégrante des aliments.

« Toutes les fois, dit Robin, qu'on augmente la quantité de sel marin qui est ajoutée aux aliments de chaque jour comme condiment, on voit sa proportion augmenter dans toutes les sécrétions, mais surtout dans l'excrétion urinaire. Pourtant le chlorure de sodium éliminé n'est pas seulement celui qui est contenu dans les aliments ingérés chaque jour, soit comme partie constituante, soit surajouté comme condiment. Une portion vient encore de celui qui a temporairement fait partie de la substance organisée des éléments anatomiques et du plasma sanguin; car en supprimant tout le sel marin des aliments, sa quantité diminue graduellement; mais après quelques jours cette diminution s'arrête, et l'on voit l'urine des 24 heures en contenir de 2 ou 3 grammes, c'est-à-dire une quantité qui dépasse de beaucoup le poids du sel marin contenu dans les aliments ingérés chaque jour pour ce genre d'expériences. Cette désassimilation en excès s'accompagne d'un affaiblissement graduel. Ce fait démontre la nécessité d'ajouter du chlorure de sodium aux aliments [1]. »

E. *Les phosphates restitués au règne minéral.* — La quantité des phosphates que contient l'urine au bout de 24 heures varie de 4, 5 à 8 parties pour mille grammes d'urine. D'après Vogel, le poids de

[1]. Robin, *Traité des humeurs*, page 662.

l'acide phosphorique et des phosphates terreux serait de 4^{gr},70 pour 1,500 grammes d'urine.

« Les phosphates de l'urine viennent directement du sang; ils arrivent dans celui-ci par les aliments d'une part, et d'autre part ils lui reviennent après avoir fait partie des os, des cartilages et d'autres tissus, qui abandonnent par désassimilation une portion de la quantité de ces sels qu'ils renferment[1]. »

F. *Quantité de l'oxygène absorbé par qui la matière animalisée retourne au règne minéral.* — La combustion des éléments anatomiques par l'oxygène est, avons-nous vu, le grand mécanisme par lequel la matière animalisée retourne au règne minéral. Voici le résultat des expériences faites pour évaluer en poids l'oxygène qu'un homme inspire par jour : « Il faut prendre pour l'homme le chiffre de 5 grammes par heure pour 1 kilogramme de l'individu. Cela donne 75 grammes par heure, et 1,800 grammes par 24 heures[2]. »

Une petite quantité d'oxygène est rejetée par les urines; c'est la quantité de ce gaz qui, dissous dans le sang, n'a pas servi à l'assimilation; il est emporté par les urines en vertu de sa solubilité propre.

III° CONCLUSION. — En résumé, l'urine, la sueur et l'haleine contiennent le total des pertes que fait l'homme, chaque jour, par suite de la désassimilation. En prenant le chiffre de 1,500 grammes pour l'urine,

---

[1]. ROBIN, *Traité des humeurs*, page 667.
[2]. ROBIN, *Traité des humeurs*, page 795.

chiffre donné par Vogel, qui se décompose en 1,440 grammes d'eau et 60 parties solides dissoutes, à savoir, urée, urates, phosphates, etc., on aura le compte suivant :

1° Urine.......	1,500	grammes;
2° Sueur.......	1,000	—
3° Haleine.....	500	—
Total....	3,000	grammes.

Puisque l'homme perd, chaque jour, trois kilogrammes de matières incorporées, il est obligé de les remplacer, chaque jour, par trois kilogrammes d'aliments solides et liquides [1].

En une année, il aura perdu $3 \times 365 = 1,095$ kilogrammes, qu'il aura remplacés par un nombre égal de kilogrammes d'aliments liquides et solides.

---

1. Régime alimentaire : Un régime alimentaire rationnel est celui qui doit remplir trois conditions, à savoir, réparer les pertes subies par la dénutrition, subvenir à l'entretien de la chaleur, ne pas donner à l'appareil digestif une tâche trop lourde par un excès d'aliments. Payen a proposé comme type alimentaire une ration mixte qui comprendrait 1000 grammes de pain et 286 grammes de viande de bœuf; en tout, 1,286 grammes d'aliments solides, lesquels contiennent 131 grammes de matière azotée et 314 grammes de carbone sans compter les phosphates, etc. « Cette ration mixte, dit M. Gavarret, remplit toutes les conditions exigées par une nutrition normale et régulière. »

Si l'on remplaçait le pain par les pommes de terre, il faudrait 2,200 grammes de pommes de terre et 300 grammes de viande de bœuf; en tout, 2,500 grammes, ration qui imposerait à l'appareil digestif un travail plus pénible que celui de la ration au pain.

Au demeurant, quoi qu'on donne à l'estomac, il n'y a d'assimilé que la quantité que réclame le corps; le reste est expulsé par l'intestin.

Pour simplifier le problème et laisser de côté les variations en plus et en moins de la jeunesse et de la vieillesse, on peut supposer que la vie de l'homme correspond à une moyenne de 40 années, où l'équilibre de l'échange est de 1,095 kilogrammes de matière par an. Il s'ensuivra que, durant toute son existence, l'homme aura reçu $1,095 \times 40 = 43,800$ kilogrammes. A ces 43,800 kilogrammes, on doit ajouter les 75 kilogrammes que pèse le corps de l'homme, à l'âge viril, puisque, par hypothèse et pour simplifier, nous avons pris l'homme à l'âge viril. On aura donc, en tout, 43,875 kilogrammes, ou en chiffres ronds, 44,000 kilogrammes. Ainsi, de la naissance à la mort, c'est-à-dire durant son existence entière, chaque homme rend successivement et par fractions à la terre, les 44,000 kilogrammes de substances minérales qu'il lui avait, par fractions et successivement, empruntés.

En définitive et en dernière analyse, qu'est-ce qu'un homme au point de vue de la matière? C'est une masse de 44,000 kilogrammes de matière terreuse, qui, par fractions, ont revêtu momentanément une forme particulière. Or, une forme particulière est ce qu'en métaphysique on appelle un mode; il s'ensuit que *chaque homme est un mode de la matière.*

Ce qui est vrai de chaque homme, est vrai de chaque animal; car les fonctions de nutrition et de dénutrition sont les mêmes; l'équilibre des échanges suit les mêmes lois; c'est toujours un certain poids de matière terreuse qui revêt par fractions et momentanément une forme spéciale : *chaque animal est donc un mode de la matière.*

Les plantes puisent directement leurs aliments dans le sol et transforment les minéraux selon la même loi d'équilibre dans les gains et les pertes; on aboutit donc à la même conclusion : *chaque plante est un mode de la matière.*

Enfin, comme en métaphysique, la matière est conçue d'une façon abstraite, c'est-à-dire dépouillée de toute forme, géométrique ou non géométrique, il s'ensuit que les soixante-cinq corps premiers que nous connaissons et tous ceux que nous pourrons connaître encore, ayant une forme, soit géométrique, que nous appelons cristalline, soit non géométrique, que nous nommons absurdement amorphe; bref, *tous les corps premiers sont des modes de la matière.*

En résumé, tout ce qui existe, *hommes, animaux, plantes, minéraux, corps célestes, sont des modes de la matière*[1].

II° — CIRCULATION GÉNÉRALE DE L'EAU.

NOTIONS PRÉLIMINAIRES.

I° QUANTITÉ DE VAPEUR D'EAU QU'IL FAUT POUR SATURER UN MÈTRE CUBE D'AIR, A UNE TEMPÉRATURE DÉTERMINÉE. — Lorsqu'un mètre cube d'air ne peut plus contenir de l'eau à l'état de vapeur, on dit qu'il est saturé.

---

1. HELMHOLTZ, le développement des sciences dans les temps modernes, *Revue scientifique*, 8 janvier 1870, page 93 : « La

La quantité de vapeur d'eau qu'il faut pour saturer un mètre cube d'air varie avec la température; cette quantité est d'autant plus grande que la température est élevée. A 0°, un mètre cube d'air saturé contient 4 grammes 88 de vapeur d'eau ; à 10°, il lui en faut, pour être saturé, 9^{gr},71. Voici quelques exemples où est indiqué le nombre de grammes de vapeur d'eau nécessaires pour saturer un mètre cube d'air, à diverses températures :

	Grammes.		Grammes.
0°	4,88	20°	18,43
1°	5,30	30°	33,17
10°	9,71	40°	58,28

Par ces exemples, on voit combien croît avec la température la quantité d'eau qu'un mètre cube d'air peut contenir à l'état de vapeur pour être saturé.

Lorsque la quantité de vapeur d'eau qui afflue vient à dépasser le point de saturation, la vapeur d'eau se condense et tombe à l'état de bruine, de pluie

chimie a démontré que l'innombrable variété des corps qui nous entourent repose sur la combinaison d'un nombre très limité d'éléments, et que ces éléments sont absolument indécomposables, soit quantitativement, soit qualitativement, dans toutes leurs combinaisons possibles. De là *immutabilité de la matière;* tout dans la nature extérieure se réduit à *un changement de forme* dans l'agrégat des éléments chimiques éternellement invariables, à des différences de composition, de distribution, de structure des corps que ces éléments constituent. De quelque manière qu'ils se présentent, ils restent essentiellement les mêmes. En d'autres termes, il n'y a de changement possible dans la nature que la distribution et l'arrangement divers des éléments dans l'espace, ce qui revient à un mouvement. »

ou de neige, selon les circonstances de lieu et de température. Il résulte de là que si un courant d'air, ayant 20° de température et saturé de vapeur d'eau, c'est-à-dire contenant 18^{gr},43 d'eau par mètre cube, vient à se refroidir jusqu'à 10°, il ne pourra plus retenir à l'état de vapeur les 18^{gr},43 d'eau qu'il contenait; à 10°, il n'en peut contenir que 9^{gr},71; la différence entre les deux quantités de saturation sera donc 18^{gr},43 — 9^{gr},71 = 8^{gr},72; ces 8^{gr},72 se déposeront sous forme de pluie; il pleuvra à raison de 8^{gr},72 par mètre cube d'air.

II° Quantité d'eau évaporée par les plantes. — La quantité d'eau évaporée par les plantes est énorme. Voici le résultat d'expériences faites à Grignon par M. Dehérain : « Nous avons trouvé à Grignon que, dans un champ de maïs médiocrement garni, on comptait 30 pieds de maïs par mètre carré; le poids des feuilles, le 9 juillet, était environ de 242 grammes par mètre carré.

« Par *une journée claire*, ces feuilles donnaient au minimum 150 % d'eau en une heure, ou en 10 heures, 1,500 d'eau pour 100 de feuilles. Les 242 grammes de feuilles devaient donner 3,630 grammes d'eau. Ainsi, en une journée de 10 heures, un mètre carré jetait dans l'air plus de 3 kilogrammes d'eau; un hectare donnait donc trente tonnes. »

Par *un temps couvert*, M. Dehérain constata que le même mètre carré de maïs, en 10 heures, évaporait seulement 1,100 grammes d'eau, soit à l'hectare onze tonnes, au lieu de trente. « L'épuisement dans les jours couverts est donc beaucoup moindre que dans les jours clairs; mais toutefois ce calcul indique qu'il faut nécessairement que la terre reçoive de l'eau par capillarité des couches profondes. Si les végétaux ne trouvaient pas cette ressource, ils périraient infailliblement sous l'influence des sécheresses profondes [1]. »

Comme la vie des animaux dépend de celle des végétaux, on imagine aisément quel contre-coup exercent sur la vie totale du globe les variations en plus ou en moins dans la distribution de la vapeur d'eau condensée. Or, cette distribution dépend de la circulation générale atmosphérique puisque le véhicule de la vapeur d'eau est l'atmosphère. Il s'ensuit que le problème de la circulation de la vapeur d'eau est identique à celui de la circulation atmosphérique.

§ 1° **Théorie des zones.** — Le commandant américain Maury a eu la gloire d'être le premier initiateur d'une théorie d'ensemble.

I. Formation de l'alizé supérieur a l'équateur. — Sous l'action torride des rayons du soleil qui frappent l'air et la mer perpendiculairement à l'équateur, les couches d'air qui reposent sur la mer échauffée prennent une température extrême et se saturent de vapeur d'eau. En vertu de leur dilatation excessive, elles s'élèvent, en colonne verticale, dans les hautes régions de l'atmosphère. Leur ascension est favorisée par la légèreté de la vapeur d'eau qui les sature.

A une hauteur de 5 à 6 kilomètres et même davan-

[1]. Debérain, *Chimie agricole*, pages 184-185.

tage [1], la température de la colonne d'air saturé se refroidit; la vapeur d'eau éprouve une première condensation en brouillard; c'est l'anneau de nuages qui surmonte et enveloppe toute la ligne équatoriale. Parvenue à la limite de son ascension verticale, la colonne d'air s'étend en nappe et se dirige vers le pôle nord; elle prend alors le nom de *alizé supérieur* ou contre-alizé.

II° FORMATION DE L'ALIZÉ INFÉRIEUR. — Nous savons que toute inégalité de température produit dans les couches d'air une inégalité de densité; puis, que toute inégalité de densité produit un déplacement, un mouvement; car l'air dense tend toujours à occuper la place qu'abandonne l'air dilaté.

Par suite de l'ascension de la colonne d'air de l'équateur, il se fait un appel de l'air froid du pôle; c'est le phénomène que, dans nos cheminées, nous nommons le tirage. L'air froid du pôle se dirige donc vers l'équateur pour remplacer la colonne d'air qui s'est élevée verticalement. C'est ce courant polaire qui, parvenu dans la région des tropiques, prend le nom de *alizé inférieur* ou simplement *alizé*.

III° MARCHE DE L'ALIZÉ INFÉRIEUR. — Si, au lieu de tourner autour de son axe, la terre était immobile, l'alizé inférieur soufflerait, pour notre hémisphère, constamment du nord. Mais par suite du mouvement de rotation terrestre, qui se fait de l'ouest à l'est, il n'en est pas ainsi. La différence de vitesse des divers

---

1. MARIÉ-DAVY, *Mouvements de l'atmosphère*, page 199.

parallèles du globe nous fait attribuer à l'alizé inférieur une direction qui varie selon la position géographique de l'observateur. Établissons d'abord les différences extrêmes dans la vitesse des parallèles terrestres.

Nulle au pôle, la vitesse de la rotation terrestre est maximum à l'équateur; elle y est de 416 lieues à l'heure. Entre ces deux extrêmes s'échelonnent les vitesses croissantes ou décroissantes des autres parallèles selon que l'on part du pôle ou de l'équateur. A Paris, qui est situé à 48°,50′ de latitude, la vitesse de rotation est encore de 273 lieues à l'heure [1].

Par suite de ce mouvement de rotation qui nous emporte à l'est, avec des vitesses croissantes dans les parallèles, il résulte que le courant d'air parti du pôle nord immobile semble incliner de plus en plus vers l'est, si bien que dans la zone équatoriale, c'est-à-dire sur la ligne où la vitesse de rotation est maximum, l'alizé inférieur est devenu un plein vent d'est.

Arrivé à la zone équatoriale, l'alizé inférieur subit l'action torride des rayons perpendiculaires du soleil, se sature de vapeur d'eau, et s'élève en colonne verticale dans l'air; il devient l'alizé supérieur ou simplement le contre-alizé.

IV° MARCHE DE L'ALIZÉ SUPÉRIEUR. — La marche du contre-alizé est l'inverse de celle de l'alizé inférieur. Celui-ci, partant d'une région immobile, se dirigeait vers des parallèles animés d'une vitesse croissante de rotation; il inclinait donc du nord au nord-est, et

---

1. MARIÉ-DAVY, *Mouvements de l'atmosphère*, page 113; et MOITESSIER, *l'Air*, page 124.

finissait par devenir un plein vent d'est. L'alizé supérieur, au contraire, part d'une région où la vitesse de rotation est maximum, il se dirige vers des parallèles où la vitesse de rotation est graduellement décroissante; il incline donc du sud au sud-ouest, et finit par être au pôle un plein vent d'ouest [1].

V° LE CIRCUIT TROPICAL ET LE CIRCUIT POLAIRE. — En montant dans les hautes régions de l'atmosphère, la colonne d'air équatoriale se dilate, ce qui est une première cause de refroidissement. Ensuite elle rayonne vers les espaces célestes, ce qui est une seconde cause de refroidissement. De là deux conséquences :

1° Une condensation d'une partie de sa vapeur d'eau qui tombe en averses torrentielles;

2° Un abaissement graduel vers le sol en vertu de la densité graduellement croissante que lui donne un refroidissement graduellement croissant.

Aux environs des tropiques, l'alizé supérieur se divise en deux branches: l'une (branche continentale) descend jusqu'à l'alizé inférieur, se mélange à lui et ferme ainsi un circuit secondaire : c'est le circuit tropical.

L'autre branche (branche marine) continue sa marche vers le nord; aux environs du pôle, il se confond avec le courant qui se dirige vers l'équateur et ainsi ferme le circuit principal : c'est le circuit polaire [2].

1. MARIÉ-DAVY, *Mouvements de l'atmosphère*, page 119.
2. MARIÉ-DAVY, *Mouvements de l'atmosphère*, page 117-118.

VI° LES CALMES ÉQUATORIAUX ET LES CALMES TROPI-
CAUX. — A l'équateur règne une bande de calmes
appelés *calmes équatoriaux* ; cette bande se trouve
entre les régions où soufflent, d'un côté, les alizés de
l'hémisphère nord, et de l'autre côté, les alizés de
l'hémisphère sud. Les deux grands courants viennent
se fondre dans la nappe ascendante qui les sépare.
Par suite de ce mouvement d'ascension verticale, il y
a une neutralisation dans le sens horizontal, c'est-à-
dire à la surface de la mer; de là l'établissement de
la bande des calmes équatoriaux. Toutefois ces calmes
sont souvent troublés par des tempêtes gyratoires,
cyclones ou tornados.

Aux tropiques, le mouvement de descente de l'alizé
supérieur et sa jonction avec l'alizé inférieur devaient
produire, selon Maury, une bande de calmes qu'il
nommait *calmes tropicaux*.

On verra plus loin ce qu'il en est, en réalité, des
calmes équatoriaux et des prétendus calmes tropicaux.

VII° TRACÉ GRAPHIQUE IDÉAL RÉSUMANT LA THÉORIE DE
MAURY. — Dans la théorie de Maury, le contre-alizé
supérieur descend tout entier au tropique, puis continue sa route vers le pôle, en rasant le sol. Au pôle,
il éprouve un mouvement ascensionnel qui détermine
un calme, et reprend dans les régions hautes sa
marche de retour vers l'équateur. Arrivé au tropique,
il se heurte au contre-alizé équatorial qui vient en
sens inverse, et se confond avec lui. De cette rencontre
de deux vents animés de vitesses contraires naissent
les calmes tropicaux. Ainsi, dans la théorie de Maury,

les mouvements sont ascendants à l'équateur ainsi qu'aux pôles, et descendants aux tropiques.

Pour rendre plus saisissable la théorie de Maury, prenons, à l'exemple de l'illustre Américain, une molécule d'air à l'équateur, et suivons-la dans son voyage au pôle, aller et retour.

A. A l'équateur, la molécule d'air s'élève dans les régions supérieures ; elle chemine ainsi jusqu'aux tropiques, où elle descend, formant une première demi-boucle.

B. Du tropique, elle se rend au pôle, en rasant la surface du sol ; arrivée au pôle, elle s'élève dans les régions supérieures, formant ainsi une seconde demi-boucle.

C. Du pôle, elle chemine dans le haut jusqu'au tropique, où elle descend : la seconde demi-boucle est fermée.

D. Du tropique, elle se rend à l'équateur en rasant le sol ; arrivée à l'équateur, elle monte à la région supérieure : la première demi-boucle est fermée.

Par ce tracé idéal, on voit que le voyage de la molécule d'air, de l'équateur au pôle, aller et retour, est figuré par un 8 couché ∞. Le point d'intersection des deux boucles est le tropique ; la tête de l'une des boucles est à l'équateur ; et l'autre, au pôle.

Comme le voyage de la molécule d'air est le même dans chaque hémisphère, il s'ensuit que la circulation générale de l'atmosphère sur tout le globe peut être théoriquement représentée par deux 8 couchés ∞|∞

que séparerait, l'un de l'autre, la ligne de l'équateur [1].

§ II. **Théorie des tourbillonnements.** — Maury avait fondé sa théorie sur l'hypothèse que la surface du globe serait tout entière couverte d'eau; ou, du moins, il n'avait pas assez tenu compte de l'influence qu'exercent les continents. La mer couvre à peu près les trois quarts du globe; l'autre quart est continental; enfin, de cette partie continentale, les trois quarts appartiennent à notre hémisphère, c'est-à-dire à l'hémisphère boréal.

Après le congrès météorologique de Bruxelles en 1853, on étudia la circulation atmosphérique au moyen des lignes d'égale pression barométrique ou, comme on le dit abréviativement, au moyen des lignes isobares (ἴσον égale, βαρος pesanteur ou pression). « On s'aperçut que les isobares se replient souvent en courbes fermées, plus ou moins circulaires ou elliptiques.

« Quand la pression *maxima* est au centre, les vents partent du centre et vont vers la circonférence, en s'inclinant graduellement vers la droite.

« Quand la pression *minima* est au centre, les vents affluent vers ce centre en spirale inverse.

---

[1]. En affirmant le mouvement ascensionnel de l'air aux pôles, Maury faisait une conjecture gratuite. Il n'en savait rien et n'en pouvait rien savoir à cette époque, faute de documents. Or, d'après l'opinion de Coffin et de Voëikof, basée sur un nombre de documents encore un peu restreint, il existerait un tourbillonnement *descendant* sur les deux pôles (DURAND-GRÉVILLE, les *Cartes nautiques*, *Revue scientifique*, 17 janvier 1885, pages 79 et 81).

« De la sorte, on peut arriver par voie indirecte à une vue déjà plus exacte des mouvements de l'air [1]. »

Ces études furent faites surtout dans l'hémisphère boréal, là où la mer est resserrée entre les trois continents, Amérique, Europe, Asie (Sibérie); bref, là où se trouvent les trois quarts de la partie continentale du globe terrestre : ce point est à noter.

I° ERREURS DE LA THÉORIE DE MAURY. — On releva les erreurs suivantes dans la théorie de Maury :

1° Il n'y a pas de bande ou zone de calmes à l'équateur, mais une courbe fermée *elliptique* extrêmement exiguë;

Il n'y a pas de calmes équatoriaux proprement dits, mais, en réalité, des *brises faibles*.

L'ellipse exiguë se déplace avec les saisons : en été, les calmes se trouvent au milieu de l'Atlantique; en hiver, ils se réfugient près des côtes d'Afrique.

2° Il n'y a pas de calmes tropicaux, mais des vents de direction variable, assez violents, *plus violents* même que les alizés nord-est, auxquels ils sont contigus.

II° CONSTATATION DE TOURBILLONNEMENTS CREUX OU CONVEXES, SELON LES SAISONS. — 1° Pendant l'été, en vertu de la loi d'absorption et de rayonnement du calorique, les continents se réchauffent plus que la mer; il se forme des tourbillons creux ou, si l'on veut, des cheminées d'aspiration sur les continents. Alors les vents de la mer affluent vers cette concavité ou cheminée

---

1. DURAND-GRÉVILLE, *Cartes nautiques*, Revue scientifique, 27 janvier 1885, page 78.

d'aspiration. La direction des vents incline continuement vers la droite, c'est-à-dire qu'un vent ouest devient successivement ouest-nord-ouest, nord, nord-est. Le mouvement se fait dans le même sens que le mouvement des aiguilles d'une montre.

2° Pendant l'hiver, les continents se refroidissent plus que la mer; au-dessus des continents se forme un remous convexe d'air, d'où les vents s'épanchent en divergeant du centre. Leur direction est en sens inverse du mouvement des aiguilles d'une montre, c'est-à-dire ouest, ouest-sud-ouest, sud, sud-est.

La théorie continentale des tourbillonnements peut se résumer ainsi :

1° En *été*, dans chaque hémisphère, l'air s'élève *au-dessus des continents* pour aller retomber sur la mer, d'où il revient ensuite vers les continents;

2° En *hiver*, dans chaque hémisphère, l'air s'élève *au-dessus des mers* pour aller retomber sur les continents, d'où il regagne ensuite l'Océan.

C'est à cet échange, à ce double mouvement, qu'est dû le régime des vents à la surface du globe [1].

Il résulte de cette théorie que la circulation atmosphérique se ferait par tourbillonnements, concaves durant l'été, convexes durant l'hiver; les vents souffleraient, non point par bandes ou zones, comme le voulait Maury, mais par spirales convergentes ou divergentes, selon les saisons et selon le point de départ initial.

---

1. BRAULT, *Comptes rendus*, 8 décembre 1879.

§ III. **Synthèse des deux théories.** — Le commandant de la marine française, M. Brault, ayant réuni plus de 2 millions d'observations, dressa des cartes qui, par le tableau des *faits* réels recueillis sur tous les points du globe, montrèrent que chacune des deux théories précédentes avait sa part d'erreur et sa part de vérité.

A. Maury n'avait pas assez tenu compte de l'inégale répartition des mers et des terres ; sa théorie s'applique très bien aux phénomènes de l'hémisphère sud, lequel est presque en entier une surface marine ; elle est en défaut sur l'hémisphère nord, lequel contient les trois quarts de la partie continentale du globe ; en outre, l'Atlantique est resserré entre l'Amérique, l'Afrique, l'Europe et l'Asie sibérienne.

B. A leur tour, les météorologistes européens, en bornant leurs recherches et leurs études à l'hémisphère nord, ont établi leur théorie sur une base trop étroite ; elle n'embrasse que les phénomènes de l'hémisphère nord ; ceux de l'hémisphère sud lui échappent, et même dans l'hémisphère nord elle est en défaut sur un point important. En effet, à la hauteur des îles Açores, il existe sur l'Atlantique *un maximum* de pression barométrique qui persiste toute l'année, durant l'hiver et durant l'été : il y a donc des vents qui ne changent pas de direction pendant toute l'année. Or, d'après la théorie des tourbillonnements, les phénomènes atmosphériques de la saison d'hiver doivent être inverses des phénomènes de la saison d'été.

La vraie théorie ne peut être que celle qui embrasse les phénomènes de l'hémisphère boréal et ceux de l'hémisphère austral. Le problème de la circulation atmosphérique se décompose donc en deux parties :

1° Rechercher d'abord ce que serait la circulation atmosphérique si toute la terre était couverte d'eau ; car, la mer occupant les trois quarts de la surface du globe, il est clair que la circulation atmosphérique sur la surface marine doit être tenue comme étant la circulation normale.

2° Rechercher ensuite dans la circulation atmosphérique, telle qu'elle existe *réellement*, ce qui est dû à la présence des continents et à l'inégale répartition des mers et des terres. Ces modifications ou perturbations de la circulation normale peuvent devenir, dans certains cas et pour certaines régions, le terme dominant.

« Ces deux termes réunis, dit le commandant Brault, donnent seuls la solution intégrale de la question posée ; le défaut des deux théories précédentes est d'avoir pris chacun des deux termes pour la solution complète [1]. »

Première partie du problème. — Si la terre était entièrement couverte d'eau, on aurait, en remontant de l'équateur au pôle, les bandes ou zones de vents suivantes :

1re *zone*. A l'équateur, une zone de vents faibles, plutôt qu'une bande de calmes, comme l'a dit Maury.

---

1. BRAULT, *Nouvelle Revue*, 15 juin 1883.

2² *zone*. Viendraient ensuite les alizés nord-est pour l'hémisphère nord, ou les alizés sud-est pour l'hémisphère sud : vents d'une force moyenne égale à celle d'une jolie brise.

3ᵉ *zone*. Au delà des alizés, on aurait, non pas une bande de calmes tropicaux, comme on l'écrit souvent, mais une zone de vents variables en direction, et doués d'une intensité au moins aussi grande que celle des alizés contigus ; ces vents s'aperçoivent nettement dans l'hémisphère austral.

4º *zone*. Enfin, au delà de cette zone de vents variables, souffleraient des vents d'ouest, d'une force moyenne supérieure à celle des autres vents ; variant peu en direction, mais variant pourtant plus que les alizés ; ces vents d'ouest s'infléchissent vers les pôles à mesure qu'ils s'en approchent.

Telle serait la circulation par zones dans l'hypothèse d'une terre complètement couverte d'eau ; mais la présence des continents détruit l'harmonie de cette circulation normale [1].

Seconde partie du problème. — Exposons d'abord les faits tels que les ont révélés les 2 millions d'observations recueillis par M. Brault.

On distingue deux grandes phases dans la circulation atmosphérique, à savoir, la phase de la saison d'été et celle de la saison d'hiver ; elles sont caractérisées par la répartition des pressions barométriques :

A. En *été*, les minima barométriques des continents

---

[1]. Brault, *Comptes rendus*, 8 décembre 1879.

sont tous dans notre hémisphère; et les maxima continentaux, dans l'hémisphère austral.

B. En *hiver*, au contraire, les minima barométriques sont tous dans l'hémisphère austral; et les maxima, dans le nôtre.

En règle générale, sur toute la surface terrestre, les minima continentaux des mois d'été deviennent, en hiver, des maxima ou, tout au moins, des régions maxima.

Et réciproquement, les maxima continentaux de l'hiver deviennent, en été, des minima barométriques.

Conformément aux lois du calorique, les minima suivent le soleil [1].

Quant aux saisons mixtes, *printemps* et *automne*, elles n'ont pour ainsi dire pas, au point de vue qui nous occupe, de caractère général; elles tiennent à la fois de l'équilibre d'hiver et de l'équilibre d'été; les minima et les maxima hésitent à se fixer; les vents sont incertains; il ne fait ni froid ni chaud.

Il convient, à ce propos, de ne pas confondre les saisons météorologiques dont nous parlons avec celles du calendrier.

En moyenne :

1° L'*équilibre d'été* commence vers le 15 mai et se termine à la mi-septembre.

---

1. Il va sans dire que les minima et les maxima dont nous parlons ici n'ont rien de commun avec les centres de dépression qui, sous le nom de tempêtes, de cyclones, etc., courent en hiver de l'ouest à l'est et forment les bourrasques des latitudes moyennes. Il s'agit ici de minima et de maxima fondamentaux fixes, exerçant leur influence sur la marche générale des vents.

La saison mixte d'automne dure de la mi-septembre jusque vers le 20 novembre.

2° L'*équilibre d'hiver* s'établit avec une certaine fixité vers le 20 novembre et va jusqu'à fin mars.

La saison mixte du printemps ne va guère que du 20 mars au 20 mai.

Comme on le voit, les saisons mixtes sont, en moyenne, de peu de durée par rapport aux saisons d'hiver et d'été, lesquelles dominent le phénomène général.

A. *L'été de notre hémisphère existe* lorsque sont établis simultanément :

1° Le grand minimum de l'Asie centrale, 748 millimètres ; le grand minimum de l'Amérique du nord, 754 millimètres ;

2° Et, à l'opposite, dans l'hémisphère sud, les maxima de l'Amérique du sud, de l'Australie et de l'Afrique méridionale.

B. *L'hiver de notre hémisphère existe* lorsque tous les minima de l'été sont devenus des maxima, et réciproquement ; c'est-à-dire lorsque sont établis simultanément :

1° Le grand maximum de l'Asie centrale, 778 millimètres ; le grand maximum de l'Amérique du nord, 768 millimètres ;

2° Et, à l'opposite, dans l'hémisphère central, les *minima* de l'Amérique du sud, de l'Afrique méridionale et de l'Australie.

Deux faits importants sont à noter :

1° Pendant les deux saisons, hiver et été, il existe

un maximum dans l'Atlantique du nord, à la hauteur des îles Açores; et un autre maximum dans le Pacifique septentrional;

2° Pendant l'hiver seulement, il existe *un minimum* vers l'Irlande; et un autre minimum aux îles Aléoutiennes.

C. *Explication de l'erreur de Maury relative aux calmes équatoriaux.* — Les cartes du commandant Brault indiquent que le golfe du Mexique, situé sous le tropique du Cancer, est le siège d'un éternel courant ascendant par suite de la chaleur qui s'accumule en cet espace resserré.

Il en est de même du Sahara sablonneux pour la même raison : c'est une cheminée d'aspiration constante.

Les Açores, siège permanent d'un maximum de pression barométrique, sont « un immense tourbillon d'où s'échappent les vents d'ouest des latitudes élevées et cette grande gerbe des alizés qui, se courbant insensiblement, traverse l'Atlantique en formant sur sa route les alizés du nord-est [1] ». La nappe de vents qui s'en épanchent et se dirigent vers l'équateur se partage en deux groupes : l'un est attiré par la cheminée aspirante du golfe du Mexique; l'autre, par la cheminée aspirante du Sahara. Il résulte de là que dans la région intermédiaire, entre le golfe du Mexique et le Sahara, règne le calme, ou plutôt des vents faibles. Ce calme relatif forme entre les deux points une ellipse

1. BRAULT, cité par Durand-Gréville, *Revue scientifique*, 17 janvier 1885, page 80.

aiguë qui se déplace avec les saisons : en été, elle se trouve au milieu de l'Atlantique; en hiver, elle se réfugie près des côtes d'Afrique.

Or, Maury croyait, d'une part, que le calme équatorial provenait d'une neutralisation horizontale entre les deux alizés soulevés verticalement à l'équateur;

D'autre part, que la région des calmes équatoriaux formait une zone tout à l'entour de l'équateur [1].

D. *Explication des deux moussons de l'océan Indien.* — L'établissement d'un grand maximum dans l'Asie centrale durant l'hiver; puis celui d'un grand minimum durant l'été, expliquent le règne alternant des vents périodiques appelés *moussons* sur l'océan Indien, dans la partie qui est située au-dessus de l'équateur, c'est-à-dire dans l'hémisphère boréal :

1° D'octobre à avril, la mousson du nord-est souffle presque sans interruption. C'est, en effet, la période du maximum hivernal de l'Asie centrale : les vents s'épanchent en nappe divergente du centre du maximum asiatique; par conséquent ils soufflent du nord-est sur l'océan Indien;

2° D'avril en octobre, la mousson du sud-ouest souffle en sens exactement contraire à celui de la mousson précédente. C'est, en effet, la période du minimum estival de l'Asie centrale; les vents se dirigent vers le tourbillonnement concave de l'Asie; par conséquent ils soufflent du sud-ouest sur l'océan Indien.

Naturellement le passage entre l'établissement du

---

[1]. Durand-Gréville, *Revue scientifique*, 17 janvier 1885, page 80.

minimum et celui du maximum et réciproquement, ou, en d'autres termes, les deux saisons intermédiaires, printemps et automne, amènent des variations dans la direction des vents. Mais dès que le maximum ou le minimum barométrique sont définitivement établis, c'est la mousson du nord-est ou la mousson du sud-ouest qui règnent sur la mer Indienne [1].

En résumé : A. Dans l'Atlantique du Nord, où l'Océan est resserré entre l'Amérique, l'Europe et l'Asie, les vents sont presque partout sous l'influence des terres avoisinantes.

B. Au milieu du Pacifique, au contraire, les vents se trouvent si éloignés des continents qu'ils sont comme à l'abri de leur influence.

De là la nécessité d'adjoindre la théorie continentale des tourbillonnements à la théorie marine des zones; c'est leur synthèse qui donne la théorie seule capable d'embrasser la généralité des phénomènes météorologiques sur toute la surface du globe.

§ IV. **Conséquences de la circulation générale de l'atmosphère.** — La circulation générale de l'air a trois conséquences de la plus haute importance :

1° *Transport de la chaleur intertropicale.* — Les courants venant des tropiques servent de véhicule à la chaleur qu'ils transportent vers le pôle ; ils distribuent, entre autres, à l'ouest de l'Europe l'énorme quantité de calorique que la vapeur d'eau a emmagasinée sur l'Atlantique intertropical. « La chaleur latente de la

---

[1]. Brault, *Comptes rendus*, 21 mars 1881.

vapeur aqueuse, dit M. Tyndall, à la température de sa production sous les tropiques, est d'environ 555 degrés; car cette chaleur latente croît à mesure que la température de l'évaporation descend. Un kilogramme d'eau vaporisée sous l'équateur a donc absorbé 1110 fois la quantité de chaleur qui aurait élevé d'un degré la température d'un kilogramme de liquide... L'Europe est le récipient de ces provisions de chaleur latente amassées dans l'Atlantique occidental. Les îles de la Grande-Bretagne ont la plus grande part de cette humidité et de cette chaleur, lesquelles contribuent puissamment à défendre notre climat des froids et des chaleurs extrêmes. C'est à cet état de choses que nous devons, et nos champs si verts, et les joues roses de nos jeunes filles [1]. »

2° *Écran formé par la vapeur d'eau.* — « En considérant la terre comme une source de chaleur, on peut admettre comme certain qu'au moins 10 %, de la chaleur qu'elle tend à rayonner dans l'espace sont interceptés par les trois premiers mètres d'air humide qui entourent sa surface [2].

« Si l'on enlevait à l'air qui recouvre la terre la vapeur d'eau qu'il contient, il se ferait à la surface du sol une déperdition de chaleur semblable à celle qui a lieu à de grandes hauteurs; car l'air en lui-même se comporte pratiquement comme le vide, relativement à la transmission de la chaleur rayonnante. Le coucher du soleil pour une région dont l'atmosphère serait

---

1. TYNDALL, la *Chaleur*, pages 188, 171.
2 TYNDALL, la *Chaleur*, page 177.

absolument sèche, serait suivi d'un refroidissement rapide. Avec le rayonnement extérieur vers l'espace, sans la vapeur d'eau pour le suspendre, la différence entre les maxima et les minima mensuels de la température deviendrait énorme... La seule absence du soleil pendant la nuit produit un refroidissement considérable partout où l'air est sec. La suppression, pendant une seule nuit d'été, de la vapeur d'eau contenue dans l'atmosphère qui couvre l'Angleterre serait accompagnée de la destruction de toutes les plantes que la gelée fait périr. Dans le Sahara, où le sol est de feu et le vent de flamme, le froid de la nuit est souvent très pénible à supporter. On voit, dans cette contrée si chaude, de la glace se former pendant la nuit[1]. »

3° *Condensation de la vapeur d'eau sur les hauts sommets*. — Aux services précédents la vapeur d'eau en ajoute un troisième : elle se condense en neige sur les hauts sommets et dans les régions polaires. La neige en s'accumulant forme les glaciers; ceux-ci à leur tour enfantent les rivières et les fleuves, lesquels sur leur parcours portent la vie et la fécondité. Enfin, fleuves, rivières et ruisseaux rapportent l'eau à la mer. « Tout revient au grand réservoir. Il n'est pas jusqu'à l'haleine de votre bouche qui ne s'élève dans les airs pour se condenser en une goutte d'eau que la mer absorbera[2] ». Là, sous l'action du soleil, la vapeur d'eau s'élève de nouveau dans les hautes

---

1. TYNDALL, la *Chaleur*, page 384.
2. G. TISSANDIER, l'*Eau*, page 67.

régions de l'atmosphère, et sur les ailes des courants aériens elle recommence indéfiniment le cercle de ses transformations et de ses bienfaits.

III° — CIRCULATION GÉNÉRALE DE L'AMMONIAQUE

NOTIONS PRÉLIMINAIRES

I° TENSION DE VAPORISATION. — Si au moyen d'une pipette recourbée on fait pénétrer une goutte d'eau dans la chambre vide d'un baromètre à mercure, on voit la goutte d'eau disparaître à l'état de vapeur; sous la pression de cette vapeur, la colonne de mercure s'abaisse.

Il résulte de ce fait que tout liquide peut être considéré comme un agrégat de molécules qui se repoussent les unes les autres et tendent sans cesse à se séparer, c'est-à-dire à passer à l'état de vapeur. Pour que ces molécules restent agrégées l'une à l'autre, c'est-à-dire pour qu'elles restent à l'état liquide, il faut qu'elles subissent, de l'extérieur, une pression égale à leur force de répulsion réciproque.

Au lieu d'un baromètre à tube droit, prenons un baromètre à tube recourbé se terminant par une boule; puis introduisons dans la chambre vide une certaine quantité d'eau; voici ce qui se passera. L'eau introduite se vaporisera jusqu'à ce que la tension de la vapeur croissante qui presse sur elle soit égale à la force répulsive qui tend à séparer l'une de l'autre les molécules du liquide; à la fin, il y aura équilibre; la vaporisation de l'eau sera arrêtée.

Cela posé, si j'augmente la force répulsive des molécules de l'eau liquide tandis que la vapeur restera à la même tension, il devient évident que la vaporisation de l'eau liquide reprendra son cours ; elle durera jusqu'à ce que la tension de la vapeur formée redevienne égale à la force répulsive qui tend à séparer les molécules liquides. C'est ce qui a lieu lorsqu'on chauffe un liquide.

On arriverait au même résultat par un procédé inverse. En effet, si l'on refroidissait la vapeur d'eau engendrée, une partie se condenserait en liquide dans la boule du tube ; par conséquent la tension diminuerait ; elle ne ferait plus équilibre à la force répulsive des molécules liquides ; la vaporisation reprendrait son cours et continuerait jusqu'à ce que la tension de la vapeur formée fît équilibre à la force répulsive des molécules de l'eau liquide.

II° TENSION DE DISSOCIATION. — Dans l'exemple précédent, nous avons agi sur l'eau prise dans son état physique ; nous allons agir maintenant sur elle dans son état chimique. L'eau, comme on sait, est le résultat de la combinaison de l'oxygène et de l'hydrogène, dans la proportion de 8 grammes d'oxygène pour 1 gramme d'hydrogène. Soumettons la vapeur d'eau à une température croissante ; voici ce que l'on observe.

A 1000°, la force répulsive exercée par la chaleur est tellement grande que la force de combinaison qui maintenait liées l'une à l'autre les molécules d'hydrogène aux molécules d'oxygène est partiellement vaincue : il se fait une décomposition partielle de la vapeur d'eau en oxygène et hydrogène. Cette décomposition s'arrête au moment où la tension de l'oxygène et de l'hydrogène devenus libres font équilibre à la tension de décomposition exercée par la chaleur.

En ce point, les deux cas que nous avons examinés dans la tension de vaporisation se présentent également pour la tension de dissociation.

1° Si l'on diminue le degré de chaleur, la tension de dissociation devient inférieure à la tendance énergique qui pousse l'oxygène à s'unir à l'hydrogène; alors le mariage, c'est-à-dire la combinaison, se refait dans la proportion même de la diminution de la tension dissociatrice.

2° Si l'on augmente, au contraire, le degré de chaleur, l'équilibre est rompu, et la dissociation de l'eau reprend son cours; elle ne s'arrête que lorsqu'un nouvel équilibre s'établit entre la force dissociatrice et la tension des deux éléments de l'eau mis en liberté.

Ce que nous venons de dire de l'eau est vrai de tous les corps composés.

Il existe donc une tension de dissociation pour les corps composés, comme il existe une tension d'évaporation pour les substances volatiles.

La loi de dissociation, l'une des plus importantes de la chimie, a été découverte par Henri Sainte-Claire Deville.

IIIe Solubilité des gaz dans les liquides. — Les gaz se dissolvent dans les liquides; cette solubilité est soumise aux deux lois suivantes :

Première loi : Lorsqu'un gaz est mis en contact avec

un liquide, ce liquide en dissout une quantité proportionnelle à la pression que ce gaz exerce sur lui.

On utilise cette propriété dans la fabrication des eaux gazeuses. A la pression d'une atmosphère, l'eau dissout son propre volume d'acide carbonique; on parvient à faire dissoudre à l'eau 6, 8, 10, 12 fois plus d'acide carbonique en opérant sous une pression de 6, 8, 10, 12 atmosphères.

Seconde loi : Lorsqu'une atmosphère renfermant plusieurs gaz est en contact avec un liquide, chacun des gaz se dissout comme s'il était seul.

En outre, la solubilité des gaz décroît avec la température. Lorsqu'on fait bouillir la solution d'un gaz ou lorsqu'on la place dans le vide, le gaz s'échappe. Un gaz ne peut rester dans un liquide qu'*à la condition* qu'une pression le maintienne prisonnier dans le liquide. Donc :

1° Si l'équilibre de pression est rompu *en moins* du côté de la pression extérieure, une partie du gaz dissous s'échappera du liquide jusqu'à ce que l'équilibre soit rétabli ;

2° Si l'équilibre de pression est rompu *en plus* du côté de la pression extérieure, une partie du gaz extérieur se dissoudra dans le liquide, toujours proportionnellement au rétablissement de l'équilibre [1].

IV. Absorption de l'azote par les végétaux. — L'air est un mélange d'oxygène et d'azote; si les végétaux absorbaient directement l'azote gazeux, le problème

---

1. A. Riche, *Chimie*, tome Ier, pages 169, 176, 721.

serait résolu. Or, malgré l'affirmation de quelques agronomes, on considère comme démontré expérimentalement que les plantes n'absorbent pas directement l'azote gazeux; elles l'absorbent, soit à l'état d'acide azotique AzO^5 combiné aux bases, soit à l'état d'ammoniaque AzH^3, libre ou combinée.

1° *Union de l'azote atmosphérique aux matières hydrocarbonées à l'aide de l'électricité.* — L'azote de l'air, soumis aux décharges électriques silencieuses qui traversent notre atmosphère d'une façon presque continue acquiert la faculté de s'unir aux matières hydrocarbonées contenues dans la terre arable. C'est ce qui résulte des expériences de M. Berthelot. La fixation de l'azote n'a pas lieu sous forme d'acide nitrique ou d'ammoniaque, mais de composés amidés complexes, de l'ordre de ceux qui existent dans les êtres vivants. « Ce fait indique, dit M. Berthelot, que l'action est attribuable à des micro-organismes. Aussi dans le terrain stérilisé par la chaleur, il n'y a pas de fixation d'azote [1] ». La chaleur, en effet, a tué les micro-organismes.

2° *Production d'acide azotique dans l'air par l'électricité.* — Les études de M. Boussingault, confirmées par les recherches de M. Houzeau et Thénard, ont montré que l'électricité atmosphérique, tant par les décharges brusques que par les effluves continus, déterminait la combinaison de l'oxygène avec l'azote et ainsi engendrait de l'acide azotique ou nitrique

---

1. BERTHELOT, *Comptes rendus*, 26 octobre 1885, page 781.

AzO⁵ ou de l'acide azoteux AzO³. Ces deux acides sont entraînés à terre par la pluie, par la neige ou par le brouillard, soit à l'état libre, soit le plus souvent combinés avec l'ammoniaque [1].

3° *Production des nitrates sur les continents.* — L'acide azotique entraîné sur terre ainsi que celui qui se forme par l'oxydation énergique des matières organiques azotées en putréfaction se combinent promptement avec les bases terreuses; ils forment des nitrates stables, nitrate de chaux, nitrate de magnésie, de potasse, etc.

MM. Schloesing et Muntz ont constaté que la conversion des matières organiques azotées en nitrates a lieu sous l'influence de corpuscules organisés, punctiformes, arrondis ou légèrement allongés, parfois accolés deux à deux, de très petites dimensions. Ces micro-organismes se trouvent dans tous les sols arables ainsi que dans les eaux d'égout, qu'ils concourent à purifier.

4° *Ce qu'il advient des nitrates terreux.* — Une partie des nitrates terreux, celle qui est en contact avec les racines des végétaux, est décomposée : l'azote est assimilé par les plantes et entre ainsi dans le cycle de la vie. Quant à l'autre partie, de beaucoup la plus grande, elle est entraînée par les eaux dans la mer. On peut s'en faire une idée par les deux exemples suivants :

D'après Henri Deville, le Rhin entraîne à la mer,

---

1. Schlœsing, *Comptes rendus*, 18 janvier 1875, page 175.

par 24 heures, 363,000 kilogrammes de nitrate de potasse.

D'après Dumas, le Nil, chaque jour, entraînerait à la Méditerranée au delà d'un million de kilogrammes de nitrate de potasse.

5° *Conversion des nitrates en ammoniaque dans la mer.* — Lorsqu'on fait l'analyse des eaux continentales, c'est-à-dire des eaux de drainage, de sources, de rivières, on remarque ce double fait, à savoir, que les eaux continentales sont riches en nitrates et pauvres en ammoniaque. L'eau de mer, au contraire, ne contient que des traces de nitrate; mais elle est riche en ammoniaque.

Il résulte de là que la surface des continents est un milieu très oxydant puisque l'azote dans les nitrates y est à l'état de suprême oxydation, AzO^5; la mer, au contraire, est un milieu désoxydant puisque l'azote y est sous forme d'ammoniaque AzH^3. Cette désoxydation des nitrates dans l'eau de mer y est due sans doute aux êtres vivants, soit végétaux, soit animaux (zoophytes, crustacés).

Quoi qu'il en soit, c'est un fait que tout l'acide nitrique produit dans l'atmosphère et dans le sol arrive tôt ou tard à la mer; que là, après avoir passé dans les êtres organiques, il est converti en ammoniaque; or, l'ammoniaque est l'état où l'azote est le plus propre à la diffusion [1].

En admettant que le volume de la mer soit égal à

---

1. SCHLŒSING, *Comptes rendus*, 25 janvier 1875.

une couche de 1,000 mètres d'épaisseur étendue sur le globe entier ; en supposant que, par litre, l'eau de mer renferme 4 dixièmes de milligramme (chiffre moyen donné par les analyses d'eau de mer), on trouve qu'à chaque hectare de la surface correspondrait une provision de 4,000 kilogrammes d'ammoniaque. La mer est donc, selon l'observation de M. Boussingault, *un immense réservoir d'azote combiné* (Ammoniaque = AzH^3).

5° *Absorption directe de l'ammoniaque libre ou à l'état de carbonate d'ammoniaque par les végétaux.* — Soit à l'état libre, soit combinée le plus souvent à l'acide carbonique, l'ammoniaque est douée d'une extrême mobilité au sein de l'eau. Cette mobilité permet de concevoir comment les végétaux et les sols arables peuvent en puiser des quantités notables, malgré son état d'extrême dilution [1].

ÉCHANGE DE L'AMMONIAQUE ENTRE LES MERS, L'ATMOSPHÈRE ET LES CONTINENTS

1° ÉCHANGE D'AMMONIAQUE ENTRE LA MER ET L'ATMOSPHÈRE. — Le mécanisme de l'échange de l'ammoniaque entre la mer et l'atmosphère est réglé par la loi d'équilibre de tension et la loi de solubilité des gaz.

Fait constant : Soit libre, soit à l'état de carbonate, si faible que soit sa quantité, l'ammoniaque conserve toujours une tension. Deux milieux qui contiennent de l'ammoniaque (tels sont la mer et l'air)

---

1. Schlœsing, *Comptes rendus*, 25 janvier 1875.

sont-ils en contact, celui où l'ammoniaque a une tension plus grande en cède à l'autre jusqu'à ce que, la tension étant devenue égale de part et d'autre, l'équilibre soit établi.

L'ammoniaque est à son maximum de tension lorsqu'elle est à l'état libre; elle en descend très rapidement à mesure qu'elle se charge d'acide carbonique. La présence et la proportion de l'acide carbonique ont donc une très grande influence sur les phénomènes d'échange.

L'équilibre entre l'ammoniaque de la mer et l'ammoniaque de l'atmosphère, toujours poursuivi, n'est jamais réalisé sur la surface du globe. En effet, la mobilité de l'atmosphère, les variations de température, la disparition de l'ammoniaque changée en acide nitrique sur les continents, enfin sa formation au sein des mers, sont autant d'obstacles à l'établissement d'une tension partout égale, et autant de causes d'un mouvement incessant [1].

Si petite que soit la quantité du carbonate d'ammoniaque dissous dans l'eau de mer, ce carbonate d'ammoniaque n'en a pas moins une tension, et, par conséquent peut se diffuser dans l'air.

Supposons le cas où, la tension de l'ammoniaque dissoute dans l'eau étant en équilibre avec la tension de l'ammoniaque dissoute dans l'air, la température de l'eau viendrait à augmenter. En vertu des deux lois de tension de vaporisation et de solubilité des

---

[1]. Schlœsing, *Comptes rendus*, 12 juillet 1875.

gaz, il arrivera ceci : Une partie de l'ammoniaque dissoute dans l'eau s'échappera et passera dans l'atmosphère jusqu'à ce qu'un nouvel équilibre soit atteint. On peut donc établir en loi que l'équilibre de tension décroît à mesure que la température augmente.

1° *Quantité relative d'ammoniaque dans la zone tropicale et dans les autres régions.* — Il résulte de là qu'une couche d'air reposant sur une nappe d'eau tiède doit contenir plus de carbonate d'ammoniaque qu'une couche d'air qui repose sur une nappe d'eau froide; car la nappe d'eau tiède a expulsé une certaine quantité d'ammoniaque dans les couches d'air ambiantes, tandis que la nappe d'eau froide a retenu la sienne. Ce fait explique pourquoi la quantité de carbonate d'ammoniaque dans l'atmosphère des tropiques est plus considérable que celle qui existe dans l'air des régions froides.

2° *Quantité relative d'ammoniaque dans les pluies d'hiver et dans les pluies d'été.* — Il résulte encore de là que les pluies d'hiver doivent contenir plus d'ammoniaque que les pluies d'été; c'est ce qu'a constaté M. Schlœsing : « La quantité d'alcali condensée dans chaque gramme d'eau croît à mesure que la température diminue, malgré l'appauvrissement graduel de l'air; cela nous fait comprendre comment les pluies d'hiver, bien que débitées par des nuages déjà refroidis, sont cependant aussi et même plus riches que les pluies d'été [1]. »

---

1. Schlœsing, *Comptes rendus*, 10 avril 1876. Dans cette même communication, M. Schlœsing a fait connaître une méthode

3° *Quantité d'ammoniaque aérienne durant la nuit, selon que le ciel est clair ou voilé.* — « Je trouve que par les temps clairs et calmes, dit M. Schlœsing, le titre de l'ammoniaque pendant la nuit est environ *le double* de celui du jour. Mais si le ciel est voilé, c'est-à-dire si le refroidissement est gêné, ou bien si le vent mélange incessamment les produits du refroidissement, il n'y a plus de différence sensible entre les titres du jour et ceux de la nuit [1]. »

Par une nuit claire, les couches d'air se refroidissent successivement *à partir* de la *couche* la plus élevée; l'ammoniaque est ainsi transportée de haut en bas dans les couches d'air successives où elle s'accumule; elle peut alors se trouver dans un état de condensation étonnant, ainsi que l'attestent certains brouillards. Au Liebfrauenberg, M. Boussingault a observé un brouillard qui a déposé de l'eau contenant 40 milligrammes d'ammoniaque par litre! Cette richesse extraordinaire en ammoniaque trouve son explication dans les considérations précédentes.

4° *Manière différente dont se comporte l'ammoniaque, selon qu'elle est combinée à l'acide nitrique ou à l'acide carbonique.* — On admet généralement que la pluie entraîne non seulement l'ammoniaque des nuages générateurs de la pluie, mais encore celle de l'air que la pluie traverse. Cela est vrai pour le nitrate d'am-

---

pour calculer la quantité d'ammoniaque que renferme un litre d'eau de pluie, à une température donnée. Dans une communication antérieure, 27 mars 1876, page 749, M. Schlœsing avait donné une table des rapports gradués selon la température.

1. Schlœsing, *Comptes rendus*, 10 avril 1876.

moniaque, qui est un sel dénué de tension et qui flotte dans l'air à l'état de *poussière solide*.

Quant au carbonate d'ammoniaque, qui est *très volatil*, il est certain que la pluie peut en prendre, en céder, ou passer sans modifier sa proportion dans l'air, selon les richesses et les températures respectives des nuées où elle prend naissance et des couches d'air qu'elle rencontre en tombant.

En réalité, les dosages continus de l'ammoniaque aérienne que M. Schlœsing a faits pendant une année entière, montrent que les chutes de pluie font varier le titre de l'air, tantôt en plus, tantôt en moins ; mais ces variations disparaissent dans les moyennes [1].

5° *Manière différente dont se comporte l'ammoniaque avec la neige, selon que l'ammoniaque est à l'état de nitrate ou libre ou carbonatée.* — Nous venons de voir quels étaient les échanges de l'ammoniaque lorsque la température était supérieure à zéro. Reste à examiner le cas où, la température descendant au-dessous de zéro, la vapeur d'eau se condense à l'état d'aiguilles glacées, neige, gelée blanche, etc.

Lorsque la vapeur d'eau prend l'état solide au sein de l'atmosphère, elle perd la faculté d'emprunter du carbonate d'ammoniaque ou de l'ammoniaque libre à l'air ; l'ammoniaque libre ni le carbonate d'ammoniaque volatil ne sont entraînés par la neige. Comment se fait-il donc qu'on ait souvent trouvé dans la neige autant d'ammoniaque que dans la pluie ? Voici la réponse :

1. Schlœsing, *Comptes rendus*, 27 mars 1876.

A. Il faut bien distinguer la *neige sèche*, dont la température est inférieure à zéro et qui ne dissout pas l'ammoniaque aérienne, d'avec la *neige humide*, qui en dissout en proportion de l'eau dont elle est imbibée.

B. En raison de la lenteur de sa chute et de son énorme développement superficiel, la neige semble plus propre que la pluie à entraîner les poussières flottantes du *nitrate d'ammoniaque*. On sait que ce nitrate, au contact de la glace, en fait fondre ce qui lui est nécessaire pour former une dissolution; les parcelles de nitrate ammoniacal rencontrées par la neige sont donc aussitôt fondues et fixées.

Même à la température de — 20° au-dessous de zéro, l'air renferme 1 milligramme deux dixièmes d'ammoniaque par mètre cube; il n'en laisse point encore précipiter à l'état de carbonate solide; il la retient toute à l'état gazeux.

En définitive, la vapeur d'eau et l'ammoniaque de l'air, après avoir eu, selon toute probabilité, une origine commune, à savoir, la mer, se précipitent ensemble, mais dans des rapports bien différents à mesure que l'air se refroidit jusqu'à zéro. Au-dessous de zéro, l'association est rompue; l'eau seule continue à se précipiter; mais l'ammoniaque demeure dans l'atmosphère; l'air n'est donc jamais entièrement dépouillé d'ammoniaque [1].

II° Echange d'ammoniaque entre l'atmosphère et

---

[1]. Schlœsing, *Comptes rendus*, 10 avril 1876.

LA TERRE VÉGÉTALE. — Il faut établir une distinction entre la terre sèche et la terre humide.

La terre sèche perd absolument la propriété de nitrifier, c'est-à-dire de convertir l'ammoniaque aérienne en acide nitrique, lequel se combine aux bases, chaux, potasse, etc., pour former des nitrates de chaux, de potasse, etc. Quand la terre sèche absorbe de l'ammoniaque, elle ne la transforme pas; cela tient à ce que, quand la terre est sèche, les ferments et les microbes ne travaillent plus.

Dans la terre humide, l'ammoniaque aérienne se nitrifie, ainsi que se nitrifie l'azote des matières organiques en putréfaction. La terre humide transforme donc l'ammoniaque.

1° *Expériences de M. Schlœsing sur les terres sèches.* — Pendant la durée des expériences, les terres sèches n'ont pas cessé d'emprunter de l'ammoniaque à l'atmosphère; à la fin, elles en contenaient de 50 à 83 milligrammes par kilogramme de terre, quantités relativement considérables.

L'exhalation de l'ammoniaque pendant la sécheresse est donc, selon toute probabilité, une erreur; c'est le contraire qui est vrai.

2° *Expériences de M. Schlœsing sur les terres humides.* — L'absorption de l'ammoniaque aérienne par une terre sèche préservée de la pluie est nécessairement limitée par l'équilibre de tension; il n'en est plus ainsi pour les terres humides lorsqu'elles remplissent d'ailleurs les conditions voulues de la nitrification. L'ammoniaque y est *incessamment* transformée en nitrates; l'équilibre de tension ne peut donc s'établir, et la terre demeure en état d'absorber constamment l'ammoniaque de l'air [1].

Résumé. « Pendant leur circulation entre les trois règnes, minéral, végétal et animal, les composés de l'azote (ammoniaque et sels ammoniacaux, acide nitrique et nitrates, etc.) éprouvent des pertes qui exigent une réparation. Le seul mode de réparation réellement constaté est la combinaison directe de l'azote avec l'oxygène, au sein de l'atmosphère, sous des influences électriques [2]; *l'électricité* a donc une part, avec la chaleur et la lumière, dans l'entretien de la vie.

« Ensuite, les continents étant essentiellement nitrificateurs, l'azote combiné y est transformé en nitrates et charrié à la mer, où il est changé en ammoniaque. Il a pris alors l'état le plus favorable à la dissémination; passant de la mer dans l'air, il est porté dans toutes les parties du globe par les courants atmosphériques. Les plantes, la terre végétale le puisent dans ces courants; et ainsi s'explique, en ce qui concerne l'azote, l'entretien de la végétation naturelle [3]. »

IV° — CIRCULATION GÉNÉRALE DE L'ACIDE CARBONIQUE

NOTIONS PRÉLIMINAIRES

L'acide carbonique est un gaz produit par la combinaison d'un équivalent de carbone avec deux équi-

---

1. SCHLŒSING, *Comptes rendus*, 22 mai 1876.
2. M. Berthelot a montré récemment qu'il y avait un second mode, celui de l'union directe de l'azote avec les matières hydrocarbonées, mais toujours sous l'influence de l'électricité.
3. SCHLŒSING, *Comptes rendus*, 22 mai 1876.

valents d'oxygène CO^2. D'après les analyses qui ont été faites, la proportion de l'acide carbonique dans l'air est, en moyenne, de 3 dix-millièmes, c'est-à-dire que dix mille litres d'air contiennent trois litres d'acide carbonique.

I° Production de l'acide carbonique. — 1° Un homme brûle environ 10 à 12 grammes de carbone par heure, ce qui fait que la race humaine enlève environ annuellement à l'air 100 milliards de mètres cubes d'oxygène et les remplace par le même volume d'acide carbonique. Les animaux quadruplent au moins ces résultats.

2° Un hectare de terre, moyennement fumé, dégage environ 160 mètres cubes d'acide carbonique par 24 heures.

On retire annuellement du sol plus de 550 millions de quintaux métriques de houille, qui produisent au moins 80 milliards de mètres cubes d'acide carbonique.

3° Ces doses d'acide carbonique sont faibles en comparaison de celles que la destruction des corps organisés et les volcans exhalent dans l'air. M. Boussingault a calculé que le Cotopaxi, un des volcans les plus élevés des Cordillères (altitude, 5,943 mètres) dégage en un seul jour, à lui seul, plus d'acide carbonique que n'en produirait une population supérieure à celle de Paris [1].

II° Consommation de l'acide carbonique. — Si la composition de l'air reste invariable, cela tient d'abord

[1]. Moitessier, l'*Air*, page 228.

à la masse considérable de l'atmosphère ; le calcul a montré, en effet, que la respiration et la combustion ne peuvent pas enlever, *par siècle*, le 7 *millième* de l'oxygène contenu dans l'atmosphère.

En outre, la consommation faite de l'acide carbonique est énorme; si bien que le vrai problème à résoudre est de savoir comment une aussi faible quantité d'acide carbonique libre peut suffire à constituer le tissu principal des végétaux et des animaux.

1° Sous l'action des rayons lumineux, la chlorophylle des végétaux dissocie l'acide carbonique, fixe le carbone dans la plante, et met l'oxygène en liberté.

2° Les animaux des mers, surtout ceux de la classe des Coralliaires, embranchement des Zoophytes, font une colossale consommation d'acide carbonique, sous forme de carbonate de chaux. Le corail, en effet, est un carbonate de chaux; or, on sait quel prodigieux développement ont pris et prennent incessamment les îles engendrées par les Polypiers. C'est même à cause de cette formation extraordinaire qu'une partie de l'océan Pacifique a reçu le nom de mer du Corail. L'effrayante rapidité avec laquelle les productions madréporiques envahissent certains passages est mise en relief par les lignes suivantes d'un rapport que fit afficher, en 1858, l'Amirauté anglaise :

« Le passage à travers le détroit de Torrès, entre la Nouvelle-Guinée et la Nouvelle-Hollande, se remplit rapidement de coraux. Le danger qui en provient rend le passage presque impossible aux navires de fort tonnage. Ce détroit a 150 kilomètres de long; il n'a plus aujourd'hui que 3 kilomètres de large, en certains endroits. En 1606, on n'y trouvait que 26 îlots; en 1858, il y en avait 168. Ce calcul montre que si le développement des madrépores continue, le passage sera comblé en 20 ans. » Une pareille action suffirait, à elle seule, pour faire disparaître l'acide carbonique versé dans l'air par la respiration [1].

I°. — ÉCHANGES DE L'ACIDE CARBONIQUE ENTRE L'AIR ET LA MER

I° ECHANGES DANS L'EAU PURE. — Établissons d'abord expérimentalement les faits chimiques qui régissent la dissolution dans l'eau pure de l'acide carbonique libre, du carbonate neutre de chaux et du bicarbonate de chaux.

1° *Eau pure et acide carbonique libre.* — L'eau pure dissout un volume de gaz acide carbonique libre égal à son propre volume. A la pression de 760 millimètres et à 0° température, un litre d'eau distillée dissout 1,948 milligrammes d'acide carbonique.

2° *Eau pure et carbonate neutre de chaux.* — L'eau distillée, à la température de 16° et à la pression de 760 millimètres, dissout par litre 13 milligrammes et un dixième de carbonate neutre de chaux.

3° *Eau pure et bicarbonate de chaux.* — Le bicarbonate de chaux ne peut exister dans l'eau que si l'eau renferme de l'acide carbonique libre.

II° ECHANGES DANS LES EAUX NATURELLES. — En présence du carbonate de chaux en excès et d'une atmos-

---

1. MOITESSIER, l'*Air*, page 356.

phère contenant une proportion constante d'acide car
bonique, l'eau dissout, à la fois, de l'acide carbonique
libre, du carbonate neutre de chaux et du bicarbonate.

1° La dissolution de *l'acide carbonique libre* s'effectue
comme si l'eau était pure, en l'absence de carbonate,
et conformément à la loi d'absorption (un volume de
gaz pour un volume d'eau).

2° La dissolution du *carbonate neutre* s'effectue
comme si l'eau était pure, en l'absence d'acide carbonique libre; c'est-à-dire que l'eau en dissout un peu
plus de 3 milligrammes, à la température de 16° et à
la pression de 760 millimètres.

3° La dissolution du *bicarbonate* est, pour une température donnée, proportionnelle à la tension de
l'acide carbonique gazeux contenu dans l'atmosphère;
elle croît, selon une loi mathématique, avec la tension
de l'acide carbonique contenu dans l'atmosphère [1].

« Quand l'équilibre est établi dans mes dissolutions,
dit M. Schlœsing, la plus légère diminution de tension
de l'acide carbonique dans l'atmosphère détermine
la décomposition d'une quantité correspondante de
bicarbonate, avec précipitation de carbonate neutre
et émission de gaz carbonique. Une partie de l'acide
carbonique du bicarbonate est donc toute prête à
abandonner son état de combinaison si la tension
extérieure de l'acide carbonique vient à diminuer; en
d'autres termes, l'acide carbonique du bicarbonate

---

[1]. SCHLŒSING, *Comptes rendus*, 24 juin 1872.

est dans un état de tension précisément équilibrée par la tension de l'acide carbonique extérieur. Ces phénomènes se rattachent à ceux que Henri Sainte-Claire Deville a découverts et précisés dans sa célèbre leçon sur la dissociation [1]. »

Réciproquement, si la tension de l'acide carbonique aérien vient à augmenter, à la suite d'éruptions volcaniques, par exemple, ou par un refroidissement de l'air, etc., une partie de l'acide carbonique aérien se dissout dans l'eau et transforme en *bicarbonate soluble* une partie proportionnelle du carbonate neutre qui était resté insoluble. Cette dissolution du gaz carbonique dans la mer ne cesse que lorsque la tension du bicarbonate marin formé arrive à faire équilibre à la tension du gaz carbonique aérien.

III° ENTRE LA MER ET L'ATMOSPHÈRE L'ÉQUILIBRE STABLE DE TENSION D'ACIDE CARBONIQUE N'EST JAMAIS RÉALISÉ. — L'équilibre stable ne peut être réalisé d'une manière absolue; en effet, l'équilibre parfait n'est pas compatible avec le mouvement, pas plus dans les mers que dans l'atmosphère; des échanges continuels doivent donc se produire entre les deux milieux. Quand arrivent des variations du taux de l'acide carbonique dans l'air, la tendance à l'équilibre provoque, soit un dégagement d'acide carbonique des eaux marines et une précipitation de carbonate neutre si la variation est *en moins*, soit une absorption d'acide et une dissolution de carbonate si la variation est *en plus*.

1. SCHLOESING, *Comptes rendus*, 8 juillet 1872, page 70.

II° — LA MER EST LE RÉSERVOIR ET LE RÉGULATEUR DE L'ACIDE CARBONIQUE

« Dans ce jeu continuel, la mer peut évidemment exercer sur le taux de l'acide carbonique aérien une action régulatrice si, dans le partage de l'acide carbonique, elle a pris la plus grosse part et qu'elle remplisse ainsi la condition indispensable à tout régulateur agissant comme réservoir, celle de posséder une quantité d'acide carbonique *disponible* beaucoup plus grande que la quantité qui constitue la variation dans l'air. Essayons donc de calculer les quantités respectives d'acide carbonique marin et aérien pour savoir si cette condition est satisfaite :

1° On admet que la mer, étendue sur toute la surface du globe, en une couche uniforme, aurait une profondeur de mille mètres. La quantité d'acide carbonique contenue dans un prisme vertical de cette couche ayant pour base un mètre carré est de 98 kilogrammes et trois dixièmes. Ces 98 kilogrammes (en chiffres ronds) forment des bicarbonates; la moitié, c'est-à-dire 49 kilogrammes, est *disponible* pour exercer l'action régulatrice; l'autre moitié est retenue par les bases (pour former des carbonates neutres).

2° En supposant que notre atmosphère ait une composition uniforme et renferme, en volume, 3 dix-millièmes d'acide carbonique, un prisme vertical de cette atmosphère ayant pour base un mètre carré contient seulement 4 kilogrammes et 7 dixièmes d'acide carbonique [1].

Ainsi, dans ces hypothèses, la mer tiendrait en réserve pour les échanges avec l'air une quantité d'acide carbonique *dix fois* plus grande que la quantité totale contenue dans l'atmosphère, et bien plus grande, *à fortiori*, que les variations de cette quantité totale.

Quoique ces chiffres n'aient rien d'absolu, on peut avec certitude conclure que la mer est beaucoup plus riche que l'atmosphère en acide carbonique *disponible* et doit dès lors jouer le rôle de régulateur.

Conclusion. — Nous avons vu que la mer était le réservoir et le régulateur de distribution de la vapeur d'eau et de l'ammoniaque ; elle l'est également de l'acide carbonique. Or, l'eau, l'ammoniaque et l'acide carbonique fournissent au règne végétal les quatre éléments des principes immédiats, à savoir, hydrogène, oxygène, azote et carbone. Il s'ensuit que *la mer est le régulateur et le réservoir des trois ali-*

---

[1]. 1° Un litre d'acide carbonique pèse 1gr99;

2° Dix mille litres d'air ou, ce qui est la même chose, 10 mètres cubes d'air contiennent trois litres d'acide carbonique, soit en poids 1gr99 × 3 = 5gr97 d'acide carbonique;

3° La hauteur de l'atmosphère qui contient l'acide carbonique libre est de huit mille mètres environ ; par conséquent un prisme vertical ayant pour base un mètre carré renferme huit mille mètres cubes d'air.

Or dix mètres cubes d'air renferment 5gr97 d'acide carbonique ;

Donc 8,000 mètres cubes, étant 800 fois plus grands que 10 mètres cubes, en renfermeront 800 fois plus.

Le résultat est donc 5gr97 × 800 = 4 kilogrammes et 7 dixièmes.

ments essentiels des plantes, à savoir, l'eau, l'ammoniaque et l'acide carbonique [1].

V° — ACTION DE L'EAU, DE L'AIR ET DE L'ACIDE CARBONIQUE SUR LES ROCHES

Pour que le végétal puisse s'assimiler les minéraux, il faut que les minéraux soient dissous;

Pour que les minéraux soient dissous, il faut qu'ils soient réduits en poussière.

Il résulte de là que la *pulvérisation des roches* est la condition nécessaire pour que les végétaux apparaissent et s'établissent. Or les végétaux sont eux-mêmes le fondement de la vie animale; il s'ensuit, en dernière analyse, que l'apparition de l'homme et des animaux ainsi que leur maintien sur la terre; bref, que la vie totale de notre globe a pour condition nécessaire la pulvérisation des roches. Cette pulvérisation est l'œuvre mécanique ou chimique de l'eau, de l'air et de l'acide carbonique.

La terre devenue apte au développement des végétaux est désignée sous le nom de *terre arable*; c'est, prise dans sa généralité, un mélange de sable, d'argile et de calcaire, attaquable par la charrue et par la bêche. A ces trois éléments principaux s'adjoignent d'autres minéraux très importants, entre autres, les phosphates; mais en tant que quantité, ils sont de beaucoup inférieurs aux précédents; du reste, le

---

1. SCHLŒSING, *Comptes rendus*, 14 juin 1880.

mécanisme qui les pulvérise est le même. Ainsi posé, le problème se réduit à déterminer comment se sont formés les sables, les argiles et les sols calcaires arables.

Les sables siliceux et les argiles proviennent de la décomposition des roches granitiques; les terrains calcaires, de la décomposition des roches calcaires compactes.

1° — PULVÉRISATION DES ROCHES SUR PLACE.

I° Attaque des roches granitiques. — Les roches granitiques, comme on sait, sont composées de trois éléments, à savoir, le quartz ou silice cristallisée, le feldspath, qui est un silicate double d'alumine et de potasse, et le mica, qui est un silicate de magnésie. Telle est la composition générale des granites; elle varie, soit dans la proportion, soit dans la composition chimique de chacun des trois éléments; il existe, par exemple, des feldspaths qui, au lieu de potasse, renferment de la soude ou de la chaux, etc.

Les roches granitiques étant le produit du refroidissement d'une masse en fusion sont ordinairement fendillées par suite du retrait de la matière après son refroidissement. Du reste, sous l'action alternative du chaud et du froid, sous celle d'actions mécaniques de nature très diverse, elles finissent par se couvrir d'une multitude de petites fissures.

1° *Action de la gelée.* — L'eau qui provient, soit de la pluie, soit de la vapeur atmosphérique condensée, se dépose dans les fissures du granite. Or l'eau, en se congelant, a la propriété de se dilater du 14ᵉ de son volume; il résulte de là qu'à la température de 0°, elle fait éclater le granite, en détache des fragments, détermine de nouvelles fissures, et, avec la suite des ans, finit par pulvériser une énorme portion de la roche.

2° *Action de l'oxygène.* — L'action de l'eau qui se congèle est une action purement mécanique; l'action de l'oxygène de l'air est une action chimique. Par ses oxydations, l'oxygène continue l'œuvre de destruction commencée par l'eau. En se fixant sur les protoxydes et en les amenant à un état supérieur d'oxydation, il altère les roches dans leur composition, et les conduit insensiblement à la désagrégation.

3° *Action de l'acide carbonique.* — L'action de l'acide carbonique est plus fréquente que celle de l'oxygène; elle a été une des causes les plus puissantes de la formation des argiles. Ebelmen a reconnu que c'est surtout à l'influence de l'acide carbonique en dissolution dans l'eau qu'était due la décomposition des roches feldspathiques. L'acide carbonique, en effet, tend à s'emparer des bases alcalines, potasse, soude, chaux, qui entrent dans la composition des feldspaths, pour former avec elles des carbonates [1]. Ainsi désagrégés et dépouillés de leurs bases alcalines, les felds-

---

[1]. Dehérain, *Chimie agricole*, page 233. Le feldspath orthose renferme 17 0/0 de potasse, qui doivent absorber 7,8 d'acide carbonique. La densité de l'orthose étant 2,5 environ, un mètre cube de ce minéral, en se décomposant complètement, fixe 195 kilogrammes d'acide carbonique.

paths, qui étaient des silicates doubles d'alumine et de potasse ou de soude et de chaux, deviennent simplement des silicates d'alumine, c'est-à-dire des argiles. Comme témoignage de leur origine feldspathique, les argiles conservent presque toutes une petite quantité d'alcali, potasse, soude ou chaux. C'est après cette décomposition que la masse, devenue friable et facile à délayer, a pu être transportée par les eaux et former, aussitôt que leur mouvement a cessé, ces dépôts qu'on rencontre dans les terrains sédimentaires [1].

Quant au quartz ou silice cristallisée, sa réduction en poussière donne naissance au sable siliceux. On a vu précédemment que la silice se dissout dans l'eau à l'aide de l'acide carbonique, et que, une fois amenée à l'état soluble, elle passe par diffusion dans les tissus des plantes.

II° ATTAQUE DES ROCHES CALCAIRES. — Les roches calcaires pures primitives résistent aux agents mécaniques, gelée, frottement, etc., en raison de leur plus ou moins grande dureté. Leur énergique dissolvant est l'eau chargée d'acide carbonique. Si compactes qu'elles soient, on trouve toujours à leur surface une couche terreuse peu épaisse qui contient toujours des bicarbonates; sur-le-champ les plantes s'y établissent; l'action mécanique et chimique exercée par leurs racines, lesquelles excrètent de l'acide carbonique, concourt efficacement à la décomposition continue des roches.

---

1. DEHÉRAIN, *Chimie agricole*, page 236.

III° ATTAQUE DES ROCHES VOLCANIQUES. — La plupart des roches volcaniques, telles que le basalte, l'amphibole, le pyroxène, etc., sont riches en silice combinée avec le protoxyde de fer, avec la magnésia et la chaux. Elles sont attaquées par les mêmes agents et de la même manière que l'est la roche granitique, dont l'origine est également ignée. L'oxygène de l'air convertit le protoxyde de fer en peroxyde; de là le commencement de décomposition; la gelée et l'action de l'acide carbonique dilué complètent ou achèvent la désagrégation et la dissolution. Ce sont les roches d'origine ignée qui ont fourni la plus grande partie du sesquioxyde de fer des terrains arables.

II° — PULVÉRISATION DES ROCHES A LA SUITE DE TRANSPORTS.

Les terrains arables sont loin d'avoir été tous formés sur place par la décomposition des roches du pays. Dans notre Europe et notamment en France, une grande partie des terres fertiles a été apportée des régions du nord, dans les temps préhistoriques, à cette époque étonnante que les géologues appellent « la période glaciaire ».

1° *Action des glaciers.* — « Lorsqu'un glacier, dit M. Martins, descend dans une vallée, on conçoit qu'il exerce une profonde friction sur son fond et sur ses parois : il use, il polit, il arrondit, il strie toutes les roches avec lesquelles il se trouve en contact; il agit à la façon d'un immense polissoir. Les fragments de roches, réduits à l'état de sable et de gravier, jouent le rôle d'émeri ¹. » Cette action a été mise en évidence par M. Daubrée dans une série d'expériences justement célèbres ².

L'importance que les glaciers ont eue pour la pulvérisation des roches et pour la formation des sables a été considérable. Elle est moindre cependant que le grand mouvement des eaux qui a creusé les vallées.

2° *Action des chocs multipliés au sein de l'eau.* — Par des chocs multipliés au sein de l'eau, les roches éprouvent des décompositions manifestes; elles sont non seulement réduites en poudre, mais de plus elles sont modifiées profondément dans leur composition chimique, ainsi que M. Daubrée l'a démontré expérimentalement. Ce savant géologue a également prouvé que quand l'eau est chargée d'acide carbonique, la décomposition et la dissolution des roches se fait avec une remarquable intensité. C'est l'action mécanique des glaciers ainsi que les chocs multipliés des fragments au sein d'une eau chargée d'acide carbonique qui ont produit cette boue dont les torrents ont couvert une grande partie de l'Europe, à la fin de l'époque glaciaire.

On ignore à quel cataclysme il faut attribuer l'arrivée de la masse d'eau qui, partie des régions septentrionales, charria ces dépôts meubles; or, ces dépôts constituent nos terres de meilleure qualité. En particulier, les trois contrées les plus fertiles de France peut-être, à savoir : la Beauce, la Picardie et la Nor-

1. Cité par DEHÉRAIN, *Chimie agricole*, page 241.
2. DAUBRÉE, *Comptes rendus*, 1857, tome XLIV°, page 997.

mandie, sont précisément celles qu'ont couvertes les limons de transport; c'est à ces limons qu'elles doivent leur supériorité agricole. Les régions circonvoisines qui n'ont rien reçu de l'inondation boueuse glaciaire sont bien moins riches.

« En résumé, nous voyons que l'action de la gelée; que celle de l'oxygène et de l'acide carbonique, déterminent la pulvérisation et la décomposition des roches sur place; qu'en outre, les glaciers et les eaux, en transportant les fragments de roche, aident également à leur pulvérisation, et nous concevons que les cataclysmes qui se sont succédé pendant des milliers d'années aient déterminé, sur un grand nombre de points de la surface du globe, le dépôt des matériaux meubles sur lesquels s'exerce l'industrie agricole [1]. »

Conclusion. — Puisque la vie n'est possible qu'à la condition que les roches soient pulvérisées; puisque cette pulvérisation ne peut-être accomplie que par l'action de l'eau, de l'air et de l'acide carbonique, on a un nouveau témoignage de ces liens étroits qui enchaînent l'un à l'autre tous les êtres naturels. En considérant l'ensemble des corrélations et des dépendances réciproques, chaque être isolément apparaît comme ayant une valeur propre très peu supérieure à zéro [2].

[1]. Dehérain, *Chimie agricole*, page 211.
[2]. Sur les rapports mutuels et complexes des êtres organisés dans la nature, on pourra lire Darwin, *l'Origine des espèces*, chapitre III, et le dernier ouvrage du grand naturaliste : *Rôle des vers de terre dans la formation de la terre végétale*.

VI° — CONCLUSIONS PHYSIQUES ET PHILOSOPHIQUES.

Il a été démontré expérimentalement que la matière, dans sa circulation, prend une première forme générale, à savoir, la forme minérale, soit solide, soit liquide, soit gazeuse;

Puis une deuxième forme, à savoir, la forme végétale, laquelle n'est elle-même qu'une métamorphose de la forme minérale;

Puis une troisième forme, à savoir, la forme animale herbivore, laquelle est elle-même une métamorphose de la forme végétale;

Enfin une quatrième forme, à savoir, la forme animale carnivore, laquelle est elle-même une métamorphose de la forme animale herbivore;

Après cette dernière métamorphose, la matière revient à sa première forme, à savoir, la forme minérale; et le cycle recommence indéfiniment.

De là résultent les conséquences physiques suivantes :

1° Les végétaux dépendent des minéraux;

2° Les animaux herbivores dépendent des végétaux et, par conséquent, des minéraux;

3° Les animaux carnivores dépendent des animaux herbivores et, par conséquent, des végétaux et des minéraux.

Tous les êtres vivants, végétaux ou animaux, dépendent non seulement du règne minéral, mais encore de certaines conditions particulières que doit affecter la matière minérale.

4° Ils dépendent particulièrement de la circulation de la vapeur d'eau, de celle de l'ammoniaque et de l'acide carbonique, d'abord parce qu'ils en tirent leurs aliments, ensuite parce que ces agents unis à l'air pulvérisent les roches et ainsi rendent possible l'apparition de la vie.

5° La circulation de la vapeur d'eau, de l'ammoniaque et de l'acide carbonique dépend de la mer, leur régulateur et leur réservoir.

6° Enfin, tout ce qui existe sur le globe terrestre, minéraux, animaux, végétaux, atmosphère, gaz et mer, tout dépend du soleil, ainsi qu'on le verra plus tard.

Chacun des êtres du globe terrestre est donc uni aux autres êtres par les liens de la parenté et de la descendance les plus complexes et les plus étroits; il est lié par le globe lui-même au soleil; et par le soleil, au reste de l'Univers.

De ces faits physiques se déduit logiquement la conclusion philosophique suivante : *En regard du Tout*, chaque forme de la matière ou, ce qui est la même chose, *chaque être n'est qu'une ride imperceptible sur la surface de la matière universelle.*

CHAPITRE VIII

L'UNITÉ DE LA MATIÈRE

Appelons *Matière* l'ensemble des corps simples aujourd'hui connus et des corps simples que la chimie découvrira dans l'avenir. Ainsi entendu, le mot Matière sera un nom collectif puisqu'il embrasse toute la collection des corps.

S'il était démontré que tous les corps simples aujourd'hui connus, et ceux qu'on pourra découvrir, ne sont que les condensations ou les groupements variés des molécules d'un corps unique, le mot Matière désignerait un corps unique, ce serait un véritable nom propre. Par unité de la Matière, on entend un seul corps simple qui, par les condensations ou les groupements variés de ses molécules, donnerait naissance à tous les corps de l'univers.

1° — L'UNITÉ DE LA MATIÈRE ET LA CHIMIE MODERNE.

Tout esprit philosophique est porté vers l'unité. Aussi, dans le premier quart du xix° siècle, le chimiste français Proust essaya-t-il de ramener à l'unité la diversité des corps premiers. Se fondant sur la loi des proportions définies, qu'il avait découverte, il crut reconnaître que les équivalents des corps premiers étaient des multiples exacts de l'équivalent de l'hydrogène. Il conclut de là que les corps premiers ne sont pas autre chose que de l'hydrogène à divers états de condensation ou de groupement moléculaire. Mais Berzélius, déterminant à nouveau le poids des équivalents avec la précision qui caractérise son œuvre scientifique, établit que les équivalents des corps premiers n'étaient pas exactement multiples les uns des autres et que par conséquent ils ne pouvaient être tous des multiples de l'hydrogène.

De là deux vues systématiques opposées sur les conditions élémentaires de la matière :

1° Pour Berzélius, chaque corps simple de la chimie minérale est un être distinct et tout à fait indépendant des autres ; il y a donc autant de matières distinctes qu'il y a d'éléments chimiques.

2° Pour Proust, les corps doivent être considérés comme des condensations ou des groupements moléculaires d'une matière unique, à savoir, l'hydrogène, en supposant que les équivalents de tous les corps soient exactement multiples les uns des autres et multiples de l'hydrogène ; et si l'hydrogène est démontré, comme le soutient Berzélius, ne pas remplir cette condition, ce sera tout autre élément dont l'hydrogène lui-même sera multiple.

Dumas a repris le problème ; des expériences rigoureuses lui ont montré que la loi de Proust se vérifiait constamment, sauf deux exceptions présentées par le chlore et le cuivre. On a signalé, en outre, des irrégularités dans l'équivalent de quelques autres corps ; il n'y a donc pas à douter : la loi de Proust est en défaut. Dumas pensait que toutes ces anomalies disparaîtraient si l'on regardait les corps simples, non plus comme les multiples de l'hydrogène, mais comme les multiples d'un certain corps jusqu'ici inconnu, dont l'équivalent serait 0,5, c'est-à-dire la moitié de l'équivalent de l'hydrogène. Ainsi la loi de Proust serait vraie en elle-même, mais il conviendrait de changer l'unité tout d'abord adoptée [1].

Examen critique. — D'après ce qui précède, on voit que la théorie de l'unité de la Matière n'est pas encore sortie du domaine des spéculations métaphysiques. Tant qu'on n'aura pas isolé cette substance inconnue, ayant 0, 5 pour équivalent, la théorie de l'unité de la Matière manquera de base expérimentale ; elle restera une simple vue de l'esprit.

En supposant que l'on découvre cette substance inconnue, il faudra ensuite démontrer que tous les autres corps simples ne sont que des condensations ou des groupements moléculaires de cette substance. Le problème ne serait donc pas résolu par la découverte de cette substance hypothétique ; mais, du moins, la théorie de l'unité aurait une base expérimentale. Ce serait un grand point acquis si l'on pouvait actuellement démontrer que deux ou trois corps, aujourd'hui regardés comme simples, étaient réellement le groupement varié des molécules d'un seul et même corps également existant et reconnu comme simple.

En fait, par la découverte continuelle de nouveaux corps simples, la chimie semble s'éloigner de l'unité de Matière ; ce que l'expérience paraît de plus en plus accuser actuellement, ce n'est pas l'unité, c'est la multiplicité de la Matière.

---

1. SECCHI, *Unité des forces physiques*, livre IV, chapitre II, page 606.

11° — L'UNITÉ DE LA MATIÈRE ET LA PHYSIQUE MODERNE

Les physiciens, partisans de la théorie de l'éther, et ils le sont tous aujourd'hui, vont encore plus loin que les chimistes. La matière inconnue que supposent les chimistes, par cela qu'elle a 0,5, pour équivalent, serait pondérable, même pour les instruments dont l'homme dispose; or l'éther, qui remplit l'univers, est impondérable; il s'ensuit que la substance hypothétique des chimistes, laquelle pèserait les 0,5 de l'hydrogène, serait tout au plus l'une des premières condensations ou l'un des premiers groupements moléculaires de l'éther. La matière unique qui, selon les physiciens, constituerait tous les corps serait donc l'éther. « L'étude de la lumière et de l'électricité, dit le Père Secchi, nous a conduits à regarder comme infiniment probable que l'éther n'est autre que la matière elle-même, parvenue au plus haut degré de ténuité, à cet état de rareté extrême qu'on nomme état atomique. Par suite, tous les corps ne seraient, en réalité, que des agrégats des atomes mêmes de ce fluide [1]. »

Examen critique. — L'hypothèse de l'éther impondérable des physiciens, matière unique, est sujette aux mêmes critiques que l'hypothèse de la substance inconnue pondérable des chimistes. Il faudrait préalablement que les physiciens démontrassent que l'éther est une substance réelle, existant réellement,

---

[1]. Secchi, *L'unité des forces physiques*, page 604

et non pas une hypothèse mathématique, hypothèse de génie assurément, qui rend le mieux compte des phénomènes lumineux, mais en définitive une *hypothèse*[1]. Tant que la réalité de l'éther n'aura pas été

1. Une expérience célèbre de M. Fizeau en 1851, expérience recommencée avec plein succès en mai 1886 par deux savants américains, MM. Michelson et Morley, est la seule qui tende à déceler l'existence *réelle* de l'éther. Voici en quels termes, dans la séance du 31 mai 1886, M. Cornu la rappelait à l'Académie des sciences, en relatant l'expérience des deux physiciens américains. « *Comptes rendus*, 31 mai 1886, page 1,207. Dans la séance du 29 septembre 1851, l'Académie recevait communication d'un des plus beaux résultats expérimentaux que la science ait jamais enregistrés : c'était la mémorable expérience par laquelle notre savant confrère, M. Fizeau, démontrait que le mouvement des corps change la vitesse avec laquelle la lumière se propage dans leur intérieur. Le mouvement de la matière transparente entraîne les ondes lumineuses, mais ne les entraîne que *partiellement* et dans la proportion que le génie de Fresnel avait déduite d'une observation d'Arago. M. Fizeau montrait, en effet, que l'air, même avec des vitesses de 25 mètres à la seconde, n'entraînait pas sensiblement les ondes lumineuses comme il entraîne les ondes sonores, tandis que l'eau, *dont l'indice est plus élevé*, entraîne la lumière avec un peu moins de la moitié de la vitesse dont l'eau est elle-même animée. La loi de Fresnel donne pour proportion un rapport sensiblement nul pour les gaz et égal à 0,437 pour l'eau, dont l'indice est 1,333.

« Ces résultats ont une grande importance théorique et constituent à peu près les seules *données directes* que possède l'optique sur la constitution du milieu hypothétique, l'éther, siège des mouvements lumineux. Ils démontrent que l'éther est indépendant de la matière pondérable; l'entraînement partiel n'est qu'un entraînement apparent; il révèle simplement une transmission partielle du mouvement aux molécules pondérables, transmission qu'on représente quelquefois symboliquement par une variation de densité de l'éther dans l'intérieur des corps transparents. »

M. Bertrand rappelle à cette occasion toute l'importance attachée par Sénarmont à la belle expérience de M. Fizeau. Sénarmont expliquant un jour le rôle réservé dans la science à ces phénomènes entièrement nouveaux traduisit son admira-

démontrée, il sera impossible d'admettre que les corps simples terrestres ne sont que des groupements variés d'un fluide hypothétique. L'éther, cause des phénomènes lumineux, est déjà une hypothèse ; faire de l'éther la matière unique serait greffer une autre hypothèse sur une première. Une telle spéculation est absolument étrangère au seul moyen qu'ait l'homme pour atteindre la vérité, c'est-à-dire à la méthode expérimentale.

III° — L'UNITÉ DE LA MATIÈRE ET L'ANALYSE SPECTRALE

Avec les recherches de l'éminent astronome anglais, M. Norman Lockyer, le problème de l'unité de la matière est entré dans le domaine de l'expérimentation. Les études comparatives du spectre faites à la fois dans le laboratoire, sur le soleil et sur les étoiles ont été poursuivies pendant de longues années[1]. On peut juger de l'importance et de la grandeur de ces travaux par la communication suivante faite à l'Académie des sciences, le 27 janvier 1879 : « J'ai commencé, il y a quatre ans, l'étude comparative des spectres du soleil et des corps simples. Le dessin qui représente le spectre solaire aura plus de 100 mètres

tion par un dessin bien expressif. Un continent représentant la science acquise, et dessiné à la manière des anciens géographes, était entouré d'une mer immense : *Mare ignotum*, dans laquelle, à une grande distance de la côte, on apercevait une Ile isolée : *Insula Fizeau*.

1. Les communications faites par M. Lockyer à l'Académie des sciences ont eu lieu les 22 février, 28 juin, 12 juillet et 26 juillet 1869 ; le 8 décembre 1873 ; le 29 juin 1874 ; les 27 janvier, 2 juin et 15 septembre 1879 ; le 11 avril 1881.

L'UNITÉ DE LA MATIÈRE.

de longueur, et la détermination des spectres des éléments pour une seule partie n'a pas nécessité moins de cent mille observations et le tirage de près de deux mille photographies. »

1° Pour mieux faire comprendre les résultats donnés par l'observation et l'expérimentation, supposons plusieurs fourneaux donnant des températures décroissantes ; et, pour fixer les idées, prenons-en quatre, A, B, C, D.

Le fourneau A a une température très élevée ; le fourneau B, une température moins élevée ; le fourneau C, une température plus basse encore ; le fourneau D, une température inférieure à celle des trois autres.

Maintenant prenons un corps simple que nous appellerons Alpha ; ce corps simple, lorsqu'il est porté à une température très élevée, est impuissant à former une combinaison ; son spectre consistera en une raie unique.

Mais, à une température moins élevée, le corps Alpha peut entrer en combinaison et former un certain groupe complexe, que nous appellerons Bêta. Le spectre du groupe Bêta consistera en 2 raies.

A une température plus basse, le corps Alpha est capable d'entrer en une nouvelle combinaison et de donner naissance à un groupe plus complexe que le groupe Bêta ; ce nouveau groupe, appelons-le Gamma. Le spectre de Gamma contiendra 3 raies.

Enfin, à une température inférieure aux températures précédentes, le corps Alpha formera un groupe plus complexe encore, que nous appellerons Delta. Le spectre de Delta aura 4 raies.

Cela posé, qu'arrivera-t-il si nous plaçons le groupe Delta dans le fourneau A ?

Tout d'abord, les quatre raies de Delta apparaissent brillantes.

Puis, sous l'action continue de la chaleur énorme du fourneau A, le composé Delta éprouve un commencement de dissociation; une des quatre raies pâlit, tend à s'effacer. La dissociation s'achève, la 4ᵉ raie disparaît; au composé Delta succède le composé Gamma; les troies raies de Gamma brillent seules dans le spectre.

Comme la chaleur continue son action dissolvante, le groupe Gamma se dissocie à son tour, la 3ᵉ raie tend à s'effacer; elle s'efface totalement lorsque, la dissociation de Gamma étant complète, le composé Bêta succède avec ses deux raies.

Enfin, comme à la température du fourneau A le composé Bêta ne peut subsister, il se dissocie à son tour; une seule raie subsiste, celle du métal Alpha, lequel est la base des divers groupes précédents.

La conclusion de ces quatre expériences est :

1° Que les groupes Bêta, Gamma, Delta, ne sont que des composés du métal Alpha;

2° Que ces composés représentent les groupements ou combinaisons que le métal simple Alpha est capable de contracter au fur et à mesure que la température décroît.

Rien n'est plus aisé à comprendre, puisque c'est

nous qui avons gradué les expériences et employé un métal connu.

Mais supposons un instant que, connaissant exclusivement le groupe Delta, nous n'ayons pas à notre service une température plus élevée que celle du fourneau D; qu'arrivera-t-il? Il arrivera ceci : c'est que le groupe Delta étant stable à la température D, qui est seule à notre disposition, nous regarderons ce groupe comme étant simple, puisqu'il est indécomposable pour nous; alors nous l'appellerons Alpha comme si Alpha y était à l'état simple. D'autre part, comme le spectre de Delta apparaît constamment dans nos laboratoires avec quatre raies, nous dirons : Le spectre du métal simple Alpha est caractérisé par quatre raies.

Il est évident que notre erreur persistera jusqu'au moment où une découverte nous mettra en possession d'un moyen de dissociation plus énergique que celui que nous donnait le fourneau D. Notre étonnement sera grand lorsque le spectre de Delta, qui est le spectre de Alpha composé, mais que nous regardons comme le spectre de Alpha simple, éprouvera des modifications radicales et perdra progressivement des raies au fur et à mesure que nos nouveaux moyens de dissociation agiront sur lui et le décomposeront. Si nous ne connaissions pas l'expérience des fourneaux, nous serions assurément très embarrassés pour expliquer ces variations qu'introduisent dans le spectre les variations croissantes ou décroissantes de la chaleur. La connaissance de l'expérience des fourneaux nous permet, au contraire, d'expliquer nettement les variations qui se manifestent dans les spectres.

Les expériences théoriques que nous venons d'exposer nous rendront faciles à comprendre et à interpréter les expériences réelles que M. Lockyer a exécutées sur les spectres métalliques dans son laboratoire, puis les observations qu'il a faites des mêmes spectres métalliques dans le soleil et dans les étoiles, c'est-à-dire dans des milieux où les températures sont à des degrés inégaux.

Le soleil, au point de vue de l'inégalité de la température, peut être divisé en plusieurs régions, à savoir, région des protubérances, région des taches, et ainsi de suite. Les protubérances peuvent être assimilées à d'énormes fourneaux alimentés par les profondes couches du soleil, lesquelles sont les plus chaudes. Il en résulte que la température des protubérances et celle des taches doivent différer prodigieusement. En outre, vu la multiplicité et la diversité des taches et des protubérances, on peut les considérer comme des fourneaux gradués à la façon des fourneaux théoriques A, B, C, D; par conséquent les phénomènes spectraux qui seront observés dans les taches, d'une part; dans les protubérances, de l'autre; pourront être interprétés comme l'ont été les spectres d'Alpha et de ses composés dans les fourneaux théoriques, à température croissante ou décroissante.

Dans nos laboratoires, la plus haute température que nous puissions créer est celle que donne la combustion de l'hydrogène pur par l'oxygène pur; elle va de 2,000 à 2,400 degrés. Or, la température des taches solaires les plus froides l'emporte de plusieurs milliers de degrés sur celle que nous produisons. On voit quel vaste champ d'expériences et d'observations s'ouvre au savant qui, étudiant le spectre d'un métal d'abord dans les fourneaux de son laboratoire, étudie ensuite ce même spectre dans les fourneaux gradués du soleil, à savoir, dans les taches et dans les protubérances.

M. Lockyer a fait mieux encore : après des études multipliées, il a pu ranger les étoiles en trois types [1], lesquelles ont des températures inégales.

Ier Type : *Étoiles blanches.* — Sirius en est le modèle; la température y est extrêmement élevée.

IIe Type : *Étoiles jaunes.* — Notre soleil en est le modèle; la température, quoique très élevée, y est moins haute que dans le premier type.

IIIe Type : *Étoiles rouges.* — Alpha, de la constellation d'Hercule, en est le modèle; la température y est moins élevée que dans les deux types précédents.

Ces trois types peuvent être considérés comme trois systèmes de fourneaux à température croissante, de sorte que le physicien qui a commencé dans le fourneau de son laboratoire terrestre la dissociation d'une substance peut, pour ainsi dire, continuer cette dissociation dans les fourneaux célestes. Par l'étude comparative des spectres que donne chacun des fourneaux terrestres et célestes, il y a un moyen de dé-

---

1. C'est la classification du Père Secchi modifiée.

couvrir si la substance considérée comme simple sur la terre l'est réellement ou non. Il peut même, si elle est composée, découvrir le degré de complexité des groupements dans lesquels cette substance crue simple est engagée.

Telle est la méthode qu'a suivie M. Lockyer dans ses belles études sur les corps qu'actuellement nous appelons corps simples. Voici d'abord une série des résultats auxquels il est arrivé dans des expériences de laboratoire :

1º Le spectre d'un corps composé est à bandes cannelées, tandis que le spectre d'un corps simple est à raies discontinues. De ces raies discontinues, les unes sont longues; les autres, courtes.

2º En augmentant progressivement la température, le spectre à bandes cannelées diminue progressivement d'intensité lumineuse; en même temps apparaissent quelques-unes des raies du métal qui est la base du corps composé. C'est la dissociation qui commence.

3º Lorsque la chaleur continue son œuvre dissolvante, le spectre à bandes cannelées disparaît totalement; à sa place apparaissent toutes les raies, longues et courtes, du métal qui est la base du corps composé.

L'étude comparative que M. Lockyer a faite de trois raies déterminées du fer nous servira d'exemple pour montrer quelles phases subissent les métaux terrestres à des températures croissantes, et quelles inductions on peut tirer de ces faits.

Soient trois raies du spectre du fer, dont M. Lockyer indique le numéro d'inscription sur les cartes spectrales, mais que pour la commodité du récit il désigne par les lettres A, B, C. Ces trois raies, il les étudie d'abord dans son laboratoire, en graduant les épreuves de dissociation selon les moyens qui sont actuellement au service de l'homme, à savoir, la chaleur et l'électricité. Puis il les étudie dans les fourneaux gradués du soleil, c'est-à-dire dans les taches et dans les protubérances. On peut résumer de la manière suivante le résultat de ses recherches :

I° DANS LE LABORATOIRE TERRESTRE. — 1° Lorsque la source de dissociation employée, chaleur ou électricité, est faible, on voit seulement les deux raies A et B; la raie C est absente.

2° Lorsque la source de dissociation est plus puissante, on voit les trois raies A, B, C; mais C est très mince, tandis que A et B sont larges.

3° Lorsque la source de dissociation est énergique, C apparaît large; A et B sont minces.

4° Lorsque la source de dissociation est énergique au plus haut degré, C apparaît seul; A et B ont disparu.

II° SUR LE SOLEIL. — 1° Dans les *taches relativement froides*, les deux raies A et B sont visibles; C est absente.

2° Dans les *taches chaudes*, A et B sont larges; C est visible, mais mince.

3° Dans *certaines protubérances*, lesquelles sont toujours plus chaudes que les taches, A et B sont minces; C est très large.

4° Dans la *plupart des protubérances*, lesquelles sont extrêmement chaudes, A et B sont invisibles; la raie C apparaît seule, très large.

En outre, dans les protubérances où A et B apparaissent, ces deux raies sont ondulées; elles éprouvent donc une violente agitation; au contraire, la ligne C est droite, c'est-à-dire en repos.

Les conclusions qui résultent de ces faits sont les suivantes :

Ce que nous appelons *fer* sur la terre n'est pas un métal homogène; c'est un groupe complexe dont un métal C est la base. Le métal C, pour qu'il soit isolé, a besoin d'une température extrêmement élevée.

Lorsque la température diminue, il entre en combinaison partielle et donne le groupe représenté par B.

Lorsque la température s'abaisse encore, le métal C peut entrer en une nouvelle et totale combinaison (dans les conditions particulières de l'expérience); ce groupement définitif est représenté par la raie A.

A une température relativement peu élevée, les spectres de A et de B apparaissent seuls, parce que la température, quoique faible, est toutefois assez forte pour amener un commencement de dissociation de A et révéler le groupe B; mais cette température est trop basse pour décomposer le groupe B et ainsi faire apparaître C.

A une température élevée, le groupe B éprouve un commencement de dissociation; C alors apparaît; mince d'abord, il s'élargit au fur et à mesure que la température s'accroît. Inversement A disparaît, et B s'amincit.

Enfin, à une température énorme, les deux groupes A et B sont détruits; C reste seul; il est donc le métal basique qui, par des groupements étagés selon les températures, constitue le groupement complexe auquel sur la terre nous donnons à tort le nom de *fer simple*[1].

Les études faites par M. Lockyer des raies du calcium lui ont donné des résultats analogues. Le spectre du calcium éprouve des variations semblables à celles du spectre du fer selon les différents degrés de température auxquels le calcium est soumis. Certaines raies, en effet, invisibles aux basses températures, apparaissent minces aux températures plus élevées; elles restent seules lorsque la température est encore plus haute. Inversement, d'autres raies qui apparaissaient larges aux basses températures, s'amincissent aux températures plus élevées; elles disparaissent totalement lorsque la température devient très grande[2].

Voyons maintenant ce que donne le spectre de chacun des types stellaires.

I⁽ᵉʳ⁾ Type : *Étoiles blanches*, à température extrêmement élevée. Le spectre de Sirius, représentant de

1. Lockyer, *Comptes rendus*, 11 avril 1881.
2. Lockyer, *Comptes rendus*, 27 juillet 1879. Dans la séance du 11 avril 1881, M. Lockyer a démontré que les spectres ne sont pas dus à une même substance primitive placée dans des conditions différentes; mais que ces spectres indiquent bien diverses combinaisons de la substance primitive selon le degré de température.

cette catégorie d'étoiles, a quatre raies fortes estompées, celles de l'hydrogène, et quelques autres raies très fines, celles du magnésium. Sirius est composé d'hydrogène en grande abondance et d'un peu de magnésium.

II° TYPE : *Étoiles jaunes*, à température élevée, mais moins chaude que celle des étoiles blanches. Le spectre de notre soleil, représentant de cette catégorie d'étoiles, contient des raies noires discontinues, fines et beaucoup plus nombreuses que celles du spectre de Sirius. Les raies de l'hydrogène s'y trouvent, mais très faibles. Les métaux que contient le soleil sont l'hydrogène[1], le magnésium, le sodium, le calcium, le plomb, le cuivre, le cadmium, le cérium, l'uranium, le potassium, le chrome.

Dans les étoiles du type Soleil, comme dans celles du type Sirius, il n'y a pas de métalloïdes.

III° TYPE : *Étoiles rouges*, à température moins chaude encore. Le spectre d'Alpha d'Hercule, représentant des étoiles de cette catégorie, ne contient plus les lignes fines qui dénotent la présence des métaux; on y rencontre des colonnes ou des barres. Ces spectres à bandes cannelées révèlent deux choses, à savoir :

1° Que dans l'étoile rouge les métaux ne sont plus à l'état libre, mais combinés;

2° Que les métalloïdes sont présents dans l'étoile rouge et y sont combinés avec les métaux.

---

[1]. Comme l'avait pressenti jadis Dumas, l'hydrogène est un métal.

Les lignes de l'hydrogène sont le plus souvent absentes des étoiles de ce type ; dans quelques-unes elles apparaissent très faibles, à peine visibles [1].

En comparant les divers types d'étoiles, M. Lockyer constate que :

1º L'hydrogène libre existe seul ou à peu près seul, en abondance prodigieuse, dans les étoiles blanches, c'est-à-dire dans les étoiles les plus chaudes ;

2º L'hydrogène libre diminue dans notre soleil et dans les étoiles de ce type, lesquelles sont moins chaudes que les étoiles blanches.

En corrélation avec cette diminution d'hydrogène à l'état libre apparaissent plusieurs autres métaux.

3º L'hydrogène libre disparaît dans les étoiles rouges, c'est-à-dire dans les étoiles les moins chaudes.

En corrélation avec cette disparition de l'hydrogène libre apparaissent les métalloïdes et leurs combinaisons avec les métaux.

En formule générale : Plus une étoile est âgée, c'est-à-dire moins elle est chaude, plus l'hydrogène libre disparaît.

Sur notre terre refroidie, nous ne trouvons plus d'hydrogène en liberté.

De ces faits on peut déduire les conséquences suivantes :

1º Les *métalloïdes* ne sont pas des corps simples ; ce sont des corps composés.

Ils ne peuvent apparaître que là où, la tempéra-

---

[1]. SECCHI, les *Étoiles*, tome I*, page 96.

ture étant relativement basse, l'hydrogène s'est combiné et a disparu.

2° Les *métaux* semblent être dus à une condensation ou à un groupement des molécules de l'hydrogène lorsque l'abaissement de la température et la diminution de la tension de vapeur ne permettent plus à l'hydrogène de rester à l'état libre.

3° L'*hydrogène* semble être la substance qui, par l'abaissement croissant de la température et par la diminution de la tension de vapeur, donnerait naissance, d'abord aux métaux, puis aux métalloïdes. En effet, tant que la température est extraordinairement élevée, l'hydrogène apparaît seul.

En exposant ces vues en sens inverse, c'est-à-dire en partant des températures basses, on dirait :

1° En soumettant les métalloïdes terrestres et leurs composés métalliques à l'action d'une température croissante, les métalloïdes sont décomposés; ils ne sont donc pas des corps simples, des éléments.

3° Aux températures les plus élevées qu'il y ait dans l'univers, l'hydrogène reste seul.

L'hydrogène est donc la matière unique.

Comme on le voit, on arriverait par l'analyse spectrale, c'est-à-dire par la voie de l'observation et de l'expérimentation, à la conclusion où, au commencement de ce siècle, les chimistes essayaient de parvenir par la voie des équivalents, c'est-à-dire par des spéculations numériques.

IV°. — Argumentation de M. Berthelot contre l'hypothèse de l'unité de matière telle qu'elle était déduite des recherches de M. Lockyer.

Aux conséquences qu'on peut déduire des belles recherches de M. Lockyer, M. Berthelot a fait une grave objection empruntée à la loi des chaleurs spécifiques[1]. « Je pense qu'il faut énoncer avec réserve l'hypothèse d'une décomposition progressive de tous les corps sous l'influence d'une température croissante, laquelle ramènerait d'abord les substances composées aux éléments simples actuellement reconnus des chimistes, puis ceux-ci à des éléments plus simples encore, soit identiques avec certains éléments actuels, soit même complètement nouveaux. En effet, les corps simples, tels que nous les connaissons, possèdent certains caractères positifs qui n'appartiennent pas aux corps composés : telles sont les relations qui existent entre la chaleur spécifique d'un corps, sa densité gazeuse et son poids atomique, relations indépendantes de sa température. »

Avant de résumer l'argumentation de M. Berthelot sur un point qui intéresse si vivement le philosophe, il est nécessaire de donner quelques définitions[2].

---

1. Berthelot, *Comptes rendus*, 8 décembre et 15 décembre 1873 ; et *Revue scientifique*, 8 janvier 1874. Voir surtout Berthelot, *Essai de mécanique chimique*, tome I", de la page 414 à 455, toute l'argumentation.

2. Berthelot, *Essai de mécanique chimique*, tome I", page 427 et suivantes.

1° — DÉFINITIONS.

I° UNITÉ DE MESURE. — L'unité de mesure pour les corps gazeux est le volume qu'occupent 2 grammes d'hydrogène (H $=$ 1); ce volume est égal à $22^{litres},32$. On l'appelle volume moléculaire.

II° MOLÉCULE D'UN GAZ. — M. Berthelot donne, par abréviation, le nom de molécule d'un gaz à toute molécule qui occupe le volume moléculaire, c'est-à-dire $22^{litres},32$.

III° POIDS MOLÉCULAIRE. — Le poids moléculaire d'un gaz est le poids que pèse le volume moléculaire de ce gaz, c'est-à-dire $22^{litres},32$.

IV° CHALEUR MOLÉCULAIRE. — La chaleur spécifique moléculaire ou, par abréviation, la chaleur moléculaire d'un gaz est la quantité de chaleur nécessaire pour élever de 1 degré le volume moléculaire de ce gaz.

En divisant la chaleur spécifique moléculaire d'un gaz par le volume moléculaire, c'est-à-dire par $22^{litres},32$, on obtient la chaleur spécifique rapportée à l'unité de volume.

En divisant la chaleur spécifique moléculaire par le poids moléculaire d'un gaz, on obtient la chaleur spécifique rapportée à l'unité de poids.

V° DIVISION DES GAZ EN TROIS GROUPES. — Les gaz peuvent se diviser en trois groupes, à savoir, le groupe des gaz simples, celui des gaz composés formés *sans* condensation et celui des gaz composés formés *avec* condensation.

A. *Le groupe des gaz simples* comprend l'hydrogène,

l'azote et l'oxygène. A côté de ces trois gaz, qu'on appelle *parfaits*, parce qu'à la température ordinaire, ils sont très éloignés de leur point de liquéfaction, existent deux autres gaz simples, à savoir, le chlore et le brome, lesquels, à la température ordinaire, sont voisins de leur point de liquéfaction; fait qui explique les différences qu'on trouve entre ces deux gaz d'une part, et les trois gaz parfaits, d'autre part.

B. *Le groupe des gaz composés formés sans condensation* comprend l'acide chlorhydrique, le bioxyde d'azote et l'oxyde de carbone. Le gaz chlorhydrique est formé d'un volume de chlore et d'un volume d'hydrogène; ces deux volumes de gaz simples s'associent pour donner naissance à deux volumes de gaz chlorhydrique.

De même pour le bioxyde d'azote : un volume d'oxygène et un volume d'azote s'associent pour donner naissance à deux volumes de bioxyde d'azote.

De même pour l'oxyde de carbone.

C. *Le groupe des gaz composés avec condensation* comprend des gaz formés par la condensation de trois, de quatre, de cinq, de six molécules de gaz simples en deux molécules de gaz composé.

Par exemple, deux molécules d'hydrogène et une molécule d'oxygène se condensent pour former deux molécules d'eau gazeuse.

L'alcool ordinaire est un gaz composé de deux molécules de carbone, trois molécules d'hydrogène, une molécule d'oxygène, en tout six molécules condensées en deux d'alcool.

11° — CHALEURS SPÉCIFIQUES RAPPORTÉES AU POIDS MOLÉCULAIRE.

Les chaleurs spécifiques rapportées au poids moléculaire, c'est-à-dire au poids que pèsent les $22^{litres},32$ d'un gaz sont les suivantes[1] :

A. GROUPE DES GAZ SIMPLES.

1° Hydrogène. Équivalent... H $=$ 1. Poids molécul. H^2 $=$ 2. Chaleur molécul. 6,82
2° Azote.... Équivalent... Az $=$ 14. Poids molécul. Az^2 $=$ 28. Chaleur molécul. 6,83
3° Oxygène.. Poids atomique O $=$ 16. Poids molécul. O^2 $=$ 32. Chaleur molécul. 6,82

Les trois gaz simples, hydrogène, azote, oxygène, ont donc la même chaleur spécifique moléculaire moyenne 6,8.

Cette chaleur spécifique est indépendante de la température et de la pression ; elle reste constamment 6,8.

Les deux gaz chlore et brome ont une chaleur spécifique moléculaire un peu plus élevée; chlore $=$ 8,6 ; et brome $=$ 8,8 ; l'écart est peu considérable ; il s'effacerait si on étudiait ces deux gaz dans un état très éloigné de leur point de liquéfaction.

B. GROUPE DES GAZ COMPOSÉS SANS CONDENSATION.

1° A. chlorhydrique. Équival. HCl $=$ 36,5. Poids molée. HCl $=$ 36,5. Chal. molée. 6.75
2° Bioxyde d'azote.. Équival. AzO^2 $=$ 30.. Poids molée. AzO^2 $=$ 30.. Chal. molée. 6.96
3° Oxyde de carbone. Équival. C^{2}O^2 $=$ 28.. Poids molée. C^{2}O^2 $=$ 28.. Chal. molée. 6.86

---

1. Je mets en regard l'équivalent, le poids moléculaire et la chaleur spécifique moléculaire. En outre, pour l'équivalent de l'oxygène, j'ai pris le poids atomique O $=$ 16 dans le groupe des gaz simples afin d'éviter toute parenthèse explicative; dans les autres groupes j'ai conservé l'équivalent O $=$ 8, comme l'a fait M. Berthelot.

Les trois gaz composés formés sans condensation ont donc la même chaleur spécifique moyenne que les gaz simples ; elle est 6,8.

Cette chaleur spécifique moléculaire est également indépendante de la température et de la pression ; elle reste constamment 6,8.

Mais les gaz composés sans condensation se distinguent des gaz simples en ce que le poids de leur équivalent est *égal* au poids de leur volume moléculaire, comme le montre le tableau ci-dessus. Or, chez les gaz simples, le poids de l'équivalent est *moitié* seulement du poids moléculaire.

C. Groupe des gaz composés avec condensation.

1° Eau gazeuse. . . . . Chaleur moléculaire = 8,65 ;
2° Sulfure de carbone gazeux. Chaleur moléculaire = 10 ;
3° Éthylène . . . . Chaleur moléculaire = 11,3 ;
4° Alcool ordinaire. . . . . . . Chaleur moléculaire = 20,8 ;
5° Éther ordinaire. . . . . Chaleur moléculaire = 35,5.

En général, les gaz très denses et formés d'un grand nombre de molécules participent déjà, à quelques égards, des propriétés des liquides, c'est-à-dire que les travaux intérieurs qu'y doit accomplir la chaleur sont notables et fort développés. Aussi les chaleurs spécifiques de tels gaz varient-elles avec la température à la façon de celles des liquides tels que l'alcool ; en effet, la chaleur spécifique de l'alcool liquide devient double dans l'intervalle compris entre 0° et 160° ; à 0°, elle est égale à 25,2 ; à 160°, elle est égale à 51,2.

En comparant les gaz formés avec condensation et

les deux autres groupes de gaz, on constate les différences suivantes :

1° La chaleur spécifique moléculaire des deux premiers groupes de gaz est égale à 6,8.

La chaleur spécifique moléculaire des gaz composés avec condensation est toujours *supérieure* à 6,8.

2° La chaleur spécifique moléculaire des deux premiers groupes de gaz est *indépendante* de la température et de la pression ; elle reste constante à 6,8.

La chaleur spécifique moléculaire des gaz composés avec condensation est *dépendante* de la température ; elle peut varier du simple au double.

III° — CHALEURS SPÉCIFIQUES RAPPORTÉES AU POIDS DE L'ÉQUIVALENT.

I° GROUPE DES GAZ SIMPLES. — Comme le poids de l'équivalent chez les gaz simples est la *moitié* du poids moléculaire, il s'ensuit que la chaleur spécifique rapportée au poids de l'équivalent est, chez les gaz simples, la moitié de la chaleur spécifique moléculaire ; elle est donc $\frac{6,8}{2} = 3,4$.

II° GROUPE DES GAZ COMPOSÉS SANS CONDENSATION. — Comme le poids de l'équivalent, chez les gaz composés sans condensation, est égal au poids moléculaire, il s'ensuit que la chaleur spécifique rapportée au poids de l'équivalent est égale à la chaleur spécifique moléculaire ; elle est donc 6,8.

Ce caractère établit une différence très nette entre les gaz composés sans condensation et les gaz simples.

III° GROUPE DES GAZ COMPOSÉS AVEC CONDENSATION. — Chez les gaz de ce groupe, le poids de l'équivalent est tantôt *égal* au poids moléculaire, tantôt la *moitié* du poids moléculaire.

Dans les deux cas, la chaleur spécifique rapportée au poids de l'équivalent est toujours *supérieure* à celle des gaz simples, c'est-à-dire supérieure à 3,4.

En outre, loin d'être constante, elle *croît toujours* avec la température; celle de l'acide carbonique, entre autres, continue à grandir, sans limite connue, à mesure que s'élève la température.

Ces deux caractères établissent une différence très nette entre les gaz composés avec condensation et les gaz simples.

Conclusion. — Lorsqu'on rapporte la chaleur spécifique au poids de l'équivalent, on reconnaît que la chaleur spécifique des gaz composés appartenant aux deux groupes, soit sans condensation, soit avec condensation, est *toujours supérieure* à celle des gaz simples; celle-ci est égale à 3,4.

Ces faits préliminaires étant bien établis, nous pouvons passer à l'argumentation de M. Berthelot; elle se résume en deux arguments, l'un tiré des chaleurs spécifiques des corps gazeux; l'autre, des chaleurs spécifiques des corps solides.

ARGUMENT TIRÉ DES CHALEURS SPÉCIFIQUES MOLÉCULAIRES DES CORPS GAZEUX.

Si les gaz simples, hydrogène, azote, oxygène, étaient des gaz composés, ils seraient formés, soit sans condensation, soit avec condensation, des molécules d'un gaz simple. Pour fixer les idées, supposons que l'hydrogène soit ce corps simple hypothétique, et que l'oxygène et l'azote soient des gaz composés qu'a formés l'association de plusieurs molécules d'hydrogène. A l'aide des tableaux précédents, établissons une série de poids moléculaires qui soient multiples les uns des autres :

1° L'*hydrogène*, dont le poids moléculaire est égal à 1×2;
2° L'*azote*, dont le poids moléculaire est égal à 14×2;
3° L'*oxygène* (notation atomique) poids moléculaire égal à 16×2.

pour nous borner aux gaz dont on a mesuré la chaleur spécifique.

Première hypothèse. — Supposons qu'une molécule d'azote résulte de l'association, *sans condensation*, de 14 molécules d'hydrogène.

Si une molécule d'azote résultait de l'association, sans condensation, de 14 molécules d'hydrogène, il faudrait qu'elle occupât un volume 14 fois plus grand que le volume moléculaire de l'hydrogène afin de satisfaire à la loi des chaleurs spécifiques gazeuses. Or, la molécule d'azote occupe le même volume que la molécule d'hydrogène, c'est-à-dire $22^{litres},32$. Donc l'azote n'est pas formé par l'association, *sans condensation*, de 14 molécules d'hydrogène.

On ferait le même raisonnement pour l'oxygène si l'on supposait que l'oxygène fût formé par l'association de 16 molécules d'hydrogène.

Seconde hypothèse. — Supposons maintenant que

la molécule d'azote soit composée de 14 molécules d'hydrogène, *avec condensation*.

A. La chaleur spécifique des gaz composés avec condensation est toujours *supérieure* à celle des gaz simples; or la molécule d'azote ($22^{litres},32$) a une chaleur spécifique égale à celle de la molécule d'hydrogène ($22^{litres},32$).

B. La chaleur spécifique des gaz composés avec condensation s'accroît au fur et à mesure que s'accroît la température; or la chaleur spécifique moléculaire de l'azote reste *constante* à toutes les températures et à toutes les pressions; elle est toujours égale à 6,8.

Il faut donc conclure que l'azote n'est pas un gaz composé qui soit formé *avec condensation*; c'est donc un gaz simple.

Même raisonnement pour l'oxygène.

ARGUMENT TIRÉ DES CHALEURS SPÉCIFIQUES MOLÉCULAIRES ET ÉQUIVALENTES DES CORPS SOLIDES.

Premier fait. — On sait que la deuxième famille des métalloïdes comprend l'oxygène, le soufre, le sélénium et le tellure. Ces trois corps simples, vu leurs étroites analogies, sont appelés *éléments thioniques*, du grec θεῖον soufre.

Quand on compare les poids de l'équivalent des éléments thioniques, soufre, tellure, on reconnaît que ces poids sont sensiblement multiples d'une même unité, à savoir, le poids de l'équivalent de l'oxygène $O = 8$.

1° Soufre, poids de l'équivalent $8 \times 2 = 16$.   Poids moléculaire 16×2 ;
2° Sélénium, poids de l'équivalent [1] $8 \times 5 = 40$.   Poids moléculaire 16×5 ;
3° Tellure, poids de l'équivalent $8 \times 8 = 64$.   Poids moléculaire 16×8.

Les valeurs numériques des équivalents de ces éléments sont absolument définies à tous les points de vue :

A. Au point de vue physique, par les densités gazeuses des éléments prises à une température suffisamment haute, vers 1,000°, par exemple.

B. Au point de vue chimique, par leurs combinaisons parallèles avec un même groupe d'autres éléments, notamment avec l'hydrogène.

Enfin, la chaleur spécifique des trois éléments thioniques rapportée au poids des équivalents, à l'état solide, est à peu près la même, elle est 3, en chiffre rond.

1° Soufre, $S = 16$.   Chaleur spécifique $= 2,84$;
2° Sélénium, $Se = 39,7$. Chaleur spécifique $= 3,02$;
3° Tellure, $Te = 64$.   Chaleur spécifique $= 3,03$.

Les chaleurs spécifiques rapportées au poids moléculaire ont une valeur double.

Second fait. — Il existe des carbures d'hydrogène comparables entre eux par leurs propriétés, appartenant à une même série homologue, et dont les poids moléculaires sont les multiples d'un groupe hydrocarboné $C^2H^2 = 14$.

Les carbures d'hydrogène ont le poids de l'équivalent égal au poids moléculaire.

---

1. L'équivalent exact du sélénium est 39,7.

1° Éthylène C^2H^4,   poids équivalent ou moléculaire $14 \times 2 = 28$;
2° Amylène $C^{10}H^{10}$, poids équivalent ou moléculaire $14 \times 5 = 70$;
3° Caprylène $C^{16}H^{16}$, poids équivalent ou moléculaire $14 \times 8 = 112$;
4° Décylène $C^{20}H^{20}$, poids équivalent ou moléculaire $14 \times 10 = 140$;
5° Éthalène $C^{32}H^{32}$, poids équivalent ou moléculaire $14 \times 16 = 224$.

Les équivalents des carbures éthyléniques sont absolument définis, à tous les points de vue, par des résultats pareils à ceux qui caractérisent la série thionique.

A. Au point de vue physique, par leur densité gazeuse ;

B. Au point de vue chimique, par leurs combinaisons avec un même groupe d'éléments, notamment avec l'hydrogène.

Entre la série des éléments thioniques et la série des carbures éthyléniques, le parallélisme est évidemment fort étroit.

Hypothèse. — On pourrait donc supposer que les éléments thioniques sont des *produits de condensation de l'oxygène*, au même titre que l'éthylène et ses homologues sont des produits de condensation du groupe C^2H^2. Dans ce cas alors, les deux séries devraient se comporter de la même manière au point de vue de leurs chaleurs spécifiques.

Or, c'est l'*inverse* qu'on observe. En effet :

A. La chaleur spécifique moléculaire du soufre, du sélénium et du tellure est une *quantité constante*. Pour les trois corps, elle est égale à 6.

B. Les chaleurs moléculaires des carbures polymères éthyléniques, lorsqu'on les prend dans le même état physique, sont *multiples* l'une de l'autre ; elles *croissent* proportionnellement aux équivalents des carbures.

La chaleur spécifique moléculaire moyenne de ces carbures éthyléniques est égale au poids moléculaire de chacun des carbures multiplié par 0,49 ; c'est-à-dire qu'elle croît de 0,49 par chaque gramme du poids de l'équivalent. (Dans ces carbures, le poids de l'équivalent est identique au poids moléculaire.)

Conclusion. — Il suit de ces faits que, dans l'état actuel de la science, il est impossible d'admettre que les corps que nous estimons être simples puissent être conçus comme étant composés.

« Le contraste entre les chaleurs spécifiques des corps simples et celles des corps composés est d'autant plus important que la notion même de *chaleur spécifique* représente la traduction du travail moléculaire général, par lequel tous les corps sont maintenus en équilibre de température les uns avec les autres.

« Cependant, ajoute M. Berthelot, il ne faudrait pas tirer d'une telle opposition entre les caractères physiques et mécaniques de nos corps simples et ceux de nos corps composés des conclusions exagérées. Si nos corps simples n'ont pas été décomposés jusqu'ici, et ils ne paraissent pas devoir l'être par les forces qui sont aujourd'hui à la disposition des chimistes et dont ils ont tant de fois épuisé l'action sur les éléments actuels, pourtant rien n'oblige à affirmer que ces mêmes corps simples soient indécomposables suivant une autre manière que nos corps composés, par exemple, par les forces agissant dans les espaces célestes, comme le veut M. Lockyer. Rien n'empêche non plus de supposer qu'une découverte, semblable à celle du courant voltaïque, permette aux chimistes de l'avenir de franchir les barrières qui nous ont arrêtés.

« Dans tous les cas, la relation que je viens d'établir définit mieux les conditions du problème ; elle conduit à penser que la décomposition de nos corps simples, si elle pouvait avoir réellement lieu, devrait être acompagnée par des phénomènes d'un tout autre ordre que ceux qui ont déterminé jusqu'ici la destruction de nos corps composés. »

En terminant, M. Berthelot ajoute qu'en fait d'hypothèses touchant une matière unique, la plus vraisemblable serait celle qui regarderait cette matière unique « comme formée par les condensations diverses de la substance éthérée. Identique au fond, quoique multiforme en ses apparences, elle serait caractérisée dans chacune de ses apparences par un mode de mouvement particulier ; elle serait telle qu'aucune de ses manifestations ne pourrait être définie comme le point de départ nécessaire de toutes les autres [1] ».

Plusieurs années auparavant, dans ses leçons sur l'Isomérie, M. Berthelot avait développé ce point de vue hypothétique de la manière suivante [2].

« En admettant l'unité de la matière comme démontrée, on conçoit que cette matière soit susceptible d'un certain nombre d'états d'équilibre stable en

---

1. BERTHELOT, *Essai de mécanique chimique*, tome Ier, page 151. Voir aussi *Revue scientifique*, 3 janvier 1874.
2. BERTHELOT, *Leçons sur l'isomérie*, page 165.

dehors desquels elle ne peut se manifester. L'ensemble de ces états stables renfermerait les corps simples actuellement connus et les corps simples que l'on pourra découvrir un jour ou même former synthétiquement, si l'on arrive jamais à découvrir leur loi génératrice. Mais on a toujours raisonné en assimilant ces états d'équilibre à nos corps composés actuels, formés par l'addition d'éléments plus simples.

« Or on peut concevoir les choses tout autrement. Il est possible que les divers états d'équilibre, sous lesquels se manifeste la matière fondamentale, ne soient ni des systèmes composés par l'addition d'éléments divers et plus simples, ni des systèmes composés par l'addition d'éléments identiques, diversement condensés. Il ne paraît pas nécessaire, en un mot, que tous ces systèmes représentent des multiples d'une même unité pondérable élémentaire. Imaginons *à priori* que de tels systèmes offrent, les uns par rapport aux autres, les mêmes relations qui existent, par exemple, entre les valeurs multiples d'une même fonction définie : la matière fondamentale représentera la fonction, et les corps simples ses valeurs déterminées.

« Dans cette hypothèse, plus générale que celle que l'on formule d'ordinaire sur la constitution de la matière, un corps réputé simple pourrait être détruit, mais non décomposé, suivant le sens actuel du mot. Au moment de sa destruction, le corps simple se transformerait subitement en un ou plusieurs autres corps simples, identiques ou analogues à nos éléments actuels. Mais les équivalents des nouveaux éléments pourraient n'offrir aucune relation simple avec l'équivalent du corps primitif qui les aurait produits par sa métamorphose. Le poids absolu demeurerait seul invariable dans la suite des transmutations.

« Il y a plus : en opérant dans des conditions diverses, on pourrait voir apparaître tantôt un système, tantôt un autre système de corps simples, produits par la transformation du même élément.

« Dans cette manière de voir, les corps qui résulteraient de la métamorphose de l'un de nos éléments actuels ne devraient pas être envisagés comme des corps simples, à un titre supérieur à l'élément qui les aurait engendrés. Car eux aussi pourraient être détruits et transformés en un ou plusieurs autres corps de l'ordre de nos éléments présents. Au nombre de ces éléments de nouvelle formation, on pourrait même voir reparaître le corps primitif qui aurait donné lieu à la première métamorphose.

« Cette notion d'une matière, au fond identique, quoique multiforme dans ses apparences, et telle qu'aucune de ces manifestations ne puisse être regardée comme le point de départ nécessaire de toutes les autres, offre cet avantage d'établir une ligne de démarcation tranchée entre la constitution de nos éléments présents et celle de leurs combinaisons actuellement connues. Elle se concilie, d'ailleurs, parfaitement avec les hypothèses dynamiques que l'on peut faire aujourd'hui sur la constitution de la matière.

« Les divers corps simples, en effet, pourraient être constitués par une même matière, distinguée seulement par la nature des mouvements qui l'animent. La transmutation d'un élément ne serait alors autre chose que la transformation des mouvements qui répondent à l'existence de cet élément et qui lui communiquent ses propriétés, dans les mouvements correspondants à l'existence d'un autre élément. Or, d'après cette manière de voir, nous n'apercevons plus aucune relation nécessaire de multiplicité équivalente entre les nombres qui caractérisent le mouvement primitif et ceux qui caractériseraient le mouvement transformé. »

Quel que soit le mérite de cette hypothèse qui se fonde principalement sur la théorie récente de l'énergie, ce n'est encore qu'une hypothèse. Puisque les objections faites par M. Berthelot aux inductions qu'avaient autorisées les belles recherches de M. Lockyer ne peuvent pas actuellement être réfutées, on est obligé de renoncer provisoirement à l'espoir de voir établir sur le terrain de l'observation et de l'expérience l'unité de la matière. « Le philosophe peut discuter l'unité de la matière, dit M. Grimaux en rendant compte de l'argumentation de M. Berthelot; mais le chimiste ne possède actuellement aucun moyen de la démontrer; il doit s'arrêter à ces éléments contre lesquels ses moyens d'analyse sont restés impuissants, jusqu'à ce qu'il ait entre les mains des méthodes nouvelles d'investigation [1]. »

1. GRIMAUX, les *Éléments et les corps simples*, *Revue scientifique*, 25 juillet 1874.

SECONDE SECTION
L'ÉNERGIE

PREMIÈRE PARTIE
Energie du mouvement de la masse totale des corps
ou
Énergie mécanique ordinaire.

CHAPITRE PREMIER
NOTIONS PRÉLIMINAIRES ET DÉFINITIONS

1° — LOI DE L'ATTRACTION UNIVERSELLE

Deux molécules matérielles quelconques s'attirent mutuellement en raison directe de leurs masses et en raison inverse du carré des distances.

L'attraction se fait à partir du centre d'un corps comme si toute la masse était condensée au centre.

On emploie le mot *gravitation* quand il s'agit des corps célestes.

On emploie le mot *pesanteur* quand il s'agit de la terre et de son satellite. La pesanteur représente l'attraction du centre de la terre diminuée de l'action exercée par la force centrifuge, puisque la terre tourne sur elle-même. La pesanteur est donc une résultante [1].

---

1. Delaunay, *Cours élémentaire d'astronomie*, page 582.

Quant au mot *attraction*, sa signification est plus générale ; on peut l'employer dans tous les cas ; seulement il convient de l'accompagner d'une épithète qui précise le sens dans lequel on le prend : attraction terrestre, universelle, moléculaire, etc.

11º — LOIS DE LA CHUTE DES CORPS.

Les deux lois de la chute des corps concernent, l'une les espaces parcourus, l'autre les vitesses acquises. Elles ont été déterminées expérimentalement par Galilée. On les démontre dans les laboratoires à l'aide de la machine d'Atwood.

1º LOI CONCERNANT LES ESPACES PARCOURUS. — Rapport entre l'espace parcouru et le temps employé à le parcourir.

Supposons que la machine d'Atwood soit ainsi disposée qu'un corps mobile parcoure 16 centimètres en la 1ʳᵉ seconde ; on obtiendra les résultats suivants :

1º En 1 seconde, le corps parcourt 0ᵐ,16 ;
2º En 2 secondes, le corps parcourt $2 \times 2 = 4$ fois 0ᵐ,16, c'est-à-dire 0ᵐ,64 ;
3º En 3 secondes, le corps parcourt $3 \times 3 = 9$ fois 0ᵐ,16, c'est-à-dire 1ᵐ,44 ;
4º En 4 secondes, le corps parcourt $4 \times 4 = 16$ fois 0ᵐ,16, c'est-à-dire 2ᵐ,56.

Et ainsi de suite. — On voit donc que l'espace parcouru en un certain nombre de secondes est égal à l'espace parcouru durant la première seconde, espace qu'on multiplie par le carré du nombre des secondes.

De là, la loi suivante : *Les espaces parcourus par un corps qui tombe et mesurés depuis le point de départ*

NOTIONS PRÉLIMINAIRES.   251

sont entre eux comme le carré des temps employés par le corps à les parcourir.

II° Loi concernant les vitesses acquises. — Rapport entre la vitesse acquise et l'espace parcouru en une seconde.

A la fin de la première seconde, le corps a parcouru $0^m,16$; en ce moment, en supposant que l'action de la pesanteur cessât de s'exercer sur lui, la vitesse qu'il a acquise au bout de la première seconde lui permettrait de parcourir un espace double, c'est-à-dire 2 fois $0^m,16 = 0^m,32$.

Ainsi, la vitesse acquise par un corps qui tombe est, après une seconde de chute, double de l'espace que le corps a parcouru durant cette seconde.

A la fin de la 2ᵉ seconde, le corps a parcouru $0^m,64$ ainsi qu'on l'a vu ci-dessus en vertu de la loi concernant les espaces ; en supposant que l'action de la pesanteur cessât de s'exercer sur lui, la vitesse qu'il a acquise au bout de la 2ᵉ seconde lui permettrait de parcourir un espace double de celui qu'il vient de parcourir, c'est-à-dire 2 fois $0^m,64 = 1^m,28$.

A la fin de la 3ᵉ seconde, le corps a parcouru $1^m,44$ en vertu de la loi des espaces ; en supposant que l'action de la pesanteur cessât de s'exercer sur lui, la vitesse qu'il a acquise au bout de la 3ᵉ seconde lui permettrait de parcourir un espace double de celui qu'il vient de parcourir, c'est-à-dire 2 fois $1^m,44 = 2^m,88$. Et ainsi de suite.

De là, la loi suivante : *La vitesse acquise à un instant quelconque par un corps qui tombe est le double* de la vitesse que le corps avait à la fin de la chute de la seconde qui précède l'instant donné [1].

On sait qu'un corps qui tombe librement sous l'action de la pesanteur parcourt, durant la première seconde, un espace de $4^m,9$, et que sa vitesse acquise au bout de cette première seconde est deux fois $4^m,9 = 9^m,8$. Ce nombre $9^m,8$ est l'expression de la vitesse accélérée qu'imprime l'attraction du centre de la terre ou pesanteur. Son importance est du premier ordre en mécanique, ainsi qu'on le verra dans les pages suivantes.

III° — LA TERRE.

La terre, comme on sait, n'est pas une sphère parfaite ; elle est aplatie aux pôles et renflée à l'équateur. Il s'ensuit que le rayon de l'équateur est le plus long ; et celui du pôle, le plus court. Estimés en lieues de 4 kilomètres, les rayons ont la longueur suivante [2] :

[1]. DELAUNAY, Cours élémentaire de mécanique, page 104 et suivantes.
[2]. Voici les chiffres vrais en mètres d'après les calculs des astronomes Bessel, Airy, Clarke et Faye :

I° — RAYON DE L'ÉQUATEUR

1° D'après Bessel. . . . . 6,377,381 mètres ;
2° D'après Airy . . . . . 6,377,432 mètres ;
3° D'après Clarke . . . . 6,378,253 mètres ;
4° D'après Faye . . . . . 6,378,393 mètres.

II° — RAYON DU PÔLE

1° D'après Bessel . . . . 6,356,031 mètres ;
2° D'après Airy . . . . . 6,356,126 mètres ;
3° D'après Clarke . . . . 6,356,521 mètres ;
4° D'après Faye . . . . . 6,356,549 mètres.

Si la terre était une sphère parfaite, son rayon serait :

1° D'après Clarke . . . . 6,371,000 mètres ;
2° D'après Faye. . . . . 6,371,104 mètres.

1° Rayon de l'équateur... 1,594 lieues;
2° Rayon du pôle ...... 1,589 lieues;
D'où rayon moyen .... 1,591 lieues.

Il résulte de là que l'attraction exercée par le centre de la terre sur les objets placés à la surface est plus énergique au pôle qu'à l'équateur.

La terre opère son mouvement de rotation autour de son axe en 23 heures 56 minutes. Par cela que cette rotation se fait autour de l'axe polaire immobile, le mouvement n'a pas une égale vitesse pour toutes les zones de la terre. Il résulte de là que la force centrifuge est maximum pour les objets placés à l'équateur, et nulle pour ceux qui sont au pôle. Les zones intermédiaires éprouvent évidemment plus ou moins l'action de la force centrifuge selon qu'elles sont échelonnées entre l'équateur et les pôles.

IV° — LE MOUVEMENT.

I° MOUVEMENT UNIFORME. — On dit d'un corps que son mouvement est uniforme quand il parcourt des espaces égaux. Ainsi une voiture qui fait régulièrement 10 kilomètres à l'heure marche d'un mouvement uniforme.

II° MOUVEMENT ACCÉLÉRÉ. — Lorsqu'au contraire, dans des temps égaux, un corps parcourt des espaces de plus en plus considérables, son mouvement est accéléré. Ainsi un train rapide de chemin de fer, dont la vitesse est zéro au point de départ, acquiert une vitesse de plus en plus grande, au moins pendant un certain temps.

III° Mouvement retardé. — En sens inverse, si les espaces parcourus deviennent de plus en plus petits, on dit du mouvement qu'il est retardé. Ainsi lorsqu'un train de chemin de fer approche du point d'arrivée, on sent très bien que le mouvement se ralentit graduellement; on dit alors que la vitesse diminue; si elle était primitivement de 10 mètres par seconde, on conçoit qu'elle deviendra successivement de 9 mètres, de 8 mètres... de 1 mètre par seconde, pour finir par être tout à fait nulle lorsque le convoi sera complètement arrêté. C'est la contre-partie du mouvement accéléré qu'avait pris le train à son départ ; de zéro vitesse, en effet, il était passé successivement à une vitesse de 1 mètre par seconde, puis de 2 mètres... puis de 10 mètres. Arrivé à cette vitesse de 10 mètres, le train est repassé en sens inverse par les mêmes phases de vitesse pour aboutir à zéro vitesse.

Lorsqu'on dit qu'à un instant donné, la vitesse est de 4 mètres par seconde, cela ne veut pas dire que pendant une seconde le convoi parcourt une longueur de 4 mètres; mais cela signifie que, si la rapidité du mouvement se conservait telle qu'elle est à l'instant considéré, le convoi parcourrait 4 mètres en une seconde[1].

A l'équateur, lorsqu'on laisse tomber une pierre dans un précipice, sa vitesse, qui était zéro au point de départ, est, à la fin de la première seconde, égale à $9^m,7801$; c'est-à-dire qu'en supposant que l'attrac-

[1]. Delaunay, *Mécanique*, page 8. Léon Brothier, *Causeries sur la mécanique*, page 49.

tion exercée sur la pierre par le centre de la terre vint à être annulée, la pierre cependant parcourrait encore un espace de 9^m,7801. Ce nombre est ce qu'on appelle la *vitesse accélérée* de la chute des corps à l'équateur.

Au pôle, un corps qui tombe a, au bout de la première seconde, une vitesse accélérée de 9^m,8308. Au pôle, la vitesse accélérée de la chute est plus grande parce que le rayon du pôle est plus court que celui de l'équateur ; la pesanteur agit donc plus énergiquement.

A Paris, la vitesse de la chute est de 9^m,8088. Le rayon terrestre de la latitude où est situé Paris a une longueur intermédiaire entre celle du rayon de l'équateur et celle du rayon des pôles ; il s'ensuit que la vitesse accélérée de la chute des corps à Paris est intermédiaire entre celle de l'équateur et celle des pôles.

IV° MOUVEMENTS SIMULTANÉS. — Un même corps peut être animé simultanément de plusieurs mouvements. Un homme se meut sur un bateau descendant un fleuve comme il le ferait dans sa chambre ; en outre des mouvements qu'il se donne relativement au bateau, il participe au mouvement de celui-ci par rapport aux rives, et il est entraîné, sans qu'il s'en aperçoive, dans le mouvement de rotation de la terre autour de son axe ainsi que dans le mouvement de translation autour du soleil. Une pierre lancée obliquement à l'horizon se meut à la fois dans le sens horizontal et dans le sens vertical ; dans l'un et l'autre cas, cependant, un même corps ne peut, d'une manière absolue, se mouvoir que d'une seule manière à la fois. Dans ce mouvement vrai résultant de la superposition, sur un même corps, de mouvements relatifs divers, l'expérience démontre que chacun de ceux-ci conserve rigoureusement sa grandeur et ses qualités. Rien dans nos actions ne se ressent de la prodigieuse vitesse avec laquelle nous sommes emportés dans l'espace; on ne s'y prend pas autrement pour jouer au billard dans un bateau en marche que dans la salle d'un café, pourvu que le mouvement du bateau soit uniforme et sans secousses. *L'indépendance des mouvements simultanés*, à ce point de vue, est en mécanique un principe fondamental basé sur une expérience de tous les instants [1].

V° — LE POIDS.

Lorsque je dis : Ce lingot de plomb pèse 180 kilogrammes; que signifie cette expression? Cela signifie que l'attraction exercée sur les particules du lingot de plomb par le centre de la terre est représentée par le nombre 180 kilogrammes, lorsque le lingot est pesé à Paris.

Si 180 kilogrammes n'est pas autre chose que le signe représentatif de l'action de la pesanteur exercée à Paris sur un certain lingot de plomb, il est clair que ce même lingot transporté à l'équateur pèsera moins qu'à Paris. En effet, le rayon de l'équateur étant plus long que le rayon de Paris, l'action de la

[1]. Roche, *Dict. général des sciences.* Article *Mouvement.*

pesanteur sera moins énergique sur les particules du lingot. Donc le poids du lingot ne sera pas le même à l'équateur qu'à Paris.

En revanche, ce même lingot, si on le transportait au pôle, pèserait plus qu'à l'équateur, plus qu'à Paris; car le rayon du pôle étant plus court, l'action de la pesanteur est plus énergique au pôle qu'elle l'est à Paris ainsi qu'à l'équateur.

La différence entre l'action de la pesanteur à l'équateur et celle qu'elle exerce au pôle est de $\frac{1}{194}$, en faveur du pôle. Cela veut dire qu'un lingot de plomb, pesant à l'équateur 194 kilos, en pèserait 195 au pôle.

Entre Paris et l'équateur, la différence est de 285 grammes pour 100 kilos; c'est-à-dire qu'un lingot pesant à l'équateur 100 kilos pèserait à Paris 100 kilos + 285 grammes. La différence est donc de $2^{gr},85$ par kilo.

Nous venons de voir quelles sont les différences de poids d'un même corps sur la surface de la terre, selon que le rayon terrestre du lieu où l'on pèse un corps est plus ou moins long, c'est-à-dire selon que l'action de la pesanteur s'exerce plus ou moins énergiquement sur lui. Les différences ne sont pas bien grandes parce que le rayon de l'équateur, celui des pôles et celui des latitudes intermédiaires diffèrent peu l'un de l'autre. Il n'en serait pas de même si le même corps était élevé à des hauteurs considérables, c'est-à-dire s'il s'éloignait du centre de la terre à une distance énorme.

Regardons le rayon moyen de 1591 lieues comme

représentant la distance qui sépare du centre de la terre tous les corps placés sur la surface.

Prenons maintenant un lingot de plomb qui, sur la surface de la terre, c'est-à-dire à un éloignement de 1591 lieues du centre terrestre, pèse 180 kilos; puis élevons-le à une hauteur double, c'est-à-dire à 1591 × 2 = 3182 lieues; quel poids aura-t-il? C'est la loi de l'attraction universelle qui va nous permettre de résoudre facilement le problème.

En effet, l'action de la pesanteur est en raison inverse du carré de la distance; or notre lingot est actuellement à une distance 2 fois plus éloignée du centre de la terre; donc l'action de la pesanteur sera 4 fois moins énergique, puisque 4 est le carré de 2. Il s'ensuit que pour savoir combien pèse actuellement notre lingot, nous n'avons qu'à rendre 4 fois plus petit son poids premier, lequel est 180 kilogrammes. Or $\frac{180}{4}$ = 45 kilogrammes. Ainsi notre lingot qui, sur la surface de la terre, pesait 180 kilos, n'en pèse plus que 45 lorsqu'il est transporté à une hauteur égale à 2 rayons terrestres.

Quel poids aurait le même lingot s'il était transporté à une hauteur égale à celle de la lune?[1]

---

[1]. Voici les distances de la lune à la terre en rayons terrestres et en lieues :

	rayons terrestres.	
1° La plus grande distance.	63 , 84.	91418 lieues;
2° La plus petite distance .	55 , 92.	80077 lieues;
3° Distance moyenne	59 , 88.	85548 lieues.

On voit que la distance moyenne est, en chiffres ronds, 60 fois le rayon terrestre.

Comme l'éloignement moyen de la lune est égal à 60 rayons terrestres, il s'ensuit que l'action de la pesanteur terrestre sur notre lingot sera $60 \times 60 = 3600$ fois plus petite qu'elle ne l'était à la surface de la terre; il faudra donc rendre nos 180 kilos 3600 fois plus petits. Or $\dfrac{180000}{3600}$ grammes $=$ 50 grammes. Notre lingot de plomb qui, sur la terre, pesait 180 kilos, ne pèse plus que 50 grammes lorsqu'il est transporté à une hauteur égale à celle de la lune.

On voit donc que le poids n'est pas autre chose que la mesure de l'action de la pesanteur sur un corps déterminé, à un certain éloignement du centre de la terre.

Il est facile maintenant de résoudre le problème du poids qu'auraient les corps terrestres sur le soleil ou sur les planètes, à la condition qu'on connaisse quelle est l'action de la pesanteur solaire ou planétaire à la surface du soleil ou des planètes; on prend pour unité comparative l'action de la pesanteur terrestre. Or la pesanteur à la surface du soleil et à celle des planètes a été déterminée; elle est connue. Par exemple :

La pesanteur solaire est 28 fois plus grande que la pesanteur terrestre; il s'ensuit qu'un lingot de plomb qui pèse 1 kilogramme sur la terre en pèserait 28 s'il reposait sur la surface du soleil.

La pesanteur à la surface de la lune n'est que les 16 centièmes de la pesanteur terrestre; il s'ensuit que le lingot qui pèse 1 kilogramme sur la surface terrestre, ne pèserait que 160 grammes à la surface de la lune [1].

Sur la surface de la terre, il est un élément dont il faut tenir compte, à savoir, l'influence de la force centrifuge que développe le mouvement de rotation de la terre autour de son axe. Nous en avons déjà parlé ci-dessus, lorsque nous avons défini la pesanteur « la résultante de l'attraction du centre terrestre diminuée de l'action exercée par la force centrifuge ».

A l'équateur, la force centrifuge est maximum; elle est nulle aux pôles.

A l'équateur, la force centrifuge diminue le poids de $\frac{1}{289}$; c'est-à-dire que si la terre était immobile, l'attraction terrestre n'étant plus contrariée ferait peser 290 kilos à l'équateur un corps qui, par suite du mouvement de rotation, n'en pèse actuellement que 289.

On a calculé que si la terre avait une rotation 17 fois plus rapide, c'est-à-dire si elle faisait sa rotation en 1 heure 24 minutes [2], la force centrifuge deviendrait assez grande pour détruire l'effet de la pesanteur, de telle sorte qu'un corps placé à l'équateur cesserait de peser [3].

1. DELAUNAY, *Cours élémentaire d'astronomie*, page 574.
2. La durée de la rotation terrestre est de 23 heures 56 minutes, ou, ce qui est la même chose, de 1436 minutes. Avec une rotation 17 fois plus rapide, il faut rendre le nombre 1436 minutes 17 fois plus petit. Or $\frac{1436}{17} = 84$ minutes $= 1$ heure et 24 minutes.
3. DUPINAY DE VOREPIERRE, *Encyclopédie*; article *Terre*. Il est clair que dans ce cas, aucun être vivant, dans les conditions où nous sommes, ne pourrait subsister à l'équateur.

Un boulet qui serait lancé avec une vitesse de 8 kilomètres à la seconde aurait une force centrifuge qui contrebalancerait l'attraction de la pesanteur ; il ne tomberait donc pas, mais il tournerait autour du globe et constituerait ainsi une espèce de satellite de la terre.

La terre, dans son mouvement autour du soleil, se trouve précisément dans le cas du boulet dont nous venons de parler ; la vitesse qu'elle possède à un instant quelconque développe une force centrifuge assez grande pour contrebalancer l'action attractive du soleil ; elle fait ainsi décrire à notre sphéroïde à peu près un cercle autour du soleil. Il en est de même des autres planètes dans leur mouvement autour du soleil, et de la lune dans son mouvement autour de la terre [1].

De tout ce qui précède, on déduit deux conclusions importantes, l'une en physique, l'autre en métaphysique :

1° Le poids n'étant que le signe représentatif de l'action de la pesanteur varie du plus au moins selon les conditions d'éloignement et de force centrifuge ; il pourrait même se réduire à zéro, comme on vient de le voir.

2° La balance, quoique étant l'instrument le plus précis qu'ait l'homme pour étudier la matière, ne peut cependant donner à l'esprit que des connaissances relatives. L'absolu échappe totalement à l'homme.

---

1. DELAUNAY, *Cours élémentaire de mécanique*, page 139.

VI° — LA MASSE

Je prends un lingot de plomb ; je le mets sur la balance ; il pèse 147 kilogrammes. Ces 147 kilos représentent l'action de la pesanteur sur les particules du lingot lorsque ce lingot est situé à la distance d'un rayon terrestre.

Ce même lingot placé au-dessus d'un puits profond est abandonné à lui-même : il tombe. Au bout d'une seconde, sa vitesse est passée de zéro à $9^m,8008$; en chiffres ronds, $9^m,8$. Que représente cette vitesse accélérée de $9^m,8$ par seconde ? Elle représente l'action de la pesanteur sur ce lingot, lorsque ce lingot est situé à la distance d'un rayon moyen.

Ces deux nombres, 147 kilos et $9^m,8$ sont donc les signes représentatifs d'une même action, celle de la pesanteur, sur un certain lingot situé à une distance déterminée du centre de la terre. Cette action est considérée à deux points de vue : d'abord, à celui de la *pression* que le lingot est contraint d'exercer sur la balance parce que celle-ci l'empêche de se précipiter vers le centre de la terre ; puis, à celui de l'*accélération* que la pesanteur imprime au lingot lorsque rien n'empêche celui-ci de se précipiter vers le centre de la terre.

Si je prenais un lingot plus gros, la balance indiquerait un poids plus lourd parce que le nombre des particules du second lingot serait plus grand, et, par conséquent, il y aurait accroissement de pression sur le plateau, lequel fait obstacle à la chute vers le centre de la terre. Mais, abandonné à lui-même, le second lingot, en tombant sans obstacle, aurait une vitesse accélérée de $9^m,8$, par seconde, parce que l'éloignement du centre de la terre est le même pour le second lingot que pour le premier; il est égal à un rayon moyen.

Il résulte de là que, étant donné le *même éloignement* du centre de la terre, ce qui distingue les corps l'un de l'autre, c'est le nombre des particules que chacun d'eux renferme.

Mais supposons, au contraire, que l'éloignement du centre de la terre devienne plus grand tandis que le nombre des particules de chaque corps restera le même; comment distinguera-t-on les corps l'un de l'autre? La question se résoudra facilement si l'on détermine le rapport qui existe entre le poids du corps et la vitesse d'accélération de la chute; le poids, en effet, exprime le nombre des particules du corps qu'attire le centre de la terre. Pour avoir le rapport qui existe entre deux quantités numériques, il suffit, comme on sait, de diviser l'une par l'autre; c'est ainsi, par exemple, que le rapport de 100 à 20 est 5. Pour avoir le rapport entre le poids et la vitesse accélérée, on devra donc diviser le poids par la vitesse accélérée. Cherchons donc quel sera ce rapport pour notre lingot de 147 kilos à la surface de la terre. Comme la vitesse d'accélération à la surface de la terre est de $9^m,8$ (pour le rayon moyen), on aura $\frac{147}{9,8} = 15$. Ce rapport s'appelle la *masse*; ainsi la masse de notre lingot est 15.

Prenons maintenant ce même lingot, et supposons que nous sommes capables de l'élever à une hauteur égale à celle qui le sépare du centre de la terre, c'est-à-dire à une hauteur de 2 rayons moyens terrestres. A cette distance double, quel sera le poids de ce lingot, et que sera la vitesse accélérée de sa chute?

En vertu de la loi de gravitation universelle, notre lingot étant à un éloignement 2 fois plus grand du centre de la terre sera attiré $2 \times 2 = 4$ fois moins par le centre de la terre; il en résultera que son poids sera devenu 4 fois moins grand, et la vitesse accélérée de sa chute, 4 fois plus petite. On aura donc:

1° *Poids* : $\dfrac{147}{4} = 36^{kil},75$.

2° *Vitesse de chute* : $\dfrac{9,8}{4} = 2^m,45$.

Quelle sera la masse, c'est-à-dire le rapport entre le nouveau poids du lingot et la nouvelle vitesse de chute?

Masse : $\dfrac{36,75}{2,45} = 15$.

Transportons notre lingot encore plus haut, à un éloignement égal à 3 rayons terrestres; alors l'attraction exercée par le centre de la terre sera $3 \times 3 = 9$ fois plus petite. On aura donc :

1° *Poids* : $\dfrac{147}{9} = 16^{kil},333$.

2° *Vitesse de chute* : $\dfrac{9,8}{9} = 1^m,088$.

3° *Masse* : $\dfrac{16,333}{1,088} = 15$.

Portons notre lingot à la hauteur de la Lune, c'est-à-dire à un éloignement du centre de la terre égal à 60 rayons terrestres; l'action exercée par la pesanteur deviendra $60 \times 60 = 3,600$ plus petite. On aura donc :

1° *Poids* : $\dfrac{147,000 \text{ grammes}}{3,600} = 40^{gr},8.$

2° *Vitesse de chute* : $\dfrac{9,800 \text{ millimètres}}{3,600} = 2^{millim},7.$

3° *Masse* : $\dfrac{40,8}{2,7} = 15.$

Ainsi, tandis que le poids d'un corps et la vitesse accélérée de sa chute varient corrélativement selon que le corps s'éloigne plus ou moins du centre de la terre, la masse, au contraire, reste la même; c'est une quantité constante.

On pouvait aisément le prévoir. En effet, puisque, d'une part, la masse est le rapport qui existe entre le poids et l'accélération de la chute; puisque, d'autre part, la diminution du poids et celle de l'accélération sont toujours simultanées et toujours accomplies dans la même proportion, il s'ensuit que le rapport qui existe entre le poids et l'accélération reste toujours le même : la masse d'un corps est donc une quantité constante.

Cela explique pourquoi les physiciens, pour mesurer les corps, ont adopté la masse et non le poids.

On voit aussi en quoi la masse diffère du poids et ne doit pas être confondue avec lui [1].

---

1. Malheureusement la langue française est si indigente que souvent on est contraint d'employer le mot masse pour dési-

Si l'on exprime par P le poids, par g (première lettre du mot gravitation) l'accélération de la chute, laquelle sur la surface de la terre est égale à $9^m,8$, on aura la formule algébrique : *Masse* $= \dfrac{P}{g}$.

On voit aussi comment, étant données la masse d'un corps et la vitesse d'accélération de la chute, on peut par le calcul trouver aisément le poids de ce corps. Exemple :

1° Soit la masse d'un corps égale à 15 ;

2° Soit la vitesse d'accélération égale à $9^m,8$ (ce qui prouve, par parenthèse, que ce corps est situé à la surface de la terre).

Quel est le poids de ce corps?

Puisque la masse est le rapport entre le poids et l'accélération de la chute, il en résulte que la masse 15 indique que le poids du corps contient 15 fois l'accélération $9^m,8$. On a donc : *Poids* $= 9,8 \times 15 = 147$; en lettres algébriques : $P = gm$ (M ou m est la première lettre du mot masse).

De même, si l'on avait le poids et la masse d'un corps, il serait facile d'en déduire la vitesse d'accélération. Reprenons l'exemple précédent ; nous savons,

---

gner « l'amas de parties qui font l'ensemble d'un corps ; la totalité d'une chose dont les parties sont de même nature (LITTRÉ) ». Cela nous arrivera dans le cours de ce livre. Du reste, le lecteur reconnaîtra aisément lorsque le mot masse sera pris abusivement dans le sens d'ensemble d'un corps. Ajoutons enfin que le mot masse a été employé dans le sens vulgaire plus de sept siècles avant que les physiciens lui aient donné le sens scientifique de rapport entre le poids et l'accélération de la pesanteur.

NOTIONS PRÉLIMINAIRES.

cette fois, que la masse est 15, et le poids 147. Comme la masse 15 indique que le poids 147 contient 15 fois la vitesse d'accélération, on aura : *Accélération* $= \frac{147}{15} = 9,8$; en lettres algébriques $G = \frac{P}{m}$.

On voit donc qu'il suffit de connaître l'une des trois formules : $M = \frac{P}{g}$, $P = mg$, $G = \frac{P}{m}$ pour passer aux deux autres.

C'est ainsi qu'en connaissant : 1° la masse de la terre; 2° sa vitesse de chute vers le soleil; 3° sa densité rapportée à l'eau (cette densité est 5,5), les physiciens ont pu calculer quel était le poids de notre globe en kilogrammes. Ils ont trouvé que la terre pesait 6,259,534 milliards de milliards de kilogrammes; ou, en tonnes de mille kilogrammes, six sextilions de tonnes, en chiffres ronds [1].

VII° — LA FORCE

En philosophie, on donne le nom de force à toute puissance capable d'agir ou de produire un effet. C'est en nous-mêmes que nous puisons l'idée de force, car nous sommes essentiellement une activité sans cesse et nécessairement agissante.

« La seule force dont nous ayons conscience, dit Henri Sainte-Claire Deville, c'est la force morale, c'est la volonté. Quoi que nous fassions, c'est toujours à des actes de la volonté que nous rapportons, que nous

---

[1]. DUPINAY DE VOREPIERRE, *Encyclopédie*; article *Terre*.

comparons tous les phénomènes physiques que nous croyons expliquer en les faisant dériver de forces générales ou particulières. Les mots employés dans toutes les langues suffiraient à prouver cette assertion. Les termes latins *vis, vires, virtus*, expriment en même temps la force et le courage ; les mots *attraction* et *répulsion* indiquent primitivement une action de la main qui amène à soi ou qui rejette loin de soi un objet dont la pression s'exerce sur nos organes pour céder à la volonté. Comment imaginer que la matière attire la matière, si ce n'est en supposant dans celle-ci une multitude de petites mains qui exercent sur elle leur action, soit directement, soit par l'intermédiaire de liaisons rigides ?

« Qu'on y réfléchisse attentivement, on verra qu'on ne peut imaginer dans la matière une action, une force, une cause de mouvement quelconque qu'à la condition de lui prêter par hypothèse une sorte de volonté. Or entre la volonté et son exécution par nos organes, il y a un abîme ; aucun système plausible d'explication ne peut même être proposé dans l'état actuel de la science. Il en résulte que nous ne comprenons d'aucune façon, même en nous, la cause immédiate de nos mouvements ; et c'est si vrai, qu'en physiologie, les vrais savants n'étudient que les effets, en laissant de côté toute cause première. Dans les phénomènes de la nature extérieure, il en est de même, et à plus forte raison. Aussi le véritable progrès dans les sciences physiques consistera, j'en suis sûr, à étudier les mouvements, les effets, sans se préoccuper aucunement de leur origine, sans faire l'hypothèse de la force, qui consiste simplement à prêter à la matière la volonté qui ne peut être qu'en nous et dans les êtres qui en sont doués. Autrement la force devient une abstraction, c'est-à-dire une fiction, un mot auquel, à force de nous en servir, nous donnons un corps et une interprétation erronée [1].

« Il paraîtra étrange d'affirmer que, même en mécanique, toute notion de la cause du mouvement, de la force, est absolument inutile. En effet, tous les problèmes qui la concernent exigent uniquement la connaissance de deux quantités mesurables par nos sens, à savoir, l'*accélération*, qui est l'expression numérique du déplacement de la matière dans l'espace, et la *masse*, qui est la quantité de matière déplacée. Le produit Mg de ces deux nombres, qui représente la masse et l'accélération, peut-être appelé force. Le mot *force* représente donc le produit de deux nombres, et non la cause du mouvement de la matière ; car si nous voulons imaginer cette cause, nous ne trouvons de point de comparaison, de point d'appui qu'en nous-mêmes, que dans la volonté, qui n'a rien de commun avec la matière, celle-ci ne pouvant jamais être considérée comme active par elle-même...

---

[1] Le Père Secchi dit, dans l'*Unité des forces physiques*, page 63 : « Si l'on examine les choses à fond, on reconnaît que la notion de force ou d'activité extérieure prend naissance dans notre esprit par suite de l'effort que nous devons exercer pour mouvoir les corps ; cette notion purement subjective nous porte à croire qu'un semblable effort existe dans les corps, de même qu'autrefois on imaginait en eux des principes calorifiques, odorants, sonores, etc. »

« Quelles que soient les causes qui produisent le mouvement dans la nature, nous pouvons toujours en comparer les effets en comparant entre eux les travaux effectués sous leur influence, et nous arrivons à cette idée générale de la transformation de ces causes et de l'équivalence de leurs effets exprimés en travail.

« Ainsi la chaleur peut être la cause du mouvement des organes d'une machine à vapeur. De même le mouvement peut être transformé en chaleur, et l'on a trouvé très exactement le chiffre qui exprime l'équivalence d'une calorie ou unité de chaleur au travail d'une machine donné par un certain nombre de kilogrammètres ou de kilogrammes élevés à un mètre de hauteur verticale. L'introduction de l'idée de travail dans la mécanique correspond à l'un des plus grands progrès de la science moderne[1]. »

I° DÉFINITION MÉCANIQUE DE LA FORCE. — Au point de vue purement mécanique, la force est ce qui modifie ou tend à modifier l'état de repos ou l'état de mouvement d'un corps.

A. *Pression et tension*, d'où *réaction*. — Les forces ne produisent pas toujours le mouvement; des résistances peuvent neutraliser leur action. Dans ce cas, elles donnent lieu à une *pression* ou à une *tension*. Une pierre *presse* le sol qui la supporte, ou *tend* le fil auquel elle est suspendue.

Toute pression ou tension donne lieu à une *réaction* égale et contraire dans le corps pressé ou tendu. Le

---

1. H. Sainte-Claire Deville, *Principes généraux de la chimie d'après la thermodynamique*, *Revue scientifique*, 11 janvier 1868.

sol pousse la pierre, et le fil la tire de bas en haut, exactement comme ils en sont poussés ou tirés de haut en bas. Ce principe de la réaction égale à l'action sera développé plus loin.

B. *Mesure de la pression ou de la tension par des poids.* — Quelle que soit la force qui produit une pression ou une tension, il existe toujours un poids capable de donner lieu à un même effet ; on peut donc comparer mécaniquement les forces à des poids qui leur servent de mesure.

C'est ainsi qu'un cheval de roulier qui travaille six jours par semaine et fait environ 28 kilomètres par jour, exerce une force de traction moyenne de 50 kilogrammes, et que l'effort maximum qu'il puisse produire en tirant s'élève, en général, à 400 kilogrammes.

L'évaluation des forces en kilogrammes s'effectue ordinairement au moyen des dynamomètres ; elle peut se faire également, suivant les cas, au moyen des balances ou de toute autre manière.

C. *Direction d'une force.* — La direction que prendrait un point matériel si, partant du repos, il cédait à l'action d'une force sans qu'aucune résistance ou autre force vînt en gêner l'action, est ce qu'on appelle direction de cette force. Un corps qu'on tient à la main et qu'on abandonne à lui-même sans lui donner d'impulsion, au milieu d'un air calme, tombe en parcourant une ligne droite verticale ; la *verticale* sera donc la direction de la pesanteur.

D. *Équilibre des Forces.* — Lorsque les forces réagissent les unes sur les autres de telle façon que le corps se trouve, quant à son mouvement, dans le même état que s'il n'était soumis à aucune force, on dit que ces forces se font équilibre. Tel est, par exemple, le cas d'un corps qui appuie sur le sol; son poids est équilibré par la résistance de son support.

E. *Composition des Forces.* — En dehors de la condition d'équilibre, lorsque plusieurs forces agissent sur un même corps, comme, par exemple, lorsque plusieurs chevaux tirent une même voiture, on peut imaginer une force qui, à elle seule, produirait le même effet que toutes les autres réunies; cette force est appelée *résultante;* les forces elles-mêmes sont appelées *composantes.*

Inversement, quand une force unique agit sur un corps, on peut imaginer autant de forces qu'on voudra qui, réunies, produiraient le même effet que la force primitive.

F. *Force motrice, Force accélératrice, Force retardatrice.* — Quand une force n'est pas équilibrée sur un corps, elle le met en mouvement; on l'appelle alors force motrice, nom qu'on donne aussi à la force qui entretient dans une machine le mouvement que les résistances arrêteraient plus ou moins rapidement.

La force est dite *accélératrice* quand elle accélère le mouvement; elle est *retardatrice* quand elle produit l'effet opposé. La pesanteur est accélératrice pour les corps qui tombent; elle est retardatrice pour ceux qui montent.

On a donné longtemps le nom de *forces instan-*

tanées aux forces dont la durée d'action est assez courte pour qu'on ne cherche pas à l'évaluer ; telle est, par exemple, la force développée par l'explosion de la poudre. Il n'existe pas de force instantanée dans le sens rigoureux du mot ; aussi l'expression est-elle à peu près tombée en désuétude. Les forces dites instantanées se mesurent par la quantité de mouvement qu'elles communiquent à leurs mobiles [1].

II° LA FORCE VIVE. — On appelle *force vive* d'un corps la force actuellement en mouvement, qui agit contre un obstacle, lequel cède, mais en réagissant sur le corps en mouvement.

A. La force d'un corps en mouvement échappe directement aux sens ; l'œil ne peut la saisir, ni les mains la peser ; comment la déterminer ? par l'effet qu'elle produit. C'est donc en mesurant les effets produits qu'on peut mesurer les forces vives.

Soit une balle pesant 1 gramme ; lancée avec une vitesse de 300 mètres par seconde, elle perce, à une certaine distance, une planche de 3 millimètres d'épaisseur [2].

Soit une deuxième balle pesant 2 grammes ; lancée avec la même vitesse que la première, elle perce, à la même distance, une planche de 6 millimètres d'épaisseur, c'est-à-dire une planche 2 fois plus épaisse que l'était la première.

Soit une troisième balle pesant 3 grammes ; lancée

---

1. MARIÉ-DAVY, *Dict. général des sciences*, article *Force*.
2. Bien entendu, les chiffres que nous donnons dans la série des expériences sont là uniquement pour fixer les idées.

avec la même vitesse et à la même distance, elle perce une planche de 9 millimètres, c'est-à-dire 3 fois plus épaisse que la première.

Et ainsi de suite.

Que résulte-t-il de ces expériences? Il résulte que, la vitesse restant la même et aussi la distance, le travail effectué est proportionnel au poids du corps; un corps 2 fois, 3 fois... 100 fois plus pesant effectue un travail 2 fois, 3 fois... 100 fois plus grand.

B. Voyons maintenant ce qui se passe lorsque la vitesse varie.

Si au lieu d'une vitesse de 300 mètres par seconde, la balle pesant 1 gramme était lancée avec une vitesse de 600 mètres, c'est-à-dire avec une vitesse 2 fois plus grande, elle percerait, à la même distance, non pas une seule planche de 3 millimètres d'épaisseur, mais $2 \times 2 = 4$ planches de la même épaisseur.

Si au lieu d'une vitesse de 300 mètres par seconde la même balle était lancée avec une vitesse de 900 mètres par seconde, c'est-à-dire avec une vitesse trois fois plus grande, ce n'est pas une seule planche qu'elle percerait, ce serait $3 \times 3 = 9$ planches.

Si au lieu d'une vitesse de 300 mètres, la balle en avait une de 3,000 mètres par seconde, c'est-à-dire une vitesse 10 fois plus grande, ce n'est plus une seule planche qu'elle percerait; elle en percerait $10 \times 10 = 100$.

Que résulte-t-il de cette seconde série d'expériences? Il résulte ceci : Lorsque la vitesse varie, tandis que les autres conditions restent les mêmes, le travail effectué est proportionnel au carré de la vitesse.

C. Combinons maintenant l'effet expérimental produit par la variation du poids avec l'effet expérimental produit par la variation de la vitesse. Prenons pour unité de poids le poids de 1 gramme et pour unité de vitesse le nombre de 300 mètres par seconde, c'est-à-dire les nombres que nous avons adoptés dans les exemples précédents. Cela fait, posons le problème suivant :

« Combien percerait de planches ayant 3 millimètres d'épaisseur une balle de 20 grammes, lancée avec une vitesse de 1,200 *mètres par seconde ?* »

1° Puisqu'une balle pesant 1 gramme, ayant une vitesse de 300 mètres par seconde, perce une planche, une balle pesant 20 grammes, qui aurait la même vitesse, percera 20 planches.

2° Mais la balle de 20 grammes a une vitesse de 1,200 mètres par seconde, c'est-à-dire une vitesse 4 fois plus grande; il s'ensuit qu'elle percera 20 planches multipliées par $4 \times 4 = 16$, c'est-à-dire 320 planches.

Nous pouvons maintenant établir clairement notre théorème et dire : Le travail effectué par un corps en mouvement est proportionnel au poids du corps multiplié par le carré de la vitesse.

Comme en mécanique on emploie la masse plutôt que le poids du corps, ainsi que nous en avons précédemment donné les raisons; comme rien n'est plus facile que de passer du poids à la masse, on énonce ainsi le théorème : Le travail effectué par un corps en mouvement est proportionnel à la masse du corps multipliée par le carré de la vitesse.

Nous avons dit plus haut que le travail effectué était la représentation tangible de la force vive, laquelle est intangible en elle-même ; nous remplacerons les mots « travail effectué » par *force vive;* nous aurons alors : La *force vive* est égale *à la masse multipliée par le carré de la vitesse* [1]. En lettres algébriques : *Force vive* $= MV^2$.

C'est à Leibniz qu'on doit la notion de force vive; Leibniz exprimait la force vive, comme nous venons de l'exposer, par la masse du corps que multiplie le carré de la vitesse : *Force vive* $= mv^2$.

L'introduction du mot *énergie* et du mot *travail*, qui est corrélatif de énergie (l'énergie est la capacité d'exécuter un travail), a déterminé dans les idées des savants une évolution qui est encore loin d'être achevée. Comme il arrive toujours dans les périodes de transition, les uns continuent à s'en tenir aux définitions anciennes; les autres en viennent à une scission complète; alors les mots anciens reçoivent une acception en harmonie avec les idées nouvelles. C'est ainsi qu'aujourd'hui la notion d'énergie ou de capacité d'exécuter un travail étant devenue la notion souveraine en mécanique, la force vive est, chez nombre de savants, considérée exclusivement comme représentant la *quantité de travail disponible* que possède un corps en mouvement; or la quantité de travail dont dispose un corps en mouvement et que seule, par conséquent, il exécute n'est que *la moitié* du pro-

---

[1]. Voir Tyndall, la *Chaleur* appendice à la leçon XII. Sur la *Force*.

duit de la masse multipliée par le carré de la vitesse : alors *force vive* $= \frac{1}{2} mv^2$, telle qu'en sera donnée ci-dessous la démonstration expérimentale. Ainsi entendue, la force vive se confond avec l'énergie qu'un corps emmagasine ou qu'il dépense (énergie potentielle et énergie actuelle ou cinétique, du grec κινητικός, qui se meut). Comme tous les savants, quelle que soit l'expression qu'ils donnent à la force vive, s'accordent à n'employer dans leurs calculs que la quantité $\frac{1}{2} mv^2$, il est aisé de prévoir que l'expression mv^2 s'achemine vers une désuétude irrévocable. Ce frappant exemple des profondes modifications que peut introduire l'emploi d'un mot nouveau dans les idées et dans les théories scientifiques offre au psychologue un haut intérêt. C'est ainsi que, sur un autre terrain, nous assistons à la prodigieuse évolution qu'a suscitée, non seulement dans les sciences naturelles, mais encore dans les sciences morales, la doctrine de Darwin relative à l'origine des espèces. Nous trouverons plus loin un second exemple également remarquable du travail qui se fait dans le cerveau des savants relativement à la définition de l'énergie potentielle. On ne doit pas oublier que trente années ne se sont pas encore écoulées depuis que le mot énergie a été introduit dans la science par le physicien anglais Macquorn Rankine.

VIIIe — L'ÉNERGIE.

Qu'est-ce que l'énergie? C'est le pouvoir d'accomplir un travail, soit qu'il s'agisse de vaincre un obstacle, soit qu'il s'agisse de parcourir un espace, ou qu'il s'agisse des deux choses à la fois.

On l'a appelée aussi : « Puissance vive », car elle représente la *quantité de travail disponible* qui, sous l'influence de la force motrice, s'est accumulée dans un corps. Cette quantité de travail disponible n'attend que les conditions déterminantes pour se réaliser en travail effectif.

C'est M. Rankine qui, en 1859, a fait prévaloir le mot énergie [1].

1° DÉTERMINATION DE L'EXPRESSION DE L'ÉNERGIE. — Soit un corps pesant 1 kilogramme, c'est-à-dire l'unité de poids;

Soit la vitesse accélérée de la pesanteur, $9^m,8$ par seconde, c'est-à-dire l'unité de la vitesse accélérée.

Je lance le kilogramme en l'air avec une impulsion égale à l'unité d'accélération, c'est-à-dire avec une impulsion égale à $9^m,8$ par seconde. Au bout de la première seconde, la hauteur à laquelle s'est élevée mon lingot d'un kilogramme est $4^m,9$.

En effet, au point de départ, la vitesse est $9^m,8$ égale à l'action de la pesanteur. Mais une fois que j'ai eu lâché mon kilogramme, j'ai cessé d'agir sur

---

[1]. Le mot énergie, ἐνέργεια, a été employé dans le sens philosophique analogue par Leibniz. Voir LEIBNIZ, *De la nature en elle-même*, année 1698.

Diderot s'en est également servi, avec la même acception, dans les *Pensées sur l'interprétation de la nature*, question 11° et 12°. A l'appendice, on trouvera presque en entier l'étonnante dissertation de Diderot intitulée *Principes philosophiques sur la*

lui. La pesanteur, au contraire, ne cesse pas de l'attirer en bas vers le centre de la terre ; elle agit donc à la façon d'un frein, épuisant continûment la force d'impulsion donnée au kilogramme. Comme la pesanteur attire en bas avec une force de $9^m,8$, mon kilogramme ne peut s'élever qu'à mi-chemin, c'est-à-dire à $4^m,9$; il retombe.

Ainsi, avec une vitesse de $9^m,8$, un kilogramme s'élève à $4^m,9$. Cet espace parcouru représente en kilogrammètres l'énergie que j'ai communiquée à mon kilogramme. L'énergie a donc pour signe représentatif 4.9. ou ce qui est la même chose, $\dfrac{9^m,8}{2}$.

En lançant le kilogramme avec une vitesse 2 fois plus grande, c'est-à-dire avec une vitesse $9,8 \times 2 = 19^m,7$ par seconde, mon kilogramme parcourt, comme on sait, un espace de $2 \times 2 = 4$ fois plus grand ; le chemin parcouru sera donc $4,9 \times 4 = 19^m,6$. L'énergie est devenue égale à 19,6 kilogrammètres. Ainsi avec une vitesse initiale 2 fois plus grande, l'énergie est devenue 4 fois plus grande.

Lancé avec une vitesse initiale 3 fois plus grande, c'est-à-dire avec une vitesse $9,8 \times 3 = 29^m,4$ par seconde, le kilogramme s'élèvera à une hauteur $3 \times 3 = 9$ fois plus grande, c'est-à-dire à

---

matière et le mouvement, année 1770. Quel dommage qu'un homme doué d'une aussi merveilleuse sagacité ait gaspillé çà et là son génie, au lieu de l'avoir concentré sur une œuvre grande et durable! Diderot avait suivi le cours de chimie professé par Rouelle. Pour avoir des idées exactes, objectives sur la matière, il n'est pas d'école meilleure que celle de la chimie.

$4,9 \times 9 = 44^m,1$. L'énergie est devenue égale à 44,1 kilogrammètres. Ainsi avec une vitesse 3 fois plus grande, l'énergie est devenue 9 fois plus grande.

Lancé avec une vitesse initiale 4 fois plus grande, c'est-à-dire avec une vitesse $9,8 \times 4 = 39^m,2$ par seconde, notre lingot parcourra un chemin $4 \times 4 = 16$ fois plus grand, c'est-à-dire qu'il s'élèvera à une hauteur de $4,9 \times 16 = 78^m,4$. L'énergie est devenue égale à 78,4 kilogrammètres.

Ainsi avec une vitesse initiale 4 fois plus grande, l'énergie devient 16 fois plus intense.

Et ainsi de suite.

Il résulte de là que l'énergie croît proportionnellement au carré de la vitesse initiale. Elle a pour signe représentatif en kilogrammètres le chemin parcouru dans la première seconde qu'on multiplie par le carré de la vitesse. Or le chemin parcouru dans la première seconde (unité de temps) est $4^m,9$, ou, ce qui est la même chose, $\dfrac{9,8}{2}$, c'est-à-dire moitié de l'accélération de la pesanteur. On aura donc les formules suivantes :

Lorsque la vitesse initiale est 1, c'est-à-dire $9^m,8$ (unité de vitesse), la formule de l'énergie est 4,9 ou $\dfrac{9,8}{2}$ kilogrammètres.

Lorsque la vitesse initiale est 2 fois plus grande, la formule de l'énergie est $\dfrac{9,8 \times 2^2}{2}$ kilogrammètres.

Lorsque la vitesse initiale est 3 fois plus grande,

la formule de l'énergie est $\dfrac{9,8 \times 3^2}{2}$ kilogrammètres.

Lorsque la vitesse initiale est 4 fois plus grande, la formule de l'énergie est $\dfrac{9,8 \times 4^2}{2}$ kilogrammètres.

Et ainsi de suite.

Cette formule de l'énergie est celle d'un corps pesant 1 kilogramme, c'est-à-dire celle de l'unité de poids. Il est clair que si le corps a un poids 2 fois 3 fois, 4 fois, etc., plus grand, il faudra une énergie 2 fois, 3 fois, 4 fois, etc., plus grande pour que le corps s'élève à la hauteur où s'élevait notre lingot d'un kilogramme. On devra donc multiplier par 2, par 3, par 4, etc., la formule de l'énergie de l'unité de poids. Par exemple :

Avec une vitesse initiale de 9m,8 par seconde, un corps pesant 10 kilogrammes aura une énergie 10 fois plus grande; la formule de l'énergie sera donc $\dfrac{9,8 \times 10}{2}$ kilogrammètres.

Avec une vitesse 2 fois plus grande, le corps pesant 10 kilogrammes aura une énergie égale à $\dfrac{9,8 \times 2^2 \times 10}{2}$ kilogrammètres.

Avec une vitesse 3 fois plus grande, le corps, pesant 10 kilogrammes aura une énergie égale à $\dfrac{9,8 \times 3^2 \times 10}{2}$ kilogrammètres.

Et ainsi de suite.

Quand on dit que l'énergie est égale à 4,9 kilogrammètres, cela signifie que l'on est maître, soit d'élever un kilogramme à 4ᵐ,9 de hauteur, soit d'élever 4,9 kilogrammes à 1 mètre de hauteur. Ces deux manières d'utiliser l'énergie sont équivalentes; en effet 1 × 4,9 = 4,9 × 1.

Appliquons maintenant ce que nous venons d'apprendre à la solution d'un problème quelconque : « Quelle sera l'énergie d'un corps pesant 5 kilogrammes lancé avec une vitesse initiale de 30ᵐ,2 par seconde? »

Solution : 1º Comme l'énergie est proportionnelle au carré de la vitesse, je cherche combien de fois 9,8, unité de vitesse accélérée (action de la pesanteur) est contenu dans 39,2 mètres; pour cela je divise 39,2 par 9,8. Afin de bien voir et de bien comprendre ce que renfermera la formule définitive, je n'opère pas le calcul, je me contente de poser l'équation $\dfrac{39,2}{9,8}$;

2º Cette vitesse doit être élevée au carré; nous aurons donc $\dfrac{39,2 \times 39,2}{9,8 \times 9,8}$;

3º Maintenant que nous avons le carré de la vitesse, nous multiplions par cette vitesse carrée le chemin parcouru dans une seconde; nous savons que ce chemin est 4ᵐ,9 ou $\dfrac{9,8}{2}$; nous aurons donc l'équation $\dfrac{39,2 \times 39,2 \times 9,8}{9,8 \times 9,8 \times 2}$;

4º Cette dernière équation représente pour une vitesse initiale de 39ᵐ,2 l'énergie d'un corps qui pèserait un kilogramme. Or notre corps pèse 5 kilos; il lui faudra donc pour s'élever à la même hauteur, une énergie 5 fois plus grande. Nous devons donc multiplier l'équation par 5; nous aurons alors l'équation définitive suivante :

$$\frac{39{,}2 \times 39{,}2 \times 9{,}8 \times 5}{9{,}8 \times 9{,}8 \times 2} = 392 \ kilogrammètres.$$

Simplification de la formule. — En examinant la formule précédente, on remarque qu'au numérateur ou dividende se trouve la quantité 9,8, laquelle se trouve deux fois au dénominateur ou diviseur; on peut donc l'effacer une fois de part et d'autre sans altérer le produit. On a donc :

$$\frac{39{,}2 \times 39{,}2 \times 5}{9{,}8 \times 2} = 392 \ kilogrammètres.$$

Conversion en formule algébrique. — Mettons cette dernière équation en formule algébrique, laquelle servira à résoudre tous les problèmes d'énergie :

1° $39{,}2 \times 39{,}2$ est le carré de la vitesse; nous l'exprimerons par V^2;

2° 5 est le poids du corps; nous l'exprimerons par P;

3° $9{,}8 \times 2$ est 2 fois l'accélération de la pesanteur; nous l'exprimons par $2g$. La lettre g est la première du mot *gravitation*, dont la pesanteur n'est qu'un cas particulier [1].

---

[1]. C'est le géomètre anglais Taylor qui, au commencement du xviii° siècle, a introduit l'usage de la lettre G pour repré-

On aura la formule algébrique $\frac{PV^2}{2g}$.

II° PASSAGE DE LA FORMULE $\frac{PV^2}{2g}$ A LA FORMULE $\frac{MV^2}{2}$. — Au lieu de connaître le poids d'un corps, il peut se faire qu'on ait seulement sa masse; on convertit alors la formule $\frac{PV^2}{2g}$ en une autre formule équivalente, de la manière suivante :

1° Le poids, ainsi qu'on l'a vu précédemment, est égal à la masse multipliée par l'accélération de la pesanteur : $P = Mg$.

2° En remplaçant le poids ou P par Mg dans la formule $\frac{PV^2}{2g}$, on a $\frac{MgV^2}{2g}$.

3° Comme cette formule renferme au numérateur et au dénominateur la quantité g, on simplifie cette formule en divisant les deux termes par g; il reste $\frac{MV^2}{2}$ ou $\frac{1}{2} MV^2$.

En comparant cette seconde formule de l'énergie $\frac{1}{2} MV^2$ à la formule de la force vive telle que l'entendait Leibniz, laquelle est MV^2, on constate que l'énergie représente la moitié de la force vive leibnizienne. On reconnaît en même temps que l'énergie cinétique est identique à la force vive telle que l'entendent la plupart des savants modernes[1].

senter l'intensité de la gravitation, en latin *gravitas*. Taylor écrivait en latin.

1. En se reportant aux expériences dont nous nous sommes servis pour établir la quantité MV^2 comme expression de la

III° Passage de la formule $\dfrac{MV^2}{2}$ a la formule $\dfrac{PV^2}{2g}$;

1° La masse est le poids divisé par l'accélération de la pesanteur, c'est-à-dire qu'elle est égale à $\dfrac{P}{g}$;

2° En remplaçant dans la formule $\dfrac{MV^2}{2}$ la masse par $\dfrac{P}{g}$, on a $\dfrac{\frac{P}{g}V^2}{2}$;

3° Pour simplifier le numérateur, on multiplie les deux termes par g, ce qui supprime le g du numérateur et donne $2g$ au dénominateur. On a donc la formule $\dfrac{PV^2}{2g}$.

force vive leibnizienne, nous pouvons maintenant voir et comprendre pourquoi nous n'avons pas obtenu $\dfrac{1}{2}MV^2$. En effet, dans le tir des balles qui percent des planches, nous n'avons tenu compte que d'une chose, à savoir, des résultats des expériences successives comparées au résultat de la première expérience pris pour unité de mesure ; ces résultats successifs croissaient comme le carré de la vitesse ; or nous avons omis un élément important, à savoir, que dans la première expérience, si l'on tient compte de toutes les conditions où se trouve la balle qui se meut, le résultat obtenu n'est que la moitié du produit de la masse de la balle multipliée par le carré de la vitesse ; il s'ensuit que les résultats successifs des autres expériences ne représentent plus que la moitié du produit de la masse multipliée par le carré de la vitesse. La vue de cette condition fondamentale, omise et masquée dans la série d'expériences employées pour déterminer la formule leibnizienne de la Force vive, apparaît nettement lorsqu'au travail de planches percées est substitué celui de distance franchie ; or la distance franchie effectivement n'est que la moitié de celle que le corps en mouvement semblait, par suite de l'impulsion initiale, appelé à devoir franchir.

IV° Emploi des deux formules pour résoudre un problème. — *Problème* : Un corps pesant 49 kilogrammes est lancé avec une vitesse de 29^m,4 par seconde; quelle est son énergie?

A. *Solution par la formule* $\dfrac{PV^2}{2g}$.

1° P = 49;
2° V^2 = 29,4 × 29,4 = 864,36;
3° 2g = 9,8 × 2 = 19,6;

Énergie $\dfrac{PV^2}{2g}$ égalera $\dfrac{49 \times 864,36}{19,6}$ = 2160 kilogrammètres et 9 dixièmes.

B. *Solution par la formule* $\dfrac{MV^2}{2}$.

1° M = $\dfrac{P}{g}$ = $\dfrac{49}{9,8}$ = 5;
2° V^2 = 29,4 × 29,4 = 864,36.

Énergie $\dfrac{MV^2}{2}$ égalera $\dfrac{5 \times 864,36}{2}$ = 2160 kilogrammètres et 9 dixièmes.

V° Manière dont on détermine la hauteur a laquelle s'élève un corps lorsqu'on connaît le poids de ce corps et son énergie. — *Problème* : Un corps pesant 49 kilogrammes a une énergie de 2160 kilogrammètres et 9 dixièmes, à quelle hauteur s'élèvera-t-il?

Solution : 1° Un corps qui pèserait un kilogramme et aurait une énergie de 2160 kilogrammètres et 9 dixièmes s'élèverait à une hauteur de 2160,9 mètres.

2° Un corps qui pèse 49 kilogrammes et n'a que la

même énergie de 2160,9 kilogrammètres s'élèvera 49 fois moins haut. On a donc :

$$\frac{2160,9}{49} = 44^m,1.$$

Remarque. — Dans ce que nous venons de dire relativement à la détermination de l'énergie, nous avons tenu compte exclusivement de l'action de la pesanteur; nous avons raisonné comme si nos expériences se faisaient dans le vide. Il est clair que dans la pratique, l'ingénieur et l'artilleur sont obligés de prendre en considération, outre l'action de la pesanteur, les divers genres de résistance qu'offre le milieu où ils opèrent, soit une atmosphère calme ou agitée, soit le calibre et la composition du tube où l'on fait éclater la poudre, etc. Mais les additions que l'ingénieur et l'artilleur doivent apporter aux formules précédentes ne changent en rien le raisonnement ni l'expression générale de l'énergie.

D'autre part, les formules se rapportent aux lourdes masses comme le plomb ou le fer, lesquels sont peu influencés par la résistance et par l'agitation de l'air. Il n'en serait pas de même d'une feuille de papier ou d'une plume. Projetées avec les vitesses mentionnées précédemment, une feuille de papier ou une plume seront loin d'atteindre dans l'air les hauteurs trouvées; elles ne tarderont guère à être arrêtées par suite de la grande résistance qu'elles rencontrent, résistance qui est la conséquence de leur grande surface combinée à leur faible masse. La loi de l'énergie ne sera pas en défaut; mais son effet, si notable quand elle agit sur une masse de plomb, est masqué, éclipsé par l'effet d'une autre loi physique; celle-ci, réciproquement, est réduite à peu de chose dans son action sur les masses de plomb. Selon les conditions physiques du corps mis en mouvement, ici ce sont les manifestations d'une loi qui dominent, là ce sont celles de l'autre loi [1].

VI° L'ÉNERGIE EST INDÉPENDANTE DE LA DIRECTION SUIVANT LAQUELLE LE CORPS SE MEUT. — L'énergie d'un corps en mouvement dépend de la vitesse initiale de ce corps; mais elle est indépendante de la direction suivant laquelle le corps se meut. Dans les exemples précédents, nous avons supposé que le corps était projeté de bas en haut avec une vitesse donnée; mais le corps pouvait être lancé horizontalement avec la la même vitesse, il ne cesserait pas, dans ce cas, d'avoir la même énergie. Si d'abord on lance un boulet de canon verticalement, on peut lui faire dépenser son énergie, soit à s'élever lui-même, soit à percer une suite de planches. Si ensuite on lance ce même boulet horizontalement avec la même vitesse, il percera le même nombre de planches.

La direction du mouvement n'a donc point d'importance. La seule raison pour laquelle nous avons choisi un mouvement vertical est que, dans ce cas, la force de la pesanteur s'oppose uniformément et constamment au mouvement du corps; elle nous permet ainsi

---

[1]. Voir BALFOUR STEWART, *Conservation de l'énergie*, page 21.

d'obtenir une mesure exacte du travail accompli par le boulet en se frayant un passage en opposition à cette force [1].

CHAPITRE II

LE PRINCIPE DE L'INERTIE

1° — TRANSLATION ET ROTATION

L'idée du mouvement n'est pas une idée simple; elle comprend deux genres, à savoir, le mouvement de translation et le mouvement de rotation [2].

La *translation* est le déplacement de la masse totale d'un corps [3]; tel est le mouvement des planètes qui circulent autour du soleil; tel est le mouvement d'un homme ou d'un animal qui passe d'un lieu à un autre.

La *rotation* est le pirouettement autour d'un axe, soit de la masse totale d'un corps, soit des particules composantes de ce corps, tandis que la masse totale ne se déplace pas ou, si elle se déplace, n'a que le mouvement de translation.

En général, la translation de la masse totale d'un corps est perçue ou peut être perçue par l'œil humain, aidé ou non de puissants instruments d'optique.

La rotation des molécules intégrantes échappe, par

---

1. BALFOUR STEWART, *Conservation de l'énergie*, page 21.
2. Ce chapitre est extrait en majeure partie d'une excellente étude de M. E. LAMÉ, *Principe de l'inertie*, Annuaire scientifique publié par P. J. Dehérain, année 1862, page 316.
3. Par « masse totale », il faut entendre l'ensemble du corps, le *Tout*.

sa petitesse, à l'œil humain, même aidé des plus puissants microscopes. Cette rotation révèle son existence par des effets manifestes, indubitables. Pour le grand public, dont les connaissances en physique et en chimie sont à peu près nulles, la rotation moléculaire est inaccessible à son intelligence; aussi le seul mouvement pour le public est-il le mouvement de translation de la masse totale ou le mouvement de rotation de la masse totale. De cette ignorance découlent la plus grande partie des erreurs physiques ou métaphysiques de la multitude..

Par exemple, la multitude croit que *le repos existe*, d'abord parce que la masse totale d'un minéral ou d'un végétal est incapable de se déplacer; puis parce que les animaux ne déplacent pas sans cesse leur masse totale; souvent ils sont immobiles. Illusion complète! le *repos absolu n'existe pas*. Le mot « repos » est en contradiction avec tous les phénomènes physiques et chimiques. En voici les preuves :

1° Tout ce qui est sur la terre, minéraux, végétaux, animaux, est entraîné avec elle, d'abord dans son mouvement de translation autour du soleil; puis, dans son mouvement de rotation autour d'elle-même; donc le repos absolu ne peut pas exister pour tout être terrestre. Ce que le vulgaire appelle du nom erroné de repos est la persistance d'une distance déterminée entre les masses totales de deux ou de plusieurs objets.

Comme tous les soleils appelés étoiles et les planètes qui tournent autour de ces étoiles sont, comme notre soleil et son cortège de satellites, animés du double mouvement de translation dans l'espace et de rotation autour de leur axe, il s'ensuit que le repos absolu n'existe pas dans l'univers ; dans l'univers, c'est l'*activité* qui règne exclusivement.

Si un voyageur placé au milieu d'un wagon dans un train rapide s'imaginait être en repos absolu parce que la distance entre lui et ses compagnons de route n'a pas varié durant le voyage, ce voyageur commettrait une erreur analogue à celle que commet la multitude au sujet du repos dans l'univers. Si nul voyageur ne formule un jugement aussi erroné, c'est que maintes fois borné au rôle de spectateur et stationnant hors du railway, chacun a vu le train rapide emporter des milliers de personnes dans son mouvement de translation. La multitude, elle, ne pouvant se placer à l'extérieur de la terre et la voir circulant dans l'espace, a cru pendant des milliers de siècles que la terre était immobile. Elle le croit encore, et cependant le train terrestre, chaque année, lui fait faire autour du soleil un voyage de 230 millions de lieues environ !

2° Tout le monde est d'accord pour distinguer le repos de l'équilibre ; un objet qui reste immobile parce qu'il est tiré en avant et en arrière par deux forces égales et contraires n'est considéré par personne comme étant en repos ; du reste, si cet objet est d'une matière moins résistante que sont puissantes les forces qui le tirent en sens contraires, cet objet se déchirera en deux parties, montrant ainsi aux yeux les plus obtus qu'être sollicité par deux forces égales et contraires n'est point du tout être en repos. Or tous les êtres terrestres, hommes, animaux, plantes et minéraux, sont sollicités par le centre de la terre qui les attire à lui ; la puissance de cette attraction est mesurée précisément par le poids de chaque objet. On peut même ajouter que les êtres terrestres (à l'exception de ceux qui sont exactement aux pôles) sont en outre sollicités en sens différent de l'attraction du centre terrestre par la force centrifuge qui provient de la rotation de la terre autour de son axe. Puisque être en repos consiste à n'être sollicité par aucune force, il s'ensuit que tous les êtres terrestres, par cela qu'ils sont sollicités par la pesanteur, ne sont jamais en repos. Comme en vertu de la loi de gravitation il en est de même pour tous les corps qui existent sur les soleils et sur les planètes de l'univers, il s'ensuit que, pour cette seconde raison, le repos absolu n'existe pas.

3° Aujourd'hui, grâce aux progrès des sciences physiques, on admet que tous les corps ont leurs molécules animées d'un double mouvement, soit de translation ou d'oscillation autour d'une position moyenne, soit de libration (balancement) ou de rotation autour d'un ou de plusieurs axes. Ces mouvements s'accomplissent sous l'influence de la loi d'attraction ; dans les corps solides, les molécules sont disposées en un système d'équilibre ou d'orientation stable ; dans les liquides, elles sont en équilibre instable ; dans les gaz, elles sont en mouvement de rotation et en conflit les unes avec les autres. Comme il en est de même pour tous les gaz qui composent le soleil et les étoiles, il s'ensuit que dans l'univers il n'existe pas plus de repos moléculaire que de repos des masses totales. Le repos absolu n'existe donc pas ; ce qui existe réellement et uniquement, c'est le mouvement.

II° — LE PRINCIPE DE L'INERTIE

Puisque le mouvement seul existe, il s'ensuit que si on donne au mot *inertie* le sens vulgaire d'absence d'activité et de mouvement, ce mot inertie sera absurde ; il a donc besoin d'être défini. Quoi qu'il en soit et malgré toute définition, il est regrettable qu'un pareil mot ait été choisi ; c'est lui, en effet, qui contribue le plus à maintenir la multitude en erreur dans sa conception générale de l'univers physique.

On définit ordinairement l'inertie de la matière en disant que : « La matière est impuissante, par elle-même, à se mettre en mouvement, ou, si elle est déjà en mouvement, à transformer les mouvements dont elle est animée. » Comme toute matière est déjà en mouvement au moment où nous commençons à la considérer ; comme celle qui nous paraît en repos est simplement celle qui est animée de mouvements que nous partageons, tel que le mouvement de translation terrestre, par exemple, ou de mouvements moléculaires qui, par leur petitesse, échappent à nos sens, la vérité exige qu'on supprime la première partie de la définition du principe de l'inertie et qu'on dise :

« La matière est impuissante à transformer ses mouvements. »

Les causes naturelles qui donnent à la matière cette puissance qui lui manque, nous les individualisons et nous les appelons des puissances, des forces. Une puissance est donc *un transformateur de mouvement*, et non, comme on le dit d'ordinaire, une cause de mouvement. Parce qu'un corps est en mouvement, notre esprit ne discerne pas pour cela qu'il y ait manifestation d'une force ; mais dès que nous sommes témoins d'une transformation de ce mouvement, l'idée de force naît en nous.

Ainsi, la matière est impuissante à transformer ses mouvements. Autant nous distinguerons de mouvements non transformés, c'est-à-dire uniformes, autant il nous faudra distinguer de sortes d'uniformités et de sortes d'inerties. Comme on ne distingue dans les corps que deux genres de mouvements, à savoir, le mouvement de translation et le mouvement de rotation, il y aura deux mouvements uniformes et deux inerties.

La première inertie a été définie par Galilée ; la seconde, par Poinsot.

§ 1º **Inertie de translation.** — Tout corps qui n'est soumis à aucune force, qui est abandonné à lui-même, se meut indéfiniment en ligne droite avec une vitesse constante.

« Avec une vitesse constante » signifie que ce corps parcourt la même longueur dans chaque unité de temps. Si, par exemple, dans la seconde actuelle il parcourt 2 mètres, il a parcouru 2 mètres dans la seconde précédente, il parcourra 2 mètres dans la seconde suivante. Si sa vitesse croissait ou décroissait le moins du monde ; si sa trajectoire cessait d'être une seule ligne droite pour devenir un contour polygonal ou une courbe, c'est que le corps aurait été soumis à l'action d'une force. Ce mouvement rectiligne et de vitesse constante est dit *mouvement uniforme de translation*. Tel est le principe de l'inertie de translation découvert par Galilée.

Quand plusieurs forces agissant sur un même corps n'y produisent aucun mouvement apparent, on dit qu'elles s'équilibrent ; le corps est à l'état *statique* ou stationnaire.

Quand, au contraire, des forces appliquées à un corps y produisent un mouvement apparent, on dit que le corps est à l'*état dynamique*.

Mesurer les forces à l'état statique et à l'état dynamique, puis établir l'identification de ces deux mesures, c'est fonder la mécanique. C'est ce que Galilée a fait en s'appuyant sur le principe de l'inertie.

De là les formules qui embrassent :

1° Le *mouvement uniforme*; par exemple, la force qui imprime le mouvement uniforme à un corps est mesurée par le produit de la masse du corps multipliée par la vitesse : $F = mv$. Les quantités du mouvement uniforme sont appelées *quantités de mouvement*[1].

---

1. 1° L'effort d'un cheval qui traînerait, à raison de 1 kilomètre à l'heure, une voiture pesant 1,000 kilos égalerait évi-

2° Le *mouvement uniformément accéléré;* tel est celui qu'imprime l'action de la pesanteur à tout corps qui tombe; les formules du mouvement accéléré sont connues sous le nom de lois de la chute des corps. Nous avons vu que l'action accélératrice de la pesanteur est exprimée par $9^m,8$.

3° Le *mouvement uniformément retardé;* tel est celui des corps qui s'élèvent; l'action continue de la pesanteur épuise à la façon d'un frein le mouvement ascensionnel du corps et finit par l'arrêter. Nous avons vu que l'action retardatrice de la pesanteur est exprimée par $4^m,9$.

4° La *composition des forces;* plusieurs forces agissant simultanément sur un même corps ont toujours une résultante unique; cette résultante est la diagonale du *parallélogramme des forces.*

Réciproquement, toute force pouvant être considérée comme la diagonale d'un parallélogramme,

demment, à chaque instant de la traction, ce poids de 1,000 kilos. On aura donc Force $= 1,000 \times 1 = 1,000$;

2° L'effort d'un cheval qui traînerait la même voiture, à raison de 2 kilomètres par heure, serait évidemment, à chaque instant de la traction, le double de l'effort du cheval précédent. On aura donc : Force $= 1,000 \times 2 = 2,000$;

3° L'effort d'un troisième cheval qui traînerait la même voiture, à raison de 6 kilomètres à l'heure, serait évidemment, à chaque instant de la traction, 6 fois plus grand que l'effort déployé par le premier cheval. On aura donc : Force $= 1,000 \times 6 = 6,000$.

Si l'on convertit le poids de la voiture en masse d'après la méthode que nous avons donnée précédemment, nous aurons, en lettres algébriques, la formule suivante : $F = mv$. La force est égale à la masse multipliée par la vitesse. Cette équation mesure l'intensité de la force.

c'est-à-dire comme la résultante d'autres forces, il est permis de la décomposer en autant de forces qu'on voudra, suivant les besoins du problème à résoudre.

Telle est en entier la mécanique de la translation essentiellement fondée par Galilée sur ce principe qu'une translation doit être uniforme ou non transformée, tant qu'elle reste rectiligne et de vitesse constante.

Mais les corps ne se transportent pas seulement dans l'espace; ils peuvent aussi tourner eux-mêmes, pirouetter, comme dit Poinsot, autour d'un de leurs points, centre de rotation, qui, lui-même, peut, ou rester immobile, ou décrire dans l'espace une certaine trajectoire. De là des phénomènes complexes, dont la mécanique de translation avait fait abstraction; de là la définition devenue nécessaire d'un second mouvement uniforme et d'une seconde inertie.

§ II° **Inertie de rotation.** 1° Définitions. — Avant d'entrer dans la mécanique de la rotation, rappelons quelques définitions concernant le cône, les centres de gravité et les ellipsoïdes, définitions qu'il faut avoir présentes à l'esprit dans la mécanique nouvelle.

1° *Le cône.* — Un cône est la forme qu'a un pain de sucre ou un entonnoir. Pour le géomètre, un cône est toujours considéré comme étant l'ensemble de deux entonnoirs opposés par leur pointe, et non un seul de ces entonnoirs. Par exemple, prenez par le milieu une baguette flexible assez longue, et imprimez-lui, entre vos doigts, un mouvement de rotation rapide.

Chacun des deux bouts décrira un entonnoir ou cône, et ces deux cônes se toucheront par leur pointe à l'endroit même où vos doigts font pirouetter les baguettes, c'est-à-dire au centre de la rotation. Ajoutons que cette petite expérience reproduit grossièrement les deux cônes que forment les deux bouts de l'axe terrestre autour des deux pôles de l'écliptique; ces deux cônes, l'axe terrestre les décrit en l'espace de 26 mille ans environ (le nombre exact est 25,868 ans).

2° *Les centres de gravité.* — Quand un corps se meut en vertu de l'inertie, il décrit une ligne droite avec une vitesse constante, ainsi que nous l'avons dit ci-dessus. Mais il n'y a qu'un point qui puisse, en se mouvant, décrire une ligne; or tout corps, étant étendu, est une infinité de points. Dire qu'un corps décrit une ligne est donc une expression peu exacte. A la vérité, si le corps glisse sans tourner en même temps sur lui-même, tous ses points décrivant, à chaque instant, des droites égales et parallèles, on peut ne considérer qu'une d'entre elles qui fera connaître toutes les autres. Mais si le corps, en même temps qu'il glisse, tourne sur lui-même, il n'en sera plus ainsi. Par exemple, une bille en mouvement sur un billard ne glisse pas seulement, elle roule aussi sur elle-même. Dès lors il n'y a que le centre de la bille qui détermine une ligne droite; tous les autres points, tournant autour de ce centre pendant que la bille se meut, décrivent des courbes plus complexes.

De là découle, pour se rendre un compte exact de toutes sortes de mouvements, la nécessité de déterminer le centre matériel de chaque corps, afin de pouvoir considérer séparément la translation droite ou courbe de ce centre dans l'espace, puis le pirouettement du corps autour de lui.

Si le corps considéré est fait d'une matière homogène, en cuivre, par exemple, et qu'il ait la forme d'une sphère, le centre matériel est le centre de figure, le centre de la sphère. Mais si le corps n'affecte pas une forme régulière, ou si la matière n'est pas homogène, il n'en a pas moins un centre matériel.

L'action de la pesanteur ou gravité sur le corps fournit de nombreux moyens de déterminer le centre matériel d'un corps; aussi les centres matériels sont-ils appelés vulgairement *centres de gravité.*

Il faut remarquer que le centre de gravité d'un corps est un point tout idéal, qui peut n'être pas réalisé matériellement. Tel est le cas d'une sphère creuse, d'un anneau, des corps creux, etc. Au fond, le mot centre de gravité signifie la direction par où passe la résultante des attractions; il n'a donc pas le sens rigoureux de point matériel.

Leibniz appelait *points substantiels* les centres de gravité; il disait que leur existence idéale était la plus substantielle du monde, car ils sont les centres de passion et d'action [1] des substances. Comme les mille sensations confuses du monde viennent se convertir dans notre cerveau en un sentiment unique;

---

1. Mots de la langue élégante du xvii⁵ siècle; ils sont remplacés aujourd'hui par les mots moins bons de passivité et d'activité.

et comme de notre cerveau part la réaction unique qui se diversifie en mille mouvements dans nos organes, ainsi les mille chocs, insensibles pour nous, que reçoit, à chaque instant, une pierre, viennent se convertir au centre matériel en un choc unique, et de ce centre part la réaction unique qui se diversifie ensuite en mille mouvements intérieurs dans toutes les particules de la pierre; elle peut ainsi continuer d'être et ne point tomber en poussière. De là dans l'intérieur des corps en apparence brutes et immobiles un travail mystérieux, une infinité de vibrations infiniment petites, en équilibre sans cesse détruit et sans cesse renouvelé, dont les lois, variables pour chaque substance, donnent à chacune son individualité. De même que les hommes se distinguent les uns des autres par la manière dont ils subissent les passions et réagissent contre elles, ainsi les substances minérales se distinguent les unes des autres par la manière dont elles subissent les chocs et réagissent contre eux.

3° *Les ellipsoïdes*. — La sphère, comme on sait, est engendrée en faisant tourner un demi-cercle autour de son diamètre pris pour axe.

Comprimons la sphère aux pôles, nous n'aurons plus une sphère parfaite, mais un ellipsoïde aplati aux pôles et renflé à l'équateur : telle est la terre. Cet ellipsoïde a deux axes, celui de l'équateur, qui est le plus long, et celui des pôles.

Comprimons la sphère en tous sens à l'équateur, nous aurons un ellipsoïde allongé ou ovoïde : tel est l'œuf. Cet ellipsoïde a deux axes, celui de l'équateur, qui est le plus petit, et celui des pôles.

Comprimons la sphère à l'équateur, mais en un sens seulement, nous aurons un ellipsoïde semblable à une galette ovoïde, qui aura trois axes inégaux, à savoir, l'axe des pôles, l'axe de grande largeur de l'équateur et l'axe de petite largeur du même équateur.

II° Rotation de la sphère. — En vertu de l'inertie de translation, le centre de la sphère se transporte en ligne droite; en même temps, en vertu de son inertie de rotation, cette sphère est en train de tourner sur elle-même. Comme le mouvement de translation n'a aucune influence sur celui de rotation, nous allons, pour examiner plus commodément ce dernier, supprimer par la pensée le mouvement de translation; nous supposerons que le centre de la sphère est absolument fixe dans l'espace.

A. *Rotation à axe constant.* — En examinant le mouvement de la sphère, nous remarquons d'abord que c'est une rotation à axe constant, c'est-à-dire que si pendant une seconde le diamètre autour duquel tourne la sphère perce celle-ci aux deux points A et B, appelés pôles de rotation, il en sera indéfiniment de même pendant les secondes suivantes; et que de plus cette ligne AB, dite axe de rotation, restera toujours à la même place dans l'espace; c'est-à-dire que prolongée jusqu'à un plan fixe choisi dans les environs de la sphère, elle le viendra toujours percer au même point.

Cette constance de l'axe de rotation qui ne se déplace ni matériellement dans l'intérieur de la sphère ni géométriquement dans l'espace, rend très claire l'idée de la rotation des sphères, surtout lorsqu'on observe que non seulement l'axe de rotation est constant, mais aussi que la vitesse angulaire de la rotation est constante.

B. *Vitesse angulaire*. — Quand un corps tourne tout d'une pièce sur lui-même, on appelle *vitesse angulaire* la longueur de l'arc de cercle que décrit, en l'unité de temps, un point situé à l'unité de distance de l'axe. Par exemple, si l'unité de distance est le mètre, l'unité de temps la seconde, et la vitesse angulaire $0^m,03$, un point de la sphère, distant de 1 mètre de l'axe de rotation, décrira, en une seconde, un arc de la longueur de 3 centimètres.

1° Puisque le corps tourne tout d'une pièce, tout point situé à 1 mètre de l'axe tournera avec cette vitesse de 3 centimètres.

2° Comme dans les cercles les longueurs des arcs sont proportionnelles aux rayons, il s'ensuit que tout point situé à 2 mètres de l'axe aura une vitesse angulaire 2 fois plus grande; or 3 centimètres multipliés par $2 = 6$ centimètres.

Si le point était situé à 3 mètres, à 4 mètres, etc., la vitesse angulaire serait $3 \times 3 = 9$ centimètres; $3 \times 4 = 12$ centimètres, etc.

Si le point était situé à $\frac{1}{2}$ mètre, à $\frac{1}{10}$ mètre, etc., la vitesse angulaire serait $3 \times \frac{1}{2} = 1$ centimètre et demi ; $3 \times \frac{1}{10} = 3$ millimètres, etc.

En d'autres termes, dès qu'on connaît la vitesse angulaire d'une rotation, cette rotation est entièrement définie, car la vitesse d'un point quelconque s'obtient en multipliant la vitesse angulaire par la distance du point à l'axe.

C. *Rotation du tout, mais translation curviligne de chacune des molécules intégrantes.* — Si l'on s'attache à considérer isolément un seul point de la sphère, une de ses particules infiniment petites, un de ses corpuscules, selon l'expression de Leibniz et de Poinsot, ce corpuscule n'a pas de mouvement de rotation ; il ne tourne pas sur lui-même, c'est seulement la sphère considérée dans son tout qui tourne ainsi ; le corpuscule, lui, se transporte ; il décrit une trajectoire circulaire. C'est cette possibilité de décomposer l'idée d'une rotation en l'infinité de ses translations corpusculaires qui a permis de mesurer exactement, et les forces de rotation, et les quantités de rotation.

De même que les forces de translation se mesurent à l'état statique et à l'état dynamique et que l'égalisation de ces mesures est le fondement de la mécanique de la translation, de même les forces de rotation se mesurent à l'état statique et à l'état dynamique ; de l'équation établie entre ces deux mesures sort toute la théorie de la rotation.

1° *Mesure de la force de rotation à l'état statique.* —

Tout le monde connaît la balance romaine; c'est un levier à deux bras inégaux, ce qui permet à un petit poids placé sur le grand bras d'équilibrer un poids lourd placé sur l'autre bras. Nous savons qu'autant de fois le bras long l'emporte en longueur sur le petit bras, autant de fois le poids placé sur le long bras doit être moindre que le gros poids placé sur l'autre bras; cela suffit pour établir l'équilibre. On peut assimiler les diamètres d'une sphère à des leviers dont la longueur respective des bras sera déterminée par l'endroit où aura lieu un choc; l'endroit choqué sera considéré comme le point de suspension qui partage le levier en deux bras. Cela dit, voyons ce qui se passera lorsqu'une sphère libre sera choquée. Supposons que le choc que nous imprimons soit estimé 20 kilogrammes au dynamomètre.

1° Si la direction du choc passe par le centre de gravité, il n'y aura pas de bras de levier; l'ébranlement produit par le choc se répercute également du centre dans toutes les directions; il n'y a donc pas, il ne peut pas y avoir de mouvement de rotation.

2° Si le choc a lieu à 1 mètre du centre de gravité, alors il y aura un bras de levier, la rotation se produira. Comme le choc est estimé à 20 kilos, il s'ensuit que la force de rotation sera $1 \times 20 = 20$ kilogrammètres.

3° Si le choc a lieu à 2 mètres, 3 mètres, 4 mètres, etc., du centre de gravité, le bras du levier deviendra 2 fois, 3 fois, 4 fois, etc., plus grand; la force de rotation sera $2 \times 20 = 40$ kilogrammètres; $3 \times 20 =$

60 kilogrammètres; $4 \times 20 = 80$ kilogrammètres, etc.

Une fois le mouvement de rotation déterminé, la sphère tournera autour du diamètre abaissé perpendiculairement sur le plan qui passe par la direction du choc et le centre de gravité; elle tournera autour de cet axe de rotation avec l'intensité de force qu'a produite la violence du choc exprimée en kilogrammes.

2° *Mesure de la quantité de rotation à l'état dynamique.* — Les distances des différents points de la sphère à l'axe de la rotation varient depuis zéro, pour les points situés sur l'axe et ne tournant pas, jusqu'à ceux qui sont sur l'équateur et qui sont distants de l'axe de tout le rayon de la sphère. Le géomètre, par des procédés indépendants de la mécanique, apprend à déterminer *la distance moyenne* de points situés à des distances inégales d'une droite.

Cela dit, supposons une sphère dont la masse soit 50; la vitesse angulaire, $\frac{1}{2}$ mètre par seconde; supposons que la distance moyenne des différents points de la sphère à l'axe de rotation soit égale à 2 mètres.

1° Nous avons vu précédemment que la vitesse d'une particule quelconque de la sphère s'obtient en multipliant la vitesse angulaire par la distance de la particule à l'axe; or dans le cas présent, la distance moyenne de toutes les particules est égale à 2 mètres; et la vitesse angulaire, $\frac{1}{2}$ mètre par seconde; il s'ensuit que la vitesse moyenne de toutes les particules de la sphère sera $2 \times \frac{1}{2}$. Telle est la vitesse moyenne que posséderait une sphère dont la masse serait 1. Mais la masse de notre sphère est 50, il s'ensuit que la quantité de vitesse sera 50 fois plus grande; on aura donc l'équation $2 \times \frac{1}{2} \times 50 = 50$. En tant qu'elle serait un agent de translation, notre sphère agirait donc comme un poids de $2 \times \frac{1}{2} \times 50 = 50$ kilogrammes

2° Mais ce poids de 50 kilos, ce n'est pas comme agent de translation qu'il agit, c'est comme agent de rotation; or la distance moyenne de 2 mètres représente un bras de levier sur lequel agit ce poids de 50 kilogrammes; il s'ensuit qu'en vertu de la théorie du levier, notre poids imprimera à tout le système un mouvement de rotation 2 fois plus grand que si la distance moyenne ou bras de levier était seulement 1 mètre. On aura donc l'équation totale

$$2 \times \frac{1}{2} \times 50 \times 2$$

ou, en disposant autrement les nombres,

$$50 \times \frac{1}{2} \times 2 \times 2 = 100 \text{ kilogrammes.}$$

Telle est la quantité de rotation qu'aura la sphère entière.

En examinant l'équation, on remarque que la distance moyenne 2 y est multipliée par elle-même, c'est-à-dire qu'elle est élevée au carré. La mesure de la quantité de rotation pourra donc être formulée en ces termes : « La quantité de mouvement de rotation dont est animé un corps en vertu de son inertie a pour mesure la masse multipliée par la vitesse angulaire, multipliée par le carré de la distance moyenne de ses points à l'axe de rotation [1]. »

Ici éclate le parallélisme nécessaire entre la mécanique de la translation et la mécanique de la rotation. En effet, l'équation fondamentale de la mécanique de la translation est $F = mv$. Dans cette équation, F représente la force de translation qui a agi un seul instant sur le corps estimée par la statique (en kilogrammes); m est la masse du corps qui a été soumis à son action; v est la vitesse constante du mouvement de translation qui en est résulté.

De même, l'équation fondamentale de la mécanique de la rotation est $F = mvr^2$. Dans cette équation, F représente la force de rotation qui a agi un seul instant sur le corps, estimée par la statique (en kilogrammes); m est la masse du corps qui a été soumis à son action; v est la vitesse angulaire constante du mouvement de rotation qui en est résulté; enfin r est la moyenne distance des particules du corps à l'axe de rotation.

---

[1]. En effet, dans l'équation $50 \times \frac{1}{2} 2^2 = 100$ kilogrammes :

1° 50 représente la masse, M;

2° $\frac{1}{2}$, la vitesse angulaire, V;

3° 2^2, le carré de la distance moyenne, r^2.

D'où l'équation algébrique $MVr^2 =$ force de rotation (estimée dans l'exemple à 100 kilogrammes.)

Poinsot appelle cette distance moyenne *bras d'inertie*. Dans une sphère, où tous les diamètres sont égaux, il n'y a qu'un bras d'inertie; ou, en d'autres termes, le bras d'inertie a une valeur unique, quel que soit celui des diamètres autour desquels tourne le corps. Il n'en est pas de même d'un ellipsoïde; comme les diamètres y sont inégaux, les bras d'inertie le sont aussi.

Résumons la rotation de la sphère. Comme figure, elle jouit d'une double propriété, à savoir, tous ses diamètres sont égaux, tous ses bras d'inertie sont égaux. De cette double propriété figurée résulte ceci : c'est qu'une sphère qui tourne sur elle-même en vertu de l'inertie conserve pendant toute la durée de son mouvement un même axe de rotation et une même vitesse angulaire.

III° ROTATION D'UN ELLIPSOIDE. — Si le corps qui tourne librement sur lui-même autour de son centre fixe est, non plus une sphère parfaite, mais un ellipsoïde, la vitesse angulaire de rotation reste constante, comme dans le cas précédent, pendant la durée indéfinie du mouvement; mais l'axe de rotation se déplace à chaque instant. Tel est le cas de la terre.

IV° COMPOSITION DES FORCES DE ROTATION. — Quant au problème de la composition des forces de rotation, il est le même que celui de la composition des forces de translation. La construction du parallélogramme des vitesses lui est également applicable. En effet :

Pour la translation, lorsque deux vitesses rectilignes, de grandeur et de direction différentes, agissent simultanément sur un même corps, c'est la diagonale du parallélogramme des deux forces qui représentera, en grandeur et en direction, la résultante de ces deux vitesses.

Pour la rotation, lorsque deux vitesses angulaires, différentes en grandeur et en direction de l'axe de rotation, agissent simultanément sur un même corps, c'est la diagonale du parallélogramme des deux vitesses qui représentera la grandeur de la vitesse résultante et la direction de l'axe de la rotation résultante.

III° — Conclusions métaphysiques

Du principe de l'inertie ou des phénomènes de translation et de rotation découlent deux conclusions importantes pour la métaphysique :

1° Le repos n'existe pas ; le mouvement est partout.

2° Il est impossible que la matière puisse être réduite à un point mathématique ; pour qu'elle puisse pirouetter sur elle-même, il faut qu'elle ait un centre de gravité et des diamètres ou bras d'inertie [1].

---

1. C'est la condamnation expérimentale de la conception de Boscovich. Comme le dit Tait, *Progrès récents de la physique*, page 368 : « L'hypothèse adoptée et développée par Boscovich repose sur une *fiction* purement mathématique. » On n'explique pas avec des fictions le monde réel ; c'est précisément l'emploi de ces fictions *à priori* qui a fait tomber la métaphysique et les métaphysiciens dans un si profond discrédit.

CHAPITRE III

LA QUANTITÉ DE L'ÉNERGIE TOTALE EST CONSTANTE

1° — ÊTRE EN PUISSANCE, ÊTRE EN ACTE

La distinction établie par Aristote entre la puissance et l'acte ou mieux encore entre être *en puissance* et être *en acte* domine la physique aussi bien que la métaphysique.

Dans un verre, je mets une solution de potasse ou oxyde de potassium, pesant 47 grammes, ce qu'en langage chimique en appelle un équivalent de potasse [1].

Dans un second verre, je mets une quantité d'acide sulfurique pesant 40 grammes, c'est-à-dire, en langage chimique, un équivalent d'acide sulfurique [2].

Comme le sulfate de potasse KO, SO^3 se compose d'un équivalent de potasse combiné à un équivalent d'acide sulfurique, il est clair qu'on pourrait obtenir le sulfate de potasse en versant le contenu du premier verre dans le second. Le sulfate de potasse est donc *en puissance* dans les deux verres : ce qui signifie que les deux verres renferment toutes les conditions nécessaires pour la formation du sulfate de potasse.

---

1. Le potassium a pour équivalent 39; l'oxygène, 8; d'où oxyde de potassium ou, en un seul mot, potasse $KO = 47$.
2. Acide sulfurique SO^3; soufre = 16; oxygène = 8; d'où acide sulfurique $SO^3 = 40$.

Je prends le verre contenant la potasse ; je le verse dans le verre contenant l'acide sulfurique ; une violente réaction se manifeste ; le sulfate de potasse n'est plus en puissance, il est *en acte*. Quand la réaction est achevée, je constate que dans le verre il n'y a plus ni potasse ni acide sulfurique, mais un corps nouveau cristallisé ; c'est le sulfate de potasse. Il est évident que si personne ne versait le contenu du premier verre dans le second, le sulfate de potasse resterait éternellement en puissance ; jamais il ne serait en acte.

II° — ÉNERGIE POTENTIELLE, ÉNERGIE ACTUELLE

Nous avons vu que l'évolution suscitée dans la science par suite de l'introduction du mot énergie avait amené chez les savants une divergence relative à la définition et, partant, à l'expression de la force vive. Le même phénomène s'est produit pour la manière d'entendre l'énergie potentielle ; mais sur ce point, la scission est bien autrement grave. En effet, ce qu'une classe de savants appelle énergie potentielle, une autre classe de savants nie que ce soit de l'énergie potentielle. Quant à l'énergie potentielle telle que la définit cette seconde classe de savants, les premiers savants n'en parlent même pas. Or, les écrits de ceux-ci sont les seuls que lise le grand public parce que, faits pour vulgariser les progrès accomplis dans la théorie mécanique de l'univers, ces écrits sont à la portée de toute intelligence quelque peu cultivée. Les autres savants, au contraire, n'ont rien fait pour le peuple des lettrés : leurs idées et leurs théories se déroulent exclusivement en formules abstraites et en langage algébrique; à moins qu'on ait fait de fortes études mathématiques, il est impossible de rien comprendre; aussi les livres de ces savants sont-ils fermés peu d'instants après avoir été ouverts. Il sera donc utile d'exposer succinctement chacune des deux manières dont est entendue l'énergie potentielle. Les savants qui ont eu la généreuse pensée de faire connaître au public lettré la manière nouvelle dont la science conçoit et explique les phénomènes de l'univers sont exclusivement des savants anglais [1] : c'est Tyndall, dans son livre célèbre de *La Chaleur;* c'est Balfour Stewart, auteur de la *Conservation de l'énergie;* c'est Tait, dont les conférences sur les *Progrès récents de la physique* viennent d'être traduites et publiées. C'est par la manière dont les savants anglais entendent l'énergie potentielle que nous commencerons.

« J'ai ici, dit Tyndall, un lingot de plomb attaché à une ficelle qui passe sur une poulie fixée au plafond de la salle. Nous savons que la terre et le lingot s'attirent mutuellement; le lingot repose maintenant sur la terre et exerce une certaine pression sur sa surface. Ici la terre et le lingot se touchent l'un l'autre; leur attraction mutuelle est satisfaite autant que possible, et leur rapprochement mutuel a rendu tout mouvement impossible. En tant qu'il s'agit de l'at-

---

1. Ce sont, du moins, les seuls dont les ouvrages soient traduits en français.

traction de gravité, la possibilité de produire du mouvement cesse aussitôt que les deux corps qui s'attirent sont en contact actuel.

Je soulève le lingot, le voici suspendu à 5 mètres au-dessus du plancher ; il est tout aussi immobile que lorsqu'il reposait sur le plancher ; mais, en interposant un espace entre le plancher et lui, j'ai entièrement changé la condition de son existence. En l'élevant, je lui ai conféré le pouvoir de produire le mouvement. Il y a maintenant en lui une possibilité d'action qui n'existait pas lorsqu'il reposait sur la terre : *il peut tomber*, et dans sa chute il peut faire tourner une machine ou exécuter un autre travail. Il n'a pas d'énergie tant qu'il pend là, mort et sans mouvement ; mais l'énergie lui est possible ; et nous pouvons très légitimement employer ce terme *énergie possible* pour exprimer la puissance de mouvement que le poids possède, mais qu'il n'a pas encore exercée en tombant ; nous pouvons l'appeler aussi *énergie potentielle* comme quelques hommes éminents l'ont déjà fait. Cette énergie potentielle dérive, dans le cas actuel, de la traction de la gravité, traction qui, néanmoins, ne s'est pas encore exprimée en mouvement. Mais je laisse maintenant aller la ficelle ; le lingot tombe et atteint la surface de la terre avec une vitesse d'environ 10 mètres par seconde [1]. A chaque

---

[1]. Nous avons vu précédemment que la vitesse exacte est 9°8088. Tyndall prend des nombres ronds pour la commodité du discours. C'est ainsi que, pour l'élévation du lingot, il a dit 5 mètres au lieu du nombre exact 4°9.

instant de sa descente il était tiré en bas par la gravité, et sa force motrice finale est la somme de toutes ces tractions. Pendant l'acte de la chute, l'énergie du lingot est active. On peut l'appeler *énergie actuelle* par antithèse avec énergie possible. On peut aussi l'appeler *énergie dynamique* par opposition à l'énergie potentielle ; et nous pouvons donner le nom de *force motrice* à l'énergie avec laquelle le lingot descend. Gardons-nous d'être inattentifs, car il faut que nous soyons promptement en état de distinguer entre l'énergie en réserve et l'énergie en action. Une fois pour toutes, acceptons les termes de M. Rankine, et appelons *potentielle* l'énergie en réserve ; *actuelle*, l'énergie en action [1]. »

L'exemple choisi par Tyndall nous fait voir qu'un corps en repos peut, lui aussi, avoir l'énergie potentielle, *à la condition que* ce corps occupera une certaine position ; dans l'exemple de Tyndall, cette position pour le lingot est d'avoir été élevé à 5 mètres. De là le nom de *énergie de position* qu'on donne à ce genre d'énergie potentielle [2] ; et le nom de *énergie de mouvement*, qui en résulte pour l'énergie actuelle. Deux exemples nous feront sentir combien grande est l'importance de la position, au point de vue de l'énergie.

---

1. Tyndall, la *Chaleur*, leçon V°, page 133.
2. Tait, *Progrès récents de la physique*, page 28. « La masse qui se trouve en haut, possède uniquement en vertu de son élévation, le pouvoir de produire du travail ; et ce pouvoir, elle l'a complètement perdu, dès qu'elle est descendue jusqu'au bout. C'est ce pouvoir qu'on appelle énergie de position ou *énergie potentielle.* » Voir aussi page 100.

Supposons deux vastes étangs, et près de ces étangs deux moulins ; le niveau des eaux du premier étang est plus élevé que la roue du moulin adjacent ; le niveau des eaux du second étang est plus bas que la roue de l'autre moulin. Il est évident que l'énergie des eaux du second étang est nulle au point de vue de la meunerie puisque les eaux en s'écoulant tombent au-dessous de la roue du moulin. Au contraire, les eaux du premier étang, pouvant tomber et tombant, en effet, sur la roue du premier moulin, lui donnent l'impulsion rotatoire et lui font accomplir son travail. Ainsi l'eau d'un niveau supérieur pourra produire une grande somme de travail, écrasera du blé, sciera des madriers, au lieu que l'eau d'un niveau inférieur sera absolument incapable d'exécuter une œuvre quelconque.

Dans l'exemple des étangs, comme dans celui du lingot de plomb, c'est, en définitive, à la pesanteur qu'est due l'énergie; il existe aussi d'autres forces qui peuvent donner à un corps une position avantageuse et, par conséquent, lui donner l'énergie potentielle. Prenons, par exemple, la force d'élasticité, et considérons ce qui se passera dans le cas d'un arc. Lorsque l'arc est tendu, la flèche est évidemment dans une position avantageuse relativement à la force élastique de l'arc; quand la flèche est lancée, cette énergie de position est transformée en énergie de mouvement.

Il en est de même pour une montre remontée; elle est dans une position avantageuse relativement à la force élastique du grand ressort ; à mesure que les roues tournent, l'énergie de position se change graduellement en énergie de mouvement, laquelle se traduit par la rotation de deux aiguilles sur un cadran.

Le sort de toutes les variétés d'énergie de position, dit Balfour Stewart, est de finir par se convertir en énergie de mouvement. L'énergie de position peut se comparer à un capital déposé dans une banque ; l'énergie de mouvement, à une somme d'argent que nous sommes en train de dépenser. Quand nous avons de l'argent en dépôt dans une banque, nous pouvons l'en retirer toutes les fois que nous en avons besoin ; de même, nous pouvons faire usage, quand il nous plaît, de l'énergie de position. Pour être mieux compris, comparons un moulin mû par un étang, et un autre moulin mû par le vent. Dans le premier cas, nous avons la faculté d'ouvrir les écluses quand il nous conviendra ; dans l'autre, nous serons obligés d'attendre que le vent vienne à souffler. Lorsqu'un patron opulent paye un ouvrier qui travaille pour lui, il convertit, au fond, une portion de son énergie de position en énergie actuelle, exactement comme le meunier fait écouler une portion de l'eau de son étang afin de l'obliger à accomplir un travail quelconque [1].

III° — LA QUANTITÉ DE L'ÉNERGIE TOTALE EST TOUJOURS CONSTANTE

L'énergie totale est la somme de l'énergie poten-

---

1. BALFOUR STEWART, *Conservation de l'énergie*, pages 27-29.

tielle et de l'énergie actuelle ou, sous un autre aspect, de l'énergie de position et de l'énergie de mouvement. En quelque phase que soit un mobile, l'énergie de position ajoutée à l'énergie de mouvement donne un total qui est toujours constant. Deux exemples rendront le fait évident.

Premier exemple. — Nous savons que l'accélération de la pesanteur est égale à 9m,8 par seconde, de sorte qu'un kilogramme lancé avec une vitesse de 9m,8 par seconde ne peut s'élever qu'à mi-chemin, c'est-à-dire à 4m9.

Nous savons qu'un kilogramme lancé avec une vitesse 2 fois, 3 fois, 4 fois, etc., plus grande que 9m,8 s'élève à une hauteur 4 fois, 9 fois, 16 fois, etc., plus grande que 4m9, c'est-à-dire à une hauteur égale à 4m,9 multipliée par le carré de la vitesse.

Après ce rappel à la mémoire, lançons verticalement un lingot d'un kilogramme avec une vitesse de 29m,4 à la seconde. Comme 29m,4 est trois fois plus grand que 9m,8, accélération de la pesanteur, il s'ensuit que notre lingot s'élèvera à la hauteur de 4m,9 multipliée par le carré de 3. Or $4,9 \times 3^2 = 44^m,1$. Notre lingot s'élèvera donc à une hauteur totale de 44m,1. Analysons les étapes de ce parcours.

Si l'action retardatrice de la pesanteur ne s'exerçait pas, notre lingot atteindrait, dès la première seconde, la hauteur totale 44m,1. Mais comme l'action retardatrice de la pesanteur s'est exercée ; comme le retard est de 4m,9 pour la seconde, il s'ensuit que notre lingot, dans la première seconde, s'est élevé à 44m,1 moins 4, 9 = 39^m,2. Ainsi, au bout de la première seconde, le lingot a atteint seulement une hauteur de 39^m,2. Or son point d'arrivée est à 44^m,1, c'est-à-dire à 4^m,9 plus haut; il résulte de là que de sa vitesse initiale, à savoir, 29^m,4 à la seconde, il doit lui rester une vitesse de 9^m,8, puisque 9^m,8 est la vitesse qui, allant en sens inverse de la pesanteur, est capable d'élever un kilogramme à 4^m,9 de hauteur. Ainsi, au bout de la première seconde, le lingot a perdu 29^m,4 moins 9^m,8 = 19, 6 unités de sa vitesse initiale.

Au bout de la 2e seconde, le lingot parcourt 4^m,9 et complète ainsi les 44^m,1 qui résultent de sa vitesse initiale.

Telles sont les étapes par lesquelles est passé notre lingot ; voyons quelle sera l'énergie totale à chacune d'elles.

1° Au départ, notre lingot a une énergie de mouvement de 44,1 unités puisqu'il doit accomplir un travail exprimé par 44,1 mètres de hauteur. Comme son énergie de position ne sera acquise, au complet, que lorsque le lingot sera parvenu au point culminant de sa course, il est clair qu'au départ, l'énergie de position est zéro. Au moment du départ, *l'énergie totale* sera donc égale à 44,1 (énergie de mouvement) + 0 (énergie de position) = 44,1 unités.

2° Au bout de la première seconde, l'énergie de mouvement est restreinte à 4,9 unités puisque le travail que doit encore effectuer le lingot est devenu égal à 4,9 mètres. Mais comme le lingot est parvenu à une hauteur de 39,2 mètres, il s'ensuit qu'il a acquis une énergie de position égale à 39,2 unités. Au bout de la première seconde, l'*énergie totale* sera donc : 4,9 (énergie de mouvement) $+$ 39,2 (énergie de position) $= 44,1$ unités.

3° Au bout de la deuxième seconde, le lingot est arrivé au point culminant de sa course, c'est-à-dire à 44,1 mètres; son activité est épuisée. Son énergie de mouvement est réduite à zéro; mais son énergie de position est devenue égale à 44,1 unités. Au bout de la deuxième seconde, l'*énergie totale* sera donc $44,1 + 0 = 44,1$ unités.

Ainsi, dans toutes les phases, la quantité de l'énergie totale reste constante.

Second exemple. Prenons maintenant notre lingot suspendu à une hauteur de 44,1 mètres, et laissons-le tomber librement sous l'action accélératrice de la pesanteur.

Dans la première seconde, il parcourt, comme on sait, 4,9 mètres; la vitesse qu'il a acquise au bout de cette première seconde est $4,9 \times 2 = 9^m,8$; l'espace qu'il lui reste à parcourir est 44,1 *moins* $4,9 = 39,2$ mètres.

Au bout de la deuxième seconde, le lingot a parcouru $4,9 \times 2^2 = 19,6$ mètres; la vitesse qu'il a acquise est égale à $4,9 \times 2^2 = 19^m,6$; l'espace qu'il lui reste à parcourir est 44,1 *moins* $19,6 = 24,5$ mètres.

Au bout de la troisième seconde, le lingot a parcouru $4,9 \times 3^2 = 44,1$ mètres, c'est-à-dire qu'il a touché la terre; au moment où il touche la terre, la vitesse acquise est égale à $4,9 \times 3^2 = 44,1$; l'espace à parcourir est réduit à zéro.

Telles sont les étapes par lesquelles notre lingot est passé. Voyons quelle sera l'énergie totale à chacune d'elles.

1° Au départ, le lingot a une énergie de position égale à 44,1 unités ; l'énergie de mouvement est zéro ; l'*énergie totale* sera donc $44,1 + 0 = 44,1$ unités.

2° Au bout de la première seconde, le lingot étant descendu à 39,2 mètres a une énergie de position égale à 39,2 unités. L'énergie de mouvement est devenue égale à 4,9 unités puisque la vitesse de $9^m,8$ acquise au bout de la première seconde est capable de faire remonter le lingot à 4,9 mètres. L'*énergie totale* sera donc $39,2 + 4,9 = 44,1$ unités.

3° Au bout de la deuxième seconde, le lingot étant descendu à 24,5 mètres a une énergie de position égale à 24,5 unités ; l'énergie de mouvement est devenue $4,9 \times 2^2 = 19,6$ unités puisqu'elle est capable de faire remonter le lingot à 19,6 mètres. L'*énergie totale* sera donc $24,5 + 19,6 = 44,1$ unités.

4° Au bout de la troisième seconde, le lingot étant descendu à 44,1 mètres a touché la terre ; il n'a plus d'espace à parcourir ; son énergie de position est donc réduite à zéro ; l'énergie de mouvement, au contraire, au moment où le lingot a touché la terre, est devenue égale à $4,9 \times 3^2 = 44,1$ unités. L'*énergie totale* sera donc $0 + 44,1 = 44,1$ unités.

On voit donc que la quantité de l'énergie totale reste toujours constante. Comme le dit Tyndall, au fur et à mesure que l'énergie de position disparaît, l'énergie dynamique entre en jeu, si bien que dans le monde entier la somme de ces deux énergies est constante. La constance de la quantité de l'énergie totale est un fait d'une importance capitale dans la théorie, tant physique que métaphysique de l'univers.

IV° — SECONDE MANIÈRE D'ENTENDRE L'ÉNERGIE POTENTIELLE

I° Définition. — A. Tout corps, par cela même qu'il existe, possède une certaine énergie ; cette énergie dérive de sa constitution intime. Il en résulte que le genre de travail que chaque corps est capable d'exécuter dépend du genre même de sa constitution. Un bloc de fer a une énergie potentielle différente de celle d'un bloc de plomb ; l'énergie potentielle du plomb diffère de celle du carbonate de chaux, et ainsi de suite.

B. L'énergie potentielle, dérivant de la constitution du corps, varie évidemment selon que varie l'état physique du corps. Or le même corps peut être, soit à l'état solide, soit à l'état liquide ou à l'état gazeux ; il s'ensuit que l'énergie potentielle se modifie dans l'ordre et dans la mesure qu'entraînent les modifications de l'état physique du corps. L'une est toujours la traduction de l'autre.

C. Enfin l'énergie potentielle, qui dérive de la constitution élémentaire d'un corps, dépend également de la manière dont sont groupés les éléments du corps. Nous avons vu au chapitre de l'*Isomérie* combien la différence dans le groupement des molécules constituantes, chez les corps isomères, détermine de différences entre les propriétés physiques et chimiques.

II° Variations de l'énergie potentielle. — L'énergie potentielle d'un corps dans un état physique déterminé ne peut varier que de deux façons :

1° Lorsque la masse totale du corps, soumise à une action extérieure, emmagasine une certaine quantité de force vive ;

2° Lorsque les molécules constituantes du corps, soumises à une action extérieure, telle que celle d'une source de chaleur, emmagasinent une certaine quantité de force vive.

Cette énergie potentielle, qui s'est ainsi accrue, se convertira en énergie actuelle lorsque se produira la condition déterminante de cette conversion ; la somme de travail qui sera dépensée égalera la somme de travail qui aura été emmagasinée ; la quantité de l'énergie totale restera constante, ainsi que nous l'avons dit.

Tant qu'un système ne subit aucune modification, ni dans sa masse en bloc, ni dans ses molécules constituantes, il n'y a pas de variation ni en plus ni en moins dans son énergie potentielle de constitution.

III° Examen critique des exemples donnés par les savants anglais. — L'énergie potentielle étant ainsi entendue et définie, nos savants n'acceptent pas que le lingot de plomb élevé par Tyndall à une hauteur de 5 mètres ait acquis une certaine énergie potentielle. Rien n'a varié, disent-ils, ni dans le tout du lingot ni dans ses molécules. Bien entendu, lorsque le lingot tombe, le système en bloc subit une variation puisque de l'état de repos il passe à l'état de mouvement ; nos savants s'occupent alors de cette variation ; la manière dont ils apprécient la vitesse de la chute et les effets mécaniques qui pourraient en résulter est en parfait accord avec les appréciations de Tyndall.

De même dans l'exemple, des deux moulins de construction identique, dont l'un est situé au-dessus du niveau de l'étang, et l'autre au-dessous du même niveau [1]. Nos savants n'acceptent pas qu'il y ait une différence de potentiel entre ces deux moulins, ce qui est conforme à leur manière d'entendre le potentiel ; il n'y a, en effet, rien de changé dans la structure du second moulin ; il est la copie exacte du premier. Bien entendu, lorsque la vanne sera levée et que l'eau tombera sur la roue, nos savants calculeront la quantité de travail qui s'accomplira, comme le ferait Balfourt Stewart, en prenant pour éléments du calcul le volume de l'eau qui tombe et la hauteur de la chute.

Quant à l'exemple de l'arc tendu sur lequel a été placée la flèche, nos savants sont d'accord avec Balfour Stewart pour dire que l'énergie potentielle de l'arc a varié et s'est accrue parce que c'est bien le système lui-même, c'est-à-dire l'arc, qui a varié en emmagasinant la force vive déployée par les bras de l'archer qui a tendu la corde.

De même, pour l'exemple de la montre remontée ;

---

[1]. Ici je modifie, pour simplifier, la forme donnée par Balfour Stewart à l'exemple des deux moulins ; mais l'esprit en est scrupuleusement conservé.

la force vive déployée par la main qui a remonté le ressort à l'aide d'une clé a été emmagasinée par le ressort lui-même, c'est-à-dire par une des parties constituantes du système ; il y a donc eu accroissement de l'énergie potentielle constitutive de la montre.

Ces exemples suffisent pour montrer en quoi consiste le dissentiment qui sépare les deux catégories de savants relativement à la définition de l'énergie potentielle. Tout en acceptant, quant au fond, la seconde définition, on ne peut s'empêcher de constater que les savants anglais ont su traduire, par une expression représentative, certaines conditions particulières, réellement existantes, dont on ne trouve nulle trace dans la seconde définition. On ne peut nier qu'un lingot de plomb, alors qu'il repose à terre, soit incapable, malgré son énergie constitutive, d'exécuter le moindre travail, tandis que s'il est élevé à 5 mètres, il acquiert une possibilité d'exécuter un travail, laquelle possibilité n'existait pas avant qu'il fût porté à cette hauteur de 5 mètres. Dans cette position, les conditions d'aptitude à l'accomplissement d'un travail se trouvent réunies ; le travail y est en puissance, selon la définition d'Aristote, tandis qu'il ne l'était pas lorsque le lingot reposait à terre. Ce n'est donc pas à tort que Tyndall a dit : « En élevant le lingot, je lui ai conféré le pouvoir de produire le mouvement ; il y a maintenant en lui une possibilité d'action qui n'existait pas lorsqu'il reposait sur la terre : *il peut tomber*, et dans sa chute, il peut faire tourner une machine ou exécuter un travail. Il n'a pas d'énergie (actuelle) tant qu'il pend là, mort et sans mouvement; mais l'énergie lui est possible; et nous pouvons très légitimement employer ce terme *énergie possible* pour exprimer la puissance du mouvement que possède le poids, mais qu'il n'a pas encore exercée en tombant. »

Même réflexion au sujet des deux moulins; ils ont beau être construits avec la même perfection; leur énergie potentielle de constitution aura beau être la même, on ne peut nier qu'il y ait une différence énorme entre le moulin situé au-dessus du niveau de l'étang et le moulin situé au-dessous du même niveau. Le premier est incapable d'accomplir le moindre travail, tandis que l'autre moudra les grains ou sciera des madriers. Quoique nos savants s'écrient que le potentiel des deux moulins est le même, il n'en est pas un qui voulût acheter le premier moulin, quand même celui-ci leur serait offert à un prix dix fois inférieur à celui du second moulin. Il y a donc entre ces deux moulins construits de la même façon une certaine différence au point de vue de l'exécution d'un travail quelconque; cette différence tient évidemment à la position qu'occupe le second moulin. Ce n'est donc pas à tort que Balfour Stewart dit qu'il existe une sorte d'énergie dérivant de la position. Dans l'exemple suivant, le physicien anglais distingue nettement les deux énergies, à savoir, celle qui dérive de la constitution intime et celle qui dérive de la position : « Supposons, dit-il, deux hommes doués d'une adresse et d'une force égales en train de lutter l'un contre l'autre, chacun d'eux muni d'un tas de pierres avec lesquelles il se propose de frapper le corps de son adversaire. Cependant l'un de ces hommes s'est assuré, pour lui-même et pour sa provision de projectiles, d'une position élevée au sommet d'une maison tandis que son ennemi doit se contenter de rester au pied de la maison. Il est évident que l'homme placé en haut doit avoir l'avantage, non pas à cause de sa propre énergie, mais par suite de l'énergie qu'il tire de la position élevée de son tas de pierres. Nous voyons donc qu'il existe une sorte d'énergie dérivant de la position [1]. »

On ferait la même observation pour un boulet. Qu'il soit placé à terre ou qu'il soit disposé dans un canon en avant d'une gargousse contenant plusieurs kilogrammes de poudre, son énergie potentielle constitutive n'a pas varié ; mais quelle différence dans l'aptitude à exécuter un travail par suite de sa seconde position ?

En résumé, il semble qu'en restreignant l'énergie potentielle à la capacité de travail dérivant de la constitution intime des corps, on donne une définition trop étroite. Celle-ci, en effet, ne comprend pas le cas où, par suite d'une certaine position, la capacité d'exécuter un travail est singulièrement accrue ; bien plus, si cette position fait défaut, la capacité constitutive d'exécuter un travail est souvent comme si elle n'était pas. Cette lacune serait facilement comblée si à l'énergie potentielle dérivant de la constitution on

---

[1]. BALFOUR STEWART, *Conservation de l'énergie*, page 20.

adjoignait l'énergie potentielle dérivant de la position.

IV° THÉORÈMES DE MÉCANIQUE. — Les détails que nous venons de donner nous permettront de comprendre certains théorèmes de mécanique dont l'application est continue pour expliquer, soit les phénomènes physiques, soit les réactions chimiques.

1ᵉʳ *Théorème :* Dans un système quelconque, la variation de l'énergie correspondant à une transformation du système est égale au travail des forces extérieures.

Tel est le cas de l'arc qui est bandé; la variation de l'énergie potentielle de l'arc correspond au travail des muscles de l'archer qui a tendu la corde; l'accroissement de l'énergie potentielle de l'arc est égal à la quantité d'énergie musculaire dépensée pour tendre la corde.

2ᵉ *Théorème :* Quand il n'y a pas de forces extérieures, la variation de l'énergie est égale à zéro; donc l'énergie d'un système isolé ou fermé est constante; c'est en cela que consiste le principe fondamental de la conservation de l'énergie.

Voici d'abord ce qu'il faut entendre par ces mots : « La variation de l'énergie est égale à zéro » : Toutes les variations des molécules constituantes, variations soit attractives ou répulsives, soit en mouvements vibratoires, lorsqu'elles se manifestent à l'intérieur d'un corps isolé ou fermé, finissent par se compenser l'une l'autre, de sorte que, avant les ruptures de l'équilibre intérieur comme après le rétablissement de l'équilibre, l'énergie totale ne subit ni gain ni perte ; la variation est donc égale à zéro.

Nous avons vu dans les exemples précédents que tout se compensait, action et réaction, énergie potentielle et énergie actuelle, travail emmagasiné et travail effectué. Employons un exemple familier pour bien graver dans l'imagination comment se fait cette compensation ou, ce qui est la même chose, comment nécessairement la variation de l'énergie est égale à zéro dans un système fermé.

Voici sur une table une bourse contenant cent francs en pièces de 5, de 2, de 1 et de $\frac{1}{2}$ franc. La bourse, avec ses cordons fortement serrés, représente un système fermé ; son énergie pécuniaire totale est égale à 100 francs ; les pièces divisionnaires d'argent figurent les molécules ou les éléments constituants.

Lorsque la bourse est au repos, les pièces d'argent sont disposées en un certain ordre, équilibré d'après la loi de gravité. Secouez la bourse ; toutes les pièces éprouveront une vive agitation ; des déplacements réciproques se feront entre elles ; mais, lorsque la bourse aura été replacée sur la table, tous ces déplacements se compenseront ; un nouvel équilibre entre les pièces d'argent s'établira conformément à la loi de gravité. Malgré cette agitation, malgré ces déplacements et ces ruptures passagères d'équilibre entre les molécules constituantes ; bien plus, quand même cette agitation n'aurait pas de fin, la bourse contiendra invariablement le même nombre de pièces d'argent, le tout valant la somme de cent francs; son énergie pécuniaire demeure constante : c'est un système fermé.

On pourrait faire une autre hypothèse en empruntant à Leibniz une comparaison qu'on trouvera transcrite à la fin de ce chapitre ; on pourrait supposer que les 100 francs contenus dans la bourse consistent en 20 pièces de 5 francs. Que ces 20 pièces de 5 francs se changent en 50 pièces de 2 francs ou en 100 pièces de 1 franc, peu importe; car le résultat final est toujours le même, la bourse ne contiendra jamais que 100 francs; son énergie totale reste la même : c'est un système fermé.

Appliquons maintenant la notion du système fermé à l'univers. L'univers, considéré dans son tout, est un système nécessairement fermé; il ne peut rien recevoir du dehors puisqu'il n'y a rien en dehors de lui; il s'ensuit que l'énergie totale de l'univers est une quantité constante. Toutes les variations partielles qui se font dans son sein se compensent mutuellement ; la quantité totale de l'énergie ne peut subir ni gain ni perte; elle a été toujours la même, elle est et restera toujours la même : l'univers est un système fermé.

3ᵉ *Théorème* A : Tout état du système pour lequel le potentiel des forces est un maximum ou un minimum est un état d'équilibre.

Théorème B : Tout état du système pour lequel le potentiel des forces est un *minimum* est un état d'équilibre stable.

Lorsque le système-arc est bandé et que la corde

est maintenue par un cran, le potentiel des forces est au maximum ; l'arc bandé est dans un état d'équilibre ; mais cet équilibre manque de stabilité : il est à la merci d'une action extérieure, même faible, celle d'un enfant, par exemple, qui peut faire sortir la corde du cran et partir la flèche ; tel est le genre d'équilibre qui résulte du potentiel des forces élevé au maximum.

Lorsque la corde du système-arc a lancé la flèche, toute la force vive emmagasinée par la tension de la corde a été dépensée ; il ne reste plus que le potentiel de constitution de l'arc, c'est-à-dire celui qui dérive du bois dont est fait l'arc, de la matière dont est faite la corde, etc. ; bref le potentiel des forces du système-arc est réduit au minimum ; dans cet état, si le bras robuste d'un archer ne vient plus tendre la corde, jamais l'arc n'accomplira plus le travail qui consiste à lancer des flèches ; le système-arc est dans un état d'équilibre stable.

4° *Définition* : L'état naturel d'un corps au repos est un état d'équilibre dynamique, chaque point est animé d'un mouvement stationnaire.

L'état d'équilibre dynamique est celui où les forces intérieures (en grec, *dynamis*, force), attractives et répulsives, se font équilibre ; c'est l'équilibre des éléments constituants.

Par l'expression de « mouvement stationnaire » où l'adjectif *stationnaire* est peu correctement accouplé au substantif *mouvement*, Clausius entend que chaque point (chaque molécule constituante) se meut ou oscille dans un espace limité, de telle sorte que ce point s'éloigne peu d'une position moyenne fixe. Tel est le cas des liquides fixes et surtout des solides. On trouvera, au chapitre : *La chaleur dans les trois états de la matière*, des détails étendus sur la manière dont est conçue aujourd'hui la constitution moléculaire des solides, des liquides et des gaz.

V° — COROLLAIRE DE LA LOI DE CONSTANCE DE L'ÉNERGIE TOTALE.

A. *Ce qu'on perd en puissance, on le gagne en vitesse;*
B. *Ce qu'on perd en vitesse, on le gagne en puissance.*

Puisque la quantité d'énergie totale est toujours constante; puisque cette constance est due à l'exacte compensation qui se fait continûment entre l'énergie potentielle et l'énergie actuelle, il s'ensuit qu'on pourrait exprimer la loi de la constance de l'énergie totale sous la forme suivante :

1° Ce qu'on perd en énergie potentielle, on le gagne en énergie actuelle;

2° Ce qu'on perd en énergie actuelle, on le gagne en énergie potentielle.

Dans les exemples donnés précédemment, ce double fait se vérifie à chaque position du corps en mouvement.

Ce sont ces deux propositions qui, sous un vocabulaire différent, constituent les deux parties réciproques du principe mécanique si fréquemment appliqué :

1° *Ce qu'on perd en puissance, on le gagne en vitesse;*

2° *Ce qu'on perd en vitesse, on le gagne en puissance.*

Comme il est facile de le reconnaître, on n'a fait que préciser en un cas défini l'énergie potentielle et l'énergie actuelle; c'est toujours la loi de constance dans la quantité de l'énergie totale.

Déjà dans les pages précédentes, nous avons fait allusion à ce principe au sujet du sens qu'on devait donner au mot kilogrammètre : « Quand on dit que l'énergie est égale à 4,9 kilogrammètres, cela signifie qu'on est maître, soit d'élever 1 kilogramme à 4,9 mètres de hauteur, soit d'élever 4,9 kilogrammes à 1 mètre; ces deux manières d'utiliser l'énergie sont équivalentes; en effet, $1 \times 4,9 = 4,9 \times 1$. » Il est clair que dans la première manière, ce qu'on perd en puissance, on le gagne en vitesse, et que dans la seconde manière, ce qu'on gagne en puissance, on le perd en vitesse. Rien n'est changé à la quantité constante de l'énergie totale.

Démontrer expérimentalement la vérité du principe *ce qu'on perd en puissance* n'est pas autre chose que renouveler, sous certains aspects particuliers, la preuve de l'exactitude absolue de la loi de l'énergie totale. Comme ce surcroît de démonstration aura pour avantage de faire saillir aux yeux à la fois les transformations équivalentes et réciproques de l'énergie potentielle et de l'énergie actuelle, d'une part, et d'autre part, l'immense utilité qu'en retire l'homme dans ses travaux, nous choisirons deux exemples, celui du levier et celui de la presse hydraulique.

1º LE LEVIER. — Tout le monde sait qu'au moyen d'un levier, un enfant peut soulever une pierre de taille que quatre hommes ne soulèveraient pas. Supposons que cette pierre pèse 500 kilogrammes. Supposons de plus, pour choisir des chiffres qui, en quelque sorte, parlent d'eux-mêmes, que l'enfant prenne une barre de 102 centimètres de longueur; qu'il en engage un bout sous la pierre, qu'il en soulève l'autre bout autant qu'il le pourra, par exemple, à une hauteur de 50 centimètres, et qu'il glisse sous cette même barre, tout près de la pierre, un petit rouleau reposant sur un terrain très solide, de manière que ce point d'appui se trouve placé à 2 centimètres seulement de l'extrémité engagée sous le bloc à soulever. Il suffira que l'enfant exerce sur l'extrémité libre du levier une pression égale à celle qu'exercerait un poids de 10 kilogrammes pour que cette extrémité s'abaisse et pour que simultanément l'autre extrémité, en se soulevant, soulève le bloc de pierre.

En effet, puisque le grand bras du levier a 100 centimètres de longueur et que le petit bras a seulement 2 centimètres, il s'ensuit que le grand bras est 50 fois plus long que le petit. Il suffira donc, pour obtenir l'équilibre, de charger le bout du grand bras d'un poids 50 fois plus petit que le poids du bloc de pierre qui est de 500 kilogrammes; c'est-à-dire qu'il suffira de $\frac{500}{50} =$ 10 kilogrammes. Ce poids de 10 kilogrammes est donné par une pression équivalente exercée par les muscles de l'enfant sur l'extrémité du grand bras du levier.

Puisque l'enfant a pu faire, au moyen du levier, ce

que sans cela n'auraient pu faire quatre hommes, faut-il en conclure que le levier lui a donné une force qu'il n'avait pas? C'est ce qu'on est trop souvent porté à croire; et c'est là l'erreur qui, en mécanique, est mère de toutes les autres. Cet enfant, qu'a-t-il fait? Il a soulevé 500 kilogrammes; mais en combien de temps et à quelle hauteur? Pour ce qui est du temps, admettons que ce soit une seconde. Quant à la hauteur, nous la connaissons. En pesant dessus, l'enfant a abaissé jusqu'à terre le bout de son levier, lequel bout était à une hauteur de 50 centimètres. Le bout de l'autre bras, au contraire, qui est long de 2 centimètres seulement, c'est-à-dire qui est 50 fois plus court que le grand bras puisque celui-ci est long de 100 centimètres, ce bout du petit bras n'a pu corrélativement s'élever qu'à une hauteur 50 fois moindre que 50 centimètres, c'est-à-dire à 1 centimètre. Tout ce qu'a fait l'enfant s'est donc réduit à élever, dans une seconde, à 1 centimètre, 500 kilogrammes. Ou, ce qui est la même chose, il aurait pu élever dans le même temps, un poids 100 fois plus petit, c'est-à-dire 5 kilogrammes, à une hauteur 100 fois plus grande que 1 centimètre, c'est-à-dire à 100 centimètres ou 1 mètre. Or, élever 5 kilogrammes à 1 mètre était chose que l'enfant pouvait faire très facilement. Le levier n'a donc *rien ajouté* à ses forces; il lui a permis seulement de les mieux employer en gagnant en puissance ce qu'il perdait en vitesse. Au lieu de donner au bloc de pierre la vitesse de sa main qui était assez grande, à savoir,

50 centimètres par seconde (en effet, l'enfant en abaissant en une seconde le bras du levier qui était à une hauteur de 50 centimètres avait donné à sa main une vitesse de 50 centimètres par seconde), l'enfant s'est contenté de donner à ce bloc une vitesse 50 fois moindre puisque ce bloc a été élevé seulement à 1 centimètre; cela a permis à l'enfant d'exercer une action 50 fois plus puissante[1].

II° LA PRESSE HYDRAULIQUE. — La presse hydraulique se compose, comme on sait, de deux cylindres, l'un d'un grand diamètre, l'autre d'un petit diamètre; tous deux sont reliés à leur partie inférieure par l'intermédiaire d'un conduit rigide. Chacun de ces cylindres est muni d'un piston fermant hermétiquement et pressant sur un espace rempli d'eau. Puisque les deux cylindres sont en communication et que l'eau est incompressible, il est évident que si nous appuyons sur un piston, l'autre sera soulevé. Supposons que la surface du petit piston soit un carré dont le côté est de 1 centimètre, et que la surface du grand piston comprenne 100 carrés dont le côté est également de 1 centimètre, c'est-à-dire que la surface du grand piston soit 100 fois plus grande que celle du petit piston.

Appliquons maintenant sur le petit piston un poids de 10 kilogrammes. L'hydrostatique nous enseigne que chaque centimètre carré du grand piston sera pressé de bas en haut avec une force de 10 kilo-

---

[1]. Léon BROTHIER, *Causeries sur la mécanique*, pages 83-85.

grammes, de sorte que le piston tout entier, dont la surface est de 100 carrés de 1 centimètre de côté, montera avec une force de $100 \times 10 = 1,000$ kilogrammes. En d'autres termes, lorsque le piston descendra, il fera s'élever un poids de 1,000 kilos. Nous possédons par conséquent une machine en vertu de laquelle une pression de 10 kilogrammes sur le petit piston rendra le grand piston capable de s'élever avec une force de 1,000 kilos. Mais il est très facile de voir que, tandis que le petit piston descendra de 100 centimètres, l'autre ne s'élèvera que de 1 centimètre. En effet, la quantité d'eau sous les pistons restant toujours la même, si on abaisse celle-ci de 100 centimètres dans le cylindre étroit, elle ne s'élèvera que de 1 centimètre dans le cylindre large.

Considérons maintenant ce que nous gagnons au moyen de cette machine. Nous nous arrangeons de manière que la puissance de 10 kilogrammes appliquée au petit piston descende de 100 centimètres; cela nous représente la somme d'énergie que nous avons dépensée sur notre machine, tandis qu'en retour nous obtenons 1,000 kilos à 1 centimètre de hauteur. Le retour d'énergie est précisément égal à la dépense (*retour d'énergie* $1,000 \times 1 = 10 \times 100$ *dépense d'énergie*). La machine hydraulique ne nous a fait absolument rien perdre ni gagner. Nous nous bornons à mettre l'énergie sous une forme plus convenable à nos desseins; ce que nous gagnons en puissance, nous le perdons en espace; mais nous sommes tout disposés à accomplir ce sacrifice d'espace ou de rapidité de mouvement, afin d'obtenir en échange l'effroyable pression ou force que donne la presse hydraulique [1].

VI° — L'ÉNERGIE NE PEUT ÊTRE CRÉÉE ; ELLE PEUT SEULEMENT PASSER D'UNE FORME A UNE AUTRE FORME ÉQUIVALENTE.

Les deux exemples du levier et de la presse hydraulique n'ont fait que mieux mettre en relief ce que nous prévoyions déjà lorsque nous avons reconnu que la quantité de l'énergie totale était constante: c'est que l'énergie ne peut être créée. Les machines ne créent pas l'énergie, elles ne font que la transformer. « Il ne nous est pas possible de tricher la nature, dit Balfour Stewart, en lui faisant rendre plus que nous ne sommes en droit d'obtenir d'elle... Le monde de la mécanique n'est point une manufacture créant de l'énergie, mais une sorte de marché où nous pouvons apporter une espèce particulière d'énergie et l'échanger contre un équivalent d'un autre genre d'énergie qui nous convient davantage. Si nous arrivons sans rien à la main, nous sommes certains de revenir sans rien [2]. »

« Il est absurde, dit le Père Secchi, d'admettre que le mouvement dans la matière brute puisse avoir d'autre origine que le mouvement lui-même [3]. »

Dans son livre célèbre sur la *Corrélation des forces*

---

1. BALFOUR STEWART, *Conservation de l'énergie*, pages 34-35.
2. BALFOUR STEWART, *Conservation de l'énergie*, pages 32 et 36.
3. SECCHI, *Unité des forces physiques*, page 14.

physiques, Grove insiste avec véhémence sur l'impossibilité de créer l'énergie et indique avec clarté l'origine de l'erreur où le vulgaire est resté si longtemps à l'égard d'une prétendue création de l'énergie. « Aucune force ne peut, à proprement parler, être une force initiale puisqu'elle suppose une force antérieure qui la produit : nous ne pouvons pas plus créer la force ou le mouvement que nous ne pouvons créer la matière. Ainsi, pour prendre un exemple, l'étincelle lumineuse est produite par l'électricité, l'électricité par le mouvement, et le mouvement, par quelque autre cause, par une machine à vapeur, par exemple, c'est-à-dire par la chaleur. Cette chaleur est produite par l'affinité chimique, c'est-à-dire par l'affinité du carbone de la houille pour l'oxygène de l'air; ce carbone et cet oxygène ont été antérieurement dégagés ou produits par des actions qu'il est difficile de découvrir, mais dont la préexistence ne saurait être l'objet d'aucun doute, et dans lesquelles, si nous les analysions, nous trouverions les effets combinés et alternatifs de la chaleur, de la lumière, de l'affinité chimique, etc. Ainsi, en essayant de ramener chaque force aux forces antécédentes, nous nous perdons dans une infinité de formes de force, sans cesse changeantes; arrivés à un certain terme, nous perdons leur trace, non pas parce qu'en ce point déterminé serait intervenue une création véritable, mais parce que la dernière force que nous avons pu atteindre se résout elle-même dans tant de forces qui ont contribué à la produire, que leur analyse échappe à nos sens et à nos moyens d'épreuve [1]. »

Ainsi, l'énergie ne peut pas être créée; si l'on peut démontrer qu'elle est indestructible, nous aurons la *loi de conservation de l'énergie* identique à la loi de conservation de la matière. De même que la matière n'a jamais été créée et ne peut pas être détruite, mais passe seulement par des transformations; de même l'énergie n'a jamais été créée; elle restera indestructible et n'éprouvera que des changements de forme. De même encore que la quantité totale de la matière dans l'univers n'a jamais subi la plus minime diminution ou augmentation, mais est restée absolument constante; de même aussi la quantité totale de l'énergie dans l'univers n'aura jamais éprouvé ni diminution ni augmentation : elle sera restée absolument constante. Or, jusqu'au XIX° siècle, la pratique journalière semblait fournir, en apparence, des motifs pour croire que l'énergie est partiellement détruite. La gloire d'avoir démontré expérimentalement que pas une seule fraction d'énergie n'est détruite, et que la quantité totale d'énergie est indestructible, appartient à Jules-Robert Mayer, médecin à Heilbronn (royaume de Wurtemberg), au Danois Colding et au physicien anglais, M. Joule [2]. Cette démonstration, connue sous le nom de *Théorie mécanique de la chaleur*, est une des œuvres les plus admirables et

---

1. GROVE, *Corrélation des forces physiques*, page 257.
2. Voir dans TYNDALL, la *Chaleur*, appendice à la leçon XII, la note de M. Joule et la réponse de Tyndall. Le mémoire de Mayer a été écrit en 1842; celui de Joule a été publié en 1843;

les plus fécondes de notre siècle. Son importance en philosophie égale la découverte de Lavoisier ; elle complète cette découverte et, avec elle, donne à la métaphysique un inébranlable fondement.

VII° — QUAND LE MOUVEMENT EST DÉTRUIT, LA CHALEUR APPARAÎT.

Que devient l'énergie des coups de marteau du forgeron quand le marteau a frappé l'enclume ; ou celle du boulet de canon après qu'il a touché le but ; ou enfin celle du train de chemin de fer après qu'il a été arrêté par le frottement du frein ? Dans ces exemples, le choc ou le frottement semblent avoir détruit l'énergie visible.

Dans tous les cas où l'énergie visible semble détruite par le choc ou le frottement, quelque chose de nouveau fait son apparition. Ce quelque chose, c'est la *chaleur*. C'est ainsi qu'un morceau de plomb déposé sur une enclume sera violemment échauffé sous les coups successifs du marteau du forgeron.

Le choc de l'acier contre le silex produira de la chaleur, et un boulet animé d'un mouvement rapide, frappant contre une cible de fer, pourra atteindre la température du rouge [1].

Les conditions où le mouvement visible se trans-

---

ce sont les expériences de Joule qui ont fondé définitivement la théorie mécanique de la chaleur.

Voir dans TAIT, *Progrès récents de la physique*, 2ᵉ et 3ᵉ conférences, le plaidoyer en faveur de Joule.

1. BALFOUR STEWART, *Conservation de l'énergie*, page 39.

forme en chaleur peuvent se ramener à deux, savoir, le frottement et le choc.

1º LE FROTTEMENT. — « Partout où il y a frottement vaincu, dit Tyndall, il y a chaleur produite; et cette chaleur est la mesure de la force dépensée à vaincre le frottement. La chaleur est simplement la force primitive sous une autre forme, et pour éviter cette transformation il faudrait anéantir le frottement. Le devoir du mécanicien sur un chemin de fer est de faire marcher son train d'un lieu à un autre, de Londres à Edimbourg, ou de Londres à Oxford, suivant l'occasion. Son désir est d'appliquer à ce but particulier la force de la vapeur ou du foyer qui donne à la vapeur sa tension. Il n'est pas de son intérêt de laisser une partie de cette force se convertir en un autre genre de force qui ne lui servirait pas à atteindre ce but. Il n'a nulle envie que ses essieux s'échauffent, et pour cela il évite, autant que possible, de dépenser sa force à les échauffer. De fait, il a obtenu sa force de la chaleur, et il ne s'agit nullement pour lui de ramener sa force à l'état de chaleur. Car, à chaque degré de chaleur engendrée par le frottement de ses essieux, correspondrait une perte déterminée et équivalente de la force mécanique qui doit entraîner le convoi. Il n'y a pas de perte absolue de force. Si nous pouvions recueillir toute la chaleur engendrée par le frottement, et la transformer sans perte en force mécanique, nous serions en état de communiquer au train la somme précise de vitesse qu'il a perdue par le frottement. Ainsi, chacun de ces employés de chemins de fer que vous voyez s'avancer avec leur pot de graisse jaune, et ouvrir les petites boîtes qui entourent les essieux des wagons, démontre expérimentalement, sans s'en douter, le principe qui constitue le lien d'union des phénomènes de la nature. Il affirme, à son insu, et la convertibilité de la force, et son indestructibilité. Il démontre pratiquement que l'énergie mécanique peut être convertie en chaleur, et que, lorsqu'elle est ainsi convertie, elle n'existe plus comme puissance mécanique; car pour chaque degré de chaleur développée, un équivalent rigoureusement proportionnel de la *force locomotive* de la machine disparaît. On approche d'une station à raison de 40 à 50 kilomètres à l'heure. On serre le frein; de la fumée et des étincelles s'échappent de la roue sur laquelle il agit. Le train est arrêté. Comment ? Simplement par la conversion en chaleur de toute la force motrice qu'il possédait au moment où le frein a été serré [1]. »

« Rumford, dans un mémoire aussi remarquable par le raisonnement que par l'expérience, soutenait, en 1798, relativement à la nature de la chaleur, la doctrine que les expériences récentes d'hommes éminents ont placée sur une base tout à fait certaine. Pendant qu'il faisait forer des canons à Munich, il fut si vivement frappé de la grande quantité de chaleur développée dans l'opération du forage, qu'il fut amené à inventer un appareil pour l'étude spéciale de

---

[1]. TYNDALL, la *Chaleur*, page 8.

la génération de la chaleur par le frottement. Il construisit un cylindre creux en fer, dans lequel entrait une sorte de pilon solide fortement pressé contre son fond. Dans une caisse-enveloppe du cylindre, il versait environ dix litres d'eau, avec un thermomètre qui indiquât sa température, 16°. Un cheval faisait tourner le cylindre, et, une heure après que le frottement avait commencé, la température de l'eau était de 42°. Après une heure et demie, la température fut de 61°; après deux heures, de 81°; au bout de deux heures et demie, l'eau entrait en ébullition [1]. »

Tyndall a imaginé un ingénieux appareil qui, *en deux minutes et demie*, reproduit l'expérience de Rumford. Un petit tube de cuivre vertical peut recevoir d'une manivelle un mouvement rotatoire très rapide. Il est embrassé par deux morceaux de bois réunis par une charnière; dans ces morceaux de bois sont creusées deux rainures, où s'emboîte le tube de cuivre. On remplit à peu près celui-ci d'eau froide; on ferme avec un bouchon de liège, puis on tourne la manivelle. Le tube pirouette alors rapidement en frottant les deux morceaux de bois. En deux minutes et demie, l'eau du tube s'est assez échauffée pour passer à l'état de vapeur et projeter le bouchon à une hauteur de 7 mètres dans l'air. La vapeur d'eau suit le bouchon, et en se refroidissant produit un petit nuage dans l'atmosphère [2].

1. Tyndall, la *Chaleur*, page 11.
2. Tyndall, la *Chaleur*, page 13. Voir aussi Grove, *Corrélation des forces*, chapitre le *Mouvement*.

II° LE CHOC. — « Imaginons un wagon, plein de voyageurs, courant avec une vitesse considérable; les personnes qui l'occupent sont parfaitement à leur aise parce que, bien qu'elles soient animées d'un mouvement très rapide, elles sont mues toutes avec la même vitesse et dans la même direction. Que le train vienne à s'arrêter brusquement, il en résultera un désastre qui mettra un terme immédiat à la tranquillité des voyageurs. En supposant que le wagon ne soit point brisé et ses occupants tués, ceux-ci se trouveront dans un violent état d'excitation; ceux qui font face à la machine seront projetés avec force contre leurs voisins, lesquels à leur tour les repousseront violemment. On n'a qu'à substituer un bloc quelconque au wagon, et des particules aux personnes, nous aurons l'idée de ce qui arrive lorsque le choc a lieu; on a entre les particules la même collision violente qu'entre les personnes; de là l'échauffement des particules [1]. » De même qu'un spectateur placé au dehors saisit bien l'arrêt de la masse du wagon, mais ne voit pas la collision qui se fait à l'intérieur entre les voyageurs; de même nous voyons bien, après un choc, la masse du corps s'arrêter immobile; mais les collisions internes entre les molécules du corps nous échappent; c'est l'accroissement de chaleur qui, en se manifestant, nous donne l'irrécusable preuve de ce qui s'est passé hors de nos regards.

1° *La chaleur engendrée par un corps qui tombe*

---

[1]. BALFOUR STEWART, *Conservation de l'énergie*, page 41.

croît proportionnellement à la simple hauteur. — Une balle de plomb qui, en tombant d'une hauteur de 424 mètres, arrive à terre avec une vitesse de 91 mètres à la seconde, engendrerait une chaleur suffisante pour élever sa propre température de 30° (la capacité calorifique du plomb est le trentième de celle de l'eau). Dans une chute de 7 mètres, qui est en nombre rond le soixantième de 424, la chaleur engendrée, si elle était tout entière concentrée dans le plomb, élèverait sa température de $\frac{30}{60}$ = un demi-degré.

2° *La chaleur croît proportionnellement au carré de la vitesse.* — Si l'on double la vitesse d'un projectile, on quadruplera la chaleur engendrée dans l'extinction du mouvement; si l'on triple la vitesse, on rendra la chaleur neuf fois plus grande; si l'on quadruple la vitesse, on rendra la chaleur seize fois plus grande. On voit donc que le choc en supprimant une énergie mécanique proportionnelle au carré de la vitesse amène corrélativement la manifestation d'une chaleur proportionnelle au carré de cette même vitesse.

Une balle de plomb qui, lancée par une carabine, se meut avec une vitesse de 91 mètres par seconde, engendre en frappant le but une quantité de chaleur qui, en la supposant toute concentrée dans la balle, élèvera sa température de 30°. Avec 5 fois cette vitesse, elle engendrerait $5 \times 5 = 25$ fois cette même quantité de chaleur, c'est-à-dire $30 \times 25 = 750$

degrés; telle serait la température d'une balle de carabine qui frapperait le but avec une vitesse de $91 \times 5 = 455$ mètres par seconde, si toute la chaleur restait à la balle. Cette quantité de chaleur serait beaucoup plus que suffisante pour fondre le plomb (la température de fusion du plomb est de 320°); mais en réalité, une partie seulement de la chaleur engendrée reste dans la balle; le but en prend sa part[1].

3° *Chaleur qui serait développée par l'arrêt brusque de la terre à la suite d'un choc.* — « D'après ces considérations, il est clair que si nous connaissions la vitesse et le poids d'un projectile, nous pourrions calculer sans peine la quantité de chaleur développée par l'extinction de sa force motrice. Par exemple, connaissant le poids de la terre, à savoir 6 sextilions de tonnes, et la vitesse avec laquelle elle se meut dans l'espace, à savoir 30 kilomètres par seconde[2], un simple calcul nous donnerait la quantité exacte de chaleur qui naîtrait si la terre était arrêtée brusquement dans son orbite. Mayer et Helmholtz ont fait ce calcul, et ils ont trouvé que la quantité de chaleur engendrée par ce choc colossal suffirait non seulement pour fondre la terre entière, mais pour la réduire en vapeur[3].

[1]. TYNDALL, la *Chaleur*, page 42.
[2]. TYNDALL, la *Chaleur*, page 11.

	Kilomètres.	
1° Mercure fait dans l'espace.	48,92	par seconde;
2° Vénus	35,78	idem;
3° La Terre	30,43	idem;
4° Mars	24,75	idem.

[3]. TYNDALL, la *Chaleur*, page 43.

En supposant que la terre fût en plomb, l'élévation de la température qui naîtrait de son arrêt à la suite d'un choc serait égale à 344 degrés multipliés par le carré de 100 [1] !

Dans tous les faits précédents, on reconnaît que l'énergie visible de mouvement, en disparaissant, s'est transformée constamment en une quantité équivalente d'énergie de chaleur.

VIII° — RÉCIPROQUEMENT, QUAND LA CHALEUR EST DÉTRUITE, LE MOUVEMENT APPARAÎT.

« Nous avons vu que partout où une certaine quantité de force mécanique est dépensée, une certaine quantité de chaleur est produite; le moment est venu de faire l'expérience inverse et de montrer qu'il y a perte de chaleur quand il y a travail mécanique [2]. J'ai ici un vase solide rempli à présent d'air comprimé. Il est comprimé depuis quelques heures, de sorte que la température de l'air dans le vase est la même que celle de l'air de la chambre. A présent donc, l'air intérieur presse contre les parois, et si

---

1. JOUFFRET, *Introduction à la théorie de l'énergie*, page 89.
2. Lorsque nous mettons en regard l'un de l'autre la chaleur et le mouvement, il faut entendre par *mouvement*, soit le déplacement de la masse du corps, soit le travail mécanique de cette masse totale. Nous verrons ci-après, en effet, que la chaleur est également un mouvement; mais c'est le mouvement *intérieur* du corps, le mouvement de ses molécules. La comparaison empruntée ci-dessus au choc du wagon plein de voyageurs suffit pour qu'on fasse la distinction entre le mouvement *extérieur* du tout et le mouvement *intérieur* des molécules composantes du tout.

j'ouvre ce robinet, une portion de cet air s'élancera violemment hors du vase. Le mot « s'élancera » n'exprime que vaguement le véritable état des choses; l'air qui s'élance au dehors est chassé par l'air de l'intérieur; ce dernier accomplit le travail de pousser en avant le courant d'air qui s'échappe. Or, quelle sera la condition de l'air ainsi condamné à produire un travail? Il se refroidira. Il exécute un travail mécanique, et le seul agent qu'il puisse appeler à son aide pour l'exécuter, c'est la chaleur qu'il possède, et à laquelle est due entièrement la force élastique avec laquelle il presse contre les parois du vase. Une portion de cette chaleur sera donc consommée, et l'air se refroidira. Tournons le robinet; le courant d'air s'échappe du vase et va frapper la pile thermo-électrique. Sur-le-champ l'aiguille du galvanomètre, par le genre de son déplacement, atteste que la pile a été refroidie par le courant d'air.

« Je prends maintenant une bouteille d'eau de Seltz, un peu plus chaude actuellement que la pile, comme vous le voyez par la déviation qu'elle produit; je coupe la ficelle qui retient le bouchon; il est chassé par la force élastique du gaz acide carbonique; le gaz fait un travail; en le faisant, il a consommé de la chaleur, et vous voyez que maintenant la déviation produite est celle du froid [1]. »

Un gaz comprimé prend 1 degré et demi de chaleur pour une augmentation de pression baromé-

---

1. TYNDALL, la *Chaleur*, pages 14-15.

trique de 10 millimètres de mercure; un gaz qui se détend perd 1 degré et demi de chaleur pour une diminution barométrique de 10 millimètres de mercure[1].

On voit donc que, soit que l'énergie passe de la forme de travail mécanique à celle de mouvement calorifique, soit qu'elle revienne de la forme de mouvement calorifique à celle de travail mécanique, la quantité totale reste constante[2].

1. JOUFFRET, *Introduction à la théorie de l'énergie*, page 94.
2. Je transcris ici un admirable passage de Leibniz, où est formulée la transformation du mouvement de la masse totale en mouvement moléculaire et par conséquent la conservation de l'énergie. Ce passage est emprunté à la 5ᵉ lettre de Leibniz à Clarke, réponse ou § 38 : « J'avais soutenu que les forces actives *se conservent* en ce monde. On m'objecte que deux corps mous, ou non élastiques, se heurtant l'un contre, perdent de leur force. Je réponds que non. Il est vrai que *les touts* la perdent par rapport à leur mouvement total; mais *les parties* la reçoivent, *étant agitées intérieurement* par la force du concours. Ainsi ce défaut n'arrive qu'en apparence. Les forces ne sont pas détruites, mais disséminées parmi les parties menues. Ce n'est pas les perdre, mais c'est faire comme ceux qui *changent la grosse monnaie en petite*. » (*Œuvres philosophiques de Leibniz*, édition Paul Janet, tome II, page 673.)

DEUXIÈME PARTIE

Énergie du mouvement des molécules des corps

ou

Énergie mécanique moléculaire.

CHAPITRE PREMIER
LA CHALEUR DANS LES TROIS ÉTATS DE LA MATIÈRE

1° — EXTENSION AUX MOLÉCULES DES GENRES DE MOUVEMENT QUI ANIMENT LA MASSE TOTALE DES CORPS

On a étendu aux molécules les genres de mouvement qui animent la masse totale des corps. Comme nous l'avons vu, ces genres sont : 1° la *translation*, à laquelle se rattache l'*oscillation*; et 2° la *rotation*, à laquelle se rattache la *libration*.

1° LE MOUVEMENT DE TRANSLATION emporte à la fois la molécule et les atomes qui la composent.

Le mouvement d'oscillation, qu'on peut considérer comme un commencement de translation, se fait autour d'une position moyenne [1].

---

[1]. En France, l'oscillation vaut deux vibrations, à savoir, la vibration de l'aller et la vibration du retour; une vibration est donc une demi-oscillation.

En Angleterre et en Allemagne, le mot vibration est synonyme d'oscillation ; il s'ensuit qu'une vibration française n'est qu'une demi-vibration anglaise ou allemande. Cette différence dans la définition du même mot est très fâcheuse.

LES TROIS ÉTATS DE LA MATIÈRE.

II° LE MOUVEMENT DE ROTATION a lieu autour d'un axe qui peut être fixe ou changeant.

Par mouvement de *libration* ou de balancement autour de l'axe, nous entendrons un commencement de rotation.

Principe. — Un choc, quel qu'il soit, ne peut annihiler en même temps dans un corps les deux mouvements de rotation et de translation. En effet :

A. Si le choc est excentrique, le choc pourra détruire la rotation, mais non la translation ;

B. Si la direction du choc passe par le centre de gravité, le choc pourra détruire la translation, mais non la rotation.

La quantité de mouvement perdue d'un côté est toujours gagnée de l'autre.

Bref, les lois de l'énergie mécanique ordinaire, à savoir, celles de l'inertie de translation établies par Galilée et celles de l'inertie de rotation établies par Poinsot, sont appliquées aux molécules comme elles le sont à la masse totale des corps.

11° — FILIATION DES ÉTATS PHYSIQUES ; MÉCANISME DE LEUR FORMATION

Comme il est admis universellement aujourd'hui que les nébuleuses en se condensant deviennent des soleils ; puis, que les soleils en se refroidissant deviennent des terres, il s'ensuit que l'état premier, l'état originel, est l'état gazeux.

I° LES GAZ. — Les molécules gazeuses sont dans une agitation continuelle; elles sont animées simultanément d'un mouvement de translation rectiligne et d'un mouvement de rotation autour d'un axe.

Le mouvement de rotation en se composant avec le mouvement de translation (par les chocs) suffit pour expliquer les phénomènes qui sont groupés sous le nom d'élasticité.

Par suite de leur projection rectiligne en tous sens, les gaz ne peuvent avoir une surface de niveau : ils sont diffus.

II° LES LIQUIDES; MÉCANISME DE LEUR FORMATION. — L'expansion des gaz, leur double mouvement de rotation et de translation sont dus à la température (force vive) que possèdent les molécules gazeuses.

1° Tout abaissement de température entraîne un affaiblissement correspondant du mouvement intérieur des molécules gazeuses; il en résulte un certain rapprochement entre ces molécules.

2° Par des déperditions successives de chaleur, l'expansion moléculaire se trouve ainsi diminuée à un tel point que l'action de la gravité peut lui faire équilibre et s'exercer sur les molécules.

3° Alors chaque molécule subit l'attraction des molécules voisines, mais toutefois sans entrer dans leur sphère d'activité; chaque molécule est obligée de se mouvoir selon des courbes fermées plus ou moins régulières. Le mouvement d'expansion a pris fin ; le le corps est devenu liquide.

Sous l'action prépondérante de la gravité, le système

liquide prend une surface de niveau. Mais à la surface libre, les molécules ne sont pas soumises à une attraction égale dans tous les sens, ainsi que le sont les molécules qui appartiennent aux couches autres que la couche superficielle. Il s'ensuit que les molécules superficielles peuvent s'isoler, obéir aux forces de projection et passer à l'état gazeux, c'est-à-dire devenir indépendantes l'une de l'autre ; ainsi s'explique *l'évaporation* dans les liquides.

Dans les liquides, les axes de rotation sont probablement dirigés de tous les côtés, ou bien encore ils peuvent être de position instable. Toutes les forces étant en équilibre instable, les molécules cèdent à la plus légère impulsion et possèdent cette mobilité qui caractérise les fluides.

III° Les solides ; mécanisme de leur formation. — En continuant à enlever de la chaleur à un corps liquide, c'est-à-dire à diminuer la quantité de mouvement dont sont animées les molécules, il arrive que le rapprochement des molécules, étant devenu encore plus considérable, les unes pénètrent dans la sphère d'activité des autres (*cohésion*). Alors les attractions s'exercent dans la direction qui dépend de la forme des molécules ; les molécules s'orientent et se disposent régulièrement selon une certaine architecture (*structure, système cristallin*) ; elles perdent alors leur mobilité ; le corps est devenu solide.

Résumé des trois états : 1° *Dans les gaz*, l'expansion se fait dans tous les sens, sans ordre, sans orientation ; les molécules, en agitation continuelle, ont simultanément un mouvement de translation *rectiligne* et un mouvement de rotation très rapide autour d'un axe ; elles sont dans une indépendance complète l'une de l'autre.

2° *Dans les liquides*, la mobilité des molécules est restreinte par le voisinage des autres molécules ; l'axe de rotation n'est pas stable ; les mouvements semblent bornés à des excursions oscillatoires de grandeur variable, à un mouvement de rotation moins vif que celui des gaz, ou même à des mouvements de libration plus ou moins forts autour de l'axe selon que les liquides sont plus ou moins volatils, c'est-à-dire selon qu'ils se rapprochent de la constitution des gaz ou qu'ils s'en éloignent. Les molécules sont dans une certaine dépendance l'une de l'autre.

3° *Dans les solides*, les molécules sont très rapprochées ; elles sont orientées régulièrement selon une structure ou un système cristallin déterminés. Comme les mouvements sont gênés par le voisinage contigu des autres molécules, ces mouvements se réduisent à de faibles oscillations ; il n'y a plus de translation parce que la translation est devenue impossible dans l'intérieur d'une masse compacte ; il n'y a plus de rotation ; les molécules sont dans une étroite dépendance l'une de l'autre [1].

---

1. Secchi, *Unité des forces physiques*, livre I", chap. vi et vii. — Voir aussi Berthelot, *Essai de mécanique chimique*, tome I", page 428.

III° — LA CHALEUR EST UN MOUVEMENT MOLÉCULAIRE ; C'EST UN MOUVEMENT D'OSCILLATION

1° *La chaleur est un mouvement moléculaire.* — La chaleur est un mouvement moléculaire ; c'est le mouvement intérieur qui agite les molécules composantes d'un tout. Dans le langage ordinaire, on donne au mot *mouvement* le sens restreint de *mouvement extérieur* de la masse totale d'un corps, soit que le tout du corps se déplace dans l'espace, soit qu'il accomplisse un travail mécanique extérieur. Il est évident qu'un mouvement, qu'il soit extérieur ou intérieur, ne cesse pas d'être un mouvement ; la chaleur étant un certain mouvement des molécules d'un corps est donc un vrai mouvement, au même titre que la translation ou le travail mécanique du corps total. De ce que l'œil humain, qui aperçoit très bien le mouvement extérieur d'un tout corporel, est incapable de saisir directement le mouvement intérieur des particules qui composent le même tout corporel, il serait erroné d'en conclure que le mouvement appartient exclusivement au déplacement des masses totales. On peut se rappeler la comparaison que nous avons faite au sujet des deux genres de mouvement, l'un intérieur, l'autre extérieur, qui peuvent affecter un seul et même corps. Un train de chemin de fer, lancé à toute vapeur, tandis que les voyageurs qui remplissent l'intérieur du train restent assis, dans la même orientation et à la même distance les uns des autres, nous représente, sous une image grossière mais aisée à comprendre, les relations entre l'état extérieur de la masse totale des corps et l'état intérieur de leurs molécules. Tel est le cas, en effet, d'un corps dont la masse totale est animée d'un mouvement extérieur de déplacement tandis que les molécules composantes conservent la même orientation et la même équidistance.

Si le train de chemin de fer est arrêté et que dans les wagons se communiquant les uns aux autres les voyageurs se livrent à la danse, nous aurons l'image de l'immobilité extérieure de la masse totale d'un corps, tandis que les molécules, sous l'influence d'une cause quelconque, éprouvent un mouvement d'oscillation ou même de rotation. Il est évident qu'un spectateur situé à un ou deux kilomètres du train de chemin de fer en repos perçoit parfaitement l'immobilité extérieure des wagons; mais le mouvement intérieur des voyageurs qui peuplent ces wagons échappe à la faiblesse de sa vue, comme lui échappe le mouvement intérieur des molécules qui composent la masse totale du corps.

2° *Le mouvement calorifique est un mouvement d'oscillation.* — Le mouvement calorifique est un mouvement d'oscillation [1]. Un corps échauffé est, à beaucoup de titres, semblable à un corps qui résonne; de même que les particules d'un corps sonore se meuvent d'arrière en avant et d'avant en arrière (oscillation), de

[1]. On verra plus loin comment la chaleur imprime un mouvement de rotation aux molécules à partir du moment où le corps solide entre en fusion.

même oscillent les particules d'un corps échauffé ; aussi Tyndall appelle-t-il *musique atomique* la vibration calorifique des atomes constituants des corps ; c'est cette musique qui agit sur nos thermomètres et affecte nos nerfs [1].

« La chaleur est un mouvement moléculaire ; c'est une oscillation des dernières particules. Or ces particules, lorsqu'elles sont en groupes serrés, ne peuvent osciller sans que le mouvement se communique de l'une à l'autre. Voici un pique-feu qui me donne à peine la conscience de sa température ; je le sens comme un corps dur et pesant, qui ne m'échauffe ni me refroidit ; il a été devant le feu, mais le mouvement de ses particules au moment présent se trouve par hasard être le même que celui qui anime mes nerfs ; il n'y a entre lui et ma main ni cession ni soustraction ; la température du pique-feu, d'une part, et mes sensations, de l'autre, restent par conséquent sans variation. Mais je porte le bout de la barre dans le feu, elle s'échauffe ; les particules en contact avec le feu sont amenées à un état d'oscillation plus intense ; les atomes en branle poussent leurs voisins. Ceux-ci, à leur tour, poussent les atomes suivants : et il en résulte une musique moléculaire qui retentit le long de la barre. Le mouvement, dans cet exemple, est communiqué de particule à particule dans le pique-feu et finit par apparaître à son extrémité la plus éloignée. Si maintenant je le saisis, son mouvement se communique à mes nerfs et produit

---

1. Tyndall, la *Chaleur*, leçon V^e, page 138.

de la souffrance; la barre est ce que nous appelons chaude; et ma main dans le langage populaire est brûlée[1]. »

La chaleur est donc un mouvement d'oscillation des atomes.

3° *La température, sa définition et sa communication.* — La température dépend de la quantité d'action ou de force vive renfermée dans chaque molécule; autrement dit, chaque molécule étant animée d'une certaine vitesse, l'intensité de son choc devient la mesure de sa température.

Dans cette manière de voir, le passage de la chaleur d'un corps à un autre devient une simple communication de mouvement, et si l'équilibre de température tend sans cesse à s'établir, la raison en est dans la tendance du mouvement calorifique à se répandre uniformément dans la masse entière, conformément aux lois de la mécanique ordinaire.

La communication de cette force vive à un corps peut résulter d'un effet mécanique ou d'une réaction chimique; mais, dans tous les cas, on observe que le corps dont l'énergie est la plus grande cède une partie de sa force vive à celui qui en possède une moindre quantité. Il en est exactement de même dans les communications de mouvement.

Donc, si un corps chaud est mis en contact avec un corps dont la force vive soit moindre que la sienne, il lui donnera une partie de sa propre énergie,

---

[1]. Tyndall, la *Chaleur*, leçon VIIe, page 200.

et, par suite de cette perte, l'amplitude des excursions moléculaires diminuera. Le contraire arrivera si les conditions sont inverses. Tous ces échanges de mouvement se font rigoureusement suivant les lois de la mécanique et conformément au principe des forces vives [1].

IV° — LA CHALEUR ACCOMPLIT DEUX TRAVAUX A L'INTÉRIEUR DES CORPS ET UN TRAVAIL EXTÉRIEUR

1° PUISSANCE DES ATTRACTIONS MOLÉCULAIRES (cohésion, affinité). « Étroitement enchaînés comme ils le sont, les atomes des corps, quoique nous ne puissions pas supposer qu'ils soient en contact, exercent des attractions mutuelles énormes. Il faudrait une quantité presque incroyable de force mécanique ordinaire pour élargir les intervalles qui séparent les atomes d'un corps solide ou liquide quelconque, de manière à augmenter son volume dans une proportion considérable. Il faudrait de même une force de très grande intensité pour rapprocher les particules d'un corps solide ou liquide de telle sorte qu'il occupe un volume moindre. J'ai vainement essayé d'augmenter la densité d'un métal mou par les pressions les plus énergiques. L'eau, par exemple, qui cède si facilement à la main qu'on y plonge, a été regardée longtemps comme absolument incompressible. Elle a été soumise à l'action de grandes forces; mais plutôt que de se

---

1. SECCHI, *L'unité des forces*, livre I", chap. VI, page 52.

contracter, elle suintait à travers les pores du vase en métal qui la contenait et s'étalait à la surface sous forme de rosée. En recourant à des moyens compliqués autant que puissants, nous avons réussi à comprimer l'eau; mais ce n'a été qu'en mettant en jeu des forces très grandes.

« La chaleur réalise ce que la mécanique ordinaire est impuissante à exécuter. Les corps se dilatent lorsqu'on les chauffe, et cette dilatation n'a lieu qu'autant que les attractions moléculaires sont vaincues. A masses égales, c'est un travail en comparaison duquel l'érection des Pyramides n'est plus qu'un travail de mites; et là où les attractions à vaincre sont énormes, nous pouvons conclure que la quantité de chaleur nécessaire pour les vaincre sera elle-même énorme [1]. » Suivant M. Hirn, la résistance que l'on éprouve à désagréger l'eau chauffée à 100° équivaut à une pression de 27,110 atmosphères; à 60°, elle est de 47,448 atmosphères; il s'agit ici d'un liquide [2]!

II° LES DEUX TRAVAUX INTÉRIEURS QU'ACCOMPLIT LA CHALEUR. — « Je tiens dans ma main un bloc de plomb; supposez que je lui communique une certaine quantité

---

1. TYNDALL, la *Chaleur*, leçon V°, page 138.
2. SECCHI, *l'Unité des forces*, page 93, ajoute ces mots : « Qu'on juge alors avec quelle épouvantable force se détendraient les molécules aqueuses si subitement les actions de cohésion venaient à cesser; et cependant on répète sans cesse que dans les liquides la cohésion est faible... La violence des effets produits par les actions des molécules nous porte à croire que ces *infiniment petits* sont des puissances irrésistibles, et que les résistances les plus considérables ne peuvent lutter avec avantage contre ces géants déguisés. »

de chaleur; comment cette chaleur se distribuera-t-elle à l'intérieur de la substance? Elle a à remplir deux fonctions distinctes; elle a à exécuter deux sortes de travaux :

A. Une portion de cette chaleur communique l'espèce de mouvement (oscillation) qui élève la température du plomb et qui est sensible au thermomètre;

B. Une autre portion force les atomes du plomb à prendre de nouvelles positions; *cette portion est perdue en tant que chaleur* [1]. »

On peut comparer les actions des atomes dans la mécanique moléculaire à celles des masses totales dans la mécanique ordinaire : « Supposons que j'aie une quantité définie de force à dépenser sur notre bloc de plomb et que je partage cette force en deux portions; l'une sert à élever en l'air le bloc et par conséquent à vaincre l'attraction terrestre, et par conséquent aussi à lui donner de l'énergie potentielle; l'autre portion est employée à faire que, pendant que le bloc monte, ce bloc oscille comme un pendule ou tourne comme un régulateur, mais, en outre, oscille ou tourne avec une énergie toujours croissante. Nous aurons l'analogue de ce qui arrive quand une certaine quantité de chaleur est communiquée au plomb. Les atomes sont éloignés l'un de l'autre (dilatation); mais pendant qu'ils s'éloignent, ils vibrent ou tournent avec une intensité graduellement croissante. Ainsi la chaleur impartie au plomb se résout :

[1]. Tyndall, la *Chaleur*, leçon V^e, page 137.

1° En énergie atomique potentielle (nouvelle position des atomes à la suite d'écartement);

2° En une sorte de musique atomique (oscillation des atomes); cette portion musicale est seule capable d'agir sur nos thermomètres ou d'affecter nos nerfs. »

III° LE TRAVAIL EXTÉRIEUR QU'ACCOMPLIT LA CHALEUR. — La chaleur accomplit donc deux travaux dans l'intérieur des corps :

1° Elle échauffe les corps;
2° Elle surmonte les résistances intérieures.

A ces deux travaux intérieurs, elle ajoute un troisième travail, celui qui consiste à vaincre la résistance extérieure, celle de l'atmosphère, tout au moins, à défaut des travaux que lui impose l'homme, tels que soulever le piston d'un cylindre, etc.

Réciproquement, si le même corps échauffé est ensuite refroidi, la chaleur qu'il dégage provient des trois opérations précédentes effectuées en sens inverse.

1° Une partie de la chaleur dégagée est produite par la pression qui s'exerce à la surface extérieure du corps;

2° Une autre partie est produite par les attractions moléculaires lorsque les molécules se rapprochent l'une de l'autre et reprennent leurs positions primitives;

3° Le reste de la chaleur dégagée est la chaleur sensible du corps, laquelle se propage au dehors en même temps que la température s'abaisse [1].

1. Notes recueillies au cours de physique de M. Desains, à la Sorbonne, 1866-1867.

On voit par là que la quantité de l'énergie totale, quels que soient les travaux opérés, reste constante.

V° — LA QUANTITÉ DE CHALEUR NÉCESSAIRE POUR ACCOMPLIR LES DEUX TRAVAUX INTÉRIEURS ET LE TRAVAIL EXTÉRIEUR VARIE SELON L'ÉTAT PHYSIQUE DES CORPS; CETTE QUANTITÉ S'APPELLE LA CHALEUR SPÉCIFIQUE ORDINAIRE

Si les corps avaient tous le même état ; et si, dans ce même état, ils avaient leurs molécules orientées de la même façon, il s'ensuivrait que la portion de chaleur employée pour déranger l'orientation des molécules et amener celles-ci à un groupement nouveau serait la même pour tous les corps. Or les corps sont loin d'être dans ces conditions :

1° Ils peuvent affecter trois états différents, à savoir, l'état solide, l'état liquide, l'état gazeux ;

2° Le groupement des molécules est différent dans chacun d'eux, ainsi que le montre, entre autres, la différence dans la structure cristalline.

Il résulte de là que les quantités de chaleur contenues dans les divers corps ne sont pas du tout accusées exactement par leur température. « Pour élever de 1°, par exemple, la température d'un kilogramme d'eau, il faudrait 30 fois la quantité qui est nécessaire pour élever de 1° la température d'un kilogramme de mercure.

Réciproquement, le kilogramme d'eau, en baissant de 1°, abandonnerait 30 fois la quantité de chaleur abandonnée par un kilogramme de mercure. Prouvons par une très simple expérience les différences qui existent entre les corps relativement à la quantité de chaleur qu'ils contiennent.

« Voici, d'une part, un large gâteau de cire d'abeilles de 12 millimètres d'épaisseur; de l'autre, un vase contenant de l'huile actuellement à la température de 180°. J'ai plongé dans l'huile chaude plusieurs balles de différents métaux, fer, cuivre, étain, plomb et bismuth. Elles ont toutes à présent la même température, à savoir, celle de l'huile, c'est-à-dire 180°. Très bien! Je tire de l'huile ces balles qui ont toutes 180°, et je les pose sur le gâteau de cire, lequel est maintenu à une certaine hauteur au moyen d'un support. Les balles font fondre la cire et s'y enfoncent. Mais je vois qu'elles s'enfoncent avec des vitesses différentes. Le fer et le cuivre s'implantent dans la masse fusible bien plus vigoureusement que les autres métaux; l'étain vient ensuite; mais le plomb et le bismuth restent tout à fait en arrière. Ah! voici que le fer a traversé la cire de part en part et tombe; le cuivre le suit; je puis voir le fond de la boule d'étain poindre tout juste à la surface inférieure du gâteau, mais il ne peut aller plus loin; quant au plomb et au bismuth, ils ont fait bien peu de chemin, incapables qu'ils sont de dépasser la demi-épaisseur du gâteau.

« Si donc, prenant des poids égaux de différentes substances, je les chauffais toutes à 100° et déterminais la quantité exacte de chaleur que chacune d'elles cède en se refroidissant de 100° à 0°, je trouverais des quantités de chaleur très différentes pour les différentes substances. Comment ce problème peut-il être résolu?

A. Des hommes éminents ont essayé de le résoudre en observant le *temps* qu'un corps exige pour se refroidir. Naturellement, plus est grande la quantité de chaleur possédée par les atomes, plus les corps exigeront de temps pour se refroidir.

B. Les quantités relatives de chaleur abandonnées par différents corps ont aussi été déterminées en les plongeant, lorsqu'ils étaient chauds, dans de l'*eau froide*, et en observant le gain d'une part, la perte de l'autre.

C. Le problème a encore été résolu par l'observation des quantités de glace que peuvent liquéfier différents corps en s'abaissant de 100° à 0°.

« Ces différentes méthodes ont donné des résultats concordants. Prenant pour unité la quantité de chaleur abandonnée par un kilogramme d'eau pendant que la température baisse d'un degré, les nombres suivants expriment la quantité de chaleur abandonnée par un kilogramme de chacune des substances correspondantes :

Eau.	1,0000	Étain.	0,0562.
Fer.	0,1138	Plomb.	0,0314.
Cuivre.	0,0951	Bismuth.	0,0308.

« Un coup d'œil jeté sur ce tableau explique pourquoi il s'est fait que, dans le cas du fer et du cuivre, nos balles ont traversé la cire de part en part en la fondant, tandis que le plomb et le bismuth étaient impuissants à les imiter; on constate encore que l'étain occupe ici la position que nous lui avions assignée d'après l'expérience faite avec le gâteau de cire.

« Chacun de ces nombres exprime ce que l'on a appelé jusqu'ici *la chaleur spécifique* ou la capacité pour la chaleur de la substance à laquelle il correspond [1]».

VI° — CHEZ LES CORPS SOLIDES, LES TROIS CINQUIÈMES ENVIRON DE LA CHALEUR SPÉCIFIQUE ORDINAIRE SONT EMPLOYÉS A ROMPRE LES LIENS MOLÉCULAIRES ; LES DEUX CINQUIÈMES RESTANTS SERVENT A ÉCHAUFFER LA SUBSTANCE ; CETTE DERNIÈRE PORTION S'APPELLE LA CHALEUR SPÉCIFIQUE ABSOLUE

La chaleur, nous venons de le voir, accomplit trois travaux :

1° Elle augmente la température ;
2° Elle surmonte les résistances intérieures ;
3° Elle surmonte les résistances extérieures.

A. Le premier travail produit la température ; en appelant K la quantité de chaleur requise par un corps pour s'échauffer de 1 degré, K représentera la vraie capacité calorifique de la substance, puisque les deux autres portions de la chaleur communiquée à la substance sont employées à deux travaux d'un genre mécanique différent. A cette vraie capacité calorifique on a donné le mauvais nom, mais d'un sens assez clair, de *chaleur spécifique absolue*.

---

1. TYNDALL, la *Chaleur*, leçon V°, page 140.

La capacité calorifique absolue doit rester constante pour un même corps, quel que soit l'état de ce corps; car elle dépend uniquement de l'inertie des molécules et de l'accroissement de force vive qu'elles acquièrent; or cette force vive est rigoureusement proportionnelle à la température. Il s'ensuit que la quantité de chaleur qu'absorbera un corps pour s'élever d'un certain nombre de degrés sera égale à autant de fois la capacité absolue qu'il y aura de degrés de température à prendre; en d'autres termes, elle sera égale à la capacité calorifique absolue multipliée par ce nombre de degrés.

B. Le travail employé à vaincre les résistances intérieures est assez difficile à préciser; il est plus ou moins grand selon la cohésion et les autres propriétés physiques du corps, telles que la ténacité, la dureté, l'élasticité, etc. Par exemple, le calorique nécessaire pour produire la vaporisation varie selon le degré de cohésion du liquide; les vapeurs ont généralement une capacité calorifique moitié moindre que celle des liquides qui les ont engendrées.

C. Quant au travail employé à vaincre la résistance extérieure, il est moins difficile de le calculer lorsque cette résistance extérieure se borne à celle qu'apporte la pression atmosphérique.

Ces trois quantités de travail sont, avons-nous dit précédemment, confondues en une seule dans la quantité désignée par les physiciens sous le nom de *chaleur spécifique ordinaire*. La chaleur spécifique ordinaire comprend donc trois choses, à savoir :

1° La capacité absolue multipliée par la température de l'expérience;

2° Le travail de séparation moléculaire ou travail intérieur;

3° Le travail extérieur.

Il nous est généralement impossible d'isoler dans nos expériences les trois parties de cette somme; cependant certaines classes de substances se prêtent plus ou moins facilement à la détermination de quelques-unes de ces quantités.

A. Les gaz, par exemple, peuvent s'échauffer sous un volume constant; alors le 3° terme de la somme (*travail extérieur*) devient nul.

De même pour les solides; on peut, en effet, négliger ce 3° terme par rapport aux autres.

B. La dilatation sensiblement uniforme de tous les gaz nous apprend que le *travail intérieur* dans ces substances est extrêmement faible, puisque les molécules sont indépendantes l'une de l'autre; si nous le regardons comme *nul* dans les gaz parfaits (hydrogène, oxygène, azote), nous serons autorisés à croire que dans les gaz qui pour nous se rapprochent le plus de l'état gazeux théorique, le produit du poids atomique multiplié par la capacité calorifique absolue, ou en lettres $P \times K$, pourra être constant. En déterminant la valeur de K (*capacité calorifique absolue*) et en multipliant ce nombre par P (*poids atomique*), M. Hirn a obtenu une quantité identique pour l'oxygène, l'hydrogène et l'azote. Cette quantité, si l'on prend l'atome d'hydrogène pour unité, est égale à 3,875.

Admettant le produit P × K comme constant, et lui donnant la valeur moyenne de 3,875, on pourra se servir de ce résultat pour opérer sur un corps quelconque et calculer le *travail intérieur*. Cette détermination est facile dans le cas des solides, car on peut négliger la quantité toujours très petite du *travail extérieur*. Ces calculs ont été faits par M. Hirn; en voici quelques exemples tirés de son ouvrage, *Théorie mécanique de la chaleur*, 1re partie, page 314.

La première colonne de nombres donne la *chaleur spécifique* ordinaire représentée par la lettre C; la seconde colonne, le *travail intérieur* exprimé en quantités de chaleur et représenté par la lettre T; la troisième colonne, la *capacité calorifique absolue* représentée par la lettre K, laquelle capacité s'obtient en soustrayant de la chaleur spécifique ordinaire le travail intérieur.

	C		T		K
Eau.....	1,0000	diminué de	0,6000	donne	0,4000.
Fer.....	0,1137	diminué de	0,0690	donne	0,0442.
Zinc.....	0,0955	diminué de	0,0583	donne	0,0372.
Cuivre...	0,0951	diminué de	0,0573	donne	0,0378.
Argent...	0,0571	diminué de	0,0348	donne	0,0223.
Étain....	0,0562	diminué de	0,0358	donne	0,0204.
Or......	0,0325	diminué de	0,0202	donne	0,0123.
Platine...	0,0324	diminué de	0,0202	donne	0,0122.
Plomb....	0,0314	diminué de	0,0196	donne	0,0118.
Bismuth...	0,0308	diminué de	0,0198	donne	0,0110.

On voit par là que, d'une manière générale, dans les corps solides, les *trois cinquièmes* environ de la chaleur communiquée à leur masse sont employés à accomplir un travail intérieur; les *deux cinquièmes* restants servent à échauffer la substance [1].

Ci-dessus, nous avons regardé comme nul le travail intérieur dans les gaz dits permanents, hydrogène, azote, oxygène; malheureusement, il n'en est pas ainsi. Les expériences de Regnault, puis celles de W. Thomson et de Joule, ont prouvé que le travail intérieur, déjà sensible pour l'hydrogène, devient plus grand pour l'air. On ne peut donc prétendre à une valeur rigoureusement exacte de la chaleur spécifique absolue d'un gaz. Toutefois ce travail intérieur est si faible que la chaleur consommée pour accomplir ce travail peut être, dans la pratique, considérée comme négligeable.

Comme il faut des expériences très délicates pour déceler le faible travail intérieur qui se fait dans l'hydrogène et dans l'air, on est amené à concevoir, comme état-limite, un état où la cohésion de ces gaz serait *nulle;* cet état particulier serait l'état parfait. Évidemment, la cohésion des particules étant nulle,

---

[1]. Secchi, *Unité des forces*, livre I", chap. xiii.
Ces nombres doivent être accueillis avec réserve; toutefois ils ne doivent pas s'écarter beaucoup de la vérité. En effet, si les corps étaient à l'état de cohésion parfaite, et ils le seraient à — 273°, le travail de séparation moléculaire absorberait les $\frac{3}{4}$ de la chaleur fournie, ainsi qu'on le verra ci-après; or on expérimente sur les corps ordinairement à la température de 0°, c'est-à-dire sur les corps ayant 273 degrés de plus qu'ils n'auraient à l'état de cohésion parfaite; il s'ensuit que les molécules à 0° doivent avoir éprouvé un écartement assez sensible pour que le travail de séparation, au lieu d'absorber les $\frac{3}{4}$ de la chaleur fournie, n'en absorbe plus que les $\frac{3}{5}$.

nul serait le travail intérieur puisqu'il n'y aurait aucun lien à rompre. Dans ce cas, toute la chaleur employée servirait à élever la température du gaz parfait; la chaleur spécifique ordinaire se confondrait avec la chaleur spécifique absolue; toutes deux ne feraient qu'une seule et même chaleur spécifique, à savoir, la chaleur spécifique absolue. Les gaz difficilement liquéfiables, tels que l'hydrogène, l'azote et l'oxygène, se rapprochent beaucoup de cet état-limite, dans les états où l'on observe habituellement ces gaz.

Inversement, on peut concevoir pour les solides un état-limite où la cohésion serait au maximum. La cohésion serait parfaite si le corps solide était dénué de toute chaleur interne, c'est-à-dire si sa température était voisine de $-273°$. Comme le travail extérieur chez les corps solides est extrêmement faible, surtout lorsque la cohésion se rapproche du maximum, on a calculé que la quantité de chaleur qui se consommerait pour rompre les liens de la cohésion serait *triple* de la quantité de chaleur qui échaufferait le corps solide, c'est-à-dire triple de la chaleur spécifique absolue. En d'autres termes, sur une quantité définie de chaleur étrangère fournie à un corps solide, les *trois quarts* serviraient à rompre les liens moléculaires, et *un quart* seulement à échauffer la substance. Ce quart serait la chaleur spécifique absolue du corps solide. De même qu'à l'état des gaz où la cohésion est nulle on donne le nom d'état gazeux parfait, de même à l'état des solides où la cohésion est maximum on peut donner le nom d'état solide parfait.

Ces deux états, dont l'un est celui où la cohésion serait nulle, et l'autre, celui où la cohésion serait parfaite, sont deux états extrêmes, deux états-limites ainsi qu'on les appelle; entre les deux peuvent s'échelonner nombre d'états intermédiaires [1].

VII° — LA QUANTITÉ DE MOUVEMENT IMPRIMÉE AUX MOLÉCULES DES CORPS PAR LA CHALEUR SPÉCIFIQUE ABSOLUE EST INVERSEMENT PROPORTIONNELLE AUX MASSES DE CES CORPS.

Les différentes valeurs des chaleurs spécifiques ordinaires dépendent de la plus ou moins grande cohésion qui unit les dernières particules des corps. Si les atomes étaient isolés, ils auraient tous alors la même chaleur spécifique, c'est-à-dire qu'une quantité de chaleur donnée agissant sur un certain nombre d'atomes de corps simples ou composés déterminerait une égale élévation de température. Cela revient à dire qu'une action mécanique étant donnée, cette action produira un travail égal sur les atomes de tous les corps, toutes les fois qu'elle aura seulement à vaincre l'inertie moléculaire. Or les atomes ont des masses très différentes les unes des autres puisque leurs poids, représentés par les équivalents, ne sont pas les mêmes [2]; donc, sous l'action d'une même

---

1. MOUTIER, *Thermodynamique*, pages 125, 451, 473, 478, 512, 540, 563.
2. Le poids atomique est le nom que dans la théorie atomique on donne à l'équivalent. Par exemple :
1° Soient l'équivalent de l'hydrogène 1; celui de l'azote 14; celui de l'arsenic 75, etc...

quantité de chaleur communiquée, ils doivent prendre des vitesses extrêmement diverses. De même que dans la mécanique ordinaire, une même force imprime une quantité de mouvement inversement proportionnelle aux masses des corps qu'elle sollicite [1]; de même dans la mécanique moléculaire, une même force calorifique imprime aux atomes qu'elle sollicite une quantité de mouvement oscillatoire inversement proportionnelle aux masses des atomes; or ces masses sont représentées par les équivalents ou les poids atomiques. Comme la quantité de mouvement calorifique imprimée aux atomes d'un corps est représentée par le produit $P \times K$ (poids atomique multiplié par chaleur atomique absolue); comme la quantité de mouvement de translation imprimée à la masse d'un corps est représentée par le produit $M \times V$ (masse multipliée par vitesse); enfin comme P, poids des atomes, correspond à M, représentant de la masse du corps, et que K, mouvement calorifique des atomes, correspond à V, mouvement de la masse du corps [2],

---

⁎ Soit le gramme adopté pour unité de mesure;
On dira : Le poids atomique de l'hydrogène est 1 gramme;
Le poids atomique de l'azote est 14 grammes;
Le poids atomique de l'arsenic est 75 grammes, etc.

On sait que dans la théorie atomique certains équivalents ont leur nombre doublé. Exemple : L'équivalent de l'oxygène est 8; son poids atomique est 16.

1. Voir chapitre *Principe de l'inertie*, note de la page 295.
2. A. Quantité du mouvement de translation de la masse d'un corps $= MV$.
B. Quantité du mouvement calorifique des atomes du corps $= PK$.

on saisit sur-le-champ l'identité qui existe entre les lois mécaniques qui régissent les atomes et celles qui régissent la masse [1].

VIII° — A L'ÉQUIVALENCE DES POIDS DANS LES COMBINAISONS DE LA MATIÈRE CORRESPOND, EN PLUSIEURS CAS, L'ÉQUIVALENCE DU TRAVAIL THERMIQUE DE L'ÉNERGIE

Au chapitre III de la première section de ce livre : *Lois des combinaisons de la matière*, nous avons vu que les corps se combinaient entre eux dans un rapport constant ; que ce rapport constant, exprimable en poids, avait reçu le nom d'équivalent. Par exemple, en prenant 1 gramme d'hydrogène pour unité de mesure, on constate que 127 grammes d'iode se combinent avec $107^{gr},9$ d'argent; avec 75 grammes d'arsenic; avec $39^{gr},1$ de potassium; avec 23 grammes de sodium, etc.; et réciproquement. De là le nom de loi des équivalents donné à cette combinaison des corps en un rapport constant.

A la loi des quantités équivalentes de matière ne correspondrait-il pas une loi de quantités équivalentes d'énergie calorifique? Si l'on exprime par 3,4 la quantité de combustible nécessaire pour élever de 1 degré centigrade la température d'un équivalent d'hydrogène, soit de 1 gramme d'hydrogène, on a constaté que sensiblement la même quantité de combustible, à savoir, la quantité 3,4, élevait de 1 degré

---

[1]. Secchi, *Unité des forces*, livre I", chapitre xiii, page 186.

la température de 107^{gr},9 d'argent, de 75 grammes d'arsenic, de 39^{gr},1 de potassium, etc. On a donc cru avoir trouvé cette loi d'équivalence thermique qui aurait correspondu à la loi d'équivalence des poids matériels. Admettons provisoirement que la loi découverte soit exacte, et continuons de l'exposer à ce point de vue hypothétique.

Ramenons à l'unité du gramme la quantité d'énergie thermique qui élève à 1 degré centigrade la température des poids équivalents. Si 75 grammes d'arsenic exigent 3,4 de combustible pour s'élever à 1 degré centigrade, 1 seul gramme d'arsenic en exigera 75 fois moins; d'où $\frac{3,4}{75}$, etc. Le produit de la division est ce qu'on appelle la chaleur spécifique du corps rapportée à l'unité de poids, soit à 1 gramme.

De cette définition de la chaleur spécifique rapportée à l'unité de poids, il résulte que plus le poids équivalent d'un corps est élevé, plus sa chaleur spécifique est faible. Il y a donc une gradation décroissante à partir de la chaleur spécifique de l'hydrogène, dont le poids équivalent est 1, jusqu'à celle du thallium, dont le poids équivalent est 204.

Cette gradation décroissante des chaleurs spécifiques rapportées à l'unité de poids (à savoir, 1 *gramme*) est parallèle à la gradation croissante des poids équivalents; cela est nécessaire puisque le premier terme de la série, à savoir, l'hydrogène, dont l'équivalent est 1, exige, pour être élevé à 1 degré centigrade, autant de chaleur que le poids équivalent de chacun des autres corps simples ; puisqu'enfin le dernier terme de la série, à savoir, le thallium, dont le poids équivalent est 204 grammes, exige, pour être élevé à 1 degré centigrade, la même quantité de chaleur que le poids équivalent de l'hydrogène, lequel est seulement 1 *gramme*.

Réciproquement, si la chaleur spécifique rapportée à l'unité de poids est le quotient de la division du poids équivalent total par la quantité calorifique 3,4, il est clair qu'en multipliant le poids équivalent total par cette chaleur spécifique on retrouvera la quantité constante 3,4. Cette opération est, en effet, la contre-épreuve de l'autre.

En résumé, en supposant que les expériences calorifiques faites sur le poids équivalent de chacun des corps simples aient donné des résultats conformes aux espérances théoriques qu'on avait conçues, on aurait eu, parallèlement à la loi des équivalents (en poids) de la matière, la loi des équivalents (en chaleur) de l'énergie. Telle est la signification qu'aurait eue la loi des chaleurs spécifiques, si connue sous le nom de loi de Dulong et Petit. La conséquence immédiate de l'établissement d'une telle loi eût été la suivante : Étant déterminé l'équivalent d'un corps simple, on en eût déduit sur-le-champ la chaleur spécifique ; et réciproquement, étant déterminée la chaleur spécifique d'un corps nouveau, on en eût déduit l'équivalent de ce corps.

Malheureusement, si la loi Dulong et Petit s'est trouvée exacte pour les gaz parfaits, on a reconnu qu'elle était en défaut pour un grand nombre de corps simples. En doublant le poids équivalent de ces corps simples, les partisans de l'hypothèse des atomes ont essayé de faire rentrer ces corps simples dans la loi Dulong et Petit ; de là le nom de *poids atomiques* qu'on donne aux poids équivalents, doublés ou non, dans la théorie atomique. Mais malgré ce doublement, il est resté, entre la quantité constante théorique et la quantité réelle donnée par l'expérience, certains écarts tels qu'il est impossible d'admettre la loi Dulong et Petit comme étant valable pour tous les corps simples, liquides ou solides ; elle est exacte et rigoureuse seulement pour les gaz parfaits. A l'Appendice, on trouvera exposé méthodiquement l'examen critique auquel M. Berthelot a soumis la loi Dulong et Petit, ainsi que les vues qui en résultent sur la constitution des corps solides. Dans l'état actuel de la science, les anomalies contre lesquelles s'est heurtée la loi Dulong ne sont pas résolubles.

Dans la science de la matière, la loi des proportions multiples s'adjoint à la loi des équivalents ; dans la science de l'énergie, après qu'on eût cru avoir établi la loi des équivalents calorifiques, on essaya d'adjoindre à celle-ci une loi des proportions calorifiques multiples. A part quelques résultats partiels qui semblent favorables, les recherches ont été frappées d'insuccès[1].

1. Voir Berthelot, *Essai de mécanique chimique*, tome 1ᵉʳ, page 344, § 3. Proportions calorifiques multiples.

IX° — VARIATIONS DU TRAVAIL THERMIQUE DANS LES CORPS LORSQUE LES CORPS PASSENT D'UN ÉTAT PHYSIQUE A UN AUTRE ÉTAT PHYSIQUE

Les effets produits par une même quantité de mouvement calorifique extérieur communiquée à une masse matérielle diffèrent selon l'état physique sous lequel cette matière se présentera. Par exemple, la quantité de mouvement qui, dans un gaz, produit un certain déplacement rectiligne des molécules et, par suite, un redoublement d'intensité dans leurs chocs réciproques, ne produirait pas le même effet si le corps était liquide; car les molécules, dans ce dernier, étant cernées par leurs voisines, les collisions sont plus fréquentes; par suite, il faudra des quantités différentes de force vive dans les deux cas pour obtenir dans une substance donnée un même accroissement de vibrations thermiques, c'est-à-dire de température; autrement dit, *la capacité calorifique d'un corps change avec l'état physique du corps.*

Cette déduction est justifiée par l'expérience; car on a reconnu que, dans tous les corps liquides, les chaleurs de température sont plus grandes qu'elles le sont pour les mêmes corps à l'état gazeux. La capacité calorifique de l'eau à l'état liquide est 1; à l'état de vapeur, elle est égale à 0,475. Il en est de même des autres corps; de sorte qu'à très peu près la capacité des fluides réduits à l'état gazeux serait généralement la moitié de celle qu'ils présentent à l'état liquide [1].

La chaleur spécifique dans l'état liquide est plus grande que dans tout autre état. « Il résulte de là, dit M. Berthelot, que l'accroissement d'énergie, c'est-à-dire la variation des travaux moléculaires, jointe à la variation des forces vives de rotation et de vibration, offre une valeur bien plus grande dans les liquides que dans les gaz, pendant un même intervalle de température : relation contraire à celle que l'on aurait été porté à admettre *à priori*, puisque les particules des gaz présentent en plus le mouvement de translation. Il semble que la grande énergie intérieure que possèdent les gaz s'accumule peu à peu dans le liquide qui va les fournir, avant sa vaporisation, à la façon d'un ressort qui se banderait progressivement [2]. »

Dans le passage d'un état à un autre état, les changements ne se font pas par des degrés insensibles;

---

[1]. On trouvera dans Berthelot, *Essai de mécanique chimique*, tome I", page 459, les tableaux des chaleurs spécifiques sous les trois états. Les chaleurs spécifiques y sont rapportées au double de l'équivalent de la substance; pour les ramener à l'unité de poids, c'est-à-dire à 1 *gramme*, on n'a qu'à les diviser par le double de l'équivalent.

Jamin, *Petit traité de physique*, page 148, donne le tableau suivant des variations de la chaleur spécifique selon l'état physique des corps :

	État solide	liquide	gazeux.
1° Eau.....	0,5010....	1,0000.....	0,4750.
2° Phosphore.	0,1887....	0,2045....	»
3° Brome...	0,0843....	0,1109....	0,0551.
4° Étain....	0,0562....	0,0637....	»
5° Plomb....	0,0314....	0,0402....	»

[2]. Berthelot, *Essai de mécanique chimique*, tome I", page 456.

mais le phénomène paraît s'établir brusquement ; ainsi, lors de la *solidification* d'un liquide, les capacités calorifiques changent subitement. Les brusques variations éprouvées par un corps en passant d'un état à un autre sont dues à des causes multiples : au moment de la *liquéfaction d'un gaz*, elles peuvent s'expliquer par la délimitation apportée à l'amplitude des mouvements de translation ; dans la solidification, rien n'empêche de les attribuer à l'orientation des axes et au changement du moment d'inertie des molécules [1].

I° PASSAGE DE L'ÉTAT SOLIDE A L'ÉTAT LIQUIDE. — Entre une substance à l'état solide et la même substance à l'état liquide existent les différences suivantes chez le corps à l'état solide :

A. Un plus grand rapprochement des parties ;

B. Un mouvement synchrone (qui se fait dans le même temps et au même moment) des dernières molécules constituant un système qui oscille comme s'il était un atome unique ;

C. Une orientation dans les axes de rotation ;

D. Une adhérence qui est propre aux atomes réunis dans un même élément cristallin (cohésion).

Un solide ne pourra donc se liquéfier si ses molé-

---

1. SECCHI, *Unité des forces*, page 78, 154. — LITTRÉ, *Dictionnaire*. — Moment d'inertie d'un corps, la somme des produits de chaque masse élémentaire par le carré de sa distance à un axe de rotation. — Étymologie : *momentum*, de *movere* mouvoir ; ce qui fait pencher la balance.

Voir le chapitre de ce livre *Principe de l'inertie de rotation*, la formule *mor²*, page 307.

cules ne reçoivent pas une quantité de mouvement suffisante pour :

A. Éloigner leurs centres;

B. Rompre les groupes oscillant d'une façon synchrone;

C. Désorienter les axes;

D. Surmonter la cohésion.

Par conséquent, *pendant sa fusion*, un solide, afin d'accomplir ces divers travaux, absorbera du calorique, c'est-à-dire qu'il exigera l'apport d'une nouvelle quantité de mouvement intérieur; il ne pourra changer d'état si cette quantité ne lui est pas fournie par des sources étrangères. Ce calorique servira tout entier à donner à un certain nombre de molécules les impulsions nécessaires pour briser leurs liens, et nullement à accroître les vibrations de la masse restante. Aussi la *température restera-t-elle stationnaire durant la fusion*. Le travail accompli par la force surajoutée sera précisément la destruction des liens moléculaires.

Réciproquement, lors de la solidification d'un liquide, il faudra lui enlever toute la quantité de mouvement dont nous venons de parler (calorique de fusion); de telle sorte que, si par un artifice particulier le corps est maintenu liquide à une température inférieure au point de solidification, comme cela arrive pour les masses d'eau maintenues dans une immobilité absolue [1], la partie qui se solidifie lors de

---

[1]. Balot, *Théorie mécanique de la chaleur*, page 92. M. Mousson a pu maintenir l'eau liquide jusqu'à — 18°, en la comprimant à mille atmosphères; M. Helmholtz a aussi démontré que

la congélation cède de la chaleur à celle qui reste liquide. En d'autres termes, la vitesse perdue par les molécules de la portion solidifiée se communique aux autres, et le tout remonte à la température normale de la fusion. Cette propriété n'appartient pas exclusivement à l'eau; mais on la retrouve dans quelques autres liquides, dans certains métaux, le plomb et l'étain par exemple. Le dégagement de chaleur est parfois très considérable: ainsi l'acide vanadique s'enflamme; la zircone fait de même, et l'acide arsénieux produit des étincelles [1].

A. *Fusion*. Dans la fusion, on constate deux lois :

1° Chaque substance commence à se liquéfier à une température déterminée constante, que l'on nomme son *point de fusion;*

2° La température demeure *invariable* depuis le commencement où la fusion commence jusqu'à celui où elle est complète.

B. *Solidification*. En repassant à l'état solide, les liquides obéissent à deux lois qui correspondent à celles de la fusion :

1° Le *point de solidification* d'une substance est fixe; il est le même que le point de fusion;

2° La température est *invariable* pendant le temps de la solidification.

A. Toute fusion est accompagnée d'une *destruction* de chaleur;

---

réciproquement, si la pression diminue au-dessous de la pression atmosphérique, la température de fusion de la glace s'élève.

1. Secchi, *Unité des forces*, page 89.

B. Toute solidification est accompagnée d'une *production* de chaleur [1].

Tous ces faits sont expliqués par la théorie mécanique ci-dessus exposée; ils montrent que l'énergie se conserve intacte dans les transformations des corps, et que la quantité en reste constante.

II° PASSAGE DE L'ÉTAT LIQUIDE A L'ÉTAT GAZEUX.

§ I**er** **La vaporisation.** — 1° *Mécanisme de la vaporisation.* — Lorsqu'on soumet à l'action de la chaleur un corps liquide, une masse d'eau, par exemple, voici les faits qu'on observe :

Il se produit un travail de *dilatation* consistant en une augmentation de volume. Cette dilatation, pour se faire, exige que les résistances intérieures soient vaincues; par conséquent, outre la chaleur nécessaire pour élever la température du corps, il en faut une certaine quantité pour suffire à ce travail intérieur. La dose de chaleur consommée pendant la dilatation est nommée *calorique spécifique*, ainsi que nous l'avons vu. Ce nombre est donc la somme de deux quantités de chaleur : l'une qui échauffe, l'autre qui travaille.

La chaleur continuant à agir, la température de la substance chauffée, à partir d'un certain degré, cesse de s'accroître, et le volume d'augmenter; toute la chaleur fournie au liquide est employée à la transformer en *vapeur*, c'est-à-dire à surmonter : 1° les pressions intérieures dues à la cohésion des molécules

---

[1]. JAMIN, *Petit traité de physique*, pages 178, 183.

liquides; 2° la pression extérieure, si la vapeur est libre de se dilater.

Toute vaporisation comprend trois opérations :

A. Il faut chauffer la masse à un degré voulu;

B. Il faut vaincre la résistance moléculaire intérieure;

C. Il faut dilater le liquide et en écarter les molécules à un degré nécessaire pour le transformer en vapeur.

Le mouvement des molécules présentera donc trois phases très distinctes :

A. La vibration moléculaire acquiert une intensité déterminée (par le degré de température auquel on chauffe le corps);

B. Les pressions intérieures (dites forces moléculaires, cohésion, affinité, structure) sont vaincues;

C. Les molécules sont lancées avec une vitesse telle qu'elles deviennent plus ou moins indépendantes.

Evidemment ce dernier travail absorbera, à lui seul, une force vive énorme; aussi, pour gazéifier une masse liquide, il faut une quantité de chaleur supérieure de beaucoup à celle qui en produit la simple dilatation; cette quantité est nommée *calorique de vaporisation*.

2° *Comparaison entre la vaporisation et la fusion.* — En comparant la fusion d'un corps à la vaporisation (la vaporisation d'un corps solide s'appelle volatilisation), on reconnaît que ce sont deux phénomènes analogues; mais la quantité de vitesse que l'on doit communiquer aux molécules dans ces deux circonstances n'étant pas la même, la quantité de mouvement nécessaire à un corps pour passer d'un de ces états à l'autre sera pareillement différente. En effet, l'eau, en passant de l'état solide à l'état liquide, absorbe 79 calories; en se réduisant en vapeur, elle en prend 606, c'est-à-dire près de huit fois plus. Une fois le corps amené à un nouvel état, sa sensibilité au mouvement ne reste pas la même qu'auparavant : *sa capacité calorifique change.* Ainsi la glace et l'eau ont une chaleur spécifique assez différente; celle de la première est la moitié de celle de la seconde. *Ce point est très important.*

3° *Après la vaporisation.* — La masse liquide étant réduite à l'état de vapeur, si on lui fournit une nouvelle quantité de chaleur, celle-ci sera tout entière employée à dilater la vapeur produite et à en élever la température. Mais évidemment, pour échauffer le corps pris à l'état aériforme, il ne faudra pas la même quantité de travail que s'il était liquide; les molécules n'étant plus gênées par leurs voisines, le calorique nécessaire à la dilatation diminuera. Donc pour élever la température d'une masse égale d'une substance donnée, il ne faudra pas le même nombre de calories suivant son état liquide ou gazeux.

4° *Retour de l'état de vapeur à l'état liquide.* — Lorsqu'un corps passe de l'état de fluide élastique à celui de liquide, le même cycle d'opérations s'accomplit en sens inverse.

§ II. **La dissociation.** — Par la découverte du phénomène de la dissociation, Henri Sainte-Claire Deville a ouvert une voie nouvelle à la science; il a rattaché les décompositions chimiques par un lien étroit au phénomène purement physique de la formation des vapeurs [1].

Vu l'importance de la dissociation, il sera bon de reprendre les choses à leur point de départ afin de montrer nettement la filière des états physiques qui se succèdent l'un à l'autre pour aboutir à la dissociation des molécules en leurs éléments constitutifs. Au surplus, cette revue rapide permettra de préciser le genre de mouvement qui amène progressivement les molécules à rompre, l'une après l'autre, les liens du système auquel elles appartiennent. En replaçant sous les yeux cette succession d'états physiques due à l'énergie croissante d'un seul mécanisme, à savoir, celui de la rotation, l'esprit saisira mieux l'étroite liaison qui unit le phénomène de la dissociation à celui de la fusion et de la vaporisation.

Préalablement, rappelons qu'une molécule est un système composé de deux ou de plusieurs atomes; que les atomes et les molécules peuvent être animés de deux genres de mouvement, à savoir, translation et rotation; que les oscillations et les vibrations se rattachent à la translation; et les librations, à la rotation.

Rappelons encore que les molécules des solides n'ont plus de mouvement rotatoire, et que la translation y est limitée à de faibles oscillations;

---

[1]. Dumas, *Comptes rendus*, 21 septembre 1868.

Que les liquides ont le mouvement rotatoire, mais faible et, peut-être, réduit dans les liquides fixes à de fortes librations autour d'un axe; que le mouvement oscillatoire y est plus ample que dans les solides, mais que toutefois les molécules sont assez rapprochées l'une de l'autre pour que les attractions s'exercent entre les molécules et les maintiennent en un système défini et limité par des surfaces de niveau;

Enfin, que les gaz ont leurs molécules animées d'un mouvement rotatoire et d'un mouvement de translation rectiligne très vifs; et que toutes les molécules gazeuses sont indépendantes l'une de l'autre.

Ce rappel à la mémoire étant ainsi accompli, suivons un corps solide dans les phases où le fera passer l'action continue et croissante d'une source extérieure de chaleur.

Ire Phase : *Fusion*. — A. En soumettant un corps solide à l'action d'une source extérieure de chaleur, le premier phénomène qui se manifeste est l'élévation de la température du corps. L'élévation de la température n'est pas autre chose que l'augmentation de l'amplitude du mouvement d'oscillation imprimé aux molécules du corps solide. Ainsi, ce qui caractérise la température, c'est le *mouvement d'oscillation*.

B. Ensuite, sous l'action continue de la source extérieure de chaleur, un commencement de fusion se manifeste; à partir du moment où le corps commence à se fondre jusqu'à celui où la fusion est achevée, on a beau continuer à chauffer le corps, la température cesse de s'élever : elle reste stationnaire. Qu'est donc devenu l'apport continu de la chaleur extérieure? L'apport continu de la chaleur extérieure s'est divisé en deux portions : la première maintient le mouvement d'oscillation des molécules au degré d'amplitude qu'il avait lorsque la fusion a commencé; l'autre portion s'est employée à faire pirouetter sur elles-mêmes les molécules oscillantes. Ainsi, ce qui caractérise la fusion, c'est le *mouvement de rotation*.

Voici quelle est la situation d'un corps amené à la fusion, c'est-à-dire à l'état liquide : Toutes les molécules sont animées d'un mouvement de rotation, c'est-à-dire qu'elles ont emmagasiné une certaine somme d'énergie potentielle [1]. Ce mouvement de rotation est assez fort pour avoir écarté, par la force centrifuge qu'il développe, les molécules rapprochées et régulièrement orientées du corps solide, et, partant, pour avoir produit la dissolution de l'état solide du système moléculaire. Mais ce mouvement de rotation est encore trop faible pour soustraire les molécules à l'action attractive qu'elles exercent l'une à l'égard de l'autre. Tout en pirouettant sur elles-mêmes, les molécules décrivent d'amples oscillations ou des translations curvilignes qui amènent entre elles un nouvel arrangement et par conséquent l'établissement d'un

---

[1]. Le mouvement de rotation peut se transformer en mouvement de translation, phénomène que connaissent parfaitement les joueurs de billard. Ceux-ci appellent « faire de l'effet » imprimer un vif mouvement de rotation à la bille d'ivoire; lorsque la bille touche la bande, « l'effet se développe », disent les joueurs ; c'est-à-dire que le *mouvement de rotation* se transforme en *mouvement de translation*.

nouveau système, à savoir, le système moléculaire de l'état liquide. Dans ce nouvel état, les molécules, encore dépendantes l'une de l'autre, sont enrichies d'un accroissement d'énergie potentielle, celui que leur donne le mouvement de rotation.

II⁰ Phase : *Vaporisation*. — Continuons de chauffer, c'est-à-dire d'apporter au corps liquide un accroissement de force vive. Qu'arrive-t-il ? Une petite portion de la chaleur sert à augmenter l'amplitude des oscillations ou de la translation. La plus grande portion accroît le mouvement de rotation des molécules; l'augmentation de la force centrifuge qui en résulte, jointe à l'augmentation de la translation, c'est-à-dire de l'écartement des molécules, triomphe enfin de l'attraction qui retenait encore les molécules enchaînées l'une à l'autre en un système peu cohérent, il est vrai, mais toutefois défini et limité. Ayant ainsi emmagasiné une nouvelle quantité d'énergie potentielle, les molécules deviennent indépendantes l'une de l'autre; elles se projettent en translation rectiligne; c'est la dissolution de l'état liquide du système moléculaire. Ainsi, ce qui caractérise la vaporisation, c'est *l'accroissement du mouvement de rotation et l'affranchissement de tout lien d'attraction.*

III⁰ Phase : *Dissociation*. — Continuons de chauffer les molécules gazeuses; qu'arrive-t-il ? Une petite portion de la chaleur augmente le mouvement de translation et de vibration, c'est-à-dire élève la température; l'autre portion accroît l'énergie rotatoire des molécules indépendantes. Cette croissance de l'énergie rotatoire augmente la force centrifuge à un tel point que l'attraction (affinité) qui unit l'un à l'autre les atomes constituants de chaque molécule est vaincue; chaque atome recouvre son indépendance, emportant avec lui, dans son mouvement de rotation, une nouvelle quantité d'énergie potentielle; ce n'est plus seulement la dissolution d'un état physique quelconque du système moléculaire, c'est la dissolution de la molécule elle-même; cette dissolution de la molécule en ses atomes constituants est ce qu'on appelle la *dissociation*.

Remarques : 1º *Chaleur latente*. — On se rend bien compte maintenant de ce que les physiciens appellent *chaleur latente;* cette quantité de chaleur disparue, que n'accuse pas le thermomètre, est précisément la portion de chaleur qui imprime un mouvement de rotation aux molécules. Comme la température est un phénomène d'oscillation, et que le thermomètre n'accuse que ce mouvement, on comprend pourquoi la chaleur transformée en énergie rotatoire est devenue *latente;* elle échappe, en effet, au thermomètre.

2º *Augmentation du taux de la chaleur spécifique*. — La chaleur spécifique est la quantité de calories nécessaire pour élever de 1 degré l'unité de poids d'un corps. Le taux de la chaleur spécifique augmente en proportion de l'élévation de la température du corps chauffé; cela veut dire que, porté à une certaine température, soit à 200 degrés pour fixer les idées, un corps, pour s'élever d'un degré en plus, absorbe une plus grande quantité de calories qu'il le faisait lorsque sa température était entre 0° et 100°. Par exemple, entre 0° et 100°, la chaleur spécifique du fer est 0,1098; entre 100° et 200°, elle devient 0,1255. En particulier, la chaleur spécifique de l'alcool peut, à une température élevée, à savoir, à 150°, devenir double de celle que l'alcool avait à 0°. Entre 5° et 10°, elle est 0,596; entre 15° et 20°, elle est déjà 0,615 [1].

Ce phénomène d'accroissement du taux de la chaleur spécifique trouve son explication naturelle dans l'emploi particulier de la majeure portion de la chaleur extérieure. Cette portion, en effet, sert à augmenter le mouvement de rotation des molécules. Cela est tellement vrai que lorsque le physicien ou le chimiste remarque que le taux de la chaleur spécifique s'accroît, il est sûr que la dissociation des molécules a commencé. La dissociation de la vapeur d'eau nous en donnera un exemple remarquable.

IV° EXEMPLE DE DISSOCIATION : *La vapeur d'eau.* — A

---

[1]. Voici plusieurs exemples de variations de la chaleur spécifique à de hautes températures; extraits de DESAINS, *Leçons de physique*, tome Ier, page 342.

NOMS DES SUBSTANCES.	Entre 0° et 100°		Entre 100° et 200°
1° Mercure	0,0330	.....	0,0350;
2° Zinc	0,0927	.....	0,1015;
3° Argent	0,0557	.....	0,0611;
4° Cuivre	0,0940	.....	0,1013;
5° Fer	0,1098	.....	0,1255.

Voir aussi BERTHELOT, *Essai de mécanique chimique*, tome Ier, pages 443, 457, 468 et suivantes, les tableaux des chaleurs spécifiques aux températures élevées.

400°, l'hydrogène et l'oxygène s'unissent pour former de la vapeur d'eau. Chaque molécule de vapeur d'eau est composée d'un atome d'hydrogène uni à un atome d'oxygène.

A 2000°, toutes les molécules de cette vapeur d'eau sont entièrement dissociées en leurs éléments hydrogène et oxygène.

Or, entre ces deux températures-limites, voici ce qu'on observe :

1° Avant 1000°, on remarque que le taux de la chaleur spécifique de la vapeur d'eau éprouve une augmentation croissante. Cette disparition du calorique fait pressentir une dissociation prochaine ou commençante ; en effet, à 1000°, on constate que le phénomène de la dissociation a commencé faiblement, mais assez toutefois pour qu'on puisse le mesurer.

2° A 1800°, l'énergie calorifique qu'on transmet à la vapeur d'eau disparaît rapidement ; on constate que la dissociation se fait rapidement.

3° A 2000°, la dissociation est complète ; les molécules se sont dissociées en atomes libres d'hydrogène et en atomes libres d'oxygène.

Si la dissociation a décomposé 100 grammes d'eau, ce sont 323 calories qui se sont évanouies pour le thermomètre. Que sont-elles devenues ? Elles ont été successivement emmagasinées sous forme de mouvement rotatoire, d'abord dans les molécules gazeuses, puis dans les atomes libres, hydrogène et oxygène ; elles ont donc augmenté l'énergie potentielle de tout le système.

Lorsque l'atome d'hydrogène se combine à l'atome d'oxygène pour donner une molécule de vapeur d'eau, l'énergie potentielle accumulée dans les atomes libres qui était *latente* se transforme en énergie actuelle *sensible* au thermomètre. En effet, la chaleur dégagée est exactement celle qui avait disparu : elle est de 323 calories.

On le voit donc : dans le cycle des transformations d'une substance qu'on amène à la dissolution, puis qu'on régénère, la quantité de l'énergie transformatrice est restée la même; c'est elle qui est la mesure des travaux accomplis au sein des divers états qu'a successivement affectés la substance.

En résumé, l'accroissement continu du mouvement de rotation fait passer les corps par trois phases distinctes :

1° Il y a *dissolution de l'état solide* du système moléculaire; les attractions réciproques se détendent; les molécules sont moins dépendantes l'une de l'autre; le corps est devenu liquide;

2° Il y a *dissolution de l'état liquide* du système moléculaire; les molécules deviennent toutes indépendantes l'une de l'autre; le corps est devenu gazeux;

3° Enfin, il y a *dissolution de la molécule elle-même*; les atomes constituants deviennent à leur tour indépendants l'un de l'autre. Ils possèdent toute l'énergie potentielle qu'ont emmagasinée, sous forme de mouvement de rotation, ces trois phases successives.

Quand le cycle des transformations est revenu au

point de départ, on reconnaît que la quantité d'énergie que perd le système moléculaire en se formant par l'union des atomes entre eux est exactement égale à la quantité d'énergie qu'il avait gagnée en allant progressivement à sa propre dissolution.

III° ÉTAT GAZEUX. I° *Tension gazeuse*. — Les gaz sont indéfiniment expansibles; ils exercent dans tous les sens une égale pression, laquelle constitue la *tension gazeuse*. En effet, conformément aux lois de la mécanique, le mouvement intérieur des atomes gazeux tend vers un régime uniforme, vers une égalisation d'intensité; de là résulte une sorte d'équilibre dynamique, dans lequel toutes les particules du gaz sont animées d'une vitesse égale, possèdent une égale force vive, et par suite exercent un choc ou une pression égale dans tous les sens.

II° *Capacité calorifique des gaz à volume constant sous pression variable, et capacité calorifique des gaz à volume variable sous pression constante.* — Si pour obtenir une certaine variation thermométrique il a fallu donner une quantité de chaleur déterminée à une masse gazeuse renfermée dans un récipient de *volume constant*, cette même masse absorbera une quantité de chaleur notablement différente lorsque son volume pourra changer, car alors elle devra faire un travail supplémentaire pour se dilater elle-même. La capacité calorifique à *volume variable sous pression constante* a été trouvée, par voie d'expérience, égale à 0,2377; et la capacité calorifique à *volume constant sous pression variable*, égale à 0,1687.

Dans la dilatation d'un gaz à *volume variable* sous pression constante, les $\frac{2}{7}$ environ de la force vive sont employés à produire simplement le travail de projection des molécules, sans qu'il en résulte le moindre accroissement d'intensité dans la vibration moléculaire ; par suite, lors de la contraction du gaz, cette force deviendra disponible. Ainsi, lorsque les molécules, d'abord complètement libres dans un grand espace, seront forcées à exécuter leurs mouvements dans un moindre volume, leur vitesse de translation deviendra sensible ; elles se choqueront mutuellement, elles feront effort contre les corps environnants et produiront un travail ayant pour résultat un accroissement de vibration calorifique [1].

III° *Le zéro absolu.* — Si on regarde la température comme proportionnelle à la force vive des corps, elle doit évidemment se mesurer, non pas à partir d'un zéro arbitraire tel que celui qui correspond à la fusion de la glace, mais il faudra la compter en prenant pour zéro le point où les vitesses atomiques sont nulles ; les masses, en effet, ne peuvent s'anéantir. Voici en vertu de quels faits et comment on détermine ce point :

1° Les gaz nommés permanents, hydrogène, oxygène, azote, ne sont que de simples vapeurs éloi-

---

[1]. SECCHI, *Unité des forces*, pages 51, 81. — Voir dans JAMIN, *Petit traité de physique*, page 162, les tableaux des capacités à volume constant et à volume variable pour différents gaz.

gnées de leur point de saturation, ou encore des vapeurs surchauffées. Pour ces gaz, la capacité calorifique entendue à la façon ordinaire équivaut à la *capacité réelle* ou *absolue;* car le travail intérieur est nul dans un de ces gaz chauffés sous une pression constante.

2° Considérant la dilatation des gaz permanents comme la mesure de la force vive dont sont animées leurs molécules, on peut dire que si leur force expansive devient nulle, il en sera de même du mouvement moléculaire, et alors on aura le *zéro thermométrique absolu.*

3° Or, il résulte des expériences de Magnus et de Regnault que la dilatation des gaz parfaits est 0,003665, c'est-à-dire, en chiffres forts, $\frac{1}{273}$ de leur volume *pour chaque degré centigrade;* de là on déduit que si un gaz est abaissé à — 273°, sa tension sera réduite à zéro; et l'on aura par conséquent le zéro thermométrique absolu [1].

4° *Le zéro absolu ne peut pas être réalisé dans la nature; c'est un zéro théorique.* — Deux faits s'oppo-

---

1. En effet, 0,003665 est contenu, en chiffres forts, 273 fois dans 1 (unité de volume du gaz); il s'ensuit qu'en abaissant la température à — 273°, la dilatation du gaz sera réduite à zéro; il n'y aura plus de force vive, c'est-à-dire de température.

SECCHI, *Unité des forces*, page 87. — Voir aussi TYNDALL, la *Chaleur*, page 66, l'expérience montrant qu'à 273° au-dessus de zéro, le volume de l'air est doublé; on en conclut qu'à — 273° au-dessous de zéro, la force élastique de l'air sera réduite à zéro.

sent invinciblement à ce que le zéro absolu puisse être atteint, c'est-à-dire réalisé effectivement dans la nature.

A. Le premier fait est *la loi des échanges du mouvement*. — En effet, lorsqu'un corps chaud est placé dans une chambre qu'en langage vulgaire on qualifie de très froide, que se passe-t-il? Les oscillations du corps chaud se transmettent à l'air et à l'éther, et par ceux-ci aux parois de la chambre. Pareillement, les parois de la chambre oscillent avec une bien moins grande intensité, il est vrai, mais elles oscillent; ces oscillations se communiquent au corps chaud. Il y a donc échange de mouvement (calorifique) entre les parois et le corps chaud; ce que l'un perd, les autres le gagnent; le résultat final est l'établissement d'une égalisation ou équilibre entre les deux systèmes oscillants. Ainsi, il n'y a pas destruction de mouvement, il y a simplement égalisation.

Que l'on soumette un gaz et ses molécules animées de mouvements intenses de rotation et de translation à l'action d'un mélange réfrigérant, il n'y aura pas destruction de mouvement ni dans le gaz ni dans le mélange réfrigérant, car tous les deux sont animés de mouvement, quelque immense que soit l'écart entre les deux genres de mouvement. Il se fera une égalisation entre le gaz et le mélange réfrigérant aux dépens du gaz assurément, mais il n'y aura pas autre chose qu'une égalisation. En remplaçant le mélange réfrigérant par un autre mélange encore moins oscillant (puisque le froid, en physique, signifie *moindre oscillation*), on aboutira à une autre égalisation d'un taux inférieur au taux de la première égalisation ; mais il existera toujours un mouvement, si faiblement accentué qu'il soit, et quoique il échappe à la grossièreté de nos instruments de mesure [1].

Il faut donc conclure qu'en vertu de la loi des échanges du mouvement, il est impossible de réaliser le zéro absolu, c'est-à-dire la destruction de tout mouvement.

B. Le second fait est la *loi des attractions moléculaires* (cohésion, affinité). C'est un fait universel, constant et invariable que quand les molécules libres d'un gaz sont rapprochées l'une de l'autre à une certaine distance, elles se précipitent l'une sur l'autre et s'unissent pour donner naissance à un système nouveau. Selon les conditions particulières des mouvements dont sont animées les molécules gazeuses, le système moléculaire formé est, soit à l'état liquide, soit à l'état solide. Nous avons vu, dans la définition des gaz, des liquides et des solides quelles sont les conditions mécaniques qui caractérisent chacun des trois états. La loi des attractions moléculaires étant ainsi rappelée à la mémoire, voyons ce qui se passera lorsqu'une masse gazeuse sera soumise à une action réfrigérante continue et croissante.

---

[1]. Faye, *l'Univers et la classification des mondes ; Revue scientifique*, 18 avril 1885, page 482 : « Bien que la chaleur des étoiles soit réduite, par leur distance, dans la même proportion que leur lumière, elle n'en contribue pas moins, avec celle du soleil, à élever la température terrestre au-dessus du zéro absolu. »

Au fur et à mesure que l'action réfrigérante diminuera l'intensité des mouvements de rotation des molécules gazeuses, elle diminuera par cela même la force centrifuge, cette force qui s'oppose à l'union des molécules entre elles. Il arrivera donc nécessairement un moment où la force centrifuge ne pourra plus faire équilibre à la loi d'attraction ; les molécules se précipiteront l'une sur l'autre et donneront naissance, suivant le cas, à un système liquide ou à un système solide. A l'instant même où sera consommée cette évolution, la capacité calorifique du nouveau système sera changée ; c'est, pour ainsi dire, un autre genre de vie qui commence pour les molécules associées.

Ce que la loi des attractions moléculaires permettait de prévoir sûrement a été expérimentalement démontré. Les gaz dits permanents ou parfaits, à savoir : hydrogène, oxygène et azote, ont été liquéfiés et solidifiés par MM. Cailletet, Raoul Pictet, Wroblewski et Olszewski. Or un gaz chez qui toute force vive aurait été anéantie serait dans l'absolue impossibilité de changer d'état ; car, pour changer d'état, il faut se mouvoir, et là où la force vive est absente, il ne peut y avoir de mouvement.

En résumé, la loi des échanges du mouvement et la loi des attractions moléculaires s'opposent à ce que le zéro absolu soit réalisé dans la nature. Pour obtenir ce zéro, il faudrait que le cours de ces deux lois fût suspendu dans la nature, ce qui est absurde.

Il en est du zéro absolu des physiciens ce qu'il en

est du triangle absolu des géomètres. De même que le triangle du géomètre est un triangle théorique, de même le zéro du physicien est un zéro théorique. Tenter d'arriver au zéro absolu en soustrayant continuement du calorique à des molécules gazeuses serait une entreprise aussi vaine que d'essayer d'atteindre au triangle géométrique en soustrayant continuement des lamelles de matière à un triangle en bois. Il est aussi impossible de supprimer entièrement le mouvement dans les molécules des gaz que de supprimer la largeur et l'épaisseur dans les côtés d'un triangle matériel.

Mais, de même que le triangle géométrique est la mesure idéale à laquelle l'ingénieur doit rapporter tous les triangles matériels qu'il construit, ainsi le zéro absolu sera la mesure idéale à laquelle le physicien et le chimiste peuvent rapporter les températures auxquelles ils élèvent ou abaissent les corps naturels. Toutefois il serait bon que le mot « absolu », qui appartient exclusivement à la métaphysique et, partant, est faux lorsqu'on l'applique à un fait physique, fût rayé et remplacé par l'adjectif « théorique ». On devrait dire, non pas le zéro absolu, mais le *zéro théorique*.

CHAPITRE II

ÉQUIVALENCE DU TRAVAIL ET DE LA CHALEUR

1° — L'ÉQUIVALENT MÉCANIQUE DE LA CHALEUR

1° IMPORTANCE DE L'ÉQUIVALENT MÉCANIQUE DE LA CHALEUR. — Si tous les mouvements (travail) peuvent être mesurés par la quantité de chaleur dégagée ou absorbée;

Réciproquement, si toute quantité de chaleur peut être transformée en mouvement (travail);

Il en résultera que tous les phénomènes physiques, chimiques et physiologiques rentreront dans le domaine de la mécanique.

Or le domaine de la mécanique appartient aux mathématiques. Là où les mathématiques peuvent être appliquées, il est possible à l'homme, non seulement de comprendre les faits et de les expliquer, mais encore de les prévoir et souvent de les faire naître; car, connaissant les conditions déterminantes d'un phénomène, avec cette admirable précision à laquelle on a donné le nom de précision mathématique, le savant, lorsqu'il a le pouvoir de réunir ces conditions déterminantes, est maître de provoquer les phénomènes, de les créer.

La plus éclatante démonstration de cette vérité a été donnée par la théorie des ondulations; le jour où Fresnel, continuateur des Huygens et des Young, eut fait rentrer dans les mathématiques tous les phénomènes lumineux, la branche la plus difficile de la physique, qui, à cause de son apparente immatérialité, semblait devoir échapper à jamais à l'investigation humaine, a non seulement été constituée, mais elle est encore de toutes les branches de la physique celle dont les fondements ont le plus de solidité. Du même coup, elle a entraîné à sa suite, comme un corollaire naturel, la constitution de l'acoustique, si bien que l'étude de l'une est devenue inséparable de l'autre. La chaleur, à son tour, est entrée dans l'orbite de la théorie ondulatoire, c'est-à-dire dans le domaine des mathématiques ; et c'est précisément à cette application des mathématiques à la chaleur que sont dus les merveilleux progrès de la machine à vapeur.

Pour apprécier à sa juste valeur la détermination d'une mesure suffisamment exacte qui permettrait de convertir une quantité définie de travail mécanique en une quantité équivalente de chaleur, et réciproquement une quantité définie de chaleur en une quantité équivalente de travail mécanique, il convient de rappeler les faits suivants :

1° *Mécanique*. — Toute l'industrie est fondée sur les machines ; or les machines, qu'elles soient mues par la vapeur ou par l'électro-magnétisme ou par tout autre procédé, consomment de la chaleur ou en produisent ; et cette consommation ou cette production sont liées étroitement au rendement utile des machines.

2° *Chimie*. — Toutes les réactions chimiques se

font avec dégagement ou absorption de chaleur; ce dégagement ou cette absorption sont la mesure même du travail effectué; de là la nécessité d'en connaître la loi pour diriger les réactions chimiques, autant qu'il est au pouvoir de l'homme, dans un but utile à ses desseins.

3° *Physiologie*. — Les fonctions des végétaux comme celles des animaux sont des réactions chimiques internes; c'est-à-dire qu'elles se font avec absorption ou dégagement de chaleur; ces absorptions et ces dégagements sont la mesure de l'énergie vitale; voilà donc la connaissance de la vie entière qui est intéressée à la détermination de l'équivalent mécanique.

4° *Philosophie*. — En montrant que dans toutes ses transformations, à travers les trois règnes de la nature, non seulement l'énergie reste toujours en quantité constante, mais encore que cette quantité constante peut, dans ses subdivisions évolutionnelles, être exactement mesurée, la détermination de l'équivalent mécanique donne au philosophe sur la constitution de l'univers des connaissances objectives, exemptes de toute fantaisie *à priori*, connaissances solides, à jamais acquises, car on peut les vérifier et les contrôler toujours et en tout temps.

II° MÉTHODE DE DÉTERMINATION DE L'ÉQUIVALENT MÉCANIQUE DE LA CHALEUR PAR LE CALCUL D'APRÈS LE RAPPORT ENTRE LA CHALEUR SPÉCIFIQUE DES GAZ A VOLUME CONSTANT (sous pression variable) ET LA CHALEUR SPÉCIFIQUE DES GAZ A VOLUME VARIABLE (sous pression constante). —

I° *Faits préliminaires* : 1ᵉʳ *fait*. — La pression de

l'atmosphère est de 10336 kilogrammes par mètre carré.

2° *fait*. — A chaque degré de température, un gaz se dilate de $\frac{1}{273}$ de son volume; donc à 273°, son volume est doublé.

3° *fait*. — La capacité calorifique de l'air est les 0,24 centièmes de l'eau. Le poids du mètre cube d'air est de 1293 grammes; il suit de là que la quantité de chaleur requise pour élever 1293 grammes d'air à 273° élèverait à la même température les 0,24 centièmes de 1293 grammes d'eau; or $1293 \times 0,24 =$ 310 grammes d'eau.

4° *fait*. — 310 grammes d'eau à 273° ont exigé une certaine quantité de chaleur pour être élevés à cette température. Si je veux dépenser la même quantité de chaleur pour élever à 1° seulement une masse d'eau, il est évident que cette masse d'eau sera 273 fois plus grande que 310 grammes. Il suit de là que la même quantité de chaleur qui a élevé 310 grammes d'eau à 273 degrés échauffera de 1 degré une masse d'eau égale à $310 \times 273 = 84630$ grammes.

Retenons bien ce fait, à savoir, que pour une même quantité de chaleur dépensée, 84630 grammes d'eau à 1° équivalent à 310 grammes d'eau à 273°; et ceux-ci à un mètre cube d'air chauffé à 273°.

II° *Gaz chauffé à volume variable* (sous pression constante). — Soit un vase prismatique, dont la base a un mètre carré de surface, et dont la hauteur est de plusieurs mètres. A la hauteur d'un mètre, au moyen d'un couvercle que nous supposerons être sans poids afin de simplifier l'expérience, nous retenons prisonnière une quantité d'air qui est égale évidemment à un mètre cube.

Comme nous sommes convenus que le couvercle ne compte pas, il en résulte que la pression que notre mètre cube d'air a à supporter est exclusivement celle de l'atmosphère ; cette pression, ainsi que nous l'avons vu ci-dessus, est égale à 10 336 kilogrammes, puisque la surface sur laquelle agit la pression atmosphérique est de 1 mètre carré.

Chauffons notre mètre cube d'air jusqu'à ce qu'il atteigne 273° ; au fur et à mesure que nous chauffons, la masse d'air se dilate, augmente de volume, si bien qu'au moment où la température atteint 273°, son volume a doublé : il occupe deux mètres cubes. Il suit de là que notre masse d'air a soulevé à 1 mètre de hauteur l'atmosphère qui pèse sur elle, c'est-à-dire qu'elle a soulevé à 1 mètre de hauteur un poids de 10 336 kilogrammes.

En résumé, dans cette opération, notre masse d'air a fait deux choses :

1° Elle s'est échauffée de 273 degrés ;

2° Elle a soulevé à 1 mètre de haut un poids de 10 336 kilogrammes.

Ajoutons enfin que, pour atteindre à ce *double* résultat, nous avons dépensé 142 kilogrammes de combustible.

III° *Gaz chauffé à volume constant* (sous pression variable). — Faisons une nouvelle opération ; chauffons notre mètre cube d'air dans un vase tel que toute dilatation soit impossible; c'est-à-dire chauffons notre mètre cube d'air à volume constant.

Comme notre masse d'air n'a rien à soulever, il s'ensuit que toute la chaleur que nous lui fournissons est employée à élever sa température. Aussi, lorsque sa température a atteint 273°, nous constatons que la quantité de combustible que nous a coûté cette opération est seulement de 100 kilogrammes.

En examinant comparativement la quantité de chaleur qui, dans les deux opérations, est nécessaire pour élever un mètre cube d'air à 273°, nous constatons :

1° Que cette quantité est représentée par 100 lorsque le gaz est chauffé à *volume constant* sans pouvoir se dilater ;

2° Que cette quantité est représentée par 142 lorsque le gaz, chauffé à *volume variable,* se dilate en soulevant un poids, celui de l'atmosphère, c'est-à-dire accomplit un travail mécanique.

C'est ce rapport de 100 à 142 ou, en ramenant à l'unité, de 1 à 1,42, qui représente le travail mécanique accompli par la chaleur, lorsque la chaleur est employée à élever un mètre cube d'air à 273° *sous volume variable.* En d'autres termes, il y a 100 portions de chaleur qui sont consacrées à chauffer la masse d'air, et 42 portions qui sont employées à soulever de 1 mètre le poids de l'atmosphère.

IV° *Détermination de l'équivalent mécanique de la chaleur.* — Appliquons les faits que nous venons d'établir à la détermination de l'équivalent mécanique de la chaleur.

1° Nous savons que la quantité de chaleur qui élève un mètre cube d'air à 273° porterait à la même température 310 grammes d'eau.

2° Nous savons que 310 grammes d'eau à 273° équivalent à 84 630 grammes d'eau élevés à la température de 1 degré.

Ces 84 630 grammes d'eau élevés à 1 degré équivalent donc au mètre cube d'air qui a consommé *deux portions* de chaleur, à savoir, l'une qui a servi exclusivement à élever sa température, et l'autre à soulever le poids de l'atmosphère, c'est-à-dire à accomplir un travail mécanique. Donc, dans les 84 630 grammes d'eau élevés à 1°, il y a une partie des grammes chauffés qui équivaut au travail calorifique du mètre cube d'air, et une seconde partie des grammes chauffés qui équivaut au travail mécanique accompli par le même mètre cube d'air.

Le problème serait résolu si nous parvenions à discerner dans les 84 630 grammes d'eau élevés à 1° le nombre de grammes d'eau chauffée qui équivaut au travail calorifique accompli par le mètre cube d'air puis le nombre de grammes d'eau chauffée qui équivaut au travail mécanique du même mètre cube d'air.

Or nous savons que les deux travaux réunis du mètre cube d'air, à savoir, travail calorifique et travail mécanique, ont exigé une quantité de combustible égale à 142.

D'autre part, l'expérience du gaz chauffé à *volume*

constant nous a appris que la quantité de combustible nécessaire pour accomplir exclusivement le travail calorifique, c'est-à-dire pour élever la température du mètre cube d'air à 273°, est égale à 100.

Il résulte de là qu'en retranchant 100 de 142, la quantité de combustible restante 42 est celle qui a servi à accomplir le travail mécanique, c'est-à-dire à soulever le poids de l'atmosphère.

Divisons donc en 142 parties nos 84 630 grammes d'eau qui ont une température de 1° et qui équivalent au mètre cube d'air chauffé à *volume variable*, lequel mètre cube d'air a accompli le travail calorifique et le travail mécanique. Le nombre de grammes d'eau que contiendront 100 parties représentera la portion de chaleur qui a été nécessaire dans le mètre cube d'air pour élever sa température; et les 42 parties restantes représenteront la portion de chaleur qui dans le mètre cube d'air a servi à accomplir le travail mécanique.

A. $\dfrac{84\,630}{142} = 596$ ou en chiffres ronds 600 grammes.

B. 100 parties feront donc $600 \times 100 = 60\,000$ grammes. Tel est le nombre de grammes d'eau qu'a élevés à 1° la portion de chaleur qui a élevé le mètre cube d'air à 273° dans le chauffage à *volume variable*. Ces 60 000 grammes d'eau à 1° représentent donc la part du travail calorifique accompli dans le mètre cube d'air.

C. En retranchant 60 000 grammes de 84 630 grammes, il reste 24 630 pour les 42 autres parties. Tel est le nombre de grammes d'eau qu'a élevés à 1°

la portion de chaleur qui dans le mètre cube d'air a servi à soulever le poids de l'atmosphère. Ces 24 630 grammes représentent la part du travail mécanique.

Ainsi, la portion de chaleur qui, dans l'expérience de l'air chauffé à *volume variable*, a servi à soulever le poids de l'atmosphère, c'est-à-dire un poids de 10 336 kilogrammes à 1 mètre de hauteur, cette même portion de chaleur a élevé à 1° la température d'une masse d'eau de 24 630 grammes; par abréviation 24^{kil},6. Le soulèvement d'un poids de 10 336 kilogrammes à 1 mètre de hauteur et l'élévation de 24^{kil},6 à 1° de température ayant été accomplis par la même quantité de chaleur, il s'ensuit que ces deux travaux sont équivalents.

De là on tire la conclusion suivante : 1 kilogramme d'eau étant 24,6 fois plus petit que 24^{kil},6 exigera, pour être élevé à la température de 1° une quantité de chaleur 24,6 fois plus petite. Évidemment cette quantité de chaleur devenue 24,6 fois plus petite ne pourra plus soulever qu'un poids d'air devenu 24,6 fois plus petit. Or $\dfrac{10\ 336}{24,6} = 420$ kilogrammes. Il résulte de là que la quantité de chaleur capable d'élever à 1° de température un kilogramme d'eau élèverait à 1 mètre de hauteur un poids de 420 kilogrammes d'air.

La quantité de chaleur qui élève à 1 degré un kilogramme d'eau s'appelle *une calorie*. Comme cette calorie, au lieu d'être employée à échauffer à 1° un kilogramme d'eau, peut servir tout aussi bien à soulever un poids de 420 kilogrammes à 1 mètre de hauteur, on a donné à ces 420 kilogrammètres (kilogramme élevé à un mètre) le nom de *équivalent mécanique de la chaleur*.

Le sens du mot *équivalent mécanique de la chaleur* devient ainsi très clair. Il signifie que la chaleur peut être employée à accomplir un travail mécanique, par exemple soulever un poids ou faire marcher des machines, et que ce travail mécanique *équivaut* au travail calorifique qui aurait consommé la même quantité de chaleur pour élever la température d'un corps si cette chaleur eût été consacrée exclusivement à ce dernier emploi [1].

Il résulte de là que :

1° Pour convertir un nombre quelconque de calories en travail mécanique, il suffit de multiplier ce nombre de calories par 420, puisque chaque calorie vaut 420 kilogrammètres ;

2° Pour convertir un nombre quelconque de kilogrammètres en calories, il suffit de diviser ce nombre de kilogrammètres par 420, puisqu'il faut 420 kilogrammètres pour valoir une seule calorie.

Le nombre adopté aujourd'hui comme équivalent mécanique de la chaleur est 425, ainsi qu'on va le voir ci-dessous.

III° ÉNUMÉRATION DES DIVERSES MÉTHODES SUIVIES POUR DÉTERMINER L'ÉQUIVALENT MÉCANIQUE DE LA CHALEUR. — La méthode précédente (rapport entre la chaleur spécifique des gaz à *volume constant* et la chaleur spé-

---

1. Voir TYNDALL, la *Chaleur*, leçon III°, page 67 et suivantes.

cifique des gaz à *volume variable*) a été proposée par Jules-Robert Mayer, médecin à Heilbronn (Wurtemtemberg), au début de l'année 1842. Ce savant avait trouvé par le calcul 423,3 kilogrammètres.

A partir de cette époque, la détermination de l'él-l'équivalent mécanique (le mot *équivalent* est dû à Mayer) a été essayée par les méthodes les plus diverses. Comme les écarts des nombres obtenus sont contenus entre les limites extrêmes de 400 et 440 kilogrammètres, on a eu ainsi, vu l'extrême difficulté des expériences, une éclatante confirmation de la théorie mécanique.

La découverte de l'équivalent mécanique a été faite presque en même temps par J.-R. Mayer, en Wurtemberg, Colding, en Danemark, et par Joule, en Angleterre. C'est Joule qui a établi la théorie d'une manière définitive en lui donnant une base expérimentale.

1° *Par la différence entre la chaleur spécifique à volume constant et la chaleur spécifique à volume variable* (sous pression constante).

    A. Valeur trouvée pour l'hydrogène (Regnault). 425
    B. Valeur trouvée pour l'air (Regnault) 426
    C. Valeur trouvée pour l'oxygène (Regnault) 426
    D. Valeur trouvée pour l'azote (Regnault) 431

2° Par le calcul, d'après la théorie des vapeurs (Clausius et Reech). 427
3° D'après le rapport entre la chaleur spécifique et l'élasticité des métaux. 424
4° D'après la vitesse de propagation du son (Regnault). 436
5° D'après la chaleur développée par l'action du zinc sur le sulfate de cuivre (Favre) 432
6° D'après la chaleur due aux courants électriques (Weber). 432

7° D'après la force électromotrice de la pile de Daniell (Bosscha) 432
8° D'après les expériences sur la machine à vapeur (Hirn) 426
9° D'après le frottement de l'eau dans les tuyaux étroits (Joule). 423
10° D'après le frottement de l'eau par une roue à palettes (Joule). 424
11° D'après le frottement du mercure par une roue à palettes (Joule). 425
12° D'après le frottement de deux anneaux de fonte (Joule). 426
13° D'après le frottement médiat des métaux (Hirn). . 425
14° D'après le forage des métaux (Hirn) 425

La moyenne communément adoptée en France, en Italie et en Allemagne est 425 kilogrammètres; en Angleterre, elle paraît être 424.

« La valeur de l'équivalent mécanique de la chaleur, dit M. Moutier, est aux environs de 425, avec une légère tendance à la hausse. Le coefficient de dilatation des gaz parfaits est aux environs de $-273°$ avec une légère tendance à la baisse [1]. »

Les méthodes diverses employées pour déterminer l'équivalent mécanique n'ont pas la même valeur, car il est des difficultés propres à quelques-unes qu'il est presque impossible de surmonter. M. Hirn, qui a exécuté un remarquable travail sur la détermination de l'équivalent mécanique au moyen de la machine à vapeur, s'exprime ainsi : « Les expériences sur la machine à vapeur, quelques soins qu'on y apporte, ne peuvent servir à donner une valeur correcte de l'équivalent. »

[1]. Moutier, *Thermodynamique*, page 197.

L'une des méthodes qui semblent les meilleures est celle qui est fondée sur le rapport entre la chaleur spécifique des gaz à *volume constant* et la chaleur spécifique à *volume variable* (sous pression constante). Là encore il faut distinguer entre les gaz ordinaires et les gaz appelés parfaits (hydrogène, oxygène, azote), parce que leur point de liquéfaction est extrêmement bas[1]. Leur cohésion, à la température ordinaire, peut être regardée comme nulle; le travail intérieur est donc nul; or, c'est précisément le travail intérieur qui produit le plus de doute et d'incertitude dans les déterminations. Ce dernier cas est celui des gaz ordinaires. Il ne faut donc pas s'étonner si la méthode des chaleurs spécifiques appliquée à l'acide carbonique a donné comme équivalent mécanique 402, et pour le protoxyde d'azote 399; ces nombres doivent être rejetés, parce que ces deux gaz sont trop voisins de leur point de liquéfaction; chez eux

---

[1]. Liquéfaction des gaz suivants opérée dans le cours de ces dernières années :

1° Oxygène liquéfié à	— 184°	sous la pression de 1 atmosphère;
2° Air liquéfié à	— 192°	sous la pression de 1 atmosphère;
3° Azote liquéfié à	— 193°	sous la pression de 1 atmosphère;
4° Hydrogène liquéfié à	— 140°	sous la pression de 600 atm. av. détente;
5° Acide carbonique liquéfié à.	0°	sous la pression de 30 atmosphères;
6° Protoxyde d'azote liquéfié à.	0°	sous la pression de 30 atmosphères.

la cohésion est loin d'être nulle ; il se produit un travail intérieur.

« L'incertitude qui existe encore aujourd'hui au sujet de la détermination exacte de l'équivalent mécanique de la chaleur ne saurait porter atteinte au principe même de l'équivalence de la chaleur et du travail. Une valeur exacte de l'équivalent mécanique de la chaleur n'a d'utilité réelle que dans les applications pratiques. Sous ce rapport, les valeurs approchées que l'on possède aujourd'hui sont largement suffisantes pour soumettre la théorie à des épreuves décisives [1].

IV° LE CALORIMÈTRE EST L'INSTRUMENT QUI MESURE L'ÉNERGIE. — La balance est l'instrument qui mesure la matière ; c'est elle qui a permis de démontrer expérimentalement la permanence et l'indestructibilité de la matière.

Le calorimètre est l'instrument qui mesure l'énergie ; c'est lui qui permet de démontrer expérimentalement la permanence et l'indestructibilité de l'énergie.

Ces deux instruments ont plus fait pour la métaphysique que vingt siècles de spéculations *à priori*.

V° CONCLUSION. — Huygens disait, il y a deux cents ans : « Toutes les causes des phénomènes naturels doivent se concevoir comme des actions mécaniques, si toutefois nous ne voulons pas désespérer de comprendre quelque chose à la philosophie naturelle...

---

1. MOUTIER, *Thermodynamique*, page 95.

Nous devons chercher s'il serait possible de ramener les phénomènes du calorique à un simple échange de mouvement entre les corps, sans recourir à un autre principe, à moins que l'insuffisance d'une semblable explication ne soit parfaitement démontrée[1]. »

« De même que la vraie chimie date du jour où fut reconnue la permanence des masses, de même on commença à donner une vraie théorie des phénomènes physiques seulement lorsqu'on songea à tenir compte de la quantité de mouvement ou de la force vive; et, pour l'avoir fait, les physiciens de notre époque ont attaché à leur nom une gloire impérissable.

« La découverte de la théorie mécanique de la chaleur a rompu la barrière qui fermait à l'intelligence la route de la mécanique moléculaire; grâce à ce principe, une foule de faits connus depuis longtemps ont reçu leur explication naturelle.

« La théorie mécanique est et restera toujours vraie, car elle s'appuie seulement sur les communications de mouvement; et de plus, elle est complètement indépendante des idées métaphysiques pour expliquer la cause primordiale du mouvement.

« La découverte de l'équivalent mécanique de la chaleur est une donnée expérimentale établissant empiriquement la permanence de l'énergie et son indestructibilité, au même titre que les expériences de Lavoisier ont démontré l'indestructibilité de la matière.

---

1. Cité par Secchi, *Unité des forces*, page 12.

Un simple coup d'œil jeté sur les résultats obtenus au prix d'efforts sans cesse renouvelés nous apprend que *dans la nature, tout se lie; tous les phénomènes sont les innombrables anneaux d'une chaîne unique* [1]. »

II° — MÉCANISME DES RÉACTIONS CHIMIQUES

Lavoisier avait créé la chimie de la matière; les chimistes contemporains ont créé la chimie de l'énergie. Il résulte de leurs travaux que les réactions de la chimie sont soumises aux lois de la mécanique; par conséquent la nature entière, dans les molécules comme dans les masses, est régie par les lois de l'énergie. L'importance de ce fait est capitale pour la métaphysique comme pour la science.

C'est d'après le célèbre *Essai de Mécanique chimique* de M. Berthelot que nous résumerons les conquêtes faites par la chimie dans le domaine de l'énergie. On peut en formuler ainsi le résultat définitif : Les réactions chimiques démontrent expérimentalement :

1° L'équivalence du travail et de la chaleur;

2° La constance de la quantité totale de l'énergie.

I° PRINCIPE DES TRAVAUX MOLÉCULAIRES. — « La quantité de chaleur dégagée dans une réaction quelconque mesure la somme des travaux chimiques et physiques accomplis dans cette réaction. »

L'affinité chimique est la résultante des actions qui tiennent unis les éléments des corps composés.

Le travail de l'affinité a pour mesure la quantité de

---

1. SECCHI, *Unité des forces*, pages 161, 694.

chaleur dégagée par les transformations chimiques accomplies dans l'acte de la combinaison.

On distingue trois genres de transformations, par conséquent trois genres de travaux, savoir :

1° *Mécaniques*, translation, rotation des molécules indépendantes ; exemple, les gaz ;

2° *Physiques*, changements d'état, gazeux, liquide, solide, et condensation ;

3° *Chimiques*, changements de composition ;

Les changements de composition sont le résultat de combinaisons ; les combinaisons sont de deux sortes, à savoir, les combinaisons sans condensation et les combinaisons avec condensation.

1° *Exemple d'une combinaison à la pression ordinaire, sans condensation.* — Soient le chlore et l'hydrogène : 35,5 grammes de chlore s'unissent à 1 gramme d'hydrogène pour former l'acide chlorhydrique ; 22 calories sont dégagées ; mais le composé, c'est-à-dire le gaz acide chlorhydrique, occupe le même volume que les deux gaz composants : il n'y a donc pas eu de condensation, c'est-à-dire *point de travail physique*. Il y a eu seulement travail chimique, lequel est représenté par le dégagement de 22 calories. Pour savoir à combien de kilogrammètres peut être évalué ce travail chimique, il suffit de multiplier 425, équivalent mécanique de la chaleur, par 22 calories. Or $425 \times 22 = 9\,350$ kilogrammètres. Ainsi le *travail chimique* accompli par la combinaison d'un équivalent de chlore avec un équivalent d'hydrogène est égal à 9 350 kilogrammètres.

II° *Exemple d'une combinaison sous volume constant, sans condensation.* — Il en est de même pour les combinaisons des gaz à volume constant, lorsqu'on a soin de disposer l'expérience dans les conditions favorables à la non-condensation des gaz composants. Ainsi, à 0° et sous la pression de 4 millimètres de mercure, 8 grammes d'oxygène en s'unissant à 1 gramme d'hydrogène donnent naissance à 9 grammes d'eau gazeuse; la chaleur dégagée est égale à 28,9 calories.

III° *Exemple d'une combinaison à volume variable, (sous pression constante) avec condensation.* — Il n'en est pas de même si l'on opère à volume variable sous pression constante, car les deux volumes d'hydrogène et le volume d'oxygène, en se combinant en eau gazeuse, se réduisent à 2 volumes seulement. Il y a donc eu *travail physique;* aussi la chaleur dégagée est-elle 29,5 calories, dans les mêmes conditions de température et de pression.

Il est facile de se rendre compte de ces résultats expérimentaux si l'on se rappelle quel est l'état des atomes gazeux, les mouvements dont ils sont animés, mouvements qui ne sont pas autre chose qu'un emmagasinement de force vive; c'est précisément cette force vive qui se manifeste sous forme de chaleur lorsqu'en passant à l'état liquide ou solide, les atomes gazeux éprouvent des travaux intérieurs. Ceux-ci consistent en mouvements de rotation, d'oscillation et d'orientation nouvelle des molécules. Les exemples suivants en donnent la preuve évidente :

L'oxygène et l'hydrogène s'unissent à *volume va-*

riable (sous pression constante) pour donner naissance à un composé, l'*eau*, soit à l'état gazeux, soit à l'état liquide, soit à l'état solide.

A. Lorsque l'eau se forme à *l'état gazeux sans condensation* des volumes des gaz composants, le dégagement de chaleur est de 28,9 calories. — Point de travail physique.

B. Lorsque l'eau se forme à *l'état gazeux avec condensation* des volumes des gaz composants, le dégagement de chaleur est de 29,5 calories. — Travail physique.

C. Lorsque l'eau se forme à l'*état liquide avec condensation des gaz en liquide*, le dégagement de chaleur est de 34,5 calories. — Accroissement du travail physique.

D. Lorsque l'eau se forme à l'*état solide avec condensation du liquide en glace*, le dégagement de chaleur est de 35,2 calories. — Maximum du travail physique.

La gradation du nombre des calories dégagées est en corrélation avec la gradation du travail intérieur ; elle montre nettement la vérité du principe des actions moléculaires, à savoir que : « La quantité de chaleur dégagée dans une réaction quelconque mesure la somme des travaux chimiques et physiques accomplis dans cette réaction. »

II° PRINCIPE DE L'ÉQUIVALENCE CALORIFIQUE DES TRANSFORMATIONS CHIMIQUES. — 1° *Combinaisons*. — « Dans la transformation des corps, soit que cette transformation soit opérée en une seule réaction, soit que la transformation soit l'œuvre d'une suite de réactions, la quantité totale de la chaleur dégagée est toujours la même; cette quantité équivaut au travail ou à la somme des travaux accomplis durant la transformation des corps. »

1ᵉʳ *Exemple*. — La transformation du carbone et de l'oxygène en acide carbonique CO^2 dégage 47 calories, pour 6 grammes de carbone et 16 grammes d'oxygène; en tout, 22 grammes d'acide carbonique.

A. *Transformation opérée d'un seul coup*. — En brûlant du carbone pur (diamant) dans l'oxygène, on obtient immédiatement 22 grammes d'acide carbonique; le dégagement de chaleur est de 47 calories.

B. *Transformation opérée en une suite de réactions*. — On forme d'abord de l'oxyde de carbone CO; le dégagement de chaleur est de 12,9 calories.

Ensuite on combine l'oxygène avec l'oxyde de carbone, ce qui donne l'acide carbonique CO^2; le dégagement de chaleur est de 34,1 calories.

En additionnant le nombre des calories dégagées dans ces deux réactions, on a $12,9 + 34,1 = 47$ calories, c'est-à-dire un nombre égal à celui qu'a donné la transformation opérée en une seule réaction.

Ainsi, la formation de l'acide carbonique amène un dégagement de calories dont le nombre est toujours le même, soit qu'il apparaisse tout entier dans la formation opérée d'un seul coup, soit qu'il se divise en fractions, lesquelles correspondent exactement fractionnement du travail intérieur total. Il y a donbien équivalence entre les calories dégagées et les transformations chimiques.

2° *Exemple* emprunté à la formation du chlorure de calcium.

A. *Transformation opérée d'un seul coup.* — En mettant en présence dans un calorimètre, à la même température, un équivalent de chaux dissoute dans 25 litres d'eau et un équivalent d'acide chlorhydrique dissous dans 2 litres d'eau, on obtient d'un seul coup du chlorure de calcium dissous dans 27 litres d'eau ; la chaleur dégagée est de 23 calories.

B. *Transformation opérée en une suite de réactions.* — 1° On combine la chaux vive avec un poids d'eau équivalent ; on obtient un hydrate de chaux qui dégage 7,5 calories.

2° On dissout l'hydrate de chaux dans 25 litres d'eau, réaction qui dégage 1,5 calorie.

3° Avec de l'acide chlorhydrique étendu dans 2 litres d'eau, on neutralise l'eau de chaux, et l'on obtient du chlorure de calcium dissous dans 27 litres d'eau ; réaction qui dégage 14 calories.

En additionnant les calories dégagées dans ces trois réactions, on obtient $7,5 + 1,5 + 14 = 23$ calories.

L'équivalent calorifique de la transformation de l'acide chlorhydrique et de la chaux en chlorure de calcium est donc resté le même, soit qu'on ait opéré la transformation d'un seul coup, soit qu'on l'ait faite par étapes successives.

II° *Décompositions.* — « La chaleur absorbée dans

la décomposition d'un corps composé est précisément égale à la chaleur dégagée lors de la formation du même corps composé, pourvu que l'état initial et l'état final soient identiques. »

Exemple : 1° La *combinaison* de 8 grammes d'oxygène et de 1 gramme d'hydrogène donne naissance à de l'eau liquide ; cette réaction dégage 34,5 calories.

2° La *décomposition* de 9 grammes d'eau liquide au moyen de l'électricité absorbe 34,5 calories.

Il y a donc constamment équivalence entre la chaleur dégagée ou absorbée et les transformations chimiques.

III° *Substitutions.* — « Si un corps se substitue à un autre dans une combinaison, la chaleur dégagée par la substitution est la différence entre : 1° la chaleur dégagée par la formation directe de la substitution ; et 2° la chaleur dégagée par la formation de la combinaison primitive. »

Les exemples suivants feront comprendre aisément ce théorème.

Premier exemple. — 1° La combinaison de l'oxygène et de l'argent pour former l'oxyde d'argent (AgO = 116 grammes) dégage 3,5 calories.

2° La combinaison de l'oxygène et du plomb pour former l'oxyde de plomb (PbO = 111,5 grammes) dégage 25,5 calories.

3° La différence entre les calories dégagées par la formation de l'oxyde de plomb et celles qui ont été dégagées par la formation de l'oxyde d'argent est 25,5 *moins* 3,5 = 22 calories.

Il résulte de là que si dans l'oxyde d'argent on substitue le plomb à l'argent, on devra obtenir un dégagement de 22 calories. C'est ce qu'on obtient précisément par l'expérience.

Pour bien faire comprendre le travail qui se fait dans cette substitution, employons une allégorie; représentons-nous l'argent et le plomb comme deux travailleurs appelés *successivement* à fabriquer, au moyen d'une matière nommée oxygène, un ouvrage définitif qui sera l'oxyde de plomb représenté par le nombre 25,5. Il est clair que si l'ouvrage est commencé par le faible ouvrier appelé argent, le vigoureux ouvrier nommé le plomb n'aura plus qu'à continuer et à parachever le travail. Or le travail accompli par l'argent est égal à 3,5; donc le plomb n'aura plus à faire qu'un travail égal à 22.

Second exemple. — 1° Le chlore gazeux s'unit à l'hydrogène pour former le gaz acide chlorhydrique, en dégageant 22 calories.

2° L'iode gazeux s'unit à l'hydrogène pour former le gaz acide iodhydrique, en absorbant 6,2 calories [1].

3° En comparant la réaction du gaz chlorhydrique à la réaction du gaz iodhydrique, on constate que la réaction du gaz chlorhydrique l'emporte de 28,2 calories sur la réaction du gaz iodhydrique.

Il résulte de là que pour substituer le chlore à l'iode

---

1. L'iode est un corps solide; pour passer à l'état gazeux, c'est-à-dire pour que ses atomes deviennent indépendants en acquérant des mouvements de rotation et de translation, il faut que ses atomes absorbent de la chaleur, ainsi que nous l'avons vu.

gazeux dans la combinaison avec l'hydrogène, il faudra que la formation du gaz chlorhydrique dégage 28,2 calories. C'est ce qui est confirmé par l'expérience.

En continuant l'allégorie précédente, on dira que le mauvais ouvrier iode gazeux, au lieu de commencer l'ouvrage définitif qui doit être le gaz chlorhydrique représenté par 22, a opposé des obstacles dont la valeur est représentée par 6,2. Il faut donc que l'ouvrier chlore, non seulement fasse tout l'ouvrage chlorhydrique, lequel est égal à 22, mais encore que préalablement il détruise les obstacles accumulés par l'iode; il faut par conséquent qu'il fasse un travail supplémentaire égal à 6,2. En tout, le travail du chlore se trouvera égal à $22 + 6,2 = 28,2$.

On voit donc que si un corps se substitue à un autre dans une combinaison, la chaleur dégagée par la substitution est la différence entre : 1° la chaleur dégagée par la formation directe de la substitution; et 2° la chaleur absorbée ou dégagée par la formation de la combinaison primitive.

III° PRINCIPE DU TRAVAIL MAXIMUM. — « Tout changement chimique accompli sans l'intervention d'une énergie étrangère tend vers la production du corps ou du système de corps qui dégage le plus de chaleur. »

Par « énergie étrangère », il faut entendre l'énergie des agents physiques chaleur, lumière, électricité.

Le principe du Travail maximum a pour corollaire un théorème que Berthelot appelle le théorème de la nécessité des réactions; celui-ci n'est, au fond, que le principe du Travail maximum énoncé sous une forme catégorique. Le voici :

« Toute réaction chimique susceptible d'être accomplie sans le concours d'un travail préliminaire et en dehors de l'intervention d'une énergie étrangère se produit nécessairement si elle dégage de la chaleur. »

Au point de vue de la chaleur, on distingue deux grandes classes de combinaisons, à savoir, les combinaisons *exothermiques* (Ἔξω en dehors, θερμόν chaleur), c'est-à-dire celles qui dégagent de la chaleur, et les combinaisons *endothermiques* (ἔνδον en dedans, θερμόν chaleur), c'est-à-dire celles qui absorbent de la chaleur.

1° *Combinaisons exothermiques.* — Toutes les fois qu'un corps composé a été formé avec dégagement de chaleur par l'union directe de ses éléments, il ne se décompose pas de lui-même; mais il faut faire intervenir une énergie étrangère afin d'effectuer le travail nécessaire pour en séparer de nouveau les éléments.

Cela est facile à comprendre; le dégagement de la chaleur atteste qu'une partie notable de la force vive que possédaient emmagasinée les éléments composants lorsqu'ils étaient à l'état indépendant, a été dépensée pour le travail de combinaison. Il résulte de là deux choses :

A. Pour décomposer le nouveau système, il faudra qu'on lui rende une quantité d'énergie égale à la quantité d'énergie dépensée dans l'acte de combinaison;

B. Le système nouveau sera d'autant plus stable qu'il aura perdu de son énergie propre une fraction plus considérable; car, pour qu'il soit décomposé, il faudra qu'il soit soumis à l'action d'une énergie aussi grande que l'énergie dépensée.

II° *Combinaisons endothermiques*. — Au contraire, les corps composés qui ont été formés avec absorption de chaleur offrent une aptitude spéciale à entrer en réaction; ils ont même une sorte de plasticité chimique bien supérieure à celle qu'auraient leurs éléments isolés.

Cela est également facile à comprendre. En effet, dans les combinaisons endothermiques, non seulement les éléments qui entrent en combinaison conservent la force vive qu'ils possédaient lorsqu'ils étaient à l'état indépendant, mais encore ils empruntent à l'extérieur une force complémentaire pour le genre de travail qu'ils effectuent, à savoir, pour se disposer, dans le corps composé, en un arrangement ou en une orientation particulière. « On peut prendre une idée de tels composés, dit M. Berthelot, en les comparant à un ressort tendu; pour bander le ressort, il faut exécuter un travail équivalent à une certaine quantité de force vive, que la détente du ressort fera reparaître. Un corps composé de cet ordre renferme plus d'énergie que le simple mélange de ses composants. Tel est le caractère du bioxyde d'azote, de l'acétylène, de l'éthylène, du cyanogène, du sulfure de carbone, etc. [1] »

1. BERTHELOT, *Essai de mécanique chimique*, tome II, page 19.

De ces définitions, il suit évidemment que les conditions de combinaison et de décomposition doivent être renversées selon qu'il s'agit de corps composés avec dégagement de chaleur ou de corps composés avec absorption de chaleur.

A. *Combinaison*. — Les corps composés qui se forment avec dégagement de chaleur sont les seuls qui puissent prendre naissance sans l'intervention d'un travail accompli par quelque agent extérieur, c'est-à-dire sans le concours de quelque énergie étrangère à celle de leurs éléments composants. Ceux-ci, en effet, possèdent en eux-mêmes une force vive supérieure à celle qu'exige la combinaison où ils entrent; la combinaison se fait d'elle-même.

Au contraire, les corps composés qui se forment avec absorption de chaleur exigent toujours, pour se produire, le concours de quelque énergie étrangère à celle de leurs éléments composants. En effet, puisque ces corps une fois composés ont une quantité d'énergie supérieure à la somme totale des énergies de leurs composants à l'état libre, il faut absolument qu'ils reçoivent d'un agent extérieur le complément d'énergie nécessaire à leur formation.

B. *Décomposition*. — Les corps composés avec dégagement de chaleur ne peuvent être décomposés que si un agent extérieur leur rend l'énergie qu'il avaient perdue dans l'acte de combinaison.

Au contraire, les corps composés avec absorption de chaleur ont emmagasiné un excès d'énergie qui les rend particulièrement aptes à se décomposer pour entrer dans une nouvelle combinaison, laquelle est d'autant plus stable que le dégagement de chaleur a été plus grand.

L'état final de ces réactions inverses relève directement du principe du Travail maximum. C'est à ce principe unique que sont ramenées toutes les réactions fondamentales qui composent la statique chimique [1], entre autres, les doubles décompositions salines qu'avait étudiées Berthollet au commencement du siècle; non seulement le principe du Travail maximum embrasse les lois de Berthollet, mais il résout naturellement les difficultés contre lesquelles ces lois avaient échoué. Par exemple, autrefois on distinguait les acides et les bases en acides forts et en acides faibles, en bases fortes et en bases faibles, selon que tel acide et telle base déplaçaient un autre acide et une autre base dans les décompositions; or il était impossible d'expliquer pourquoi en certains cas les acides faibles déplaçaient les acides forts, et les bases faibles les bases fortes. Avec le principe du Travail maximum, tous les cas non seulement sont expliqués, mais ils peuvent être prévus avec certitude [2]. Les déplacements réciproques de l'acide chlorhydrique et de l'acide cyanhydrique en donnent un exemple frappant.

---

1. BERTHELOT, *Essai de mécanique chimique*, tome II, page 755.
« La dynamique chimique est l'étude de la combinaison et de la décomposition envisagées en soi.

« La statique chimique est l'étude de l'état final qui résulte des actions réciproques entre les corps simples et composés. »

2. Prévoir les faits est l'une des deux conditions fondamentales de toute hypothèse scientifique.

L'acide cyanhydrique est, à certains égards, comparable à l'acide chlorhydrique ; ces deux acides, en effet, sont formés sans condensation par l'union directe de l'hydrogène, à volumes égaux, l'un avec le chlore, l'autre avec le cyanogène ; leurs sels alcalins sont isomorphes.

Cependant l'acide cyanhydrique est réputé un acide faible, tandis que l'acide chlorhydrique est regardé comme un acide fort. Cette notion vague de l'acide cyanhydrique est purement relative, car on peut à volonté déplacer l'acide cyanhydrique par l'acide chlorhydrique ou déplacer l'acide chlorhydrique par l'acide cyanhydrique, suivant les conditions de l'expérience, la nature des métaux et la concentration des hydracides. C'est ce que fait prévoir la comparaison des quantités de chaleur dégagées par l'acide chlorhydrique et par l'acide cyanhydrique lorsqu'ils se combinent aux diverses bases. Etablissons d'abord les combinaisons isolées.

A. *Formation des chlorures dissous.* — 1° La formation du chlorure de potassium dissous au moyen de l'acide chlorhydrique étendu et de la potasse étendue dégage 13,7 calories.

2° La formation du chlorure de mercure dissous au moyen de l'acide chlorhydrique étendu et de l'oxyde de mercure précipité dégage 9,5 calories.

B. *Formation des cyanures dissous.* — 1° La formation du cyanure de potassium au moyen de l'acide cyanhydrique étendu et de la potasse étendue dégage 3 calories.

2° La formation du cyanure de mercure au moyen de l'acide cyanhydrique étendu et de l'oxyde de mercure précipité dégage 15,5 calories.

Ces nombres permettent de prévoir maintenant les déplacements réciproques de l'acide chlorhydrique et de l'acide cyanhydrique.

I° *Déplacement de l'acide cyanhydrique.* — Dans une solution de cyanure de potassium on verse de l'acide chlorhydrique étendu. Comme la formation du chlorure de potassium dégage 13,7 calories, tandis que celle du cyanure de potassium n'a dégagé que 3 calories, il s'ensuit que l'acide chlorhydrique déplace l'acide cyanhydrique et forme du chlorure de potassium en dégageant 13,7 *moins* 3 $=$ 10,7 calories.

II° *Déplacement de l'acide chlorhydrique.* — Dans une solution de chlorure de mercure, on verse de l'acide cyanhydrique étendu. Comme la formation du cyanure de mercure dégage 15,5 calories, tandis que celle du chlorure de mercure n'a dégagé que 9,5 calories, il s'ensuit que l'acide cyanhydrique déplace l'acide chlorhydrique et forme du cyanure de mercure en dégageant 15,5 *moins* 9,5 $=$ 6 calories.

Les phénomènes changent de signe si l'on prend les acides anhydres; en cet état, les acides n'ont rien perdu de leur énergie, tandis que la dissolution en enlève toujours une notable partie.

A. *Formation de chlorures solides.* — La formation du chlorure de mercure solide au moyen de l'acide chlorhydrique gazeux et de l'oxyde de mercure solide dégage **23,5** calories.

B. *Formation de cyanures solides*. — La formation du cyanure de mercure solide au moyen de l'acide cyanhydrique gazeux et de l'oxyde de mercure solide dégage 18,3 calories.

En soumettant le cyanure de mercure sec à l'action du gaz chlorhydrique, l'acide cyanhydrique est déplacé; le chlorure de mercure se forme en dégageant 23,5 *moins* 18,5 = 5,2 calories.

Ces deux exemples de déplacements réciproques et inverses montrent d'une manière saisissante que ce qui domine les réactions chimiques est le dégagement de chaleur, ce qui est conforme au principe du Travail maximum.

IV° Conclusion. — La chimie est fondée sur deux faits, à savoir :

1° L'invariabilité de la quantité de la matière;

2° L'invariabilité de la quantité de l'énergie.

La quantité de la matière est définie par le rapport selon lequel la matière entre en combinaison, c'est-à-dire par ce qu'on appelle l'*équivalent*.

L'équivalent en chimie correspond à la masse en mécanique. La masse, en effet, est définie par le rapport selon lequel la quantité de matière subit l'action de la gravitation.

L'instrument qui mesure la quantité de la matière est la balance;

L'instrument qui mesure la quantité de l'énergie est le calorimètre.

C'est Lavoisier qui a créé la chimie de la matière;

Ce sont les chimistes contemporains qui ont créé

la chimie de l'énergie. La chimie de l'énergie est vulgairement appelée thermochimie.

C'est ici le lieu de rapprocher les principes de la thermochimie de ceux de la thermodynamique ou physique de l'énergie. Rappelons donc ces principes d'une manière succincte :

1° *Thermodynamique*. — La thermodynamique est fondée sur la loi de la conservation de l'énergie. M. Clausius énonce ainsi cette loi :

A. *Loi de la conservation de l'énergie :* — « Une forme d'énergie peut se transformer en une autre forme d'énergie; mais la quantité d'énergie ne peut jamais se perdre; au contraire, l'énergie totale existant dans le monde est constante, comme la quantité de matière qui s'y trouve. »

La loi de la conservation de l'énergie comprend deux principes :

B. Le principe de l'équivalence dans la *production* du travail et de la chaleur;

C. Le principe de l'équivalence dans les *transformations* du travail et de la chaleur.

Ce dernier principe aboutit à la conclusion suivante : Les transformations tendent vers les états qui dégagent le plus de chaleur; à son tour, la chaleur tend à s'équilibrer dans tous les corps; il s'ensuit, d'après M. Clausius, que la quantité des transformations possibles diminue de plus en plus, si bien qu'un jour viendra où l'univers entier sera en équilibre stable; nulle transformation ne sera plus possible; avec l'égale répartition de l'énergie, la vie s'éteindra.

A cette conséquence théorique on a donné le mauvais nom de dissipation de l'énergie ou de dégradation de l'énergie.

II° *Thermochimie*. — En regard de la loi et des principes de la thermodynamique, plaçons maintenant la loi et les principes de la thermochimie.

Les phénomènes chimiques sont les expressions indéfiniment variées des transformations de l'énergie; trois principes suffisent pour les embrasser tous; ces principes, les voici :

A. Le *principe de l'équivalence calorifique*. — On constate que la quantité d'énergie dépensée est égale à la quantité d'énergie acquise; par conséquent la quantité totale de l'énergie reste constante.

Ce principe chimique correspond donc à l'essence même de la loi de la conservation de l'énergie.

B. Le *principe des actions moléculaires*. — La quantité d'énergie est mesurée par la quantité de chaleur dégagée.

Ce principe chimique correspond au principe de l'équivalence dans la production du travail et de la chaleur.

C. Le *principe du travail maximum*. — On constate que l'énergie, dans ses transformations, tend vers les états où l'équilibre est le plus stable.

Ce principe chimique correspond au principe de l'équivalence dans les transformations du travail et de la chaleur, dont la conséquence dernière est l'équilibre stable de l'énergie.

Ainsi, à la loi de conservation de l'énergie et aux

deux principes fondamentaux de la thermodynamique répondent les trois principes de la thermochimie. Il s'ensuit que la chimie, elle aussi, « tend à sortir de l'ordre des sciences descriptives pour rattacher ses principes et ses problèmes à ceux des sciences purement physiques et mécaniques. Elle se rapproche ainsi de plus en plus de cette conception idéale, poursuivie depuis tant d'années par les efforts des savants et des philosophes, et dans laquelle toutes les spéculations et toutes les découvertes concourent vers *l'unité de la loi universelle des mouvements et des forces naturelles* [1]. »

---

[1] BERTHELOT, *Essai de mécanique chimique*, tome II, page 757.

TROISIÈME PARTIE

Les Transformations de l'Energie.

CHAPITRE PREMIER

TRANSFORMATIONS DE L'ÉNERGIE

Dans les pages qui précèdent il a été démontré :

1º Que le mouvement visible des masses totales (changement de position dans l'espace) peut se transformer en un mouvement invisible des molécules, et que cette transformation est décelée et mesurée par la chaleur qui se dégage ;

2º Qu'à son tour, la chaleur, manifestation du mouvement invisible des molécules, peut se transformer en quantité équivalente de mouvement visible des masses ; on a même déterminé cette mesure sous le nom d'équivalent mécanique de la chaleur ;

3º Qu'à travers ces transformations équivalentes, la quantité totale de l'énergie reste constante, ainsi que le démontrent tous les faits de la mécanique et toutes les réactions de la chimie.

De ces découvertes expérimentales, il découle que les forces naturelles, ainsi qu'on les appelle encore aujourd'hui, ne sont pas autre chose que les manifestations particulières de l'énergie universelle, c'est-à-dire, en dernière analyse, des modes du mouvement.

Le problème de l'unité et de l'indestructibilité de l'énergie a donc été résolu par la science moderne.

Il nous reste à signaler, à l'aide de quelques exemples connus et familiers, comment chaque force naturelle peut se transformer et, en réalité, se transforme en chacune des autres forces naturelles.

Ces forces naturelles sont la chaleur, l'électricité et le magnétisme, la lumière, auxquelles autrefois on adjoignait l'affinité chimique [1].

I° — TRANSFORMATION DU MOUVEMENT VISIBLE

1° *En mouvement calorifique* ou *chaleur*. — Comme le sujet a été traité précédemment, il suffira d'un seul exemple, celui de la célèbre expérience de Léon Foucault.

Entre les deux pôles de deux puissants électro-aimants, on dispose un disque de cuivre qu'on peut faire tourner au moyen d'une manivelle. Tant que le courant électrique ne passe pas dans les fils des deux électro-aimants, on fait tourner le disque très rapidement avec facilité et sans fatigue. Mais aussitôt que le courant électrique passe par les électro-aimants, « le disque s'échauffe à un point tel qu'il devient impossible d'appliquer la main à sa surface ; en même temps il faut déployer une énorme force mécanique

---

1. Voir A. Hiche, *Leçons de chimie*, tome I", pages 29, 235, la négation de l'affinité chimique en tant que force particulière ; et page 704, la transcription du mémoire de Dumas sur l'affinité chimique.

pour le mettre en mouvement. Et cette force évaluée en kilogrammètres reproduit le nombre indiqué comme représentant l'équivalent mécanique de la chaleur [1]. »

2° *En mouvement acoustique* ou *son*. — Tout le monde sait que le son est une certaine somme d'ondulations aériennes qui, dans l'unité de temps, mettent en mouvement le nerf acoustique. Lorsque les vibrations de l'air n'atteignent pas, en une seconde, le nombre de 60, l'oreille n'entend pas de son ; lorsque les vibrations de l'air dépassent en une seconde le nombre de 40 mille, l'oreille n'entend plus de son [2].

3° *En mouvement lumineux* ou *lumière*. — Nous savons aujourd'hui que la lumière non seulement

---

1. Secchi, *Unité des forces*, page 18.
Dans une conférence faite sur les *Sens de l'homme*, *Revue scientifique*, 22 mars 1884, page 354, sir William Thomson raconte ainsi une expérience analogue à celle de Foucault et évidemment inspirée par celle-ci : « Si nous laissons tomber entre les pôles d'un puissant électro-aimant une pièce de cuivre, celle-ci, au lieu de suivre la loi de la chute des corps, tombe lentement, comme si elle s'enfonçait dans la boue ; il lui faut un quart de minute pour franchir dans sa chute l'espace de quelques centimètres. »
2. Ces nombres sont ceux de M. Helmholtz et de M. Kœnig, cités par Radau, l'*Acoustique*, pages 199-201. D'autre part, Tyndall, le *Son*, page 78, dit ceci : « Les recherches récentes de Helmholtz l'ont conduit à adopter pour la limite inférieure du son 16 vibrations, et pour la limite supérieure 38 mille vibrations. » Sir William Thomson n'est pas d'accord avec les deux savants précédents, au moins, pour la limite supérieure : « La note la plus élevée que puisse percevoir l'oreille paraît avoir à peu près 10 mille vibrations par seconde ; au-dessus de ce nombre, la note devient si aiguë qu'elle cesse de frapper l'oreille. » (W. Thomson, les *Sens de l'homme*, page 357.) — Comme Helmholtz et Kœnig ont fait eux-mêmes les expériences, je crois qu'il est bon d'adopter les nombres qu'ils ont déterminés.

consiste en une série de mouvements ondulatoires, mais encore on a déterminé le nombre des vibrations qui correspondent à chacun des rayons colorés, composant la lumière blanche. Ainsi, lorsque notre œil voit rouge, c'est que 514 trillions de vibrations ont, en une seconde, ébranlé le nerf optique ; lorsque notre œil voit violet, c'est que 752 trillions de vibrations ont, en une seconde, ébranlé le nerf optique. Si, par un artifice quelconque, entre autres par l'interposition d'une substance translucide convenablement amincie, on éteint une partie des vibrations lumineuses de façon que l'œil ne reçoive plus, en une seconde, que 670 trillions de vibrations, alors ce que l'œil, avant l'interposition de la substance, voyait violet, lui apparaît maintenant de couleur bleue. Un boulet lancé contre une plaque d'acier tombe rougi à blanc ; son mouvement visible a été converti en chaleur lumineuse.

4° *En mouvement électrique* ou *électricité*. — Les lois qui régissent la mécanique du son, de la lumière et de la chaleur sont connues ; il n'en est pas de même pour la mécanique de l'électricité et du magnétisme. Mais si les lois mécaniques de l'électricité et du magnétisme sont encore à découvrir, il n'en est pas moins démontré que l'électricité et le magnétisme sont des modes particuliers du mouvement. Le mouvement visible qu'on appelle frottement les fait naître aisément. Exemples : le frottement de la cire avec un morceau de laine, le frottement de la résine avec une peau de chat, celui d'un plateau de verre entre deux coussins, etc. La différence entre le frottement qui fait naître de la chaleur et celui qui donne naissance à l'électricité est ainsi exposée par Grove : « Nous pouvons dire que, dans l'état présent de la science, là où les corps qui frottent l'un contre l'autre sont des corps *homogènes*, c'est de la chaleur et non de l'électricité qui résulte du frottement ; là où les corps frottants sont *hétérogènes*, nous pouvons affirmer en toute sécurité qu'il y a de l'électricité engendrée par le frottement, quoique cette électricité soit toujours accompagnée de chaleur dans une proportion plus grande ou plus petite [1]. »

II° — TRANSFORMATION DE LA CHALEUR

1° *En mouvement électrique.* — « La chaleur produit immédiatement l'électricité ; si des métaux dissemblables sont amenés au contact ou soudés ensemble et qu'on chauffe le point de contact ou de soudure, un courant d'électricité circule au travers des métaux et dans une direction déterminée qui dépend de la nature des métaux employés ; ces courants persistent aussi longtemps qu'un accroissement de température envahit graduellement les métaux ; ils cessent si la température reste stationnaire, et circulent dans une direction opposée quand la température vient à décroître [2].

2° *En mouvement lumineux.* — L'éclat lumineux que répandent nos bougies, nos lampes, n'est pas autre chose que maintes particules de charbon portées

---

1. Grove, *Corrélation des forces*, page 38.
2. Grove, *Corrélation des forces*, page 69.

à une haute température. Dans tous les cours de physique, on fait l'expérience suivante appelée lumière de Drummond : On porte un bâton de craie à une haute température, au moyen d'un chalumeau à gaz oxyhydrique ; la craie devient aussi éblouissante que le soleil.

III° — TRANSFORMATION DE L'ÉLECTRICITÉ

« Le fait que la structure ou l'arrangement moléculaire d'un corps détermine son pouvoir de conductibilité électrique n'est nullement expliqué dans la théorie qui fait de l'électricité un fluide; tandis que si l'électricité est seulement une transmission de mouvement, l'influence de l'état moléculaire est précisément ce qu'elle doit être. Le carbone à l'état de cristal transparent ou diamant tient presque le premier rang parmi les corps *non-conducteurs* de l'électricité; tandis qu'à l'état opaque et amorphe, sous forme de graphite ou de charbon, il est presque au premier rang des corps *conducteurs*. Ainsi, dans l'un de ses états, celui de diamant, le carbone transmet la lumière et arrête l'électricité; dans l'autre état, celui de graphite ou de charbon amorphe, il transmet l'électricité et arrête la lumière [1]. »

1° *En mouvement chimique* (travail chimique), *en mouvement de transport* (travail mécanique), et *en mouvement calorifique* (travail calorifique). « Lorsqu'on fait passer un courant électrique dans la solution d'un sel, voici les phénomènes qu'on observe :

---

1. Grove, *Corrélation des forces*, page 119.

A. Une portion de l'énergie électrique sert à décomposer le sel (*travail chimique*).

B. Une deuxième portion sert à transporter les éléments du sel aux pôles de la pile voltaïque (*travail mécanique*).

C. Une troisième portion sert à échauffer le liquide (*travail calorifique*).

La portion de l'énergie électrique qui transporte les éléments salins aux pôles de la pile est la plus faible ;

La portion de l'énergie électrique qui échauffe le liquide est la plus considérable ;

La portion qui est consommée dans le travail de décomposition chimique et se transforme ainsi en énergie chimique n'est donc qu'une fraction de l'énergie totale [1] ».

2º *En mouvement lumineux et en mouvement calorifique.* — Tout le monde connaît l'éclat de la lumière que donne l'arc électrique ; c'est également l'arc électrique qui développe la température la plus élevée que l'homme puisse produire ; tous les corps simples, le carbone lui-même, sont réduits en vapeur.

Quant aux effets chimiques de l'arc électrique, c'est lui seul qui produit les changements isomériques du carbone et sa combinaison directe avec l'hydrogène [2].

IVº — TRANSFORMATION DU MAGNÉTISME

L'électricité engendre le magnétisme ; et le magné-

---

1. BERTHELOT, *Essai de mécanique chimique*, tome II, page 327.
2. BERTHELOT, *Essai de mécanique chimique*, tome II, page 383.

tisme l'électricité. Toutes nos puissantes machines électriques, machines Gramme, machines Siemens, machines Edison, etc., ne sont pas autre chose que des électro-aimants où s'opère la transformation réciproque de l'électricité et du magnétisme. Il est donc inutile d'insister sur un fait aussi connu ; nous nous contenterons de rappeler certains faits qu'a signalés Grove.

1° *En mouvement calorifique.* — « Toutes les fois qu'un métal susceptible d'aimantation est aimanté ou désaimanté, sa température s'élève (expériences faites par Grove lui-même).

« Le docteur Maggi avait recouvert une plaque de fer doux homogène d'une couche mince de cire mêlée d'huile, et faisait traverser le centre de la plaque par un tube par lequel arrivait de la vapeur d'eau bouillante. Il installait la plaque au repos sur les pôles d'un électro-aimant, en ayant soin de l'en séparer par une feuille de carton. Or, lorsque le fer n'était pas aimanté, la cire fondue prenait une forme circulaire, puisque le tube occupait le centre du cercle. Mais lorsque l'électro-aimant était rendu actif, la courbe formée par les limites de la fusion de la cire changeait de forme et s'allongeait dans une direction perpendiculaire à la ligne qui unissait les pôles, ce qui prouve que le pouvoir conducteur du fer pour la chaleur était modifié par l'aimantation. Nous avons donc de la chaleur produite par le magnétisme, et la conductibilité pour la chaleur modifiée dans une direction déterminée en rapport avec la force magnétique ; n'est-il pas rationnel de regarder ces effets calorifiques comme résultant de changements dans l'arrangement moléculaire de la matière soumise à l'influence magnétique [1] ? »

2° *En mouvement acoustique et en mouvement mécanique.* — « M. Page et M. Marrion ont découvert qu'il se produit un son lorsque le fer ou l'acier sont rapidement magnétisés ou démagnétisés, et M. Joule a trouvé qu'une barre de fer devient légèrement plus longue par l'aimantation... Les mêmes arguments qui prouvaient que les autres affections de la matière étaient des modes de mouvement moléculaire sont donc également applicables au magnétisme [2]. »

3° *Le magnétisme et l'électricité sont inséparables.* — « Pour ce qui concerne les forces de l'électricité et du magnétisme à l'état dynamique, nous ne pouvons pas électriser une substance sans l'aimanter; nous ne pouvons pas l'aimanter sans l'électriser. Chaque molécule, du moment où elle est affectée par une de ces deux forces, est affectée par l'autre; quoique agissant dans des directions perpendiculaires, ces forces sont inséparables et mutuellement dépendantes [3]. »

V° — TRANSFORMATION DE LA LUMIÈRE

1° *Actions produites par les énergies lumineuses.* — « La lumière en arrivant à la surface des corps est en partie diffusée, en partie absorbée, et, si la substance

---

1. GROVE, *Corrélation des forces*, pages 192-193.
2. GROVE, *Corrélation des forces*, page 197.
3. GROVE, *Corrélation des forces*, page 247.

est transparente, en partie transmise. L'absorption est superficielle dans les substances opaques; elle se produit dans toute la masse des corps transparents. Elle peut développer, soit de la chaleur, soit une modification moléculaire, soit une réaction chimique.

« Les transformations chimiques produites par la lumière peuvent être distinguées en réactions *exothermiques* (dégagement de chaleur) et en réactions *endothermiques* (absorption de chaleur).

A. *Réactions exothermiques.* — *Exemples* : Union du chlore et de l'hydrogène pour former de l'acide chlorhydrique; oxydations par l'acide chromique, par l'oxygène libre, etc., si employées par les photographes; réductions des sels d'argent, d'or, de mercure, etc.

Dans ce groupe de réactions, la lumière détermine le phénomène chimique; elle réalise le travail préliminaire; mais *ce n'est pas elle* qui effectue le travail principal, c'est-à-dire qu'elle ne produit pas la chaleur développée dans la réaction. La lumière, en un mot, joue un rôle analogue à celui d'une allumette qui servirait à incendier un bûcher.

B. *Réactions endothermiques.* — Au contraire, c'est la lumière ou plus précisément l'acte d'*illumination* qui effectue le travail nécessaire pour décomposer le chlorure d'argent en chlore libre et en argent libre; le protoxyde de mercure en bioxyde et en mercure métallique, etc. C'est la lumière qui décompose l'acide carbonique, avec production d'oxygène libre, dans les organes où s'effectue la nutrition végétale. Les réactions endothermiques, ainsi produites par le travail de la lumière, sont bien moins nombreuses que les réactions contraires.

Les tentatives que l'on a faites pour mesurer l'action photochimique ont presque toujours pris pour base des mesures une réaction exothermique : c'était contradictoire avec le but qu'on voulait atteindre. Pour arriver à la solution du problème, il faudrait évidemment choisir un phénomène tout différent, c'est-à-dire une combinaison ou une décomposition susceptible de se produire avec *absorption de chaleur*, en un mot, une réaction dans laquelle la lumière fût la cause efficiente de la réaction. Mais il n'est pas facile de trouver une semblable réaction, surtout si on veut la réaliser dans des conditions telles qu'elle se prête à des mesures comparatives. En effet, on rencontre ici une nouvelle difficulté : les diverses radiations lumineuses ne sont pas également efficaces pour produire un même phénomène chimique; chacune d'elles produit un certain effet à l'exclusion des autres. Par exemple :

1º La décomposition de l'acide carbonique par les parties vertes des végétaux est effectuée surtout au moyen des rayons jaunes; tandis que la décomposition du chlorure d'argent est surtout effectuée au moyen des rayons violets et ultra-violets. Les résultats obtenus dans l'étude d'une réaction ne sont donc applicables qu'à cette réaction même et aux radiations efficaces pour la produire, mais non aux réactions photochimiques en général.

2° Ce n'est pas tout; l'énergie des radiations lumineuses absorbées pendant une réaction chimique n'est pas consommée en totalité par le travail chimique, car il se produit d'ordinaire quelque *échauffement simultané*.

3° En outre, et ceci est plus grave, une portion de la lumière reparaît souvent sous la forme de rayons d'une *réfrangibilité différente*, comme on l'observe dans l'étude des substances fluorescentes, substances spécialement sensibles aux actions photochimiques.

Bref, comme il arrive dans la plupart des transformations naturelles, l'énergie de la lumière ne se change pas purement et simplement en énergie chimique, mais *elle éprouve à la fois plusieurs transformations distinctes*.

2° *Décomposition de l'acide carbonique par la chlorophylle.* — La décomposition de l'acide carbonique par les parties vertes des végétaux s'effectue sous l'influence des rayons compris entre le jaune et le vert; le bleu et le violet étant sans action, et le rouge intense presque inefficace.

La décomposition de l'acide carbonique par les végétaux produit un volume d'oxygène à peu près égal à celui du gaz absorbé. En supposant que l'acide carbonique fût réellement décomposé en oxygène libre et en carbone libre, la réaction absorberait 48,5 calories.

Mais le carbone ne devient pas libre: en réalité, il demeure uni aux éléments de l'eau sous la forme d'hydrate de carbone (cellulose, dextrine, gomme, etc.), substances dont l'énergie est, tantôt voisine de la somme des énergies de l'eau et du carbone (cellulose), tantôt supérieure (glucose). Dans cette dernière circonstance, la décomposition précitée absorberait 5 à 6 calories de *moins* que 48,5 calories.

« Telle est la mesure de l'énergie fournie par la radiation solaire pendant la nutrition végétale; énergie qui joue un rôle capital dans l'économie générale de la vie à la surface de la terre. En effet, c'est aux dépens de cette énergie emmagasinée dans les végétaux que la vie animale peut se développer. C'est là aussi l'origine de l'énergie de la plupart des machines motrices que la civilisation met en œuvre, à l'aide du travail des animaux ou de la combustion du charbon fossile condensé autrefois dans les végétaux aux âges géologiques [1]. »

3° *Production de tous les modes de mouvement à la suite de l'acte d'illumination.* — « J'ai fait une expérience, dit Grove, qui met en évidence la production de tous les autres modes de force par la lumière; je vais la décrire brièvement ici : Une plaque daguerrienne préparée est enfermée dans une boîte remplie d'eau et fermée par une lame de verre recouverte d'un écran mobile. Entre le verre et la plaque, je place un grillage de fil d'argent; la plaque est en contact avec l'une des extrémités du fil d'un galvanomètre, et le grillage de fil avec l'extrémité d'une hélice thermométrique de Bréguet; les extrémités restantes du fil du galvanomètre et de l'hélice thermométrique sont unies

---

[1]. BERTHELOT, *Essai de mécanique chimique*, tome II, pages 400-415.

par un fil conducteur; les aiguilles du galvanomètre et du thermomètre sont amenées à zéro. Aussitôt qu'un rayon de lumière diffuse ou d'une lampe oxyhydrique trouve accès sur la plaque, par le déplacement de l'écran, les aiguilles se dévient. Ainsi, en prenant la lumière pour force initiale, nous avons sur la plaque *une action chimique*; dans les fils d'argent, de l'*électricité* circulant sous forme de courants; dans la bobine du galvanomètre, *du magnétisme*; dans l'hélice, de *la chaleur*; dans les aiguilles, *du mouvement* [1]. »

VI° — CONCLUSION

Expérience où toutes les transformations de l'énergie s'accomplissent. — « En repassant en revue les séries de relations entre les diverses forces, dit Grove, nous verrons que dans beaucoup de cas où l'une de ces forces est excitée ou existe, *toutes les autres* sont aussi mises en action. Par exemple, lorsqu'une substance, comme le sulfure d'antimoine, est *électrisée* :

1° Elle devient *magnétique*, au moment de l'électrisation, dans des directions à angle droit avec les lignes de force électrique;

2° Elle devient en même temps *chaude*, à un degré plus ou moins élevé, suivant l'intensité de la force électrique;

3° Si cette intensité est exaltée au delà d'une certaine limite, le sulfure devient *lumineux* ou de la *lumière* est produite;

---

1. Grove, *Corrélation des forces*, page 148.

4° Il se dilate aussi, et par conséquent il y a production de *mouvement;*

5° Il se décompose enfin, et il y a production d'*action chimique.*

« Ainsi, avec certaines substances, lorsqu'un mode de force est produit, *tous les autres* sont développés simultanément. Avec d'autres substances, *probablement avec toute matière*, quelques-unes des autres forces sont développées toutes les fois que l'une a été excitée; et elles le seraient toutes, si la matière était dans une condition convenable pour leur développement, ou si nos moyens de la découvrir étaient suffisamment délicats [1] ».

L'illustre physicien anglais a raison; lorsqu'un mode de l'énergie est produit, tous les autres sont développés simultanément; c'est la conclusion à laquelle aboutit M. Berthelot, quoique en termes moins formels, lorsqu'il dit : « Comme il arrive dans la plupart des transformations des forces naturelles, l'énergie de la Lumière ne se change pas purement et simplement en énergie chimique, mais elle éprouve à la fois plusieurs transformations distinctes. » Les formes diverses de l'Énergie sont inséparables; l'une ne peut apparaître sans que les autres n'apparaissent également, à un degré aussi faible que l'on voudra, mais elles apparaissent. Si nous ne les voyons pas toutes, si l'une d'elles seulement frappe nos regards à cause de son intensité majeure, c'est à la faiblesse

---

[1]. Grove, *Corrélation des forces,* page 239.

de la vue humaine et des sens humains qu'il faut nous en prendre, et non à l'absence des phénomènes. Bien que le perfectionnement croissant de nos instruments ait, dans des proportions merveilleuses, agrandi notre horizon, néanmoins, eu égard à l'infini de la Nature, cet horizon reste toujours très limité.

Quoi qu'il en soit de l'étroitesse du champ où se meut l'esprit humain, cependant nous sommes sûrs aujourd'hui, expérimentalement sûrs, que tout mouvement de déplacement des masses ou des molécules, soit au point de vue physique, soit au point de vue chimique ou physiologique, chez le muscle qui se contracte comme dans la feuille qui végète, tout mouvement donne lieu à une production de chaleur, d'action chimique et d'électro-magnétisme. Reste le phénomène lumineux pour compléter l'apparition de toutes les formes de l'Énergie. Pour peu qu'on se rappelle les conditions qui constituent la perception de la lumière, on se rendra aisément compte de la raison pour laquelle la forme lumineuse de l'Énergie semble n'apparaître que dans des circonstances particulières. En effet, pour qu'il y ait perception lumineuse, il faut deux conditions, à savoir :

1° L'ondulation de l'éther ;

2° Un œil pour recevoir cette ondulation.

L'éther aurait beau être agité des plus rapides et des plus violentes vibrations, si ces vibrations ne tombent pas dans cet organe particulier, unique, qu'on appelle l'œil, ces vibrations éthérées seront pour l'homme comme si elles n'étaient pas : il croira qu'autour de lui règne l'obscurité. Tel est le cas des aveugles en présence du soleil même. Or, qu'est-ce que l'ondulation de l'éther? C'est une des formes de l'énergie, la quatrième d'après notre classification précédente. Peu importe qu'elle soit perçue ou non par l'œil de l'homme sous l'aspect lumineux, il suffit que cette ondulation existe pour que nous ayons le droit d'affirmer que l'énergie apparaît sous sa forme éthérée en même temps qu'elle apparaît sous sa forme calorifique, sous sa forme chimique et électro-magnétique. Ce que nous appelons *lumière* est un pur phénomène physiologique; le mot lumière signifie que nous avons un appareil dont les fibres nerveuses, sous l'impulsion de mouvements extérieurs, vibrent d'une manière qui n'appartient qu'à elles; oui, le mot lumière signifie cela, et pas autre chose. Dans la nature, *il n'y a pas de lumière,* il n'existe que des ondulations éthérées. Si donc nous prouvons que partout et toujours l'éther ondule, il sera démontré que l'énergie se manifeste sous toutes ses formes à la fois, sous la forme éthérée comme sous les trois autres.

1° La chaleur ou forme calorifique de l'énergie est permanente et universelle. Les expériences des physiciens, entre autres, de Melloni, ont démontré que chaleur et lumière sont inséparables. D'après Melloni, la lumière est une chaleur perceptible à l'œil, tandis que la chaleur obscure est une radiation lumineuse invisible à l'œil. « La chaleur radiante et la lumière sont indivisibles, dit à son tour William Thomson; il n'y a pas deux choses distinctes, à savoir, une chaleur radiante et une lumière; toutes deux sont identiques. Il y a des qualités de la chaleur radiante que nous voyons, nous les qualifions alors de *lumière;* il y en a d'autres que nous ne voyons pas; dans ce cas, nous ne les appelons pas lumière, nous leur conservons le nom de *chaleur radiante* [1]. »

2° Les sensations de l'organisme humain se meuvent entre deux limites très étroites, une limite minimum et une limite maximum.

Pour le toucher, pour le goût et l'odorat, nous n'avons pas encore de données numériques. Nous ne savons pas si la différence des odeurs ou des saveurs provient d'une différence dans le nombre des vibrations imprimées, dans l'unité de temps, aux *mêmes* fibres nerveuses, ou si elle résulte de vibrations imprimées à des fibres *différentes*. Comme un simple rhume ou un léger accès fébrile suffisent pour dénaturer les sensations habituelles du goût et de l'odorat, peut-être est-il permis de conjecturer que cette différence de saveurs et d'odeurs provient d'une différence dans le nombre des vibrations [2]. Quoi qu'il en soit, pour que le cerveau perçoive les sensations du toucher, du goût et de l'odorat, il faut que les vibrations

---

1. William Thomson, les *Sens de l'homme, Revue scientifique,* 22 mars 1884. — Voir aussi Tyndall, la *Lumière,* leçon V°, page 190, sur l'identité substantielle de la lumière et de la chaleur rayonnante.
Voir aussi Tait, *Progrès récents de la physique,* huitième conférence, page 261 et suivantes sur l'identité de la lumière et de la chaleur rayonnante.
2. Voir Bernstein, les *Sens,* pages 252 et 256.

imprimées aux appareils nerveux aient une certaine intensité et une certaine durée.

On a pu déterminer approximativement la durée de l'impression extérieure qui est nécessaire pour que cette impression faite sur les fibres nerveuses soit perçue consciemment par l'âme. Pour le tact, par exemple, on admet qu'il faut une durée de deux dixièmes de seconde; pour le son, un dixième et demi; pour la lumière, deux dixièmes.

Quant au nombre de vibrations qui produisent le son pour l'oreille, la science est plus avancée, ainsi que nous l'avons vu plus haut :

1° Lorsqu'un son n'atteint pas 60 vibrations à la seconde, l'oreille ne l'entend pas.

2° Lorsqu'un son a plus de 40 mille vibrations à la seconde; l'oreille ne l'entend plus.

C'est donc entre la limite minimum de 60 vibrations et la limite maximum de 40 mille vibrations à la seconde que l'oreille entend les sons.

« La chaleur obscure commence à 65 millions de vibrations; les couleurs visibles sont comprises entre 500 trillions et 800 trillions; que deviennent les vibrations dont le champ s'étend depuis 40 mille jusqu'à 65 trillions, qui sont trop rapides pour être *sonores*, et trop lentes pour se faire sentir comme *chaleur* [1] » Comme le dit William Thomson, parce que nous n'avons pas encore trouvé un moyen de constater leur existence, nous n'avons aucune raison

---

1. RADAU, l'Acoustique, page 201.

pour nier l'importance de leur rôle dans la nature [1].

Pour l'œil humain, la vision lumineuse s'étend, dans le spectre, du rouge au violet; au-dessous du rouge et au delà du violet, l'œil ne perçoit plus rien : c'est l'obscurité absolue.

1° Lorsque l'œil humain perçoit la lumière rouge, limite inférieure de son champ d'activité, c'est que 514 trillions de vibrations éthérées ont, en une seconde, ébranlé les fibres du nerf optique.

2° Lorsque l'œil humain perçoit la lumière violette, limite supérieure de son champ d'activité, c'est que 752 trillions de vibrations éthérées ont, en une seconde, ébranlé les fibres du nerf optique.

Au-dessous de 514 trillions de vibrations éthérées et au-dessus de 752 trillions (ou de 800 trillions pour le violet extrême), l'œil ne voit rien; il n'y a plus de lumière *pour lui*. Que l'éther vibre 900 trillions de fois en une seconde, ou qu'il vibre 100 millions de fois dans le même espace de temps, c'est tout un pour l'œil humain : il est en proie à l'obscurité.

Entre l'absence absolue de vibrations de l'éther et le nombre minimum de 500 trillions de vibrations qui est perceptible à l'œil, la marge est grande.

Il est évident que l'énergie peut se manifester, et même avec une grande puissance, sous sa forme éthérée (puisqu'il s'agit de centaines de trillions de vibrations en une seconde), sans que notre organisme soit apte à percevoir cette manifestation, et par con-

---

[1]. William Thomson, les *Sens de l'homme*, page 357.

séquent sans que nous ayons l'ombre même d'une raison pour nier que l'énergie ne se soit pas manifestée sous cette forme en même temps que sous les autres.

Déjà, par le perfectionnement des instruments et par la délicatesse des procédés inventés, nous sommes parvenus, non seulement à rendre visibles les rayons de l'infra-rouge et ceux de l'ultra-violet, mais encore à mesurer leur indice de réfraction [1].

1. Henri BECQUEREL, *Comptes rendus*, 25 août 1884, page 376. « La région invisible infra-rouge du spectre comprend un intervalle de longueur d'onde plus étendu que l'ensemble de la région visible et de la région ultra-violette. »

JAMIN, *Comptes rendus*, 27 décembre 1875, page 1,311 et suivantes ; rapport sur les travaux de M. Mascart : « M. Mascart a dessiné dans le spectre solaire ultra-violet, au lieu de 80 raies que l'on connaissait avant lui, plus de 700 bandes obscures. Il fit mieux que de les dessiner, il en mesura l'indice de réfraction à travers le spath, ce qui les caractérisait par une de leurs propriétés optiques...

« Après la découverte de l'aberration par Bradley, Arago essaya une expérience pour chercher si la déviation de la lumière d'une étoile augmente ou diminue quand la terre s'en approche ou s'en éloigne. Le résultat négatif de cet essai inspira à Fresnel une hypothèse célèbre, par laquelle il admit que les corps en mouvement entraînent avec eux une partie de l'éther qu'ils renferment, partie égale à l'excès de cet éther sur celui du milieu ambiant. Plus tard cette hypothèse fut confirmée par une expérience classique de M. Fizeau. Cette expérience démontre que les liquides en mouvement entraînent avec eux les ondes lumineuses d'une quantité prévue par le principe de Fresnel. Les travaux de M. Mascart aboutissent au même résultat.

« En résumé, le mouvement de translation de la terre n'a aucune influence appréciable sur les phénomènes d'optique produits avec une source terrestre ou avec la lumière solaire. Ces phénomènes ne nous donnent pas le moyen d'apprécier le mouvement absolu d'un corps : les mouvements relatifs sont les seuls que nous puissions atteindre. »

L'application récente de la photographie aux espaces célestes ouvre aux recherches du savant un nouveau champ de découvertes. Ce que les télescopes les plus puissants n'avaient pu percevoir, la plaque photographique, non seulement le décèle, mais encore l'imprime et le conserve [1]. C'est ainsi que le gélatinobromure d'argent a reproduit l'image d'étoiles de 17e grandeur, lesquelles n'ont jamais été vues; de nébuleuses restées invisibles dans les plus grands instruments; or ces impressions sont dues aux ondulations éthérées. Même aidé des lentilles le plus fortement convergentes, le nerf optique de l'homme n'avait pu être ébranlé par ces ondulations; là où, non sans raison plausible, l'esprit eût été tenté de nier que l'éther fût en vibration, une simple couche de gélatine imprégnée d'un sel d'argent a suffi pour montrer que le mouvement existait partout et le repos nulle part.

D'après la théorie de l'éther, non seulement toutes les molécules pondérables flotteraient pour ainsi dire dans l'éther et partageraient les mouvements dont il est agité, mais elles exerceraient elles-mêmes une action certaine sur lui, ainsi que le prouvent le rayonnement des corps chauds dans le vide et le renversement des raies du spectre lumineux [2].

---

1. Mouchez, *Comptes rendus*, 18 janvier 1886; photographies astronomiques des frères Henry.
2. A. Gautier, la *Matière et les forces*, *Revue scientifique*, 19 décembre 1885, page 773. « L'analyse des phénomènes optiques a fait admettre à Cauchy et à Lamé que chacune des molécules matérielles est entourée d'un réseau d'éther qui augmente de densité à mesure qu'on s'approche de la molécule. Cet éther subit donc l'attraction directe de la molécule maté-

Enfin l'éther est distribué dans l'intérieur de tous les corps pesants; mais il l'est différemment selon que les corps sont opaques ou translucides. Par les phénomènes dont les corps réfringents sont le siège, il est démontré qu'il y a une liaison étroite entre les radiations lumineuses et la constitution moléculaire des corps.

Si l'éther est partout dans les corps et hors des corps; si l'éther agit sur les corps pesants, et les corps pesants sur l'éther; il résulte de ces faits qu'il est impossible qu'un mouvement ait lieu sans donner naissance à une série d'ondulations éthérées, c'est-à-dire à la quatrième forme de l'énergie.

Ainsi armé de preuves expérimentales, on peut, à la fin du xixe siècle, affirmer avec hardiesse ce que l'illustre Grove, en 1843, énonçait avec une réserve prudente : « Lorsqu'un mode de l'énergie est produit, tous les autres sont développés simultanément. »

rielle, ainsi que l'a d'ailleurs démontré Fizeau dans une expérience célèbre sur l'entraînement de la lumière par le mouvement rapide des milieux transparents Il participe donc aux divers mouvements de la molécule, réagit sur eux et est influencé par eux. L'étude des phénomènes électriques conduit aux mêmes conclusions. »

CHAPITRE II

TENDANCE DE L'ÉNERGIE A S'ÉTABLIR EN ÉQUILIBRE STABLE PAR SUITE DE L'ÉGALE RÉPARTITION DE LA CHALEUR.

1º — LES TRANSFORMATIONS ET LEURS DEUX GENRES DE MODES, L'UN RÉVERSIBLE, L'AUTRE IRRÉVERSIBLE.

Les transformations dont les corps sont le siège peuvent être divisées en trois catégories, à savoir, les transformations mécaniques, les transformations physiques et les transformations chimiques.

1° *Transformations mécaniques*. — Tels sont les changements du mode de mouvement de la masse totale d'un corps ; par exemple, le changement d'un mouvement rectiligne en mouvement curviligne ; d'un mouvement de rotation en mouvement de translation, et réciproquement, etc.

2° *Transformations physiques*. — Tels sont les changements opérés dans les corps par la chaleur, la lumière, l'électricité et le magnétisme. En général, les actions physiques se transmettent à distance ou au contact apparent sans que chacun des corps réagissants perde rien de son poids relatif, et sans qu'il y ait confusion des masses mises en présence. Tel est l'exemple que donne un corps chauffé au rouge, lequel se refroidit par rayonnement ; ou celui que donne le fer électrisé tant qu'il subit l'influence d'un courant voltaïque.

3° *Transformations chimiques*. — Les transformations de cette catégorie se passent le plus souvent entre les corps de nature différente, dont les actions chimiques confondent les masses et font disparaître la plupart des propriétés sensibles.

A. *Modes réversibles.* — Lorsque les corps qui éprouvent une transformation *reviennent* à leur premier état dès que la cause qui a fait naître la transformation a disparu, on donne à ce mode le nom de *mode réversible*. Tel est l'exemple que donne la corde de l'arc lorsque, tendue par la main de l'homme, elle revient à sa position première aussitôt que la main s'est retirée. Tel est le cas du fer doux qui, aimanté par le passage d'un courant électrique, revient à son état premier lorsque le courant cesse de passer. La plupart des modes mécaniques et des modes physiques sont réversibles.

B. *Modes irréversibles.* — Lorsque les corps qui éprouvent une transformation *ne reviennent plus* à leur état premier, alors même que la cause qui a déterminé cette profonde transformation a cessé d'agir, on donne à ce mode de transformation le nom de *mode non-réversible* ou *irréversible*. Telle est, par exemple, la transformation de l'hydrogène et de l'oxygène en vapeur d'eau sous l'influence de l'étincelle électrique; la vapeur d'eau ne peut plus revenir à l'état d'hydrogène et d'oxygène libres à moins qu'une nouvelle action chimique n'intervienne. La plupart des transformations chimiques sont irréversibles [1].

---

[1] A. GAUTIER, la *Matière et les forces*, Revue scientifique, 19 décembre, page 769.

Nous avons vu précédemment que les réactions chimiques se divisaient en réactions dégageant de la chaleur ou réactions *exothermiques*, et en réactions absorbant de la chaleur ou réactions *endothermiques*.

On peut dire que les réactions exothermiques appartiennent, en général, au type *irréversible;* car pour remettre dans l'état premier les corps qui se sont combinés, il faut que de l'extérieur ils reçoivent au moins toute la chaleur qu'ils ont perdue.

On peut dire que les réactions endothermiques appartiennent au type *réversible,* car les combinaisons, ayant absorbé de la chaleur, c'est-à-dire ayant emmagasiné de la force vive, ont par conséquent le pouvoir de revenir à leur état premier dès que la condition déterminante s'est produite.

C'est encore le principe de l'équilibre qui domine ces deux modes de transformation. Selon que l'équilibre est stable ou instable, les combinaisons se maintiennent ou se défont facilement; or la vie, soit végétale, soit animale, est fondée sur l'instabilité de l'équilibre dans les réactions chimiques qui se produisent à l'intérieur des êtres vivants et dans la profondeur de leurs tissus. Exemple : Si l'oxygène contractait avec l'hémoglobine des globules sanguins une combinaison stable, cet oxygène ne pourrait plus se porter sur les tissus, brûler leur carbone et leur hydrogène, ni entrer dans des combinaisons nouvelles qui dégagent cette chaleur, essence même de la vie. On sait que l'une des plus admirables découvertes de Claude Bernard consiste à avoir démontré que l'oxyde de carbone tue les animaux parce que formant avec l'hémoglobine une combinaison stable, l'oxyde de carbone ne permet plus à l'oxygène de se fixer sur les globules sanguins; les oxydations intimes des tissus étant devenues impossibles, les échanges vitaux s'arrêtent, l'animal succombe.

D'autre part, les réactions de l'oxygène dans l'intérieur du corps vivant et la combustion des tissus donnent naissance à une combinaison stable, celle de l'urée, laquelle est par cela même devenue impropre à l'entretien de la vie; il est donc nécessaire que l'urée soit éliminée. C'est ce que prouve l'expérience, car lorsqu'à la suite de troubles nerveux, l'urée n'étant pas éliminée assez rapidement s'accumule dans le sang, l'animal succombe à un véritable empoisonnement. Le nom d'urémie (οὖρον urine, αἷμα sang) donné à cet empoisonnement en indique la cause et l'origine.

Enfin, on doit toujours se rappeler que la première loi de la chaleur est la suivante : Le calorique, dans tous les corps, tend à l'équilibre.

II° — L'ÉTAT GAZEUX EST CELUI OU L'ÉNERGIE POTENTIELLE EST AU SUPRÊME DEGRÉ.

Nous savons que l'état primitif de toutes choses dans l'univers est l'état gazeux ; tous les corps, soleils et planètes, ont commencé par cet état diffus qu'on appelle *matière nébuleuse;* la concentration croissante des molécules amène successivement l'état gazeux à l'état liquide, et enfin l'état liquide à l'état solide.

Dans le chapitre consacré à la filiation des états physiques, on a vu quelle était actuellement la théorie scientifique touchant le mécanisme de leur formation. Les molécules gazeuses sont dans un état de suprême instabilité parce qu'elles sont animées d'un mouvement de rotation extrêmement rapide et d'un mouvement de translation rectiligne en tous sens; ce dernier mouvement résulte du choc même des molécules animées du mouvement rotatoire. Le mouvement de rotation est, en effet, de la force vive emmagasinée, capable de se transformer en tous les autres mouvements; il représente donc la somme du travail disponible, c'est-à-dire de l'énergie. Il s'ensuit que c'est dans les molécules gazeuses que l'énergie potentielle est au plus haut degré.

Lorsque les molécules passent de l'état gazeux à l'état liquide, puis de l'état liquide à l'état solide, l'énergie potentielle se convertit de plus en plus en énergie actuelle, et l'instabilité tend de plus en plus à se changer en équilibre stable. Cette évolution est la suite naturelle et nécessaire de l'état primitif de l'univers, tant au point de vue de la matière qu'à celui de l'énergie.

III° — LA CHALEUR NE PEUT PAS ÊTRE TRANSFORMÉE TOUT ENTIÈRE EN TRAVAIL.

« On entend fréquemment dire que tout dans le monde a un cours circulaire. Pendant que des transformations ont lieu dans un sens, en un lieu déterminé et à une certaine époque, d'autres transformations s'accomplissent en sens inverse dans un autre lieu et à une autre époque, de sorte que les mêmes états se reproduisent constamment, et que l'état du monde reste invariable quand on considère les choses en gros et d'une manière générale. Le monde peut donc continuer à subsister éternellement de la même façon [1]. »

Il en serait ainsi si la chaleur se convertissait tout entière en travail aussi facilement que le travail se convertit en chaleur; or jamais la totalité de la chaleur ne peut être transformée en travail; toujours une partie reste à l'état de chaleur. Cette fraction de chaleur, conformément à la première loi du calorique, tend à se répandre dans les molécules ambiantes ou dans les corps environnants et à s'y mettre en équilibre. « Le travail se transforme en chaleur avec la plus grande facilité, dit Balfour Stewart, mais il n'est pas de méthode au pouvoir de l'homme qui permette de transformer *toute* la chaleur en travail. Le phénomène n'est pas réciproque; il en résulte que l'énergie mécanique de l'univers se change chaque jour de plus en plus en chaleur [2]. »

En découvrant le principe du Travail maximum, Berthelot a démontré que toutes les transformations chimiques, aussi bien que les transformations physi-

---

[1]. CLAUSIUS, *Seconde loi de la thermodynamique*, page 158, *Revue scientifique*, 8 février 1868.
[2]. BALFOUR STEWART, *Conservation de l'énergie*, page 146.

ques ou mécaniques, tendent vers le même état final. En effet, quelles sont les deux formules du principe du Travail maximum?

1re *Formule.* — Tout changement chimique accompli sans l'intervention d'une énergie étrangère tend vers la production du corps ou du système de corps qui dégage le plus de chaleur.

2e *Formule.* — Toute réaction chimique susceptible d'être accomplie sans le concours d'un travail préliminaire et en dehors d'une énergie étrangère se produit nécessairement si elle dégage de la chaleur.

Comme la chaleur dégagée ne peut pas être retransformée tout entière en travail; comme elle tend à se disséminer sur les particules ambiantes et à s'y établir en équilibre, on reconnaît combien est fondée l'appréciation de Balfour Stewart : « Chaque jour, l'énergie mécanique de l'univers se change de plus en plus en chaleur. »

IV° — L'ÉNERGIE TEND A S'ÉTABLIR EN ÉQUILIBRE STABLE PAR SUITE DE L'ÉGALE RÉPARTITION DE LA CHALEUR.

Parmi les savants qui ont le plus contribué à fonder la théorie mécanique de la chaleur ou thermodynamique, brille au premier rang M. Clausius, professeur à l'Université de Bonn (Province rhénane). Au premier principe de la thermodynamique ou *principe de l'équivalence de la chaleur et du travail*, M. Clausius a ajouté un second principe qu'il formule ainsi *principe de l'équivalence des transformations*. Il appelle *transformations négatives* les transformations de la chaleur en travail, et *transformations positives* les transformations du travail en chaleur.

Comme les transformations positives (en chaleur) l'emportent sur les négatives (en travail), il s'ensuit que l'état de l'univers doit évoluer successivement et de plus en plus dans un sens déterminé, à savoir, dans celui de la conversion de l'énergie potentielle en chaleur. C'est également la conclusion à laquelle conduit, en chimie, et pour la même raison, le principe du Travail maximum. « L'œuvre que peuvent effectuer les forces naturelles, dit Clausius, et qui est contenue dans le mouvement des différents corps de l'univers se transforme successivement et de plus en plus en chaleur. La chaleur, tendant constamment à passer des corps plus chauds sur les corps plus froids et par conséquent à rendre les températures égales de part et d'autre, se répartira peu à peu toujours d'une manière plus égale; il s'établira un équilibre déterminé entre la chaleur rayonnante dans l'éther et la chaleur qui se trouve dans les corps [1]. »

« Nous avons déjà parlé, dit à son tour Balfour Stewart, d'un milieu remplissant l'espace, l'éther, dont le rôle semble être d'arrêter et finalement d'éteindre tout mouvement différentiel absolument comme il tend à réduire et finalement à égaliser toute différence de température. L'univers finirait donc par

---

[1]. CLAUSIUS, *Seconde loi de la thermodynamique*, *Revue scientifique*, 8 février 1868. Clausius appelle *œuvre* ce qu'en France nous nommons *travail*.

devenir un masse également échauffée, absolument inutile au point de vue de la production du travail, puisque cette production dépend de la différence de température. Il y a par conséquent, quoique dans un sens strictement mécanique, conservation d'énergie; et cependant, au point de vue de l'utilité et de l'intérêt des êtres vivants, l'énergie de l'univers est en voie de destruction [1]. »

« Lorsque toute l'énergie de l'univers aura pris la forme finale de chaleur uniformément diffusée, dit

1. BALFOUR, *Conservation de l'énergie*, page 157.
Il importe que l'impression de *masse échauffée* n'induise pas à une fausse idée d'un univers où le calorique serait également réparti. Dans le langage vulgaire, on distingue nettement deux choses, à savoir, le chaud et le froid ; on appelle *chaleur* toute température qui est au-dessus du point où fond la glace, et *froid* toute température qui est au-dessous du même point. En physique, il n'y a pas de froid parce que le mouvement est partout ; le calorique seul existe. Ce que le vulgaire appelle froid, le physicien l'appelle moindre calorique. Le froid scientifique existerait si tout mouvement cessait dans les corps ; nous avons vu précédemment que d'après les recherches de Regnault tout mouvement cesserait si les corps étaient abaissés à une température de — 273°, c'est-à-dire à ce qu'on nomme le zéro absolu. Or nous savons que le zéro absolu est un zéro théorique ; qu'il n'a aucune existence réelle ; qu'il ne peut être réalisé parce que le mouvement existant dans l'univers ne peut pas être détruit. Il s'ensuit que, pour le physicien, le froid n'existe pas : il n'y a que la chaleur, dont l'intensité est plus ou moins grande, et qu'on apprécie au moyen du thermomètre. C'est dans le sens scientifique qu'il faut interpréter les expressions de « masse également échauffée » dont il est question plus haut. Si, pour fixer les idées, on suppose que, par suite de l'égale répartition de la chaleur, tous les corps soient à — 230 degrés centigrades, l'univers n'en sera pas moins pour le physicien « une masse également échauffée. » En disant que « c'est une masse également refroidie », le vulgaire aura dit la même chose que le physicien ; mais sa proposition n'aura pas été formulée en termes scientifiques.

Tait, il sera évidemment impossible de se servir de cette chaleur pour une transformation ultérieure. De cette manière, dans l'avenir lointain de l'univers, les quantités de matière et d'énergie resteront absolument telles qu'elles sont à présent. La matière n'aura subi aucun changement ni de quantité ni de qualité, mais elle sera ramassée sous l'influence de son attraction mutuelle, de sorte qu'il ne restera pas d'énergie potentielle des portions détachées de la matière. L'énergie aussi demeurera la même en quantité; mais quant à sa qualité, elle sera complètement transformée et aura pris la forme de chaleur diffusée uniformément de manière à produire partout la même température [1]. »

Pour exprimer l'état vers lequel tend l'univers, Clausius a inventé le mot *entropie* du grec ἐντροπή qui signifie *évolution*. « Dans tous les cas où les transformations positives (en chaleur) sont plus grandes que les négatives (en travail), il y a augmentation d'entropie. On doit aussi en conclure que dans tous les phénomènes naturels la valeur totale de l'entropie ne peut qu'augmenter, sans jamais diminuer. Par conséquent, pour exprimer le changement qui se produit partout et constamment, on obtient la loi suivante : *L'entropie de l'univers tend vers un maximum.* » Ce qui en français signifie que l'univers évolue vers un état où la chaleur sera également répartie partout.

« Plus l'univers s'approche de cet état limite dans

---

[1]. TAIT, *Progrès récents de la physique*, page 34.

lequel l'entropie est un maximum, plus les occasions de nouveaux changements disparaissent ; et si cet état était atteint à la fin, aucun nouveau changement n'aurait plus lieu, et l'univers se trouverait dans un état de mort persistante.

« Bien qu'actuellement l'univers soit encore très éloigné de cet état limite, et bien qu'il tende vers lui avec une lenteur telle que des périodes comme celles que nous appelons temps historiques peuvent être considérées comme de courts espaces en comparaison des périodes immenses dont l'univers a besoin pour effectuer d'une manière successive ses moindres transformations, il y a une conséquence importante qui subsiste toujours, c'est qu'on a trouvé une loi naturelle qui permet de conclure d'une manière certaine que dans l'univers tout n'a pas un cours circulaire, mais que les modifications ont toujours lieu dans un sens déterminé, et tendent ainsi vers un état limite. [1] »

Remarque. — Avant d'exposer les causes qui peuvent amener ou amèneront la fin de la vie végétale et animale sur la terre, il est indispensable de ne pas laisser passer sans critique les anti-scientifiques expressions dont on s'est servi pour qualifier la tendance qu'a l'énergie potentielle à se convertir finalement tout entière en énergie actuelle, à passer de l'état d'équilibre instable à celui d'équilibre stable, par suite de l'égale répartition de la chaleur dans tous les corps.

1. CLAUSIUS, la *Seconde loi de la thermodynamique*, pages 158 et 159.

Les uns ont donné à l'état final où tend l'énergie potentielle le nom de *destruction de l'énergie;* les autres, le nom de *dissipation de l'énergie;* d'autres enfin, et c'est même aujourd'hui le mot en vogue, le nom de *dégradation de l'énergie.*

Il est clair que les deux premières dénominations sont absurdes; car, après avoir démontré que l'énergie est indestructible et ne peut être dissipée, il est contradictoire qu'on vienne donner à un certain mode de l'énergie le nom de « destruction ou de dissipation ».

Le mot de *dégradation* prête à l'équivoque. S'il est pris dans le sens physique même des deux mots latins qui le composent (*De* du haut de, *gradus* position élevée), il signifiera littéralement : Énergie qui de sa haute position tombe en bas, c'est-à-dire énergie de position ou énergie potentielle qui se change en énergie actuelle. Alors le mot est justifiable.

Mais s'il est pris dans le sens moral [1], alors il est faux. En quoi l'énergie est-elle dégradée ou déshonorée parce qu'elle passe d'un état potentiel instable, à un état actuel stable, sous forme de calorique? L'homme est trop porté à se regarder comme le roi de la création, pour qui toute chose a été faite; il oublie qu'en face de la nature universelle, il n'a pas plus de valeur qu'un grain de sable ou qu'un phylloxera.

---

1. Tait, *Progrès récents de la physique,* page 182 : « La valeur de l'énergie est la capacité qu'elle possède de se transformer en quelque chose de plus utile, c'est-à-dire de s'élever plus haut dans l'énergie... Lorsque nous n'avons aucun moyen de transformer la chaleur, elle a pour ainsi dire perdu son rang; elle a perdu sa valeur. »

V° — COMMENT PEUT FINIR OU FINIRA LA VIE VÉGÉTALE
ET ANIMALE SUR LA TERRE.

I° RALENTISSEMENT DE LA VITESSE DE ROTATION DE LA TERRE PAR SUITE DES MARÉES. — Supposons que ce retard soit d'une seconde pour cent millions d'années, au bout de quelques milliards d'années les durées du jour et de la nuit, sur notre globe, seraient tellement modifiées que toute la vie, aujourd'hui répandue à la surface, disparaîtrait, et que l'arrêt total du mouvement de rotation autour de l'axe ne se ferait pas attendre. Or, nous avons une cause physique péremptoire de ce ralentissement dans l'influence des marées. Nous arrivons par là, dit Helmholtz dans sa dissertation sur l'action réciproque des forces de la nature, à la conclusion inévitable que chaque marée diminue continuellement, quoique avec une lenteur infinie, pourtant sûrement, la provision de force du système; de la sorte, la rotation des planètes autour de leur axe doit se ralentir, et les planètes doivent se rapprocher du soleil ou bien leurs satellites se rapprocher d'elles [1]. »

« Il y a dix ans, dit Mayer, l'astronome anglais Adams, à Londres, stimulé par la découverte de l'influence ralentissante des marées, prouva que le calcul de Laplace, relatif à la durée constante du jour sidéral, n'était pas complètement exact, puisque la vi-

---

[1]. LANGE, *Histoire du matérialisme*, tome II, pages 243-245.

tesse de la rotation de la terre va en s'amoindrissant, et la longueur du jour sidéral en augmentant. Il est vrai que pour des millions d'années cela ne fait qu'une petite fraction de seconde, un *centième de seconde* pour mille ans, de sorte que nous devons admirer la sagacité humaine qui est parvenue à constater une quantité si minime [1]. »

II° DISPARITION DE L'OXYGÈNE DE L'AIR. — La suppression de la vie sur la terre pourrait être accomplie avec une autre autre rapidité s'il était constaté que la quantité d'oxygène de l'air allait diminuant progressivement. Étant connue la quantité qui aurait disparu au bout d'un certain laps d'années, il serait facile de calculer à quel siècle approximativement toute la vie s'éteindrait sur la surface du globe. Les analyses de l'air faites au XIX° siècle s'étendent sur une période d'environ 80 ans; quel en a été le résultat?

La composition de l'air en poids est pour 100 grammes : 1° *Azote*, 77 grammes; 2° *Oxygène*, 23 grammes.

En volume elle est, pour cent : 1° *Azote*, 79,19; 2° *Oxygène*, 20,81.

La composition de l'air est sensiblement la même dans les divers points du globe. Ce fait, d'une haute importance, résulte d'une foule d'analyses faites par des expérimentateurs différents : Gay-Lussac, Humboldt, Lévy, Dumas, Boussingault, Brunner, Re-

---

[1]. Cité par LANGE, tome II, page 245. Voir aussi TYNDALL, la *Chaleur*, leçon 12°, pages 418-419.

gnault, Frankland, etc., sur de l'air pris dans les localités les plus éloignées et à des hauteurs très diverses; à Paris, en Suisse, en Danemark, sur le Chimboraço, à Santa-Fé de Bogota; au pied des Alpes et à leur sommet; à la surface du sol et en ballon à 7,000 mètres de hauteur (ascension de Gay-Lussac).

Léwy a constaté que l'air pris au large sur mer, *pendant le jour*, renferme un peu plus d'oxygène que pendant la nuit. Cela tient à ce que la solubilité des gaz croît lorsque la température baisse, et que l'oxygène est plus soluble dans l'eau que l'azote.

A. Pendant la nuit, l'air se dissout en plus grande quantité; et comme l'oxygène est plus soluble que l'azote, il reste moins d'oxygène à la surface de la mer.

B. L'inverse a lieu pendant le jour; une partie de l'air dissous est chassée par suite de l'élévation de la température; et comme cette partie contient une proportion d'oxygène plus grande que celle qui est dans l'air, cet oxygène devient en excès.

En résumé, la composition de l'air dans les divers points du globe varie à peine; la proportion d'oxygène en volume oscille au maximum entre 20,80 et 20,97 pour cent.

MM. Dumas et Boussingault terminent ainsi leur mémoire : La composition de l'air n'a pas varié d'une façon sensible depuis 40 années. Il demeure démontré pour nous que le rapport de l'oxygène à l'azote dans l'air est invariable *au millième près*, dans des latitudes éloignées, à des époques assez distantes et à des hauteurs fort différentes [1].

En 1883, la mission française qui séjourna un an au cap Horn rapporta un grand nombre de tubes Regnault pleins d'air recueilli au cap Horn à différentes dates. L'analyse de l'air renfermé dans ces tubes a été faite par MM. A. Müntz et Aubin ; elle a donné comme moyenne de l'oxygène 20,8 pour cent. Voici quelle est la conclusion des deux chimistes : « Ces dosages montrent que l'air pris au cap Horn contient une proportion d'oxygène sensiblement égale à celle qui a été trouvée dans l'air pris en divers points du globe, et que cet air peut présenter de faibles écarts, comme ceux que Regnault a observés. Nous sommes donc conduits à admettre que les proportions d'azote et d'oxygène qui constituent la masse de l'atmosphère sont susceptibles de varier entre des limites très étroites, comme Regnault l'a démontré dans le cours de ses mémorables recherches [2]. »

On voit donc que dans l'espace de près d'un siècle on n'a pu constater dans la composition de l'air rien qui indiquât que l'oxygène y diminuât d'une façon sensible ni progressive; par conséquent, de ce côté, nous n'avons aucun élément précis d'après lequel il fût légitime de conjecturer à quelle époque lointaine la vie sur la terre pourrait disparaître, faute d'oxygène atmosphérique.

---

1. Alfred RICHE, *Leçons de chimie*, tome I", pages 217-219.
2. A. MUNTZ et AUBIN, *Comptes rendus*, 22 février 1886.

III° Extinction du soleil. — On sait que la Terre, portion de la grande nébuleuse qui a donné naissance à notre système solaire, est passée successivement de l'état gazeux à l'état de fusion ignée; puis, qu'une croûte solide s'est formée à sa surface, sur une profondeur estimée à 80 ou 100 kilomètres au plus. On a cherché à discerner quelle pouvait être approximativement la longueur des périodes géologiques écoulées depuis que la croûte refroidie a pu recevoir sur elle des êtres vivants. Pour résoudre ce problème, les géologues ont usé de leur méthode habituelle; celle-ci consiste à apprécier l'âge d'un terrain d'après l'épaisseur d'une couche déposée et la rapidité probable de son érosion. A la suite de nombreuses observations faites sur les points les plus divers du globe, les géologues et, à leur tête, l'illustre Lyell, ont estimé que plus de *trois cents millions d'années* s'étaient écoulées depuis la solidification des couches superficielles terrestres.

A cette évaluation des géologues, sir William Thomson a opposé trois objections :

1° *Argument déduit de la température souterraine de la terre.* — C'est un fait bien constaté que la température s'élève d'une manière constante à mesure qu'on s'enfonce de plus en plus dans la profondeur de la croûte du globe. Il a été vérifié à la fois dans les grands souterrains, tels que ceux du Mont-Cenis et du Saint-Gothard, et dans les sondages les plus profonds, tels que celui de Sperenberg près de Berlin, poussé à douze cent cinquante mètres de la surface, et celui de Schladebach, près de Leipsig, actuellement poussé à dix-sept cents mètres; les expériences particulièrement précises qui ont été poursuivies dans ces deux sondages ont permis de fixer le taux moyen de l'accroissement à *un degré centigrade* pour 35 à 37 mètres, chiffre extrêmement voisin de celui qui avait été admis antérieurement sur la foi d'observations moins décisives. Ce chiffre suffit pour permettre de calculer le flux de chaleur qui traverse l'écorce par le fait de l'existence du foyer interne; il y a longtemps qu'on a établi que ce flux ne contribuait pas à l'entretien de la température extérieure pour plus d'*un trentième* de degré

Les lois de la conductibilité calorifique sont aujourd'hui suffisamment bien connues pour permettre d'affirmer que d'après l'état actuel de sa chaleur intérieure la terre devait être encore rouge à sa surface, il y a tout au plus *cent millions d'années*[1].

2° *Argument déduit de l'aplatissement actuel de la terre.* — Le second argument est déduit de la forme de la terre avec cette observation récemment faite que le frottement des marées fait croître d'une ma-

---

1. A ce calcul de sir William Thomson on peut opposer celui du professeur Bischoff : « Les expériences de ce savant sur le basalte, dit Tyndall (la *Chaleur*, page 423), semblent prouver que pour se refroidir de 2,000 degrés à 200 degrés centigrades, notre globe a eu besoin de 350 millions d'années. Quant à la longueur du temps exigé par la condensation qu'a dû subir la nébuleuse primitive pour arriver à constituer notre système planétaire, elle défie entièrement notre imagination et nos conjectures. L'histoire de l'homme n'est qu'une petite ride à la surface de l'immense océan des temps. »

nière continue la longueur du jour. La terre tournait donc autrefois plus vite que maintenant; si elle s'était solidifiée à l'époque qu'indiquent les théories de Lyell, elle aurait pris une forme beaucoup *plus aplatie* que celle que nous lui connaissons.

3º Argument déduit du temps pendant lequel le soleil a pu fournir à la terre les radiations lumineuses nécessaires à la vie des végétaux. — Le troisième argument est déduit du temps pendant lequel le soleil a pu fournir à la terre les radiations lumineuses nécessaires à la vie des végétaux. Ici encore William Thomson dit qu'accorder *cent millions d'années*, c'est dépasser de beaucoup la longueur possible de cette période.

D'après M. Tait, professeur à l'Université d'Édimbourg, la durée passée maximum de la vie animale peut être approximativement évaluée à une *cinquantaine de millions d'années*, tout au plus [1].

Tout récemment, en janvier 1887, les calculs ne donnaient plus à M. W. Thomson, pour la vie terrestre, que vingt millions d'années.

La divergence qui existe, ainsi qu'on vient de le voir, entre les géologues et les physiciens prouve, qu'on n'a pas encore trouvé un critérium sûr pour trancher définitivement la grave question de la durée des périodes géologiques. Toutefois on ne peut se dissimuler que les calculs de Lyell et des géolo-

---

[1]. Tait, *Caractères d'une véritable science*, *Revue scientifique*, 2 avril 1870.

gues de son école sont fondés sur des faits positifs, *existant actuellement*, et évoluant sous nos yeux.

Les calculs des physiciens, au contraire, s'appuient sur des bases incertaines, ainsi que l'attestent les énormes différences dans les résultats obtenus à plusieurs années d'intervalle. De cent millions d'années, en effet, que les calculs donnaient aux physiciens pour la vie terrestre, en 1868, on déchoit à vingt millions en 1887, toujours d'après la même méthode d'appréciation. On conviendra qu'en présence d'un tel écart il est difficile de ne pas éprouver quelque méfiance [1].

Quoi qu'il en soit de la durée des temps qui se sont écoulés depuis que la croûte terrestre s'est refroidie, nous sommes sûrs qu'actuellement la chaleur et la lumière, qui font vivre les végétaux et par suite les animaux, viennent du soleil. Si du centre de la terre à la surface il n'arrive qu'un trentième de degré centigrade, ce n'est pas cette portion de chaleur qui fera pousser, grandir et mûrir les plantes. Il s'ensuit que la vie sur la terre dépend de la chaleur et de la lumière solaires; on comprend alors l'importance du problème suivant : le soleil s'éteindra-t-il?

1° *Quantité de chaleur solaire qui arrive à la terre.* — « L'énergie de la radiation solaire, dit Tyndall, a été mesurée par sir John Herschel au cap de Bonne-Espérance et par Pouillet à Paris. L'accord entre ces

---

[1]. Voir dans A. DE LAPPARENT, *Traité de Géologie*, page 1466 et suivantes, les considérations sur la durée des temps géologiques.

deux séries de mesures est très remarquable. Sir John Herschel a trouvé que l'effet calorifique d'un soleil vertical, au niveau de la mer, suffit à faire fondre $0^{mill},1917$ de glace par minute, tandis que, selon Pouillet, la quantité de glace fondue serait $0^{mill},1786$. La moyenne de ces deux déterminations ne peut pas être bien loin de la vérité; elle est d'un peu plus de *un centimètre* par heure.

« Si la quantité de chaleur solaire reçue par la terre en un an était distribuée uniformément sur la surface de la terre, elle serait suffisante pour liquéfier une couche de glace de 30 mètres d'épaisseur et couvrant toute la terre.

« Sachant ainsi ce que la terre reçoit annuellement, nous pouvons calculer la quantité totale de chaleur émise par le soleil en un an. Concevez une sphère creuse environnant le soleil, dont le centre soit le centre du soleil, et dont la surface soit à la distance de la terre au soleil. La section de la terre coupée par cette surface est à la superficie totale de la sphère creuse comme 1 est à *deux billions* et un tiers; d'où il suit que la quantité de chaleur solaire interceptée par la terre n'est que la *deux-billionième partie* et un tiers du rayonnement solaire.

« Si la chaleur émise par le soleil était employée à fondre une couche de glace déposée à la surface du soleil, elle liquéfierait cette glace dans la proportion d'une épaisseur de 732 *mètres par heure*. Elle ferait bouillir par heure 2900 *millions* de myriamètres cubes d'eau à la température de glace. Exprimée sous une autre forme, la chaleur émise par le soleil en une heure est égale à celle qui serait engendrée par la combustion d'une couche de houille épaisse de 3 mètres et entourant entièrement le soleil ; la chaleur émise par lui en un an est égale à celle qui serait produite par la combustion d'une couche de houille de 27 kilomètres d'épaisseur[1]. »

2° *Quantité de chaleur solaire qui se perd dans l'espace.* — « Sur 67 millions de rayons de lumière et de chaleur, dit M. Faye, que le soleil envoie dans l'espace, *un seul* est reçu et utilisé par les planètes qui circulent autour de lui.

« Le soleil est une source de force colossale. Pour nous en faire une idée, transportons tout près du soleil ce mètre carré de surface qui reçoit 0,4 de calorie *par seconde* quand il est sur la terre, à la limite de l'atmosphère. Dans cette nouvelle position, il en recevra 46 mille fois plus, c'est-à-dire 18500 calories par seconde. Telle est l'intensité de la radiation solaire.

« La surface du soleil est 12 mille fois plus grande que celle de la terre ; celle-ci est de 51000 *millions d'hectares ;* l'hectare vaut 10 mille mètres carrés ; faites le produit de ces trois nombres, multipliez-le par 18500 calories, vous aurez la quantité de chaleur que le soleil perd, à chaque seconde, depuis les temps les plus reculés de son histoire. L'imagination reste confondue devant de pareils nombres[2]. »

1. TYNDALL, la *Chaleur*, leçon 12°, pages 409-412.
2. FAYE, l'*Origine du monde*, pages 195-211.

3° *Entretien de la chaleur solaire.* — « Nous connaissons, dit Tyndall, la liaison qui existe entre la hauteur de la chute et la chaleur développée par un corps qui tombe à la surface de la terre. A la place de la terre, mettons le soleil, avec une masse égale à 300 *mille* fois celle de la terre; au lieu d'une chute de quelques mètres, prenons des chutes correspondantes à des distances cosmiques, et rien ne nous manquera pour engendrer une chaleur qui surpasse toutes les chaleurs terrestres. Il est aisé de calculer le maximum et le minimum de la vitesse communiquée par l'attraction du soleil à un astéroïde qui circule autour de lui ; le maximum est engendré lorsque le corps s'approche en ligne droite du soleil, venant d'une distance infinie, puisqu'alors la force entière de l'attraction s'est exercée sur lui sans perte aucune; le minimum est la vitesse qui serait simplement capable de faire tourner autour du soleil un corps tout à fait voisin de sa surface. La vitesse finale du premier corps au moment où il va frapper le soleil serait de 627 kilomètres par seconde; celle du second, de 444 kilomètres. L'astéroïde, en frappant le soleil avec la première vitesse, développerait plus de *neuf mille fois* la chaleur engendrée par la combustion d'une masse égale de houille; le choc, dans le second cas, engendrerait une chaleur égale à celle de la combustion de plus de *quatre mille* masses semblables de houille. Il n'est donc nullement nécessaire que les substances qui tombent sur le soleil soient combustibles; leur combustibilité n'ajouterait pas sensiblement à l'épouvantable chaleur produite par leur collision ou choc mécanique [1].

« Nous avons ici un mode de génération de chaleur suffisant pour rendre au soleil son énergie à mesure qu'il la perd, et pour maintenir à sa surface une température qui surpasse celle de toutes les combustions terrestres. Les qualités propres des rayons solaires et leur pouvoir de pénétration incomparable nous autorisent à conclure que la température de leur origine doit être énorme; or, nous trouvons dans la chute des astéroïdes les moyens de produire cette température excessive. On peut objecter que cette pluie de matière devrait être accompagnée d'un accroissement du volume du soleil, cela est vrai; mais la quantité de matière nécessaire à produire la radiation observée, quand même elle se serait accumulée pendant quatre mille ans, échapperait entièrement à l'examen fait avec nos instruments les plus puissants. Si la terre tombait sur le soleil, l'accroissement de volume qu'elle produirait serait tout à fait imperceptible; et

---

[1]. M. Faye exprime le même fait sous une autre forme : « Supposez qu'un corps quelconque, une comète, un aérolithe, parti des confins de notre monde et attiré par le soleil actuel, vienne à tomber sur cet astre. Au moment du choc, il sera animé d'une vitesse de 154 lieues ou 616 kilomètres par seconde. Cette vitesse anéantie par le choc produira 44 millions de calories *pour un seul kilogramme* de matière tombée et désormais réunie à la masse du soleil; celui-ci possédera 44 millions de calories de plus. » (*Origine du monde*, page 213). Cette théorie de l'entretien de la chaleur solaire par la chute de météorites est due à Mayer. Il en est une autre, celle qui explique le même fait par la dissociation chimique des éléments constituants du soleil; on la trouvera exposée dans le chapitre ultérieur intitulé l'*Analyse spectrale*.

cependant la chaleur engendrée par son choc couvrirait la dépense faite *en un siècle* par le soleil [1].

4° *Quantité de chaleur dépensée par le système solaire à partir de l'état nébuleux jusqu'à l'état actuel.* — « Helmholtz a montré que si le système solaire a jamais été une masse nébuleuse d'une extrême ténuité, la force mécanique équivalente à la gravitation mutuelle des parties de cette masse aurait été 454 fois la quantité de force mécanique actuellement disponible dans notre système. Les $\frac{453}{454}$ de la force issue de la tendance à la gravitation sont déjà dépensés en chaleur. Le $\frac{1}{454}$ qui nous reste, s'il était converti en chaleur, élèverait néanmoins la température d'une masse d'eau, égale en poids au soleil et aux planètes, de 28 *millions de degrés centigrades*. La chaleur de la lumière de la chaux sur laquelle tombe un jet enflammé d'oxygène et d'hydrogène est estimée à 2000 degrés ; comment, dès lors, pouvoir se faire une idée de 28 millions de degrés centigrades? Si le système solaire tout entier n'était que de la houille pure, sa combustion totale n'engendrerait que le $\frac{1}{3500}$ de cette énorme quantité de chaleur [2]. »

5° *Constance de la radiation solaire sur la terre depuis les temps préhistoriques.* — « Depuis l'invention du thermomètre, dit M. Faye, on a recueilli de lon-

---

1. TYNDALL, la *Chaleur*, leçon 12°, page 416.
2. TYNDALL, la *Chaleur*, leçon 12°, page 422.

gues séries d'observations sur une infinité de points du globe. Résultat général : Depuis cent ans les climats n'ont pas varié; et, comme la température superficielle de notre globe dépend presque exclusivement de la radiation solaire, depuis cent ans celle-ci est restée la même.

Les végétaux sont des témoins tout aussi délicats, tout aussi irrécusables, de la température; et leurs indications remontent bien plus haut que celles du thermomètre. Il y a des limites que chaque espèce végétale ne franchit pas. Ainsi la culture de l'olivier, comme arbre de rapport, est restée confinée aujourd'hui en France entre les mêmes limites qu'au temps où Jules César guerroyait dans les Gaules. En Égypte, en Palestine, la culture du dattier donne des fruits mangeables; mais *un degré de moins* dans la température de l'été ferait rejeter ces fruits. La vigne y donne du vin, mais *un degré de plus* ferait abandonner cette culture. Eh bien, les choses en étaient au même point du temps des Pharaons. Conclusion : Aussi loin que remontent les témoignages historiques, la chaleur du soleil n'a pas varié.

Il y a plus : les géologues nous enseignent que la vie a débuté sur notre globe à des époques séparées de nous, non par des milliers, mais par des millions d'années. Or, sur l'échelle immense des températures qui comprend tous les phénomènes de la nature, échelle qui commence à $-273°$ (zéro absolu) et va à l'infini, la vie ne s'étend que sur un bien petit nombre de degrés. A 0° ou au-dessous, les germes ne se développeraient pas parce qu'ils seraient gelés. Au-dessus de 50° à 60°, ils ne se développeraient pas davantage : ils seraient cuits. Conclusion : La radiation solaire n'a pas dû varier notablement depuis des *millions d'années* [1]. »

6° *Fin du monde actuel.* — « Ce n'est pas que le système solaire, dit M. Faye, doive se dissoudre, se disloquer, ou finir par s'englober tout entier dans la masse centrale. Laplace a montré que cet admirable mécanisme est fait pour durer indéfiniment. Toutes les conditions de stabilité mécanique s'y trouvent réunies ; ces conditions-là tiennent aux particularités propres à la nébuleuse originelle. Mais le monde, pour durer, ne dépense pas d'énergie, tandis que le soleil, pour briller, en dépense énormément ; comme sa provision est limitée et ne saurait se renouveler, nous devons aussi envisager, non comme prochaine assurément, mais comme inévitable, la mort de ce soleil, en tant que soleil. Après avoir brillé d'un éclat égal pendant des millions d'années encore, il finira par faiblir et s'éteindre comme une lampe dont l'huile s'est épuisée. D'ailleurs, d'assez nombreux phénomènes célestes nous en avertissent : ce sont les étoiles dont la lumière vacille, celles qui s'éteignent périodiquement, du moins pour l'œil nu, comme *Omicron* de la Baleine, et celles qui disparaissent définitivement.

« C'est surtout en considérant cette phase finale

[1] FAYE, *Origine du monde*, page 207.

qu'on se rendra bien compte du rôle énorme que le soleil joue dans notre monde, en dehors des effets mécaniques de sa puissante attraction. Le soleil perd continuellement de la chaleur; sa masse se condense et se contracte; sa fluidité actuelle doit aller en diminuant. Il arrivera un moment où la circulation qui alimente la photosphère, et qui régularise sa radiation en y faisant participer l'énorme masse presque entière, sera gênée et commencera à se ralentir. Alors la radiation de lumière et de chaleur diminuera; la vie végétale se resserrera de plus en plus vers l'équateur terrestre. Quand cette circulation aura cessé, la brillante photosphère sera remplacée par une croûte opaque et obscure qui supprimera immédiatement toute radiation lumineuse. Bientôt on pourra marcher sur le soleil, comme on le fait au bout de quelques jours sur les laves encore incandescentes au dedans, qui sortent de nos volcans. Réduit désormais aux faibles radiations stellaires, notre globe sera envahi par le froid et les ténèbres de l'espace. Les mouvements continuels de l'atmosphère feront place à un calme complet. La circulation aéro-tellurique de l'eau qui vivifie tout aura disparu : les derniers nuages auront répandu sur la terre leurs dernières pluies; les ruisseaux, les rivières cesseront de ramener à la mer les eaux que la radiation solaire lui enlevait incessamment. La mer elle-même, entièrement gelée, cessera d'obéir aux mouvements des marées. La terre n'aura plus d'autre lumière propre que celle des étoiles filantes qui continueront à pénétrer dans l'atmosphère et à s'y enflammer. Peut-être les alternatives qu'on observe dans les étoiles au commencement de leur phase d'extinction, se produiront-elles aussi dans le soleil ; peut-être un développement accidentel de chaleur dû à quelque affaissement de la croûte solaire rendra-t-il un instant à cet astre sa splendeur première; mais il ne tardera pas à s'affaiblir et à s'éteindre de nouveau comme les étoiles fameuses du Cygne, du Serpentaire et dernièrement encore de la Couronne boréale.

« Quant au système lui-même, les planètes obscures et froides continueront à circuler autour du soleil éteint. Sauf ces mouvements, représentants derniers du tourbillon primitif de la nébuleuse que rien ne saurait effacer, notre monde aura dépensé *toute son énergie de position* que la main de Dieu avait accumulée dans le chaos premier.

« Il faut donc renoncer à ces brillantes fantaisies par lesquelles on cherche à se faire illusion, à doter l'homme d'une postérité illimitée, à considérer l'univers comme l'immense théâtre où se développe spontanément un progrès sans fin. Au contraire, la vie doit disparaître ici-bas, et les œuvres matérielles les plus grandioses de l'humanité s'effaceront peu à peu sous l'action de quelques forces physiques qui lui survivront pendant un temps. Il n'en restera rien, pas même des ruines [1]. »

---

1. Faye, *Origine du monde*, pages 251-256. Le « pas même des ruines » est la traduction du célèbre vers de Lucain *etiam periere ruinæ*.

CHAPITRE III

L'ÉNERGIE VITALE TERRESTRE VIENT DU SOLEIL

« Si grandes et si merveilleuses que soient les questions relatives à la constitution physique du soleil, dit Tyndall, elles ne sont qu'une partie des merveilles qui se rattachent à l'astre qui nous éclaire. Il reste à considérer ses rapports avec la vie.

« L'atmosphère de la terre contient l'acide carbonique, et la surface de la terre fait germer des plantes vivantes ; celui-là est la nourriture de celles-ci. Les plantes semblent s'emparer du carbone et de l'oxygène combinés ; elles les séparent, gardent le carbone et mettent l'oxygène en liberté. Les plantes n'exercent pas cette puissance d'assimilation en vertu d'une force spéciale différente par ses qualités intrinsèques des autres forces de la nature ; le vrai magicien est encore ici le soleil... C'est aux dépens de la lumière solaire que s'opère la décomposition de l'acide carbonique. Sans le soleil la réduction n'aurait pas lieu ; elle exige une dépense de lumière solaire exactement égale au travail moléculaire accompli. C'est ainsi que s'élèvent les arbres ; c'est ainsi que verdissent les prairies, c'est ainsi que les fleurs s'épanouissent. Que les rayons solaires tombent sur une surface de sable, le sable est échauffé, et, finalement, il rend par rayonnement autant de chaleur qu'il en a reçue.

Que ces mêmes rayons tombent sur une forêt, la quantité de chaleur rendue sera inférieure à la quantité reçue, parce que l'énergie d'une portion du faisceau lumineux est employée à faire grandir les arbres. J'ai ici un écheveau de coton ; j'y mets le feu ; il s'enflamme et engendre une quantité déterminée de chaleur ; or, c'est précisément la quantité de chaleur ravie au soleil pour former cet écheveau de coton. Ce n'est là qu'un exemple entre mille autres ; chaque plante, chaque fleur croît et fleurit par la grâce et la bonté du soleil.

« Mais comment nous arrêterions-nous à la vie végétale, qui est la source médiate ou immédiate de toute vie animale? Dans le corps de l'animal les substances végétales arrivent de nouveau en contact avec leur oxygène bien-aimé, et elles brûlent en nous, comme le charbon brûle sur une grille. La chaleur née de cette combustion est la source de toute la puissance des animaux ; et les forces mises ici en jeu sont encore les mêmes, quant au genre, que celles qui opèrent dans la nature inorganique.

« Autant il est certain que la force qui met la montre en mouvement dérive de la main qui l'a remontée, autant il est certain que toute puissance terrestre découle du soleil. Sans tenir compte des éruptions des volcans, du flux et du reflux des mers, chaque action mécanique exercée à la surface de la terre, chaque manifestation de puissance, organique et inorganique, vitale ou physique, a son origine dans le soleil. Sa chaleur maintient la mer à l'état liquide, et l'atmosphère à l'état gazeux; et toutes les tempêtes qui les agitent l'une et l'autre sont soufflées par sa force mécanique. Il attache aux flancs des montagnes les sources des rivières et les glaciers; et, par conséquent, les cataractes et les avalanches se précipitent avec une énergie qu'elles tiennent immédiatement de lui. Le tonnerre et les éclairs sont à leur tour une transformation de sa puissance. Tout feu qui brûle et toute flamme qui brille dispensent une lumière et une chaleur qui ont appartenu originairement au soleil. Dans ces jours, hélas! force nous est de nous familiariser avec les nouvelles des champs de bataille; or, chaque charge de cavalerie, chaque choc entre deux corps d'armée est l'emploi ou l'abus de la force mécanique du soleil. Le soleil vient à nous sous forme de chaleur, il nous quitte sous forme de chaleur; mais entre son arrivée et son départ, il a fait naître les puissances multiples de notre globe; elles sont toutes des formes spéciales de la puissance solaire; autant de moules dans lesquels celle-ci est entrée temporairement, en allant de sa source vers l'infini.

« Présentées à notre esprit sous leur véritable aspect, les découvertes et les généralisations de la science moderne constituent le plus sublime poëme qui se soit jamais offert à l'intelligence et à l'imagination de l'homme. Considérez l'ensemble des énergies de notre monde, la puissance emmagasinée dans nos houillères, nos vents et nos rivières, nos flottes, nos armées, nos canons. Que sont-ils? Ils sont tous engendrés par une portion de l'énergie du soleil, portion qui ne s'élève pas à *un deux-billionième* et demi de l'énergie totale. Telle est, en effet, toute la fraction de la force du soleil absorbée par la terre; et encore nous ne convertissons qu'une petite fraction de cette fraction en pouvoir mécanique. En multipliant toutes nos énergies par des millions de millions, nous n'arriverons pas à représenter la dépense de chaleur du soleil. Et malgré cet écoulement immense, qui n'a pas cessé un instant depuis l'apparition de l'homme, il nous serait impossible de constater une diminution même infiniment petite de son approvisionnement. Mesuré à nos échelles terrestres les plus grandioses, un semblable réservoir d'énergie apparaît rigoureusement infini ; mais c'est un des privilèges de notre nature que de pouvoir réduire les mesures humaines à de minimes proportions, au point de ne plus voir dans le soleil lui-même qu'*un point* au sein de l'infini, qu'une simple goutte dans l'océan universel. Nous analysons l'espace dans lequel il se noie, et qui est le véhicule de sa puissance. Nous nous élançons vers d'autres systèmes et d'autres soleils, dont chacun répand son énergie comme le nôtre, mais toujours sans infraction à la loi, qui voit l'immutabilité dans le changement, qui admet des transformations et des conversions incessantes, mais sans gain ni perte finale [1]. »

---

1. Tyndall, la *Chaleur*, leçon 12ᵉ, pages 424-427.
Voir aussi Verdet, *Théorie mécanique de la chaleur*, page 107.

QUATRIÈME PARTIE

La Matière et l'Energie dans les espaces célestes.

CHAPITRE PREMIER

LA LUNETTE ET LE TÉLESCOPE

L'étude de la position des astres et de leurs mouvements ne demande d'abord que des yeux et des instruments très simples; aussi est-ce par l'*astronomie des mouvements* que débutèrent les premiers observateurs. On sait que dans cette première phase les Chaldéens et les Égyptiens réussirent à déterminer la durée de l'année et même à prédire les éclipses à deux jours près.

Plus tard, la science, cessant d'être purement descriptive, devint géométrique; par la découverte et l'application des hauts calculs, elle prit enfin un sublime essor : on eut alors la *Mécanique céleste* (Képler, Newton, Laplace). Telle est la seconde phase de l'astronomie des mouvements.

L'*astronomie physique* étudie la constitution des corps célestes comparée à celle de notre planète. Elle suppose une science très avancée, en particulier, une connaissance très profonde des propriétés de la lumière, soit que l'on considère la lumière en elle-même ou dans ses rapports avec les corps : elle n'a donc pu naître qu'après Newton. Elle exige encore des arts mécaniques très perfectionnés pour construire les appareils tout à la fois gigantesques et si précis qu'elle emploie. Ses progrès sont liés à l'invention d'instruments ou de réactifs délicats.

L'histoire de l'astronomie physique peut se diviser en trois époques, caractérisées par les instruments ou les procédés d'analyse qui ont amené de grandes découvertes; ces époques sont :

1° Celle des lunettes;

2° Celle de l'analyse spectrale;

3° Celle de la photographie.

Dans la première époque, on distingue deux périodes, à savoir, celle de la lunette proprement dite et celle du télescope.

1° — LA LUNETTE DE GALILÉE

« Si l'on excepte le soleil et la lune, qui ont un diamètre sensible et peuvent se prêter à quelques observations sans le secours des lunettes, tous les astres et les planètes en particulier ne paraissent à l'œil que comme des points brillants et ne permettent d'études que sur leurs mouvements. Aussi une astronomie sans lunettes n'aurait-elle jamais pu nous permettre autre chose que des probabilités sur les planètes considérées comme des corps semblables à la terre par leur forme, leur constitution et leur rôle.

« Mais dès qu'on vit que ces points brillants et

comme enflammés se résolvaient dans les lunettes en disques bien définis, montrant des indices de continents, de nuages, d'atmosphères; quand on put constater autour de ces globes des satellites jouant le rôle de la lune par rapport à la terre, alors les probabilités firent place à une éclatante certitude.

« Ce sont donc les lunettes qui ont définitivement dévoilé la constitution du système solaire et assigné à la terre son rôle et son rang dans la famille des planètes [1]. »

Conquête due à la lunette de Galilée[2]. — La théorie du système solaire :

A. Les planètes solaires sont des corps semblables à la terre par leur forme, leur constitution et par leur rôle.

B. Le soleil a un mouvement de rotation; découverte due à l'observation des taches du globe solaire.

II° — LE TÉLESCOPE D'HERSCHEL

Les lunettes ne peuvent aller au delà du système solaire; l'invention du télescope étendit le champ de l'observation aux étoiles et aux nébuleuses. Cette seconde période est celle de sir William Herschel, qu'on appelle communément le grand Herschel. Elle est caractérisée par l'étude des nébuleuses et par la

---

1. JANSSEN, *Annuaire des longitudes* 1883, page 781 et suivantes.
2. GALILÉE est né à Pise en 1564, le jour de la mort de Michel-Ange; il est mort en 1642, le jour de la naissance de Newton.

découverte d'étoiles multiples circulant les unes autour des autres.

1° ÉTUDE DES NÉBULEUSES. — William Herschel [1], commença par croire que toutes les nébuleuses pouvaient être résolues en étoiles ; qu'elles étaient des amas stellaires. Plus tard, il eut des doutes ; il finit par admettre que certaines nébuleuses ne sont pas résolubles en étoiles, mais qu'elles sont de véritables nappes de matière gazeuse à l'état diffus. Cette vue d'Herschel a été confirmée de nos jours par M. Huggins ; l'analyse spectrale, en effet, ainsi qu'on le verra plus loin, a démontré que certaines nébuleuses ne sont pas des amas d'étoiles, mais de pures et véritables nébuleuses. Le nombre des nébuleuses est illimité.

L'espace qu'occupent dans le ciel certaines nébuleuses défie toute imagination. Même en se limitant aux plus petites et aux mieux définies, cet espace est immense. « Une nébuleuse du diamètre de l'orbite terrestre (74 *millions de lieues*) serait imperceptible. A peine pourrait-on en apercevoir une qui serait égale aux orbites de Jupiter et de Saturne ; beaucoup d'entre elles, parmi les plus compactes et les mieux limitées, sont supérieures à l'orbite de Neptune (diamètre

---

[1]. William HERSCHEL, né au Hanovre en 1738, mort en 1822. C'est en 1652 que dans un ouvrage publié à Lyon, on trouve la première idée du télescope, émise par le Père Zeucchi ; mais ce n'est qu'en 1663 qu'on trouve la description complète d'un télescope dû à sir James Grégory. Le télescope de William Herschel, construit par ce grand homme lui-même, avait 12 mètres de long et 1",50 de diamètre. Celui de lord Ross à 16",76 de long et 1",83 de diamètre ; le poids total de l'instrument est de 10,413 kilogrammes (MARION, *l'Optique*, page 185).

= 2222 *millions de lieues*); leurs dimensions sont telles que l'imagination en reste confondue[1]. »

Lorsqu'on jette les yeux sur les deux hémisphères d'une carte céleste, on remarque avec étonnement :

1° Que la voie lactée a la forme d'un anneau;

2° Que toutes les étoiles visibles sont dans la voie lactée;

3° Que les nébuleuses se répartissent en un système indépendant de la voie lactée.

A la suite de ses admirables travaux, le grand Herschel arriva à cette conséquence : « Que non seulement notre soleil, mais toutes les étoiles visibles à l'œil nu sont profondément plongées dans la voie lactée et en font partie intégrante. » En d'autres termes, le soleil et ses planètes, toutes les étoiles visibles

---

1. Secchi, les *Étoiles*, tome II, page 180-181.

A propos des nébuleuses en spirale, M. Gaston Planté a fait la communication suivante à l'Académie des sciences, 26 octobre 1875, page 749 : « Un nuage de matière métallique arrachée à une électrode par le flux électrique prend, au sein d'un liquide, un mouvement giratoire en spirale *sous l'influence d'un aimant*. Il suffit de jeter les yeux sur les figures qui représente cette expérience pour reconnaître la forme exacte des nébuleuses spirales décrites par lord Ross. En présence d'une analogie aussi frappante, n'est-on pas autorisé à penser que le noyau de ces nébuleuses peut-être constitué par un véritable foyer d'électricité; que leur forme en spirale doit être probablement déterminée par la présence de corps célestes fortement magnétiques placés dans le voisinage, et que le sens de la courbure des spires doit dépendre de la nature du pôle magnétique tourné vers la nébuleuse ? » M. Planté rappelle en note que Herschel et Ampère attribuaient l'incandescence du soleil à des courants électriques, et que des physiciens contemporains concluent que la lumière et la chaleur solaires sont dues à l'électricité.

et les planètes qui gravitent ou peuvent graviter autour d'elles, sont les enfants d'une seule et même nébuleuse annulaire qu'on appelle la *Voie lactée*. M. Faye rapproche la voie lactée de la nébuleuse annulaire de la Lyre, que le télescope de lord Ross a montrée se décomposant en une série de points lumineux sur le bord intérieur et le bord extérieur de l'anneau [1].

« Dans les profondeurs de l'espace sans bornes, dit M. Guillemin, existent de nombreuses agglomérations d'étoiles, qui sont comme les archipels de cet océan indéfini : la voie lactée est un de ces archipels, celui dont fait partie le système solaire ou plutôt l'amas qui contient ce système ; le télescope en découvre un grand nombre de semblables sous la forme de nébuleuses. Chacune de ces voies lactées est elle-même formée d'une multitude d'amas, où les soleils se groupent comme en autant de systèmes dont la condensation est plus prononcée que dans l'ensemble de la nébuleuse. Les étoiles sont les individus de ces associations de mondes, et notre soleil ou notre étoile, ainsi que la plupart des étoiles visibles à l'œil nu, sont de simples composantes d'un amas stellaire plongé tout entier dans la voie lactée. Mais dans le sein de chacun de ces amas se trouve encore la tendance au groupement ; et les étoiles doubles et multiples sont des systèmes plus simples de deux, de trois

---

[1]. Voir A. GUILLEMIN, les *Nébuleuses*, page 59, la gravure de la nébuleuse de la lyre ; et FAYE, *Classification des mondes*, Revue scientifique, 18 avril 1885, page 493.

ou de plusieurs soleils, gravitant les uns autour des autres[1]. »

II° DÉCOUVERTE D'ÉTOILES MULTIPLES CIRCULANT LES UNES AUTOUR DES AUTRES. La grande découverte de W. Herschel est le fait positif que certaines étoiles tournent autour d'une autre dans une orbite fermée suivant les lois des forces centrales. C'est en 1802 que W. Herschel annonça au monde savant que quelques étoiles avaient des satellites lumineux qui tournaient autour d'elles dans des temps relativement très courts, comme par exemple Zêta, d'Hercule en 36 ans; qu'il y avait des systèmes non seulement binaires, mais ternaires, comme Zêta de l'Écrevisse, où la plus petite étoile circule autour de la plus grande en 59 ans, et ainsi de suite. Tout naturellement les premières déterminations de ces mouvements se réduisaient à de simples fractions de révolutions, mais elles étaient suffisantes pour faire connaître avec certitude la nature curviligne de l'orbite apparente dont l'étude se complète avec le temps; aujourd'hui quelques-unes ont déjà accompli plus d'une révolution.

« Quelques étoiles semblent entourées d'astres obscurs, comme cela est certain pour Algol. Le calcul des mouvements propres a montré que d'autres étoiles subissaient des perturbations dues à des astres invisibles. Les mouvements irréguliers qui se manifestaient dans Sirius et Procyon ont fait supposer que

---

[1]. A. GUILLEMIN, les *Nébuleuses*, page 201.

ces étoiles subissaient des perturbations de ce genre. Cette supposition a été pleinement confirmée. On a découvert, en effet, que Sirius a réellement un satellite difficile à voir parce qu'il est immergé dans les rayons de l'étoile principale, mais on a pu le trouver et le mesurer avec les puissants télescopes modernes. Si nous considérons pour un moment les conséquences physiques de la multiplicité de ces systèmes lumineux et des astres obscurs qui les accompagnent, nous sommes frappés de surprise. Dans un système où l'excentricité est aussi grande que celle de *Alpha du Centaure*, les planètes doivent être échauffées, tantôt par deux soleils très voisins, tantôt par un soleil très rapproché et un autre très éloigné. Ajoutez à cela que les étoiles doubles très souvent ont des couleurs différentes et complémentaires : l'imagination même d'un poète serait impuissante à nous exprimer les phases d'un jour éclairé par un soleil rouge, avec une nuit illuminée par un soleil vert, d'un jour où deux soleils de différentes couleurs rivaliseraient d'éclat, d'une nuit précédée d'un crépuscule doré, suivie d'une aurore bleue [1]. »

Que sont ces systèmes d'étoiles multiples qui tournent autour de l'une d'entre elles ? « Ce sont, dit M. Faye, des systèmes où une, deux ou trois planètes, restées incandescentes à cause de la grandeur de leur masse et encore visibles pour nous, tournent autour d'un soleil. La question se pose donc de savoir si les

---

[1]. Secchi, les *Étoiles*, tome II, pages 58 et 68 ; pour les détails, voir le chapitre entier les *Étoiles doubles*.

mouvements de ces mondes sont régis par les mêmes lois; bref, si l'attraction agit là de la même manière que dans le système solaire.

« Pour résoudre cette grave question, les astronomes se sont astreints à observer les systèmes avec le plus grand soin, d'année en année, de manière à fournir au calcul les éléments nécessaires. On a trouvé ainsi que l'étoile compagnon ou satellite se meut autour de l'étoile principale dans une trajectoire elliptique. En déterminant par le calcul les éléments de cette trajectoire, d'après les lois de l'attraction newtonienne, le calcul représente les observations avec toute la précision qu'elles comportent. Ainsi l'attraction n'est pas seulement la loi de notre monde, elle est celle de tous les mondes de l'univers [1] ».

1. FAYE, *Classification des mondes*, *Revue scientifique*, 18 avril 1885, page 489. Voir aussi A. GUILLEMIN, les *Étoiles*, chapitre V, le résumé des phases par où est passé le problème de la gravitation dans les systèmes stellaires, entre autres, page 172 : « La vérification, *par l'observation*, de l'existence d'astres jusqu'alors inconnus, existence démontrée et prévue par la seule théorie, est de la plus haute importance. En effet, les recherches de Bessel, de Peters et d'Auwers étaient généralement basées sur l'hypothèse que les lois de la gravitation sont *les mêmes* dans les systèmes sidéraux que dans le système solaire, et qu'ainsi les corps voisins exercent les uns sur les autres des attractions qui leur font décrire, en suivant les lois de Képler, des orbites elliptiques autour de leur centre de gravité commun. »
Ajoutons qu'il y eut un moment dans le passé où les planètes de notre système n'étant pas encore éteintes circulaient autour du soleil central, semblables à autant de petits soleils. En supposant que quelque planète obscure des systèmes stellaires soit peuplée d'habitants armés de puissants télescopes, notre système solaire a dû apparaître aux astronomes hypothétiques de cette planète sidérale comme un système d'étoiles multiples

Dimension et éloignement des étoiles. — « Comme nous ignorons les distances stellaires réelles, dit le Père Secchi, il s'ensuit que le volume de ces astres nous est tout à fait inconnu ; leur immense éloignement les réduit pour nous à un simple point.

« A propos des distances stellaires, on s'est demandé si les étoiles les plus voisines ne pourraient pas troubler l'action du soleil sur les planètes et sur les comètes les plus éloignées. La réponse est facile. Une étoile ayant une parallaxe d'une seconde entière est 200 mille fois plus éloignée de nous que le soleil (or, nous sommes éloignés du soleil de 37 millions de lieues environ). L'action d'un tel astre doit donc être insensible. La comète qui a l'orbite elliptique la mieux connue est celle de Halley; elle fait sa révolution en 75 ans; elle s'éloigne du soleil d'environ 36 unités (36 fois 37 millions de lieues). Or, pour arriver au point médium entre le soleil et l'étoile la plus voisine, une comète devrait avoir une période de *cent millions d'années !*

« Bien que tous ces résultats soient incompréhensibles pour nous, néanmoins ces recherches nous font voir l'immensité de l'espace céleste; elles nous montrent que non seulement la terre, mais même tout le système solaire, ne sont qu'un *point* par rapport à

tournant autour d'une grosse étoile centrale. Au demeurant, entre les systèmes d'étoiles multiples découverts par le grand Herschel et notre système solaire, il n'y a de différence que dans les périodes d'âge ou d'extinction ; dans notre système, les étoiles planétaires sont éteintes; dans les systèmes sidéraux d'Herschel, elles ne le sont pas encore.

l'espace stellaire; et que les étoiles sont placées à de si énormes distances que leurs actions réciproques doivent être très faibles et même complètement insensibles [1]. »

Conquête due au télescope. — La théorie des mondes à centres multiples :

Ces mondes sont soumis à la loi de l'attraction newtonienne; l'énergie mécanique de la masse totale est donc la même par tout l'univers.

CHAPITRE II

L'ANALYSE SPECTRALE

1° — PRINCIPE DE L'ANALYSE SPECTRALE

La découverte de l'analyse spectrale, l'une des plus belles qu'on ait jamais faites, est due à MM. Kirchhoff et Bunsen, en 1859. Voici quel en est le principe :

Il y a dans les corps deux états lumineux, à savoir, l'un de simple incandescence; l'autre, de volatilisation.

A l'état de *simple incandescence,* le spectre d'un métal solide ou liquide (fusion ignée) est continu, c'est-à-dire qu'il donne une bande continue ayant les sept couleurs primitives.

---

1. Secchi, *Étoiles,* tome II, page 146. A la page 136, Secchi a dit : « La grandeur de la création est une des idées qui effrayent la faible imagination des hommes. Quand on annonça pour la première fois que l'espace éthéré n'était pas limité par *une sphère matérielle,* et que les étoiles étaient autant de soleils, l'esprit humain fut comme abasourdi par l'immensité de l'univers qui lui apparaissait tout d'un coup, et par le nombre indéfini des corps qui le constituaient. »

A l'état de *volatilisation*, c'est-à-dire de vapeur incandescente, le spectre d'un métal n'est plus continu; il consiste en raies colorées, séparées par des espaces sombres. Cependant les gaz lumineux, *fortement comprimés*, peuvent avoir un spectre continu [1].

PREMIÈRE SÉRIE D'EXPÉRIENCES. — La chaleur développée par l'arc électrique qui jaillit entre les deux cônes de charbon est la plus intense que l'homme puisse produire.

La chaleur développée par la combustion du gaz d'éclairage dans un bec de Bunsen est très forte; elle l'est cependant beaucoup moins que celle de l'arc électrique.

1° Je dispose une lampe électrique devant une fente étroite; le faisceau lumineux provenant des deux cônes de charbon incandescents passe à travers la fente; un prisme en cristal le reçoit et l'étale, sur un écran, en un spectre continu, celui des charbons incandescents.

2° Dans l'un des cônes, je dispose un petit fragment de thallium; aussitôt que la chaleur électrique a volatilisé ce fragment métallique, une raie verte apparaît dans le spectre; cette raie provient de la vapeur lumineuse du thallium. Cette vapeur lumineuse est évidemment élevée à l'énorme température de la chaleur électrique.

3° Je retire ma lampe électrique; je la remplace

---

1. Pour l'analyse spectrale, voir TAIT, *Progrès récents de la physique*, conférences 8°, 9° et 10°.
Voir aussi TYNDALL, la *Lumière*, leçon 6°.

par un bec de Bunsen. Dans la flamme éclairante et chaude du gaz carburé qui brûle dans le bec de Bunsen, je fais volatiliser un petit fragment de thallium; la raie verte caractéristique de ce métal apparaît. La vapeur lumineuse du thallium qu'a volatilisé la flamme du bec de Bunsen est à une haute température; mais cette température est bien plus basse que celle du thallium volatilisé par l'arc électrique.

4° Je place maintenant ma lampe électrique devant le bec de Bunsen de façon que le faisceau lumineux qu'envoient les cônes de charbon traverse le faisceau lumineux du bec de Bunsen. Dans un des cônes de charbon est un petit fragment de thallium. Tant que ce fragment n'est pas vaporisé, le thallium que brûle le bec de Bunsen continue à donner la raie verte dans le spectre étalé. Mais aussitôt que le thallium du cône de charbon est volatilisé et par conséquent porté à l'énorme température que développe l'arc électrique, la raie verte du spectre devient *noire*. Ce phénomène est appelé *inversion* ou *renversement des raies du spectre*, ou, par abréviation, renversement du spectre.

5° Si je plaçais le bec de Bunsen devant l'arc électrique de façon que la radiation lumineuse du thallium brûlé dans le bec de Bunsen traversât la vapeur du thallium que volatilise la chaleur électrique, la raie verte du spectre ne deviendrait pas noire; elle resterait verte.

D'après ces expériences, on conclut que :

A. Pour que la raie ou les raies colorées que donne

la vapeur lumineuse d'un métal deviennent *noires*, il faut que la radiation de cette vapeur chaude passe par la vapeur moins chaude du *même* métal.

B. Si la radiation lumineuse traversante est moins chaude que la vapeur lumineuse traversée, la raie ou les raies colorées ne sont pas renversées : elles demeurent colorées.

La raie renversée n'est pas absolument noire ; elle est sombre, d'une quantité correspondant à la différence entre la chaleur de la radiation lumineuse traversante et la chaleur lumineuse de la vapeur traversée.

Ce renversement des raies provient de ce que la radiation lumineuse traversante et la radiation lumineuse traversée ont le *même rythme ondulatoire* puisqu'elles dérivent l'une et l'autre du même métal ; alors la force vive de la radiation métallique traversante *est absorbée* par la vapeur traversée dont la température est plus froide ; il y a transformation de la force vive lumineuse traversante en chaleur obscure.

Lorsque la radiation lumineuse traversante est *moins chaude* que la vapeur traversée, celle-ci, du côté intérieur, absorbe bien la force vive de la radiation traversante ; mais comme sa température est beaucoup plus élevée, sa radiation lumineuse, malgré son affaiblissement, reste assez intense du côté extérieur pour conserver ses propriétés chromatiques : les raies demeurent colorées.

Le phénomène du renversement des raies du spectre a conduit à la loi suivante, laquelle n'est que la traduction simple du fait : « Les rayons qu'absorbe un corps sont précisément ceux qu'il émet lorsqu'il devient lumineux. »

Seconde série d'expériences. — 1° Dans un bec de Bunsen, brûlons un fragment de sodium ; sur le spectre étalé apparaît une raie jaune, la célèbre raie D.

2° Dans l'arc électrique, brûlons un fragment de thallium, puis faisons passer le faisceau lumineux électrique à travers le faisceau lumineux sodique du bec de Bunsen ; sur le spectre étalé on aura deux raies colorées, à savoir, la raie du sodium qui reste jaune, et la raie du thallium qui reste verte.

Quoique la radiation lumineuse du thallium provenant de l'arc électrique soit plus chaude que la radiation lumineuse du sodium, cependant la raie du sodium reste jaune parce que le rythme ondulatoire du sodium lumineux est différent de celui du thallium ; la vapeur lumineuse du sodium n'a donc pas la propriété d'absorber la force vive de la radiation du thallium ; les deux radiations ne subissent aucune transformation ; elles conservent leur intensité et la couleur respective de leurs raies.

3° Maintenant, dans le bec de Bunsen, j'ajoute un petit fragment de thallium ; aussitôt que ce fragment est volatilisé, la raie du thallium électrique qui était restée verte devient *noire* ; la raie du sodium continue à rester jaune.

La vapeur du thallium brûlé dans le bec de Bunsen absorbe la force vive de la radiation lumineuse du thallium brûlé dans l'arc électrique ; la radiation lumineuse est convertie en radiation obscure. La raie du sodium conserve sa couleur parce que le rythme ondulatoire de sa vapeur lumineuse n'est pas le même que celui de la vapeur de l'autre métal.

D'après ces deux séries d'expériences prises pour type, on peut varier les épreuves sur plusieurs métaux quelconques, le résultat sera le même.

Ce qui est capital est la place que les raies occupent dans le spectre; la raie ou les raies d'un même métal occupent invariablement la même position : il est donc impossible de les confondre avec les raies de tout autre métal, quand même les raies d'autres métaux auraient la même coloration. Exemple : Le thallium donne une raie verte; l'argent, deux raies vertes; le cuivre, trois raies vertes; cependant il est impossible de confondre les raies respectives de ces métaux parce que la position qu'elles occupent dans le spectre est différente, nettement définie et invariablement la même.

On voit par là que, pour les recherches d'analyse spectrale, le travail préalable à faire est celui de la détermination rigoureuse, en millimètres et fractions de millimètre, de la place qu'occupent dans le spectre les raies de chacun des métaux; ce travail a été fait et se perfectionne de jour en jour. Les cartes géographiques, pour ainsi dire, de l'analyse spectrale sont dressées aujourd'hui à l'aide de puissants microscopes, avec un agrandissement extraordinaire des distances infinitésimales; celle que fait M. Lockyer aura plus de cent mètres de longueur.

La sensibilité de l'analyse spectrale tient du prodige; un millionième de milligramme de soude, par exemple, suffit pour donner une raie, la raie jaune D, dans le spectre continu.

Ajoutons que la nature chimique des corps n'est pas l'élément exclusif de la constitution de son spectre; cette constitution peut varier selon les circonstances physiques du phénomène [1], à savoir, la pression, la température, la cause génératrice du rayonnement, etc.; mais ce ne sont que des effets subordonnés qui ne donnent que plus de richesse à la méthode, sans lui faire perdre sa certitude ni son caractère.

II° — COMPOSITION CHIMIQUE DU SOLEIL.

Voici quels sont les corps que l'analyse spectrale a découverts jusqu'ici dans la constitution élémentaire du soleil :

1° Aluminium ;
2° Cadmium ;
3° Calcium ;
4° Cérium ;
5° Chrome ;
6° Cobalt ;
7° Cuivre ;
8° Fer ;
9° Hydrogène ;
10° Magnésium ;
11° Manganèse ;
12° Nickel ;
13° Oxygène ;
14° Potassium ;
15° Sodium ;
16° Strontium ;
17° Titane ;
18° Uranium ;
19° Zinc ;
20° Hélium.

Tous ces corps sont communs à la terre, sauf le hélium qu'on n'a pas encore découvert dans notre planète.

I° CONSTITUTION PHYSIQUE DU SOLEIL. — Voici quelles

---

1. Voir TAIT, *Progrès récents de la physique*, la 9° et la 10° conférence.

sont les cinq enveloppes du soleil, d'après les plus récentes observations :

1° Un noyau composé d'hydrogène incandescent;

2° Une photosphère, nuages métalliques très chauds et brillants;

3° Une chromosphère, enveloppe encore très chaude, où domine l'hydrogène avec injections fréquentes de magnésium;

4° Une atmosphère coronale, où la vapeur métallique est très rare, peu chaude et très tourmentée;

5° La lumière zodiacale, fournie par des nébulosités cométaires [1].

II° CHALEUR SOLAIRE ENTRETENUE PAR DISSOCIATION. — 1° *Condensation de la nébuleuse solaire.* — Nous avons vu quelle était, d'après l'évaluation de Helmholtz, l'énorme chaleur engendrée par la condensation de la nébuleuse primitive du soleil. On a calculé que si le diamètre du soleil actuel, par le fait d'une condensation progressive, se raccourcissait de la dix-millième partie de sa valeur, la chaleur engendrée par cette condensation suffirait à entretenir pendant vingt et un siècles le rayonnement actuel [2].

2° *Énormité de la déperdition de chaleur par le rayonnement.* — Nous avons vu également, Troisième partie, chapitre II, quelle était l'énorme déperdition de chaleur par le rayonnement; ajoutons les lignes

---

1. Voir JANSSEN, *Annuaire des longitudes*, 1879; et FAYE, *Annuaire* de 1883.

2. A. GUILLEMIN, les *Nébuleuses*, page 162.

suivantes empruntées à M. Faye : « Pour ne prendre qu'un mètre carré de surface, la quantité de chaleur émise par ce mètre carré étant de 16800 calories *par seconde*, il faudra multiplier ce nombre par 86400 pour avoir la perte *journalière*, puis, par 365 pour avoir la déperdition *annuelle*; puis par des milliers pour avoir la déperdition *historique*. On arrive ainsi à un chiffre de calories perdues si formidable qu'aucune force de la nature n'aurait pu en doter une couche d'épaisseur modérée [1]. »

3° *Théories pour expliquer la constance de la radiation solaire*. — Il existe deux théories pour expliquer la constance que conserve la radiation solaire malgré cette énorme déperdition ; ces deux théories, du reste, ne sont pas exclusives l'une de l'autre; elles peuvent très bien concourir toutes deux à expliquer le même fait; la seule différence à faire est que l'une est de beaucoup plus importante que l'autre. L'une de ces théories explique la constance de la radiation solaire par la chute de météorites, c'est-à-dire par un effet purement mécanique; l'autre par la dissociation, c'est-à-dire par un effet chimique.

A. *Chute de météorites*. — Cette théorie est celle de Mayer; on a vu, au chapitre II de la troisième partie, par les citations, quelle est la chaleur que peut développer la chute d'un astéroïde sur le soleil. Ajoutons ces lignes de M. Faye : « Tout kilogramme de matière, en tombant actuellement de très loin sur le soleil, ac-

---

[1]. FAYE, *Origine du monde*, page 214.

quiert, par le fait de la destruction de sa force vive, 43 millions de calories [1]. »

Le Père Secchi nie que la chaleur solaire soit entretenue par la chute de météorites; il n'admet que la dissociation chimique : « En parlant de la dissociation, dit-il, nous avons calculé que le soleil peut continuer à rayonner plusieurs millions d'années durant sans que sa température diminue d'une quantité perceptible [2]. »

Tout en admettant que la constance actuelle de la radiation solaire soit due avant tout à la dissociation chimique, cependant il est difficile de nier l'apport, si minime qu'il soit, des météorites; on peut affirmer, en effet, que des comètes tombent sur le soleil, ainsi que l'a démontré l'application de la photographie au soleil et aux espaces célestes. Lors de l'éclipse du soleil, le 17 mai 1882, les astronomes qui l'observaient en Égypte furent très étonnés de trouver sur la plaque photographique près du soleil l'image d'une comète, qu'après l'éclipse il fut impossible de retrouver [3]. Au fur et à mesure que la science perfectionne ses instruments de découverte, on reconnaît que les espaces stellaires, regardés jusqu'alors comme vides, sont sillonnés par d'innombrables astéroïdes.

B. *Dissociation chimique.* — M. Faye explique ainsi la dissociation chimique qui se fait dans le soleil :
« Les nuages de la photosphère constituent l'organe

---

1. FAYE, *Origine du monde*, page, 215.
2. SECCHI, *Unité des forces*, page 683.
3. TRÉPIED, *Comptes rendus*, 19 juin 1882, page 1641.

essentiel de la radiation; ils doivent donc être formés de particules *solides* ou *liquides*, car les gaz ou les vapeurs sont de très mauvais radiateurs. Si la chromosphère est complètement invisible dans nos plus puissantes lunettes, c'est qu'elle est purement gazeuse. Une expérience bien simple va nous faire voir la différence dont il s'agit :

« Voici une flamme d'hydrogène brûlant à l'aide d'un courant d'oxygène. Cette flamme est si chaude qu'on y ferait fondre aisément du platine; et pourtant vous voyez qu'elle n'est guère lumineuse; mais elle le devient subitement si l'on y projette un peu de poussière de chaux ou de magnésie, corps solides qui ne se volatilisent pas à cette haute température, mais deviennent incandescents.

« Quant à ce fluide où nagent les nuages de la photosphère, il est plus lumineux que l'hydrogène pur de la chromosphère parce qu'il est formé de vapeurs de toute sorte, émettant chacune des rayons particuliers. Il contient, en effet, outre un fond d'hydrogène et d'oxygène non combinés, des vapeurs de tous les éléments chimiques du soleil.

« Ces nuages voguent dans ce milieu gazeux à peu près comme les imperceptibles aiguilles de glace de nos cirrhus. A cause de l'énormité de leur radiation, ces poussières solides doivent se refroidir bien vite et s'éteindre; mais, sitôt formées, ces poussières, bien plus denses que le milieu ambiant où elles flottent, tombent vers les couches profondes sous forme de pluie incessante. Il faut donc que ces nuages à radiation intense se reforment sans cesse par l'ascension de gaz et de vapeurs venus de l'intérieur.

« Mais notez bien ici une condition essentielle : pour que le refroidissement occasionné par cette énorme radiation ne reste pas confiné dans les couches superficielles, ce qui conduirait bien vite à l'extinction ; pour que la masse entière y participe, il faut que la pluie de ces matériaux solides et comparativement froids pénètre jusqu'au cœur du soleil ; que ces matériaux s'y réchauffent, s'y vaporisent, s'y décomposent, et déterminent ainsi l'ascension forcée des vapeurs, lesquelles iront reformer en haut la photosphère. Il faut donc :

1° Que la masse entière du soleil soit à l'état gazeux ;

2° Que la température interne soit incomparablement plus élevée qu'à la surface ;

3° Que, par un procédé quelconque, la basse température de la photosphère force les vapeurs ascendantes à se condenser subitement en nuages de poussières éblouissantes.

A ces conditions, toute la masse du soleil contribuera à la radiation, et, si le phénomène de condensation qui se fait dans la photosphère est une action chimique nette, la production de ces nuages s'accomplira dans des conditions toujours identiques et donnera lieu à une radiation constante.

« Voyons si les choses peuvent se passer ainsi. Nous ne savons pas au juste quelle est la température de la photosphère ; mais il est évident qu'elle est plus élevée que celle des bains liquides de métaux fondus dans nos usines puisque le fer, le magnésium, le titane, etc., s'y trouvent constamment à l'état de vapeurs. Or, la température des couches profondes doit être bien plus élevée encore et se chiffrer par des millions de degrés. A ces températures excessives, l'affinité chimique disparaît; les composés se résolvent dans leurs éléments; ces éléments se mélangent physiquement sans pouvoir se recombiner, quelle que soit leur affinité mutuelle et la pression qui les comprime. Mais si ce mélange d'éléments dissociés vient à être transporté dans une région moins chaude, la combinaison aura lieu aussitôt à une haute température, avec un dégagement subit de calorique rayonnant. Pour fixer les idées, imaginons que les courants ascendants soient formés d'un mélange d'oxygène et de vapeurs de magnésium, de silicium ou de calcium, matières si abondamment répandues dans la nature à l'état d'oxydes. Parvenu dans la photosphère, là où le soleil touche aux régions froides de l'espace, ce mélange, que nous allons réaliser sous vos yeux, produira instantanément un nuage de magnésie, de chaux ou de silice incandescentes, à l'état impalpable. Vous voyez comme ce nuage rayonne aussitôt une lumière éblouissante dont l'identité avec celle de la photosphère ne saurait être contestée. Cette magnésie ou cette chaux, bien vite refroidies, retomberont en pluie en vertu de leur densité et traverseront les couches de plus en plus profondes, jusqu'à celle dont la haute température décomposera de nouveau, malgré une pression énorme, ces oxydes terreux, en reproduisant le mélange primitif d'oxygène et de magnésium en vapeurs. Les vapeurs et le gaz ainsi produits aux dépens de la chaleur des couches centrales détermineront, par leur expansion, la montée de nouveaux matériaux ; et ce jeu incessant alimentera la photosphère aux dépens de la chaleur de la masse entière.

« Quant à la photosphère, sa radiation restera constante, parce qu'aux limites du soleil, sous une pression toujours la même, la combinaison des éléments se produit toujours à la même température, et donne lieu au même dégagement de chaleur. Cette radiation ne pourrait varier que si le jeu des courants descendants et ascendants venait à être sensiblement ralenti par la densité croissante des milieux gazeux, c'est-à-dire par la *contraction progressive*, mais très lente, qui doit résulter du refroidissement.

« Du reste, cette contraction est elle-même une source de chaleur qui répare en partie la perte due à la radiation ; elle contribue ainsi à sa durée dans une certaine mesure jusqu'à ce que l'augmentation de densité de la masse entière fasse obstacle au jeu des courants que nous venons de décrire[1] ».

III° — COMPOSITION CHIMIQUE DES ÉTOILES

1° CLASSIFICATION DES ÉTOILES. — Dans le chapitre *Unité de la matière*, on a vu le résultat des travaux de M. Lockyer sur les trois types d'étoiles et leur constitu-

---

1. FAYE, *Origine du monde*, pages 220-224.

tion chimique. Le Père Secchi, aux travaux de qui l'on doit la classification des étoiles, avait rangé celles-ci en quatre groupes; aujourd'hui les physiciens et les astronomes semblent d'accord pour réduire les quatre classes aux trois classes adoptées par M. Lockyer, à savoir :

1° *Type des étoiles blanches.* — Sirius en est le modèle; ce sont les étoiles les plus chaudes; leur spectre est presque continu; il est marqué de quatre fortes raies noires qui sont celles de l'hydrogène. On y trouve aussi des traces d'autres lignes, comme celles du magnésium, du sodium et quelquefois du fer; mais ces lignes sont très faibles et ne peuvent être aperçues que par un ciel très pur [1].

2° *Type des étoiles jaunes.* — Notre soleil en est le modèle; le spectre est marqué de nombreuses raies noires très fines; les raies de l'hydrogène s'y retrouvent, mais très faibles. On a vu plus haut quels métaux entraient dans la composition du soleil.

3° *Type des étoiles rouges.* — Alpha d'Hercule en est le modèle; ce sont les étoiles les moins chaudes; leur spectre ne contient plus des raies fines, mais des barres ou des colonnes cannelées. En général, les lignes de l'hydrogène sont absentes dans ce type. Les bandes et les colonnes sont considérées par M. Lockyer comme indiquant la combinaison entre les métaux, combinaison devenue possible par suite du refroidissement où sont arrivées les étoiles de ce type [2].

1. Secchi, les *Étoiles*, tome I", page 60.
2. Secchi, tome I", 2° partie, chapitre IV entier.

D'après le Père Secchi, le spectre des étoiles de ce type ne serait pas un spectre simple ; il serait composé de deux spectres superposés, l'un formé de raies d'absorption métalliques ; le second, de bandes continues et estompées ; or ces bandes appartiennent au spectre des hydrocarbures ; l'hydrogène, dans les étoiles de ce type, serait donc combiné au carbone. Cette induction du Père Secchi a été confirmée par les travaux de M. Lockyer.

En résumé, les étoiles du 3ᵉ type ont une partie relativement refroidie, celle qui donne le spectre à bandes, lequel indique que certaines combinaisons ont pu se faire ; une seconde partie, très chaude, celle qui donne le spectre à raies fines, lequel indique que les substances y sont encore dissociées et, à cause de la haute température, incapables d'entrer en combinaison.

IIº Étoiles variables périodiques. — La plupart des étoiles connues ne restent pas de même grandeur. Pour le plus grand nombre, les variations, très lentes, sont presque insensibles ; pour quelques-unes, les variations sont des plus remarquables. Nous citerons deux de ces dernières, à savoir : *Omicron* de la Baleine qu'on appelle *Mira*, la *Merveilleuse*, et *Algol* de la constellation de Persée.

La Merveilleuse de la Baleine a une période de 331 jours 8 heures, que l'on peut décomposer en trois phases : elle décroît de la 2ᵉ à la 6ᵉ grandeur pendant trois mois, devient invisible pendant cinq mois, et croît de la 6ᵉ à la 2ᵉ grandeur pendant les trois autres mois. Dans son plein, elle est jaunâtre; lorsqu'elle faiblit, elle prend une teinte rougeâtre.

Algol ou Bêta de Persée, étoile placée sur la tête de la Méduse, est habituellement de 2ᵉ grandeur; elle reste dans cet état pendant 2 jours 13 heures, diminue lentement et s'abaisse à la 4ᵉ grandeur pendant 7 ou 8 minutes, puis revient à son premier état en 3 heures 30 minutes. La durée de sa période est de 2 jours, 20 heures, 48 minutes, 55 secondes.

Ces deux étoiles sont à courte période. Il en existe d'autres dont les phases embrassent un cycle considérable; une étoile, la 24ᵉ de la constellation de Céphée, a une période de soixante-treize ans [1].

Analyse spectrale de Mira. — Le spectre de Mira, de la Baleine, est du 3ᵉ type, à cannelures cylindriques parfaitement tranchées, avec les mêmes raies noires que dans Alpha d'Hercule. Mais au fur et à mesure que l'étoile gagne en éclat, les raies noires du jaune et les premières du vert paraissent diminuer de netteté et devenir moins noires. Cette constitution spectrale, indiquant de vastes atmosphères absorbantes, conduit à penser que la variabilité vient probablement de crises que subit l'atmosphère dont l'étoile est environnée [2].

Analyse spectrale d'Algol. — « L'étude spectroscopique faite plusieurs fois sur Algol n'a pas montré de

1. Voir A. GUILLEMIN, les *Étoiles*, page 191-280; — et SECCHI, les *Étoiles*, tome Iᵉʳ, page 148, ainsi que le catalogue des étoiles colorées placé à la fin du volume.
2. Voir dans SECCHI, les *Étoiles*, tome Iᵉʳ, pages 148-150, les détails sur Mira.

variations dans le spectre. Cette étoile est du 1ᵉʳ type; elle le conserve toujours invariable, même à son minimum. Ce fait, joint à la marche de sa période, a prouvé qu'ici l'origine de la variation n'est pas un dégagement de vapeurs, et ne pourrait pas non plus se concilier avec une rotation quelconque; cette variation doit dépendre d'un astre obscur qui l'occulte partiellement pendant un certain temps, produisant une véritable éclipse partielle. Algol est donc jusqu'ici la seule étoile dont on puisse affirmer avec quelque certitude qu'elle a des satellites obscurs qui tournent autour d'elle [1]. »

En examinant soigneusement les modes de variabilité des étoiles, les astronomes ont été conduits à admettre l'une des trois causes suivantes :

« La première est celle d'une période plus ou moins courte déterminée par l'occultation de l'étoile par un corps opaque : c'est le cas d'Algol.

La seconde est celle d'une rotation de l'astre qui nous présente diverses faces, ou d'une émission périodique de matières absorbantes.

La troisième enfin résulte d'incendies à intervalles de temps plus ou moins irréguliers et indéterminés.

La première cause n'aurait pas grande influence sur le système régi par l'étoile; mais la deuxième et la troisième, au contraire, en auraient une vraiment incalculable. Quelle vie régulière pourrait se produire dans un système régi par un soleil aussi incertain,

---

[1]. SECCHI, les *Étoiles*, tome Iᵉʳ, page 152

aussi variable dans son action? Pour la troisième cause, John Herschel remarque avec raison que l'imagination se perd à concevoir un tel phénomène, et qu'elle reste confondue à l'idée d'un incendie qui puisse être vu à tant de milliers de lieues de distance. Mais ces faits sont encore plus surprenants à un autre titre. Ils nous révèlent que l'espace est semé d'innombrables corps obscurs; nous ne les voyons que quand il se produit en eux d'épouvantables catastrophes, lesquelles ne parviennent à notre connaissance que bien des siècles après qu'elles ont eu lieu[1]. »

III° ÉTOILES TEMPORAIRES. — La plus ancienne étoile brusquement apparue, dont nos traditions aient conservé le souvenir, est celle qui brilla au temps d'Hipparque[2], 125 ans avant Jésus-Christ. Elle détermina ce grand astronome à faire son catalogue pour laisser à la postérité un point de départ certain dans le cas où les étoiles dites fixes seraient sujettes à des mouvements et à des disparitions.

Une autre étoile temporaire, non moins fameuse, fut celle qui apparut tout à coup en l'année 1572, du temps de Tycho-Brahé, dans la constellation de Cassiopée, et souleva une immense admiration. Son apparition fut si soudaine que le célèbre astronome

---

1. Secchi, les *Étoiles* tome Ier, page 153.
2. Hipparque, né à Nicée en Bithynie, est le plus grand astronome de l'antiquité. Il a divisé le cercle en 360 degrés; il a créé la trigonométrie; il a découvert la précession des équinoxes, déterminé la longueur de l'année tropique, calculé les éclipses de lune et même les éclipses de soleil pour un lieu donné; il a même déterminé d'une manière suffisamment approchée la parallaxe de la lune, etc.

suédois fut prévenu par le public. L'étoile resta aussi brillante que Vénus pendant 17 mois, et après avoir passé par le blanc, le jaune, le rouge, puis encore par le blanc, elle disparut tout à fait [1].

En mai 1866, apparut une étoile brillante dans la Couronne boréale. « Cette étoile s'éteignit peu à peu, dit M. Faye; un mois après son apparition subite, elle était absolument invisible à l'œil nu. Ce n'était pas une formation nouvelle, car elle avait été cataloguée quelques années auparavant comme étant une très petite étoile de 9e grandeur, et c'est à cette grandeur-là qu'elle est retombée après sa catastrophe. M. Huggins, qui en a analysé la lumière, découvrit dans son spectre les raies de l'hydrogène, non pas noires, mais brillant de leurs couleurs respectives. Il fut ainsi conduit à penser que l'événement était dû à une éruption violente de ce gaz lancé de la masse intérieure de cette étoile. Cette idée devait se présenter, en effet, aux astronomes qui admettent que les flammes d'hydrogène dont le soleil est fréquemment entouré sont dues à des éruptions. Il suffisait ici d'une éruption plus violente et partie de profondeurs encore plus grandes. Mais l'étude attentive du soleil nous a appris que ces flammes hydrogénées tiennent à une simple circulation fort régulière, et non à des éruptions volcaniques. Il faut donc chercher ailleurs la raison de cette mémorable catastrophe. Pour moi, je pense qu'il s'agit là d'un de ces phéno-

---

1. SECCHI, les *Étoiles*, tome Ier, page 130-148, énumération des étoiles temporaires.

mènes qui peuvent se produire pendant la phase d'extinction définitive. Cette phase est caractérisée par un commencement d'encroûtement de la photosphère, lorsque les courants intérieurs qui doivent l'alimenter sont déjà gênés et ralentis par la condensation progressive de la masse interne. Il se forme alors une sorte de croûte qui, si elle se solidifiait entièrement, supprimerait bientôt toute radiation. Mais cette croûte, d'abord très mince, peut très bien s'effondrer en partie ou en totalité, plonger par fragments dans l'intérieur et faire remonter brusquement à la surface des matériaux appartenant aux couches profondes et possédant encore une très haute température. L'hydrogène, entré depuis longtemps dans des combinaisons chimiques à la surface de l'astre, a été dissocié et s'est révélé par ses raies propres. Mais, après la catastrophe, le refroidissement régulier aura repris son cours; la photosphère se sera encroûtée de nouveau de manière à intercepter presque complètement l'afflux de la chaleur interne. C'est ce qui a pu arriver plusieurs fois à notre globe, à l'époque où la croûte superficielle commençait à se former. [1] »

En novembre 1876, une étoile nouvelle a fait son apparition dans la constellation du Cygne; elle était de 3ᵉ grandeur et de couleur très jaune; dix jours après, elle n'était plus que de 5ᵉ grandeur et de cou-

---

[1]. Faye, *Classification des mondes*, page 491, *Revue scientifique*, 18 avril 1885. Voir aussi dans Secchi, les *Étoiles*, tome Iᵉʳ, page 142, le spectre de l'étoile et les détails sur les phases par lesquelles l'étoile est passée.

leur verdâtre, presque bleue. M. Cornu, à Paris, en étudia le spectre et le vit formé de lignes brillantes et de bandes obscures. Il y distingua l'hydrogène et peut-être le magnésium, le sodium ou l'hélium [1].

En juin 1885, deux étoiles nouvelles A et B apparurent dans la nébuleuse d'Andromède. Après une étude sérieuse, M. Trouvelot conclut que :

1° Les deux nouvelles étoiles sont *dans* la voie lactée;

2° La nébuleuse d'Andromède est *au delà* de la voie lactée.

Les deux étoiles ont varié d'éclat rapidement. Il est probable qu'elles existaient en 1874, mais elles ont passé inaperçues parce qu'elles devaient être inférieures à la 17° grandeur. En trois mois, l'étoile A est descendue de la 6° grandeur à la 11°; sa couleur orangée est devenue blanche [2].

En décembre 1885, une nouvelle étoile est apparue

---

[1]. Voir dans SECCHI, les *Étoiles*, tome I", page 144, le spectre de l'étoile nouvelle du Cygne.

Au sujet de ces deux dernières étoiles, M. Wolf a fait la communication suivante, le 28 décembre 1885, à l'Académie des sciences, page 1444 : « L'étoile T de la couronne boréale apparue en 1866 et celle du Cygne apparue en 1876 ont toutes deux offert, au moment du maximum d'éclat, un spectre à raies noires sur lequel se détachaient un certain nombre de lignes brillantes, celles de l'hydrogène pour la première étoile, celles de l'hydrogène, du sodium, du magnésium et la raie verte des nébuleuses dans le spectre de la deuxième. Puis ces lignes se sont peu à peu effacées; T de la couronne est aujourd'hui de la 9° grandeur avec un spectre continu; l'étoile du Cygne ne donne plus que la raie verte des nébuleuses, singulier exemple de la transformation d'une étoile en une nébuleuse planétaire. »

[2]. TROUVELOT, *Comptes rendus*, 26 octobre 1886, page 799.

dans Orion. « Le spectre de la nouvelle étoile d'Orion, dit M. Trépied, est très remarquable, il appartient certainement au 3e type. J'ai distingué nettement six bandes obscures, à savoir, 2 dans le rouge et l'orangé, 4 dans le vert et le bleu. Les bandes du rouge et de l'orangé sont beaucoup plus marquées et plus larges que le spectre d'Alpha d'Orion et même que celui de Béta de Pégase, qui est un des plus beaux exemples connus du 3e type [1]. »

IV° — COMPOSITION CHIMIQUE DES NÉBULEUSES

Les nébuleuses se divisent en résolubles, irrésolubles et intermédiaires.

1° *Nébuleuses résolubles*. — Les nébuleuses résolubles sont celles que les télescopes résolvent en amas d'étoiles; ce sont de vrais soleils; la matière y est condensée.

2° *Nébuleuses irrésolubles*. — Les nébuleuses irrésolubles sont celles que les télescopes les plus puissants ne peuvent résoudre en amas stellaires; la matière y est diffuse et toute gazeuse.

3° *Nébuleuses intermédiaires*. — Les nébuleuses intermédiaires sont celles dont la matière est gazeuse avec un noyau déjà condensé; elles participent donc aux caractères des deux catégories précédentes.

A. *Analyse spectrale des nébuleuses résolubles*. — La nébuleuse d'Andromède, prise pour type, a donné un

---

1. Trépied, *Comptes rendus*, 4 janvier 1868.

spectre continu; mais ce spectre est incomplet; le rouge et une partie de l'orangé manquent. L'astronome Bond a compté jusqu'à 1500 étoiles distinctes dans la nébuleuse d'Andromède.

B. *Analyse spectrale des nébuleuses irrésolubles.* — La nébuleuse d'Orion, prise pour type, a fourni un spectre composé de 4 raies brillantes; ces raies sont bien définies, et leurs intervalles tout à fait obscurs. Ces quatre raies appartiennent à l'hydrogène, à l'azote, au fer.

La nébuleuse du Renard, qu'on appelle le *Battant de cloche*, donne un spectre formé d'une raie brillante unique, celle de l'azote.

C. *Analyse spectrale des nébuleuses intermédiaires.* — La nébuleuse du Dragon, prise pour type, a donné un spectre comprenant :

1° Un premier spectre continu extrêmement faible et presque sans largeur, provenant d'un point lumineux situé vers le centre de la nébulosité. La matière n'y est pas à l'état de gaz diffus; elle y existe sous la forme d'un brouillard de particules solides ou liquides incandescentes : ce spectre est celui du noyau condensé.

2° Un second spectre composé de trois raies brillantes, celles de l'azote, de l'hydrogène et du baryum : la matière y est diffuse et gazeuse [1].

« Chose étonnante et admirable, dit M. Faye, tous ces grands amas de matière à l'état d'étoiles ou de

---

[1]. A. Guillemin, les *Nébuleuses*, pages 143-146 ; et Huggins, *Analyse spectrale*, pages 32-43.

nébuleuses sont incandescents : les uns avec un vif éclat; les autres avec une pâle lumière presque monochromatique. D'où vient cette incandescence, cet universel incendie? C'est là la grande question devant laquelle les siècles précédents se sont tus, et que le nôtre a résolue.

« Une force règne dans les espaces, *l'attraction*, qui sollicite les matériaux de chaque amas vers son centre et y accomplit un travail de condensation. Or dans ce travail il y a perte d'énergie, *perte apparente* seulement, car l'énergie, au fond, ne se perd pas plus que la matière... Tout le travail accompli dans le sein de ces innombrables amas de matériaux produit leur condensation progressive et en même temps élève leur température au point de les rendre incandescents. Les grands corps de l'univers sont chauds et lumineux parce que ce travail de condensation, qui date de leur origine, se continue sous nos yeux.

« L'amas est-il uniquement formé de matériaux gazeux? La chaleur engendrée ne donne lieu qu'à un faible rayonnement; la déperdition de l'énergie est d'une lenteur extrême; la condensation progresse à peine.

« L'amas est-il riche en éléments chimiques susceptibles de prendre la forme solide? La chaleur engendrée est rayonnée avec abondance en tout sens; la condensation progresse rapidement et finit par réunir tous les matériaux en un globe radieux; c'est une étoile. A l'intérieur règne une température énorme; mais, à la surface, cette température baisse;

il s'y forme une couche de nuages incandescents, une photosphère dont les molécules solides rayonnent abondamment la lumière et la chaleur. A ce compte, les étoiles, autant vaut dire les soleils, marchent bien plus rapidement vers l'extinction définitive ; lorsque ces millions d'étoiles auront disparu, les milliers de nébuleuses luiront encore au ciel comme les flambeaux funéraires de l'univers éteint [1]. »

V° — COMPOSITION CHIMIQUE DES COMÈTES

« Une des questions laissées aux générations futures, dit le Père Secchi, est la nature des comètes ; peut-être ne sont-elles que des fragments de quelque nébuleuse qui, voyageant dans les profondeurs de l'espace, est venue se rencontrer avec notre système ; quelques-uns de ces fragments, retenus par l'action puissante du soleil et des grosses planètes, décrivent des courbes fermées ; d'autres ont des orbites paraboliques gazeuses [2]. »

Analyse spectrale des comètes. — « L'analyse spectrale des comètes prouve que leur substance est identique à celle des nébuleuses gazeuses. Dès 1864, Donati trouva que le spectre d'une comète apparue cette année-là était formé de trois raies brillantes, verte, jaune et rouge, séparées par des lacunes. Depuis, M. Huggins observa dans une autre comète

---

1. FAYE, *Classification des mondes*, page 484, *Revue scientifique*, 18 avril 1885.
2. SECCHI, les *Étoiles*, tome II, page 182.

l'existence simultanée de deux spectres, dont l'un, très faible et continu, fourni par la chevelure, montra que celle-ci devait sa visibilité à la lueur réfléchie du soleil ; et dont l'autre, dû au noyau, lumineux par lui-même, consistait en une raie brillante. De nombreuses observations faites par divers savants sur les comètes du Tempel, de Brorsen, de Winnecke, etc., ont donné lieu à des découvertes analogues. Le dernier de ces astres a présenté au Père Secchi des raies qui coïncidaient avec celles qui caractérisent le carbone [1] ».

VI° — RAIES TELLURIQUES

1° DÉCOUVERTE DES RAIES TELLURIQUES. — « Brewster avait découvert que le spectre du soleil s'enrichit de bandes sombres au coucher et au lever de cet astre ; mais dans l'instrument de l'illustre physicien écossais, ces bandes disparaissaient complètement du spectre pendant le jour. M. Janssen commença par montrer que les bandes de Brewster peuvent se résoudre en raies fines, comparables aux raies d'origine solaire ; il prouva ensuite que ces raies sont permanentes dans le spectre durant le jour, et que leur degré d'intensité est en rapport avec les épaisseurs atmosphériques traversées. C'était la démonstration de l'action de notre atmosphère. Aussi nomma-t-il ces raies « *telluriques* » pour bien montrer leur origine.

1. Stanislas MEUNIER, le *Ciel géologique*, page 43. Voir aussi HUGGINS, *Analyse spectrale*, page 43.

II° IMPORTANCE DE LA DÉCOUVERTE DES RAIES TELLURIQUES. — « 1° Nous pouvons, tout d'abord, prendre pour sujet notre propre atmosphère, en étudier hygrométriquement les hautes et inaccessibles régions, et là, faire des analyses qui ne pourraient être tentées par aucun autre moyen ;

2° Nous pouvons ensuite, sortant de la terre, aller interroger les atmosphères planétaires, y chercher la vapeur d'eau et avec elle une des premières conditions du développement de la vie terrestre ;

3° Nous pouvons encore, rapprochant la composition des atmosphères des planètes des circonstances astronomiques qui permettent de préjuger l'état de leurs surfaces, suivre chez elles des évolutions qui sont, pour nous, du domaine du passé ou de l'avenir ;

4° Enfin cette même étude des atmosphères planétaires, lorsqu'elle sera devenue plus complète, nous montrera si notre atmosphère est un type reproduit partout, et dont la composition paraît dès lors indispensable à l'existence des êtres, ou bien, au contraire, si par la constatation de compositions atmosphériques variées, on est réduit à admettre l'apparition et le développement de la vie dans des milieux essentiellement différents ;

5° La découverte des propriétés optiques de la vapeur d'eau peut recevoir des applications encore plus étendues et plus grandioses. Elle peut nous servir à interroger, non plus seulement les atmosphères planétaires, mais celles des soleils eux-mêmes ; et cette analyse nous conduit alors à des notions toutes nouvelles sur les évolutions dont les astres sont le théâtre. Il existe, en effet, une classe d'étoiles que nous rencontrons principalement parmi celles qui sont de couleur jaune ou rouge, et dont le spectre présente les raies obscures de la vapeur d'eau. Or, pour que les gaz générateurs de l'eau aient pu se combiner et donner naissance à cette vapeur, il faut que l'atmosphère de l'astre se soit singulièrement refroidie.

D'après nos analyses, notre soleil est encore loin de cet état critique ; mais les cieux nous présentent de ces soleils refroidis, preuve nouvelle que *l'univers n'a pas été formé au même instant dans toutes ses parties*, mais qu'il contient, au contraire, des astres de tous les âges et à tous les degrés de la carrière qu'ils doivent fournir. Ainsi l'observateur qui explore le ciel ressemble au voyageur qui parcourt une forêt et dont les pas rencontrent tour à tour le gland qui lève, l'arbre adulte ou la trace noire que laisse le vieux chêne comme dernier témoin de son existence[1]. »

VIII° — RÉSUMÉ

« 1° Les étoiles sont autant de soleils semblables au nôtre et doués d'une lumière propre. Quelques-unes sont escortées d'un ou de plusieurs satellites lumineux ; d'autres, de satellites obscurs, dont l'existence est assez prouvée par les phénomènes que présentent leurs phases lumineuses et leurs mouvements.

---

1. JANSSEN, *Annuaire des longitudes*, 1883, page 794 et suivantes.

2° Ces systèmes, qu'on peut appeler du premier ordre et qui sont semblables à notre système planétaire, sont régis par la force de la gravitation et sont soumis aux lois de Képler, lesquelles gouvernent les planètes tournant autour de notre soleil.

3° La matière qui compose les mondes stellaires est partout la même. Les éléments que le chimiste étudie dans son laboratoire sont les mêmes que ceux dont le spectroscope nous révèle l'existence dans les dernières nébuleuses et dans les atmosphères stellaires. Bien que le nombre de ceux dont l'identité a été reconnue soit faible, il est suffisant pour nous rendre sûrs que les lois qui régissent la matière sont les mêmes partout; les découvertes de chaque jour nous confirment dans cette idée.

4° La création, contemplée par l'astronome, n'est pas un simple amas de matière incandescente; c'est un organisme prodigieux où, quand cesse l'incandescence, commence la vie. Bien que celle-ci ne soit pas accessible à nos télescopes, toutefois par analogie avec notre globe, nous pouvons en conclure qu'elle existe aussi sur les autres. La constitution atmosphérique des autres planètes qui, en certains points, est semblable à la nôtre, comme celle des étoiles est semblable à celle de notre soleil, nous persuade que ces corps sont dans un stade semblable à celui de notre système, ou bien parcourent l'une de ces périodes que nous avons déjà traversées ou que nous traverserons un jour.

5° L'activité cosmique repose sur la différence

d'énergie des différentes régions ; comme cette énergie tend constamment à se niveler et à s'égaliser, elle finira par atteindre l'équilibre : tout phénomène cosmique sera devenu impossible. La durée des mondes n'est donc pas infinie.

6° Le mouvement se transmet d'un corps à l'autre par l'intermédiaire d'un milieu continu qu'on appelle *éther ;* nous sommes reliés aux régions les plus reculées de l'espace par ce milieu mystérieux, dont les vibrations constituent la chaleur rayonnante, la lumière et l'activité chimique.

7° La gravitation est une force qui régit la création tout entière, de la pierre qui tombe sur la terre à la nébuleuse qui va se condensant dans les profondeurs de l'espace. Elle est la cause première de l'incandescence des astres, résultat de la force vive produite par la chute des masses qui a déterminé leur condensation [1]. »

Conquêtes dues à l'analyse spectrale. — Les conquêtes dues à l'analyse spectrale sont les deux suivantes :

1° Unité de la matière moléculaire dans l'univers ;

2° Unité de l'énergie mécanique moléculaire dans l'univers.

1. Secchi, les *Étoiles*, tome II, page 184.

CHAPITRE III

LA PHOTOGRAPHIE

1° — AVANTAGES DE LA PHOTOGRAPHIE SUR LA VUE HUMAINE

1° FAIBLESSE DE LA RÉTINE HUMAINE. — « Notre vue est constituée de manière à nous donner des images du monde extérieur. Ces images doivent se former aussitôt que nous tournons la vue sur un objet, et cesser dès que nous la détournons. De cette nécessité première dérive une propriété fondamentale de la rétine : elle ne conserve les impressions lumineuses que pendant un temps très court. Toute impression qui a environ *un dixième de seconde* de date est effacée, et la rétine est prête à en recevoir une autre. Aussi, pour conserver dans l'œil une image en permanence, nous sommes obligés de le maintenir sur l'objet, afin de recevoir de celui-ci des impressions toujours nouvelles.

« De cette propriété de la rétine découle la fugacité des images oculaires et le faible degré de leur intensité. Nous venons d'expliquer la cause de leur fugacité; leur intensité est réglée par la durée du temps pendant lequel la rétine peut additionner les actions de la lumière. Ce temps étant un dixième de seconde, les actions augmentent sur la rétine depuis le commencement de l'action lumineuse jusqu'à la fin de ce temps. Au delà, les actions ultérieures ne font que remplacer celles qui ont plus de $\frac{1}{10}$ de seconde de date, et l'intensité reste constante.

« Si la rétine pouvait accumuler les actions lumineuses pendant un temps double, les images oculaires auraient une intensité double; si cette accumulation pouvait se produire pendant *une seconde entière*, les images auraient une intensité presque décuple. Alors la lumière du jour nous serait insupportable, et la nuit serait si constellée d'étoiles que la voûte céleste nous semblerait comme une immense voie lactée. Telles seraient les conséquences d'un simple changement dans la durée des impressions rétiniennes.

II° PUISSANCE DE LA RÉTINE PHOTOGRAPHIQUE. — « La couche sensible que nous formons sur nos plaques photographiques possède cette propriété de pouvoir accumuler presque indéfiniment les actions lumineuses et d'en conserver la trace.

1° *Etendue en sensibilité*. — Cette rétine photographique, quand elle a reçu les derniers perfectionnements de l'art, peut nous donner des images dans des limites de durée qui confondent l'esprit. Nous obtenons aujourd'hui du soleil des impressions photographiques en *un cent-millième* de seconde, et nous ignorons la limite qu'on pourrait atteindre dans cette direction.

« D'un autre côté, les images de la comète et celle de la nébuleuse d'Orion ont exigé des temps de pose qui ont varié d'une demi-heure à deux et trois heures. On trouve ainsi que, dans le second cas, les actions lumineuses ont été jusqu'à *un milliard de fois* plus longues que dans le premier.

« Mais il y a plus : les plaques photographiques qu'on sait préparer aujourd'hui sont non seulement sensibles à tous les rayons élémentaires qui excitent la rétine, mais elles étendent encore leur pouvoir dans les régions ultra-violettes et dans les régions opposées de la chaleur obscure (l'infra-rouge), où l'œil demeure également impuissant [1]. »

2° *Conservation des images et facilité de travail pour le physicien.* — La plaque photographique rend fixe et durable l'image des phénomènes passagers : la conservation de ces images donne au physicien une merveilleuse facilité pour le travail. « Profitant d'une soirée de beau temps, dit l'amiral Mouchez, tout astronome pourra, en effet, recueillir avec un appareil photographique deux ou trois clichés contenant chacun plusieurs milliers d'astres d'une pureté de définition et d'une exactitude absolue de position qui, transportés dans son cabinet de travail, lui procureront plusieurs mois de recherches fructueuses à l'aide d'un simple microscope muni d'une vis micrométrique [2]. »

II° — APPLICATION DE LA PHOTOGRAPHIE AUX CORPS CÉLESTES

Les résultats qu'amène ou est destinée à amener

1. Janssen, *Annuaire des longitudes*, 1883, page 487.
2. Mouchez, *Comptes rendus*, 18 janvier 1886, page 180.

l'application de la photographie aux corps célestes sont les suivants :

1° *Construction de la carte céleste.* — « Le premier grand problème qui va pouvoir être résolu en quelques années est la construction exacte de la carte du ciel, c'est-à-dire le dénombrement, le classement et la position de toutes les étoiles visibles, problème qui était considéré jusqu'ici comme insoluble. William Herschel estimait qu'il faudrait 80 années de travail pour arriver à l'exploration du ciel : les frères Henry, en une heure de pose, ont obtenu par la photographie des cartes d'amas d'étoiles qui eussent exigé plusieurs années de travail par les anciens procédés [1]. »

2° *Découverte d'astres nouveaux.* — Les meilleurs télescopes ne peuvent guère donner que les étoiles de 14e et de 15e grandeur. A l'aide de la photographie, les frères Henry ont obtenu des étoiles de 16e grandeur avec un éclat et une pureté de contours extrême. Ils ont même obtenu des étoiles de 17e grandeur, lesquelles n'avaient jamais encore été vues, entre autres, dans les environs de Véga.

Ils ont découvert une nébuleuse invisible près de l'étoile Maïa des Pléiades, bien que l'amas des Pléiades soit une des constellations les plus étudiées de notre ciel [2].

Là où l'observation directe avait donné 625 étoiles, la photographie en a donné 1421 [3].

1. Mouchez, *Comptes rendus*, 11 mai 1885, page 1179.
2. Mouchez, *Comptes rendus*, 18 janvier 1886, page 148.
3. Frères Henry, *Comptes rendus*, 12 avril 1886, page 850.

Enfin la photographie a indiqué l'existence de plusieurs compagnons nouveaux à un certain nombre d'étoiles brillantes [1].

Déjà, lors de l'éclipse du soleil du 17 mai 1882, les astronomes qui étaient allés l'observer en Egypte furent tout étonnés de trouver photographiée sur leur plaque une comète située près du soleil. Cette comète, entrevue par M. Trépied pendant l'éclipse, ne put être retrouvée, après l'éclipse, à l'aide des télescopes.

3° *Étude du mouvement des satellites autour des planètes.* — On pourra étudier le mouvement des satellites autour de leur planète; sur les épreuves de Jupiter prises de 10 minutes en 10 minutes, on voit nettement s'accentuer la marche de ces petits corps autour de l'astre principal [2].

Le satellite de Neptune a été photographié dans toutes les parties de son orbite [3].

4° *Étude du mouvement des étoiles doubles et multiples.* — On pourra étudier le mouvement des étoiles doubles et multiples, quand ces groupes ne seront pas trop serrés.

On pourra également appliquer la photographie à la recherche des parallaxes; déjà M. Mouchez a pu faire sur les clichés des pointés à un ou deux dixièmes de seconde près [4].

---

1. Voir l'*énumération*, *Comptes rendus*, 12 avril 1886, page 849.
2. *Comptes rendus*, 11 mai 1885, page 1180.
3. *Comptes rendus*, 18 janvier 1886, page 149.
4. *Comptes rendus*, 11 mai 1885, page 1180.

5° *Photométrie des étoiles.* — On pourra utiliser la photographie pour la photométrie des étoiles. La photographie n'est pas influencée, comme cela arrive pour l'œil, par l'éclat de la grosse étoile; elle donne à la petite son éclat réel [1].

6° *Correction des erreurs commises par la rétine humaine.* — Six étoiles figurées sur le catalogue de M. Wolf n'ont pas été reproduites par la photographie, pour une bonne raison, c'est qu'elles n'existaient pas [2].

Conclusion. Par l'énumération des services que la photographie est capable de rendre, on voit quel nouveau et vaste champ s'ouvre à l'astronome et au physicien.

III° — CONCLUSIONS GÉNÉRALES

1° LUNETTE ET TÉLESCOPE. — 1° Les planètes solaires sont des corps semblables à la terre par leur forme, leur constitution et par leur rôle : *Unité du système solaire;*

(Démonstration due à l'invention de la lunette.)

2° L'espace céleste est peuplé de systèmes solaires analogues à notre système : *Unité de l'organisation des masses totales dans l'univers.*

(Démonstration due à l'invention du télescope.)

---

1. Frères HENRY, *Comptes rendus*, 12 avril 1886. Une étoile notée de 10° grandeur dans le catalogue de M. Wolf a été résolue par la photographie en 2 étoiles de 13° grandeur.
2. *Comptes rendus*, 12 avril 1886, page 850; et 19 avril 1886, page 912.

3° Tous les systèmes solaires sont soumis à la loi de l'attraction newtonienne : *Unité de l'énergie mécanique des masses totales dans l'univers.*

(Démonstration due à l'invention du télescope.)

II° ANALYSE SPECTRALE. — 1° Les soleils ou étoiles, les nébuleuses et les comètes sont composés, en nombre plus ou moins grand, de matériaux communs à tous : *Unité de la matière moléculaire dans l'univers.*
(Démonstration due à l'invention de l'analyse spectrale.)

2° Les soleils ou étoiles, les nébuleuses et les comètes ont leurs molécules soumises aux mêmes lois de la mécanique physique et de la mécanique chimique : *Unité de l'énergie mécanique moléculaire dans l'univers.*

(Démonstration due à l'invention de l'analyse spectrale.)

III° PHOTOGRAPHIE. — L'application toute récente de la photographie à l'astronomie physique a précisé. démontré par le menu, et par conséquent confirmé les résultats généraux obtenus à l'aide des lunettes. des télescopes et de l'analyse spectrale.

CHAPITRE IV

LE MOUVEMENT EST PARTOUT; IL NE PEUT ÊTRE CRÉÉ NI ANÉANTI.

1° — IL N'Y A PAS DE REPOS ABSOLU; TOUT EST EN MOUVEMENT

« La nature ne nous offre aucun exemple d'un repos absolu, dit Grove; toute matière, aussi loin que nous pouvons pousser nos investigations, est sans cesse en mouvement et non seulement en masse, comme dans les globes planétaires, mais même dans ses molécules, et jusque dans sa constitution la plus intime : ainsi chaque variation de température produit un changement moléculaire au sein de toute la substance chauffée ou refroidie; les actions lentes chimiques ou électriques, les actions de la lumière ou des forces rayonnantes invisibles, sont toujours en jeu; de sorte que, de fait, nous ne pouvons pas affirmer de quelque portion de matière que ce soit qu'elle est absolument en repos[1]. »

« Dans le mouvement dit actuel, écrit le Père Secchi, il y a *translation apparente* (visible) d'une masse. Lorsqu'on n'observe pas le transport d'une masse, il y a, en général, ou un mouvement intérieur de vibration dans le corps lui-même, ou bien un autre corps le pousse en vertu d'un pareil mouvement; mais le mouvement de déplacement est empêché par une cause antagoniste : celle-ci venant à cesser, aussitôt la première traduit son effet d'une façon plus ou moins apparente. Toute pression ou tension suppose deux forces contraires en présence, et les forces se résolvent en mouvement de la matière. Ce mouvement restera oscillation ou vibration dans l'état de tension, et deviendra translation aussitôt que l'une des forces antagonistes cessera son action. Ainsi dans une chaudière à vapeur fermée, il y a *tension;* cette

---

[1]. Grove, *Correlation des forces*, page 26.

tension n'est que le mouvement vibratoire des gaz. Que la soupape soit soulevée ou que les parois éclatent, la vibration devient *projection*. On a coutume de dire qu'alors le mouvement virtuel ou potentiel se traduit comme mouvement actuel ; mais on voit qu'il y avait déjà un mouvement réel et actuel quand la chaudière était fermée.

« Cette remarque peut s'appliquer à tous les cas de la nature. Ainsi l'étude de la chaleur nous a prouvé que toutes les molécules des corps sont dans une continuelle agitation ; par l'effet de leur réaction réciproque, les molécules devraient donc être projetées au loin et prendre un mouvement de translation ; mais elles en sont empêchées par des actions contraires, lesquelles sont, par exemple, la gravité d'une masse ou le poids, la cohésion moléculaire, etc. Ces forces résistantes doivent nécessairement se résoudre en mouvement puisqu'elles sont capables d'*équilibrer un mouvement*.

« Pour rendre notre pensée plus claire, nous aurons recours à une comparaison. Considérons deux animaux qui luttent ensemble : si leurs efforts s'entre-détruisent exactement, aucun d'eux ne change de position. Or cet état d'équilibre est fort différent de celui que présenteraient ces mêmes animaux s'ils étaient simplement appuyés l'un contre l'autre ; à cela nul ne se méprendra. Les fortes saillies que dessinent leurs muscles, l'exagération de leur chaleur naturelle, la sueur qui inonde leur corps et un grand nombre d'autres particularités, montrent clairement que dans l'organisme de chacun des combattants il se produit un violent travail. Cependant une personne qui ne donnerait nulle attention à toutes ces manifestations pourrait croire les deux adversaires en repos. Que si l'un des animaux ne soutient pas son travail intérieur, immédiatement l'autre prend l'avantage et lui fait perdre la position dans laquelle il se maintenait. Ainsi le mouvement de *tension* se transforme en *translation* aussitôt que le travail de l'un surpasse celui de l'autre [1].

« On croit généralement que le mot de *pression* entraîne l'idée de repos; il n'en est rien. Un poids placé sur une table exerce une pression parce que le mouvement moléculaire de sa masse, augmenté du mouvement moléculaire dû à la gravité, est *équilibré* et contrebalancé par le mouvement moléculaire du point d'appui [2]. La gravité étant un effet de mouvement doit nécessairement donner naissance à tous les effets qui dérivent directement du mouvement. La force vive, en effet, produite par la pesanteur se transforme en chaleur par le fait de la chute des corps et peut ainsi engendrer toutes les forces liées à cet agent. A la surface de la terre, elle est en lutte continuelle avec les actions moléculaires, et sa pression est constamment équilibrée par ces forces; de telle sorte que le repos absolu n'existe pas; il y a seulement un conflit incessant entre des actions opposées [3]. »

---

1. Secchi, *Unité des forces*, pages 343, 345.
2. Secchi, *Unité des forces*, page 476.
3. Secchi, *Unité des forces*, page 681.

« Supposer les atomes en repos, dit énergiquement le Père Secchi, c'est se condamner à imaginer tour à tour des forces tirées du néant, puis annihilées tout à coup; c'est admettre une série d'hypothèses absurdes[1]. »

11° — IL N'Y A PAS DE FORCE INITIALE; LE MOUVEMENT NE PEUT ÊTRE CRÉÉ NI ANÉANTI

« Aucune force ne peut, à proprement parler, être une force initiale, dit Grove, puisqu'elle suppose une force antérieure qui la produit : nous ne pouvons pas plus créer la force ou le mouvement que nous ne pouvons créer la matière. Par exemple, l'étincelle lumineuse est produite par l'électricité, l'électricité par le mouvement, et le mouvement par quelque autre cause, par une machine à vapeur, par exemple, c'est à-dire par la chaleur. Cette chaleur est produite par l'affinité chimique, c'est-à-dire par l'affinité du carbone de la houille pour l'oxygène de l'air; ce carbone et cet oxygène ont été antérieurement dégagés ou produits par des actions qu'il est difficile de découvrir, mais dont la préexistence ne saurait être l'objet d'un doute, et dans lesquelles, si nous les analysions, nous trouverions les effets combinés et alternatifs de la chaleur, de la lumière, de l'affinité chimique, etc. Ainsi, en essayant de ramener chaque force aux forces antécédentes, nous nous perdons dans une infinité de formes de force sans cesse changeantes; ar-

---

[1]. SECCHI, *L'unité des forces*, page 153.

rivés à un certain terme, nous perdons leur trace, non pas parce qu'en ce point déterminé serait intervenue une création véritable, mais parce que la dernière force que nous avons pu atteindre se résout elle-même dans tant de forces qui ont contribué à la produire, que leur analyse échappe à nos sens ou à nos moyens d'épreuve.

« L'impossibilité, humainement parlant, de la création ou de l'anéantissement de la matière a été longtemps admise, quoique peut-être son adoption en termes formels date du renversement de la doctrine du phlogistique et de la réforme de la chimie au temps de Lavoisier. Les raisons qui portent à admettre la même doctrine de la non-création et du non-anéantissement, en ce qui concerne les forces, sont puissantes au même degré.

« En réalité, la preuve que nous acquérons de l'existence continuée de la matière est fournie *par la continuation de l'exercice de la force* qu'elle développe, comme, lorsque nous pesons la matière, notre preuve de son existence est la force d'attraction qu'elle exerce; de même aussi, la preuve pour nous de l'existence de la force est la matière sur laquelle elle agit actuellement. Ainsi, la matière et la force sont corrélatives dans le sens rigoureux du mot; *la conception de l'existence de l'une implique la conception de l'existence de l'autre*[1]. » Grove termine son célèbre livre par ces mots qui en sont comme le résumé : « Ni la

---

1. GROVE, *Corrélation des forces*, pages 257-260.

matière ni la force ne peuvent être créées ni anéanties. »

Dans les papiers laissés par Sadi Carnot[1], M. le sénateur Henri Carnot, son frère, a trouvé le fragment suivant : « La chaleur n'est autre chose que la puissance motrice ou, plutôt, *le mouvement*, lequel a changé de forme. C'est un mouvement dans les particules des corps. Partout où il y a destruction de puissance motrice, il y a en même temps production de chaleur en quantité précisément proportionnelle à la quantité de puissance motrice détruite. Réciproquement, partout où il y a destruction de chaleur, il y a production de puissance motrice.

« On peut donc poser en thèse générale, que *la puissance motrice est en quantité invariable dans la nature*; qu'elle n'est jamais, à proprement parler, *ni produite, ni détruite*. A la vérité, elle change de forme, c'est-à-dire qu'elle produit tantôt un genre de mouvement, tantôt un autre, mais *elle n'est jamais anéantie*[2]. »

« Le mouvement ne naît jamais de rien, dit le Père Secchi; il résulte toujours d'un autre mouvement[3]. »

« Dans tous les phénomènes physiques qui se passent journellement sous nos yeux, les mouvements

---

1. Sadi Carnot, fils du grand Carnot, est né en 1796; il est mort du choléra en 1832. Il est probable que si cet homme de génie, mort si jeune, eût vécu quelques années de plus, c'eût été lui qui eût découvert l'équivalence mécanique de la chaleur et du travail.
2. Cet admirable fragment est cité par J. MOUTIER, la *Thermodynamique*, page 783.
3. SECCHI, *Unité des forces*, page 583.

semblent souvent s'annihiler, mais ce n'est qu'une apparence ; en réalité, ils ne sont que transformés, soit en mouvements moléculaires appréciables, comme la chaleur, soit en d'autres travaux qui contrebalancent, surpassent même l'action de la gravité, et produisent à l'intérieur des solides les réactions réciproques des molécules. Les mouvements des derniers atomes de la matière se font nécessairement dans un véritable vide absolu, et par conséquent les pertes de force vive sont impossibles ; de résistance, il n'y en a pas davantage ; par conséquent, ils persistent indéfiniment comme l'inertie de la matière. Les effets de frottement qu'ils paraissent éprouver se réduisent à une communication de mouvement au milieu ambiant ; ce mouvement s'ajoute à celui que le milieu possède déjà ; et ainsi l'énergie ne s'éteint jamais[1]. »

« On ne peut rien ajouter à la nature, dit Tyndall ; on n'en peut rien retrancher ; la somme de ses énergies est constante, et tout ce que l'homme peut faire dans la recherche de la vérité physique ou dans ses applications des sciences physiques, c'est de changer de place les parties constituantes d'un Tout qui ne varie jamais, et avec l'une d'elles d'en former une autre. La loi de conservation exclut rigoureusement la création et l'annihilation ; la grandeur peut être substituée au nombre, et le nombre à la grandeur ; des astéroïdes peuvent s'agglomérer en soleils ; des soleils peuvent se résoudre en flores et en faunes ; les

---

1. Secchi, *Unité des forces*, page 634.

flores et les faunes peuvent se dissiper en gaz; la puissance en circulation est perpétuellement la même. Elle roule en flots d'harmonie à travers les âges; et toutes les énergies de la terre, toutes les manifestations de la vie, aussi bien que le déploiement des phénomènes, ne sont que des modulations ou des variations d'une mélodie céleste [1]. »

RÉCAPITULATION

1° — LA MATIÈRE

I° Les trois états physiques, à savoir, état solide, état liquide, état gazeux, ne sont que les trois formes relatives qu'affecte ou peut affecter successivement chaque corps matériel selon le degré de sa température; c'est donc le calorique qui détermine l'état physique des corps. Conséquence : *Unité de la loi qui détermine les états physiques de la matière.*

(Démonstration achevée par la liquéfaction des gaz dits permanents.)

II° Les solides fortement comprimés s'écoulent comme le font les liquides; les gaz fortement comprimés agissent mécaniquement, comme le font les solides. Conséquence : *Unité d'action de la matière dans ses trois états physiques.*

(Travaux de M. Tresca; travaux de M. Daubrée.)

III° La matière ne peut être créée ni détruite; elle

---

1. TYNDALL, la *Chaleur*, leçon 12°, page 427.

n'éprouve que des changements de formes. En chimie, *loi de la conservation de la matière*; en philosophie, *loi de l'éternité de la matière*.

(Démonstration faite pour la première fois par Lavoisier.)

IV° A. Les animaux et les végétaux sont constitués par un petit nombre d'éléments communs; ces éléments appartiennent au monde minéral; ils y retournent. Conséquence : *Unité de composition élémentaire des trois règnes de la matière.*

(Démonstration faite par l'analyse chimique.)

B. Un grand nombre de principes immédiats du monde organique ont été créés artificiellement en partant des éléments minéraux; les méthodes de synthèse permettent d'espérer qu'un jour, on créera artificiellement les autres principes immédiats. Conséquence : *Unité des lois chimiques qui régissent la matière, soit organique, soit inorganique.*

(Démonstration faite par la synthèse chimique.)

A l'établissement des deux vérités précédentes se joint la destruction de deux erreurs qui ont sévi jusqu'au dernier quart du xix° siècle. Des synthèses opérées par la chimie contemporaine, il résulte, en effet, que :

1° Il est faux que le monde organique soit l'antithèse du monde inorganique et qu'il soit régi par des lois chimiques tout opposées;

2° Il est faux qu'il y ait une substance métaphysique, nommée *force vitale*, laquelle serait seule capable de refaire les principes immédiats détruits par les actions chimiques.

V° Chaque homme, chaque animal, chaque végétal, est une forme qui a revêtu successivement et par fractions un certain poids de matière terreuse; or une forme est ce qu'en métaphysique on appelle *un mode;* il s'ensuit que : *Tout ce qui existe, hommes, animaux, plantes, minéraux, sont des modes de la matière.*

(Démontré par la circulation générale de la matière.)

VI° Les animaux dépendent des végétaux ; les végétaux, des minéraux; tous les êtres vivants, végétaux et animaux, dépendent de la circulation de l'eau, de la circulation de l'ammoniaque et de l'acide carbonique; la circulation de l'eau, celle de l'ammoniaque et de l'acide carbonique dépendent de la mer; les phénomènes marins dépendent du soleil.

En outre, les végétaux et les animaux dépendent de la pulvérisation des roches; celle-ci dépend de l'action de l'eau, de l'air et de l'acide carbonique; cette dernière action dépend du soleil. Par le soleil, notre système planétaire dépend du reste de l'univers.

Il s'ensuit que : *Chaque mode de la matière, en regard du tout, a une valeur infinitésimale, à peine supérieure à zéro.*

Tyndall a exprimé le même fait poétiquement : *Chaque être est une ride imperceptible sur la surface de l'Océan universel.*

(Démontré par les travaux contemporains sur les diverses circulations, etc.)

II° — L'ÉNERGIE

I° Du principe de l'inertie ainsi que des phénomènes de translation et de rotation, il résulte que :

A. Le repos n'existe pas ; le mouvement est partout ;

B. Il est impossible que la matière puisse être réduite à un point mathématique ; pour qu'elle puisse pirouetter sur elle-même, il faut qu'elle ait un centre de gravité et des diamètres ou bras d'inertie.

II° La quantité totale de l'énergie est constante ; c'est ce qu'on appelle la *loi de conservation de l'énergie*.

III° Le mode de l'énergie qu'on appelle chaleur peut se transformer d'une manière équivalente en un autre mode de l'énergie qu'on appelle travail.

Réciproquement, le mode de l'énergie qu'on appelle travail peut se transformer d'une manière équivalente en un autre mode de l'énergie qu'on appelle chaleur.

Dans ces deux transformations réciproques, la quantité totale de l'énergie reste constante.

IV° Tous les modes généraux de l'énergie, à savoir, mouvement visible, chaleur, électricité, magnétisme, lumière, peuvent se transformer l'un dans l'autre ; mais lorsque l'un apparaît, tous les autres se manifestent à un degré plus ou moins faible. Si l'homme ne les perçoit pas tous, la faute en est à l'imperfection de ses appareils sensoriaux.

V° L'énergie tend à s'établir en équilibre stable dans l'univers par suite de l'égale répartition de la chaleur dans les corps. Conséquence : *La vie végétale et animale, étant fondée sur l'instabilité des équilibres chimiques de l'énergie, s'éteindra dans l'univers.*

VI° Toute l'énergie vitale terrestre vient du soleil.

III° — LA MATIÈRE ET L'ÉNERGIE DANS LES ESPACES CÉLESTES

I° L'espace céleste est peuplé de systèmes solaires analogues à notre système. Conséquence : *Unité de l'organisation des masses totales dans l'univers.*

(Démonstration due à la lunette et au télescope.)

II° Tous les systèmes solaires ou stellaires sont soumis à la loi de l'attraction newtonienne. Conséquence : *Unité de l'énergie mécanique des masses totales dans l'univers.*

(Démonstration due à la lunette et au télescope.)

III° Tous les corps célestes sont constitués de matériaux communs, en nombre plus ou moins grand. Conséquence : *Unité de la matière moléculaire dans l'univers.*

(Démonstration due à l'analyse spectrale.)

IV° Tous les corps célestes ont leurs molécules soumises aux mêmes lois de la mécanique physique et de la mécanique chimique. Conséquence : *Unité de l'énergie mécanique moléculaire dans l'univers.*

(Démonstration due au télescope et à l'analyse spectrale.)

V° A. Dans l'univers, il n'y a pas de repos absolu; tout est en mouvement;

B. Il n'y a pas de force initiale du mouvement; le mouvement ne peut être créé ni anéanti.

RÉSUMÉ

On peut résumer en cinq propositions les vérités scientifiques précédentes :

I° La matière et l'énergie sont inséparables l'une de l'autre dans l'univers; l'existence de l'une implique l'existence de l'autre; il y a donc identité substantielle de l'une et de l'autre.

II° La matière et l'énergie ne peuvent être créées ni anéanties; leur quantité totale reste absolument constante; il n'y a que des changements de formes.

III° La matière et l'énergie sont, dans tout l'univers, régies par les mêmes lois mécaniques, physiques et chimiques, soit que l'esprit humain considère la matière et l'énergie dans les masses totales des corps, soit qu'il les considère dans les molécules constituantes des corps.

IV° Tout ce qui existe, hommes, animaux, végétaux, minéraux, corps célestes, sont des modes passagers de la matière et de l'énergie.

V° La tendance qu'a l'énergie à s'établir en équilibre stable par suite de l'égale répartition de la chaleur amènera la fin de la vie végétale et animale dans l'univers.

MÊMES PROPOSITIONS SOUS UNE FORME CONCISE :

1° *Identité substantielle de la matière et de l'énergie.*

2° *Éternité de la matière et de l'énergie; il n'y a que des changements de formes.*

3° *Unité des lois de la matière et de l'énergie par tout l'univers.*

4° *Tous les êtres ne sont que des modes de la matière et de l'énergie.*

5° *Fin de la vie dans l'univers par suite de l'établissement de l'énergie en équilibre stable.*

APPENDICE

N° 1

CAS DES VAPEURS SATURÉES SÈCHES

Une vapeur saturée est dite sèche lorsqu'elle n'est plus au contact du liquide qui lui a donné naissance ou, ce qui revient au même, lorsque le poids du liquide en contact avec elle est regardé comme nul.

1ᵉʳ cas, où la chaleur spécifique de la vapeur saturée sèche est négative; c'est le cas où la vapeur saturée sèche *absorbe* du calorique lorsqu'elle est comprimée. Tel est le cas de la vapeur d'eau.

A. Lorsque, sans faire varier la chaleur, on détend brusquement la vapeur d'eau saturée qu'on tient enfermée dans un cylindre en cristal, la vapeur se condense *en un brouillard*; elle s'est donc refroidie.

B. Lorsque, sans faire varier la chaleur, on comprime brusquement la vapeur d'eau saturée dans le cylindre en cristal, la vapeur d'eau reste *transparente*; elle s'est donc échauffée.

2ᵉ cas, où la chaleur spécifique de la vapeur saturée

sèche est positive; c'est le cas où la vapeur saturée *dégage du calorique* lorsqu'elle est comprimée. Tel est le cas de la vapeur d'éther.

A. Lorsque, sans faire varier la chaleur, on détend brusquement la vapeur saturée sèche de l'éther, la vapeur d'éther reste *transparente;* elle s'est donc échauffée.

B. Lorsque, sans faire varier la chaleur, on comprime brusquement la vapeur saturée sèche de l'éther, la vapeur d'éther se condense *en un brouillard;* elle s'est donc refroidie.

3° *cas, où la chaleur spécifique de la vapeur saturée sèche est nulle;* c'est le cas où l'absorption du calorique fait exactement *équilibre* au dégagement du calorique lorsque la vapeur est comprimée. Tel est le cas de la vapeur du chloroforme, à une température un peu supérieure à 120°.

A. Lorsqu'aux environs de 120°, sans faire varier la chaleur, on détend ou l'on comprime brusquement la vapeur saturée sèche du chloroforme, il ne se manifeste *aucun changement.*

Cette température particulière est appelée *température d'inversion.*

B. Mais *au-dessous* de la température d'inversion, la vapeur du chloroforme se comporte comme la vapeur d'eau, c'est-à-dire qu'elle se refroidit par la détente, et qu'elle s'échauffe par la compression.

Au-dessus de la température d'inversion, la vapeur du chloroforme se comporte comme la vapeur d'éther, c'est-à-dire qu'elle s'échauffe par la détente, et qu'elle se refroidit par la compression.

Toutes les vapeurs saturées sèches doivent avoir une température d'inversion; il s'agit de la déterminer par des expériences délicates et difficiles.

D'après Rankine et A. Dupré, la température d'inversion de la vapeur d'eau serait $+ 520°$; d'après A. Dupré, la température d'inversion de la vapeur d'éther serait $- 116°$.

C'est en 1850 que Clausius a introduit dans la thermodynamique la notion de la chaleur spécifique des vapeurs saturées. Par la théorie, il avait prévu les effets ci-dessus exposés; ce sont des expériences ultérieures qui ont confirmé ces prévisions théoriques. Or ces résultats étaient en opposition avec les idées qui avaient cours à cette époque.

(MOUTIER, *Thermodynamique*, pages 254-256.)

N° 2

PRINCIPES PHILOSOPHIQUES SUR LA MATIÈRE ET LE MOUVEMENT

par Diderot, année 1770.

EXTRAITS

Je ne sais en quel sens les philosophes ont supposé que la matière était indifférente au mouvement et au repos. Ce qu'il y a de bien certain, c'est que tous les corps gravitent les uns sur les autres; c'est que toutes les particules des corps gravitent les unes sur les autres; c'est que, dans cet univers, tout est en translation ou *in nisu*, ou en translation et *in nisu* à la fois.

Tout est dans un repos relatif en un vaisseau battu par la tempête. Rien n'y est en un repos absolu, pas même les molécules agrégatives, ni du vaisseau, ni des corps qu'il renferme.

« *Le corps*, selon quelques philosophes, *est par lui-même sans action et sans force.* » C'est une terrible fausseté, bien contraire à toute bonne physique, à toute bonne chimie : par lui-même, par la nature de ses qualités essentielles, soit qu'on le considère en molécules, soit qu'on le considère en masse, il est plein d'action et de force.

« *Pour vous représenter le mouvement, ajoutent-ils, outre la matière existante, il vous faut imaginer une force qui agisse sur elle.* » Ce n'est pas cela : la molécule, douée d'une qualité propre à sa nature, par elle-même est une force active. Elle s'exerce sur une autre molécule qui s'exerce sur elle.

Voici la vraie différence du repos et du mouvement : c'est que le repos absolu est un concept abstrait qui n'existe point en nature... Que m'importe ce qui se passe dans votre tête? Que m'importe que vous regardiez la matière comme homogène ou comme hétérogène? Que m'importe que, faisant abstraction de ses qualités et ne considérant que son existence, vous la voyiez en repos? Que m'importe qu'en conséquence vous cherchiez une cause qui la meuve? Vous ferez de la géométrie et de la métaphysique tant qu'il vous plaira; mais moi, qui suis physicien et chimiste, qui prends les corps dans la nature, et non dans ma tête, je les vois existants, divers, revêtus de propriétés et d'actions, et s'agitant dans l'univers comme dans le laboratoire, où une étincelle ne se trouve point à côté de trois molécules combinées de salpêtre, de charbon et de soufre sans qu'il s'ensuive une explosion nécessaire.

La pesanteur n'est point une tendance au repos; c'est une tendance au mouvement local.

« *Pour que la matière soit mue*, dit-on encore, *il faut une action, une force.* » Oui, ou extérieure à la molécule, ou inhérente, essentielle, intime à la molécule, et constituant sa nature de molécule ignée, aqueuse, nitreuse, alcaline, sulfureuse : quelle que soit cette nature, il s'ensuit force, action d'elle hors d'elle, action des autres molécules sur elle.

La force, qui agit sur la molécule, s'épuise; la force

intime de la molécule ne s'épuise point. Elle est immuable, éternelle. Ces deux forces peuvent produire deux sortes de *nisus* ; la première, un *nisus* qui cesse; la seconde, un *nisus* qui ne cesse jamais. Donc, il est absurde de dire que la matière a une opposition réelle au mouvement.

La quantité de force est constante dans la nature; mais la somme des *nisus* et la somme des translations sont variables. Plus la somme des *nisus* est grande, plus la somme des translations est petite ; et, réciproquement, plus la somme des translations est grande, plus la somme des *nisus* est petite.

Un atome remue le monde; rien n'est plus vrai, cela l'est autant que l'atome remué par le monde : puisque l'atome a sa force propre, elle ne peut être sans effet.

Toute molécule doit être considérée comme actuellement animée de trois sortes d'actions : l'action de pesanteur ou de gravitation ; l'action de sa force intime et propre à sa nature d'eau, de feu, d'air, de soufre ; et l'action de toutes les autres molécules sur elle ; et il peut arriver que ces trois actions soient convergentes ou divergentes. Convergentes, alors la molécule a l'action la plus forte dont elle puisse être douée. Pour se faire une idée de cette action la plus grande possible, il faudrait, pour ainsi dire, faire une foule de suppositions absurdes, placer une molécule dans une situation tout à fait métaphysique.

En quel sens peut-on dire qu'un corps résiste d'autant plus au mouvement que sa masse est plus grande? Ce n'est pas dans le sens que, plus sa masse est grande, plus sa pression contre un obstacle est faible; il n'y a pas un crocheteur qui ne sache le contraire : c'est seulement relativement à une direction opposée à sa pression. Dans cette direction, il est certain qu'il résiste d'autant plus au mouvement que sa masse est plus grande. Dans la direction de la pesanteur, il n'est pas moins certain que sa pression ou force, ou tendance au mouvement, s'accroît en raison de sa masse. Qu'est-ce que tout cela signifie donc? Rien.

Je ne suis point surpris de voir tomber un corps, pas plus que de voir la flamme s'élever en haut, pas plus que de voir l'eau agir en tous sens, et peser, eu égard à sa hauteur et à sa base, en sorte qu'avec une médiocre quantité de fluide, je puis faire briser les vases les plus solides; pas plus que de voir la vapeur en expansion dissoudre les corps les plus durs dans la machine de Papin, élever les plus pesants dans la machine à feu. Mais j'arrête mes yeux sur l'amas général des corps; je vois tout en action et en réaction; tout se détruisant sous une forme, tout se recomposant sous une autre; des sublimations, des dissolutions, des combinaisons de toutes les espèces, phénomènes incompatibles avec l'homogénéité de la matière; d'où je conclus qu'elle est hétérogène; qu'il existe une infinité d'éléments divers dans la nature; que chacun de ces éléments, par sa diversité, a sa force particulière, innée, immuable, éternelle, indestructible; et que ces forces intimes au corps ont leurs actions hors du corps : d'où naît le mouvement ou plutôt la fermentation générale dans l'univers.

N° 3

LOI DE DULONG ET PETIT

Résumé de l'examen critique que M. Berthelot a fait de la loi (*Essai de mécanique chimique*, tome Ier, pages 430-478).

PREMIÈRE PARTIE

Examen critique de la valeur des chaleurs spécifiques des corps pris à l'état gazeux, à l'état liquide, à l'état solide.

On peut énoncer la loi de Dulong et Petit de la manière suivante :

A. La même quantité de chaleur élève à 1 degré centigrade le poids atomique total de chacun des corps simples.

Comme la chaleur spécifique atomique de chacun des corps simples est la quantité constante de chaleur rapportée à 1 *gramme* du poids atomique total, il s'ensuit que :

B. En multipliant le poids atomique de chacun des corps simples par leur chaleur spécifique respective, on obtient une quantité constante, à savoir : la quantité constante de la chaleur qui élève à 1 degré centigrade le poids atomique total de chacun des corps simples.

Les définitions des expressions « poids moléculaire, chaleur moléculaire, chaleur spécifique atomique (rapportée à l'unité du poids atomique, soit à

1 gramme), » ont été données dans la première section de ce livre, chapitre VIII, *Unité de la matière*, page 234.

Cela dit, résumons l'examen critique que M. Berthelot a fait de la loi.

1° — LA LOI DE DULONG ET LES GAZ SIMPLES

Tous les gaz simples, pris sous le même volume (22^{litres}, 32), absorbent la même quantité de chaleur pour s'élever d'un degré centigrade. En d'autres termes, *la chaleur spécifique moléculaire des gaz simples est la même.*

Elle est *constante*, c'est-à-dire indépendante de la température et de la pression, *pourvu que* la température ne soit pas trop basse ou la pression trop considérable.

1° *A pression constante* sous volume variable, la chaleur spécifique moléculaire des gaz simples est 6,8.

Le travail extérieur, qui consiste à surmonter la pression atmosphérique, absorbant 1,988, c'est-à-dire un nombre sensiblement égal à 2, il s'ensuit que :

2° *A volume constant* sous pression variable, la chaleur spécifique moléculaire des gaz simples est 6,8 *moins* 1,988 = 4,8 en chiffres ronds.

Le chlore, dont la chaleur moléculaire est 8,6, et le brome, dont la chaleur moléculaire est 8,9, semblent faire exception; cela tient à ce que ces deux gaz sont trop rapprochés de leur point de liquéfaction, c'est-à-dire que la chaleur a déjà un commencement de travail intérieur à opérer en eux. Il est probable que si l'on opérait à un point très éloigné du point de condensation, les deux gaz rentreraient dans la loi générale.

Conclusion : La loi de Dulong et Petit est vraie pour les gaz simples lorsque ceux-ci sont suffisamment éloignés de leur point de liquéfaction.

II° — LA LOI DE DULONG ET LES LIQUIDES

Les liquides ont en moins que les gaz le mouvement de translation ; il semblerait donc que la chaleur spécifique moléculaire devrait être moins élevée que celle des gaz puisque l'œuvre d'accroissement de force vive semble diminuée du travail de translation. Il n'en est rien ; l'expérience a montré que, pendant un même intervalle de température, la variation des travaux moléculaires jointe à la variation des forces vives de rotation et de vibration, c'est-à-dire, en deux mots, l'accroissement d'énergie offre une valeur bien plus grande dans les liquides que dans les gaz. Il semble que la grande énergie intérieure que possèdent les gaz s'accumule peu à peu dans le liquide qui va fournir ces gaz, avant la vaporisation, à la façon d'un ressort qui se banderait progressivement.

Par exemple, la chaleur spécifique élémentaire de l'alcool *liquide*, si on la rapporte au poids de l'équivalent 46 grammes, est, à 0°, égale à 25,2 ; à 160°, elle est égale à 51,2.

Quant à l'alcool *gazeux*, sa chaleur moléculaire, à 160°, est seulement 20,8, c'est-à-dire les $\frac{2}{5}$ de celle de l'alcool liquide.

En général, les chaleurs spécifiques des liquides croissent avec la température dans le même sens que leurs volumes; mais les variations de ces deux quantités *ne sont pas proportionnelles*, d'après les faits connus relatifs à l'eau, au chlorure de carbone et à l'alcool.

Conclusion : Puisque l'influence inégale de la température sur les liquides ne permet pas d'espérer une relation précise entre les chaleurs spécifiques des corps pris dans l'état liquide, il s'ensuit que la loi de Dulong n'est pas et ne peut pas être exacte pour les liquides.

III. — LA LOI DE DULONG ET LES SOLIDES.

La chaleur spécifique des corps à l'état solide varie, aussi bien que celle des liquides, avec la température; elle augmente à mesure que la température s'élève, de même que la dilatabilité.

Voici quelques exemples des écarts des chaleurs spécifiques pour un même corps selon l'élévation de la température; la chaleur spécifique est rapportée au poids de l'équivalent :

```
1° Fer . . . . . . . . à 0° = 3,05 . . à 300° = 4,06 ;
2° Zinc . . . . . . . à 0° = 2,87 . . à 300° = 3,78 ;
3° Cuivre . . . . . . à 0° = 2,01 . . à 300° = 3,52 ;
4° Plomb . . . . . . à 0° = 2,96 . . à 300° = 4,11 ;
```

5° Argent. . . . . . à 0° = 5,62. . à 300° = 7,37 ;
6° Antimoine. . . . à 0° = 5,93. . à 300° = 7,47 ;
7° Carbone-diamant à 10° = 1,34. . à 1000° = 5,51 ;
8° Carbone-graphite à 10° = 1,32. . à 1000° = 6,04 ;
9° Bore. . . . . à 27° = 2,02. . à 233° = 4,03 ;
10° Silicium . . . . à 21° = 1,76. . à 232° = 3,68.

Au point de vue des chaleurs spécifiques moyennes, les corps simples solides peuvent se partager en trois groupes :

Ier Groupe : *La chaleur spécifique rapportée au poids de l'équivalent est voisine de 6, 4.*

Écart : Iode, 6, 87 . . . . . . Phosphore 5,87.

Ce groupe comprend les corps suivants : Antimoine, argent, arsenic, bismuth, brome solide, iode, lithium, phosphore, potassium, sodium, thallium.

II° Groupe : *La chaleur spécifique rapportée au poids de l'équivalent est voisine de 3, 2.*

Écart : Molybdène 3,46 . . . . Gallium 2,77.

Ce groupe comprend les corps suivants : Aluminium, cadmium, calcium, cobalt, cuivre, étain, fer, gallium, indium, iridium, magnésium, manganèse, mercure solide, molybdène, nickel, or, osmium, palladium, platine, plomb, rhodium, ruthénium, sélénium cristallisé, soufre cristallisé, tellure, tungstène, zinc, zirconium.

III° Groupe : Il comprend le bore cristallisé, le silicium cristallisé et le carbone sous trois formes.

Bore cristallisé 2,53 ; Silicium cristallisé 2,50

Carbone-diamant 1,73 ; carbone-graphite 2,41 ; charbon de bois 2,90.

Observations : 1° Les écarts extrêmes vont de

6,8 à 5,8 dans le premier groupe; de 3,4 à 2,7 dans le second groupe; c'est-à-dire qu'ils s'élèvent au *quart* de la valeur minima; ce qui indique plutôt une relation grossière qu'une loi physique proprement dite.

2° Le troisième groupe, bore, silicium et carbone, donne même des nombres beaucoup plus faibles. En outre, les chaleurs spécifiques de ces trois corps simples varient avec la température d'une façon beaucoup plus marquée que celles des autres éléments [1]: circonstance qui paraît traduire dans ces trois corps solides une constitution moléculaire dissemblable de celle des autres éléments solides.

MANIÈRE DE RAMENER LE DEUXIÈME GROUPE AU PREMIER. — Cependant les deux premiers groupes peuvent être ramenés à un seul *si l'on convient* d'adopter un nombre double pour l'équivalent des corps du deuxième groupe; ou, plus exactement, si l'on convient d'appeler *poids atomique* une valeur double du poids équivalent pour l'aluminium, le cadmium, le calcium, etc. On conserverait un poids atomique égal à l'équivalent pour les corps du premier groupe, à savoir, antimoine, argent, arsenic, etc.

Cette convention étant admise, on pourrait dire

1. MOUTIER, *Thermodynamique*, page 204 : « Les expériences de M. Weber ont montré que la chaleur spécifique du diamant augmente régulièrement à partir de 0° jusqu'à 600°. A partir de cette température, la chaleur spécifique du diamant devient indépendante de la température : elle est égale à environ sept fois la chaleur spécifique du diamant à 0°. Au rouge, toutes les variétés de carbone ont la même chaleur spécifique. Le bore et le silicium présentent des propriétés analogues. »

que : *Les poids atomiques de tous les éléments chimiques solides ont la même capacité pour la chaleur.*

Tel était l'énoncé primitif de la loi de Dulong et Petit.

Examen critique : 1° La loi ainsi formulée n'est vraie qu'à *un quart près* des chaleurs spécifiques réelles, ainsi que nous l'avons vu précédemment d'après les écarts qu'offrent les deux premiers groupes.

2° La loi est *tout à fait en défaut* pour les trois éléments du troisième groupe, à savoir, le bore, le silicium et le carbone, à la température actuelle.

3° Les écarts entre les chaleurs spécifiques chez un même corps et, par suite, les rapports de celles-ci, *varient d'une façon extrêmement inégale* pour les divers éléments avec la température (voir le 1er tableau, fer, zinc, cuivre, etc., à 0° puis à 300°).

Conclusion : Il résulte de là que, dans son application aux corps solides, la formule de Dulong et Petit n'est pas suffisamment exacte pour constituer une loi physique.

IV. — CONCLUSION GÉNÉRALE.

La loi de Dulong et Petit paraît vraie et rigoureuse en principe pour les éléments gazeux. En effet, pour l'état gazeux, la réduction de tous les éléments à une même unité de chaleur spécifique est fondée sur des notions mécaniques très vraisemblables ; elle signifie alors que tous les gaz simples, *amenés à un état voisin de celui de gaz parfait*, éprouvent un même accroissement de force vive pour une même élévation de température [1]. Mais la constitution physique des corps solides est trop compliquée pour autoriser une conclusion aussi simple et aussi générale.

SECONDE PARTIE

Examen critique de la détermination des poids atomiques d'après les chaleurs spécifiques des corps pris à l'état gazeux et à l'état solide.

I^c — DÉTERMINATION DES POIDS ATOMIQUES D'APRÈS LA CHALEUR SPÉCIFIQUE DES CORPS PRIS A L'ÉTAT GAZEUX.

I° Si l'on détermine le poids atomique du soufre et du sélénium d'après leurs densités gazeuses, le poids atomique du soufre et du sélénium sera double de leur équivalent, ce qui concorde avec l'induction tirée des chaleurs spécifiques solides.

II° Mais si l'on détermine le poids du mercure et du cadmium d'après leur densité gazeuse, le poids atomique du mercure et du cadmium est égal à leur équivalent (équivalent du mercure = 100; équivalent du cadmium = 56). Or les atomistes ont fait le poids atomique de ces deux corps *double* du poids de l'équivalent (poids atomique du mercure = 200; poids

---

[1]. Il n'y a pas, en effet, de travail intérieur dans les gaz parfaits; par conséquent, toute la chaleur appliquée est convertie en mouvement de translation et de vibration dans les atomes gazeux.

atomique du cadmium = 112). Ils s'ensuit que le mercure et le cadmium auraient deux poids atomiques :

A. A l'état solide, le poids atomique du mercure serait 200; celui du cadmium, 112;

B. A l'état gazeux, le poids atomique du mercure serait 100; celui du cadmium, 56.

Il résulte de là qu'en appliquant *la même méthode* de détermination, il est impossible d'obtenir l'uniformité entre les chaleurs spécifiques du soufre et du sélénium, d'une part, et celles du mercure et du cadmium, d'autre part.

Nouvelle et grave objection contre la loi Dulong et Petit.

II° — DÉTERMINATION DES POIDS ATOMIQUES D'APRÈS LES CHALEURS SPÉCIFIQUES DES CORPS PRIS A L'ÉTAT SOLIDE.

A l'état gazeux parfait, le travail intérieur est nul; si les corps gazeux sont chauffés *à volume constant*, le travail extérieur (soulèvement de l'atmosphère, d'un poids, etc.) est également nul. Il s'ensuit que la chaleur appliquée à un corps gazeux parfait sert exclusivement à accroître *sa force vive*, c'est-à-dire à accroître ses mouvements de vibration et de translation.

Nous savons que la chaleur spécifique des corps gazeux parfaits *à volume constant* est, pour les poids moléculaires, égale à 6,8 *moins* 2 = 4,8.

Il s'ensuit que si l'on prend les corps à une température assez élevée pour que leur état gazeux soit devenu parfait, leur chaleur spécifique moléculaire sera égale à 4,8. Telle sera donc la chaleur spécifique des trois corps suivants pris à *l'état gazeux parfait :*

$$K^2 = 78^{gr}2 \; ; \; Hg^2 = 200 \text{ grammes} \; ; \; S^4 = 64 \text{ grammes }[1].$$

I° En prenant ces trois corps à *l'état solide*, la chaleur spécifique comprend à la fois l'accroissement de la force vive, laquelle à l'état solide est réduite aux mouvements de vibration et d'oscillation, et les travaux intérieurs. Or l'expérience prouve que la chaleur spécifique moléculaire du potassium et du soufre à l'état solide est égale :

1° Pour K^2.solide, à $6,47 \times 2 = 12,94$;
2° Pour S^4 solide, à $5,68 \times 2 = 11,36$.

Cette chaleur spécifique a des valeurs voisines pour tout un groupe d'éléments pris sous leur poids moléculaire [2].

II° Au contraire, dans les mêmes conditions, la chaleur spécifique moléculaire est égale :

1° Pour Hg^2 solide, à $3,19 \times 2 = 6,38$;
2° Pour Cd^2 solide, à $3,17 \times 2 = 6,34$.

Et cette valeur se retrouve à peu près la même pour tout le groupe des métaux analogues [3].

En comparant les chaleurs spécifiques des corps

---

[1]. K^2 est le symbole de la molécule du potassium ($22^{licr},32$).
Hg^2 est le symbole de la molécule du mercure ($22^{licr},32$).
S^4 est le symbole de la molécule du soufre gazeux ($22^{licr},32$).
[2]. Au potassium se rattachent le sodium et le lithium ;
Au soufre se rattachent le sélénium et le tellure.
[3]. Au mercure se rattachent l'or, la platine, etc.
Au cadmium se rattachent le nickel, le cobalt, etc.

pris à l'état solide à la chaleur spécifique des mêmes corps pris à l'état gazeux parfait, laquelle est égale à 4,8, on reconnaît que la chaleur spécifique moléculaire des corps à *l'état solide* n'est ni identique, ni proportionnelle à la chaleur spécifique moléculaire des mêmes corps pris à *l'état gazeux*. En fait :

1° Elle lui est *toujours supérieure* ;

2° Les écarts entre ces deux chaleurs sont fort inégaux. En effet :

A. Dans le cas du mercure ou du cadmium, la chaleur spécifique solide 6,38 ou 6,34 surpasserait seulement d'*un tiers* la chaleur spécifique gazeuse à volume constant, laquelle est 4,8.

B. Au contraire, comparée à la chaleur spécifique gazeuse 4,8, la chaleur spécifique du potassium solide et de son groupe est égale à 13 ; elle a donc une valeur *triple*.

III° — DÉDUCTION TOUCHANT LA CONSTITUTION INTIME DES CORPS A L'ÉTAT SOLIDE ET A L'ÉTAT GAZEUX

Une telle anomalie, inexplicable *à priori*, conduit à admettre que la constitution intime des dernières particules physiques des corps solides est *toute différente* de celle des dernières particules physiques des corps gazeux. Pour se rendre compte d'une telle diversité, on pourrait supposer que plusieurs molécules, *distinctes dans l'état gazeux*, s'assemblent *en une molécule unique* dans l'état solide. Le nombre des molécules ainsi assemblées ne serait pas d'ailleurs pour le mercure, le cadmium et les métaux analogues le même que pour le potassium, le soufre, etc.

Enfin, ce serait la *séparation progressive* de ces nouveaux groupements moléculaires, c'est-à dire un phénomène comparable à une décomposition chimique proprement dite, qui consommerait des quantités de chaleur considérables, nécessaires pour expliquer la diversité entre les chaleurs spécifiques des éléments, suivant que ces éléments sont à l'état solide ou à l'état gazeux.

IV° — APPRÉCIATION DÉFINITIVE DE LA LOI DULONG ET PETIT

En résumé, la loi Dulong et Petit appliquée *aux solides* manque de rigueur. A proprement parler, ce n'est plus alors une loi physique, mais le *résidu* et la *trace* d'une loi véritable, *justifiable* pour les gaz seulement.

Si on la retrouve avec quelque approximation pour un certain groupe d'éléments solides, c'est probablement dans les cas où tous les éléments sont assez analogues pour avoir subi *depuis l'état gazeux* une suite de transformations parallèles.

FIN

TABLE ANALYTIQUE DES MATIÈRES

Première section. — La Matière.

CHAPITRE Ier

LES ÉTATS DE LA MATIÈRE

Pages.

I. Définitions. — II. L'état radiant, expériences de M. Crookes. — III. Liquéfaction des gaz; le point critique; théorie de la liquéfaction des gaz; liquéfaction des gaz permanents. — IV. Unité d'action de la matière dans les trois états physiques; écoulement des solides, expériences de M. Tresca; action mécanique des gaz fortement comprimés sur les métaux, expériences de M. Daubrée.................................. 23

CHAPITRE II

DIVISIBILITÉ DE LA MATIÈRE

I. Disgrégation physique. — II. Dissociation chimique. 63

CHAPITRE III

LOIS DES COMBINAISONS DE LA MATIÈRE

I. Loi des proportions définies. — II. Loi des proportions multiples. — III. Loi des équivalents.......... 70

CHAPITRE IV

CONSERVATION DE LA MATIÈRE

Pages.

I. Loi des poids. — II. Conséquences chimiques et philosophiques de la loi des poids. — III. La balance, instrument de mesure de la matière 76

CHAPITRE V

L'ISOMÉRIE

I. Définition des corps isomères. — II. Arrangement différent des molécules; les deux familles de systèmes cristallins; les cristaux dissymétriques. — III. Isomérie des corps composés. — IV. Isomérie des corps simples ou allotropie. — V. Métamérie. — VI. Polymérie 84

CHAPITRE VI

CONSTITUTION DE LA MATIÈRE ORGANIQUE

Préliminaires: état de la question avant 1860; ce que la chimie ne peut pas faire; ce qu'elle peut faire; distinction entre la matière et la forme; les éléments et les principes immédiats; analyse immédiate et analyse élémentaire; application aux minéraux, aux végétaux, aux animaux; importance de la synthèse pour atteindre à la connaissance de la matière organique 92

I. Classification des principes immédiats. — II. Synthèse des principes immédiats; synthèse des carbures d'hydrogène; synthèse des alcools; synthèse des autres principes immédiats au moyen des alcools; utilité des corps artificiels, leur importance en philosophie naturelle 106

1° Synthèse des principes fixes que la chimie organique a opérées jusqu'ici : *Principes gras*. 121

2° Synthèse des principes fixes qu'il lui reste à accomplir : *Principes sucrés*; polyglucosides; principes ulmiques et charbonneux : *Principes albuminoïdes*. — *Conclusions et résultats acquis*. 128

CHAPITRE VII

CIRCULATION DE LA MATIÈRE

Pages.

I. CIRCULATION GÉNÉRALE DE LA MATIÈRE. — § I. **Passage de la matière du règne minéral au règne végétal.** — Assimilation du carbone, de l'hydrogène, de l'oxygène et de l'azote par la plante; phénomènes de la diffusion; assimilation des sels minéraux par la plante. 139

§ II. **Passage de la matière du règne végétal au règne animal.** — L'existence du règne animal dépend du règne végétal; pour que la vie évolue, il faut que les combinaisons de l'oxygène soient peu stables; fabrication des principes immédiats des animaux au moyen des principes immédiats des végétaux. 148

§ III. **Retour de la matière du règne animal au règne minéral.** — I. PHASES que subit le corps dans chaque animal; mécanisme chimique du retour de la matière animale au règne minéral. Conclusion. 151

II. CIRCULATION GÉNÉRALE DE L'EAU. — Notions préliminaires; le problème de la circulation de l'eau se confond avec celui de la circulation atmosphérique; théorie des zones; théorie des tourbillonnements; synthèse des deux théories; conséquences de la circulation générale de l'atmosphère. 162

III. CIRCULATION GÉNÉRALE DE L'AMMONIAQUE. — Notions préliminaires; échange de l'ammoniaque entre les mers, l'atmosphère et les continents; travaux de M. Schlœsing. 181

IV. CIRCULATION GÉNÉRALE DE L'ACIDE CARBONIQUE. — Notions préliminaires; échange de l'acide carbonique entre l'air et la mer; la mer est le réservoir et le régulateur de l'acide carbonique; travaux de M. Schlœsing. 198

V. ACTION DE L'EAU, DE L'AIR ET DE L'ACIDE CARBONIQUE SUR LES ROCHES. — Pulvérisation des roches sur place; pulvérisation des roches à la suite de transports; travaux de M. Daubrée. 206

VI. CONCLUSIONS PHYSIQUES ET PHILOSOPHIQUES. 213

CHAPITRE VIII

L'UNITÉ DE LA MATIÈRE

I. L'UNITÉ DE LA MATIÈRE ET LA CHIMIE MODERNE. II. L'UNITÉ DE LA MATIÈRE ET LA PHYSIQUE MODERNE. III. L'UNITÉ DE LA

MATIÈRE ET L'ANALYSE SPECTRALE; travaux de M. Lockyer. IV. ARGUMENTATION DE M. BERTHELOT CONTRE L'HYPOTHÈSE DE L'UNITÉ DE MATIÈRE TELLE QU'ELLE ÉTAIT DÉDUITE DES RECHERCHES DE M. LOCKYER. — Définitions; chaleurs spécifiques rapportées au poids moléculaire; au poids de l'équivalent. 1ᵉʳ *argument* tiré des chaleurs spécifiques moléculaires des corps gazeux. 2ᵉ *argument* tiré des chaleurs spécifiques moléculaires et équivalentes des corps solides. Conclusion.............................. 214

Seconde section. — L'Énergie.

PREMIÈRE PARTIE

Énergie du mouvement de la masse totale des corps

ou

Énergie mécanique ordinaire.

CHAPITRE Iᵉʳ

NOTIONS PRÉLIMINAIRES ET DÉFINITIONS

I. LOI DE L'ATTRACTION UNIVERSELLE. — II. LOI DE LA CHUTE DES CORPS. — III. LA TERRE. — IV. LE MOUVEMENT. — V. LE POIDS. — VI. LA MASSE. — VII. LA FORCE; définition mécanique de la force; la force vive. — VIII. L'ÉNERGIE; détermination de l'expression de l'énergie; passage d'une formule de l'énergie à l'autre formule; emploi de ces deux formules pour la solution des problèmes de l'énergie; l'énergie est indépendante de la direction suivant laquelle elle se meut............................... 219

CHAPITRE II

LE PRINCIPE DE L'INERTIE

I. TRANSLATION ET ROTATION. — II. LE PRINCIPE DE L'INERTIE; inertie de translation; inertie de rotation.......... 239

CHAPITRE III

LA QUANTITÉ DE L'ÉNERGIE TOTALE EST CONSTANTE

I. ÊTRE EN PUISSANCE, ÊTRE EN ACTE. — II. ÉNERGIE POTENTIELLE, ÉNERGIE ACTUELLE; exemples empruntés aux savants anglais. — III. La quantité de l'énergie totale est toujours constante. — IV. Seconde manière d'entendre l'énergie potentielle; définition; variations de l'énergie potentielle; examen critique des exemples donnés par les savants anglais; théorèmes de mécanique. — V. Corollaire de la loi de constance de l'énergie totale; ce qu'on perd en puissance, on le gagne en vitesse; ce qu'on perd en vitesse, on le gagne en puissance; le levier, la presse hydraulique. — VI. L'énergie ne peut être créée ni anéantie; elle peut seulement passer d'une forme a une autre forme équivalente. — VII. Quand le mouvement est détruit, la chaleur apparait; le frottement; le choc. — VIII. Réciproquement, quand la chaleur est détruite, le mouvement apparait 310

DEUXIÈME PARTIE

Énergie du mouvement des molécules des corps
ou
Énergie mécanique moléculaire.

CHAPITRE Ier

LA CHALEUR DANS LES TROIS ÉTATS DE LA MATIÈRE

I. Extension aux molécules des genres de mouvement qui animent la masse totale des corps. — II. Filiation des états physiques; mécanisme de leur formation; les gaz, les liquides, les solides. — III. La chaleur est un mouvement moléculaire; c'est un mouvement d'oscillation. — IV. La chaleur accomplit deux travaux a l'intérieur des corps et un travail extérieur; puissance des attractions moléculaires; les deux travaux intérieurs qu'accomplit la chaleur; le travail extérieur qu'accomplit la chaleur. — V. La quantité de chaleur nécessaire pour accomplir les deux travaux intérieurs et le travail extérieur varie selon l'état physique des corps; cette quantité s'appelle la chaleur spécifique ordinaire. — VI. Dans les corps solides, les trois cinquièmes environ de la chaleur spécifique ordinaire sont employés au travail intérieur qui consiste a rompre les liens moléculaires; les deux cinquièmes restants servent a échauffer la substance; cette dernière portion s'appelle la chaleur spécifique absolue.

— VII. La quantité de mouvement imprimée aux molécules des corps par la chaleur spécifique absolue est inversement proportionnelle aux masses de ces corps. — VIII. A l'équivalence des poids dans les combinaisons chimiques correspond, en plusieurs cas, l'équivalence du travail thermique. — IX. Variations du travail thermique dans les corps lorsque les corps passent d'un état physique a un autre état physique. § I". Passage de l'état solide à l'état liquide; fusion; solidification. § II. Passage de l'état liquide à l'état gazeux; vaporisation; dissociation. § III. État gazeux; tension gazeuse; capacité calorifique des gaz à volume constant; à volume variable; le zéro absolu 350

CHAPITRE II

ÉQUIVALENCE DU TRAVAIL ET DE LA CHALEUR

I. L'équivalent mécanique de la chaleur; son importance; méthode de détermination de l'équivalent mécanique de la chaleur par le calcul; énumération des diverses méthodes suivies pour déterminer l'équivalent mécanique de la chaleur; le calorimètre est l'instrument qui mesure l'énergie. — II. Mécanisme des réactions chimiques; principe des travaux moléculaires; principe de l'équivalence calorifique des transformations chimiques; principe du travail maximum; conclusion et comparaison entre la thermodynamique et la thermochimie. ... 401

TROISIÈME PARTIE

Les transformations de l'énergie.

CHAPITRE I"

TRANSFORMATIONS DE L'ÉNERGIE

I. Transformation du mouvement visible. — II. Transformation de la chaleur. — III. Transformation de l'électricité. — IV. Transformation du magnétisme. — V. Transformation de la lumière. — VI. Conclusion. ... 435

CHAPITRE II

TENDANCE DE L'ÉNERGIE A S'ÉTABLIR EN ÉQUILIBRE STABLE PAR SUITE DE L'ÉGALE RÉPARTITION DE LA CHALEUR

Pages.

I. LES TRANSFORMATIONS ET LEURS DEUX GENRES DE MODES, L'UN RÉVERSIBLE, L'AUTRE IRRÉVERSIBLE. — II. L'ÉTAT GAZEUX EST CELUI OU L'ÉNERGIE POTENTIELLE EST AU SUPRÊME DEGRÉ. — III. LA CHALEUR NE PEUT PAS ÊTRE TRANSFORMÉE TOUT ENTIÈRE EN TRAVAIL. — IV. L'ÉNERGIE TEND A S'ÉTABLIR EN ÉQUILIBRE STABLE PAR SUITE DE L'ÉGALE RÉPARTITION DE LA CHALEUR. — V. COMMENT PEUT FINIR OU FINIRA LA VIE VÉGÉTALE ET ANIMALE SUR LA TERRE : 1° Ralentissement de la vitesse de rotation de la terre par suite des marées; 2° disparition de l'oxygène de l'air; 3° extinction du soleil. 458

CHAPITRE III

L'ÉNERGIE VITALE TERRESTRE VIENT DU SOLEIL

Résumé fait par Tyndall : toute manifestation de l'énergie, soit organique ou inorganique, soit vitale ou physique, a son origine dans le soleil. 487

QUATRIÈME PARTIE

La matière et l'énergie dans les espaces célestes.

CHAPITRE Ier

LA LUNETTE ET LE TÉLESCOPE

I. LA LUNETTE DE GALILÉE. Conquête : La théorie du système solaire. — II. LE TÉLESCOPE D'HERSCHEL : 1° Étude des nébuleuses; 2° découverte d'étoiles multiples circulant les unes autour des autres. Conquête : La théorie des mondes à centres multiples 491

CHAPITRE II

L'ANALYSE SPECTRALE

I. PRINCIPE DE L'ANALYSE SPECTRALE. — II. COMPOSITION CHIMIQUE DU SOLEIL; constitution physique du soleil; chaleur solaire entretenue par la dissociation chimique des éléments constituants. — III. COMPOSITION CHIMIQUE DES

ÉTOILES; classification des étoiles; étoiles variables périodiques; étoiles temporaires. — IV. COMPOSITION CHIMIQUE DES NÉBULEUSES. — V. COMPOSITION CHIMIQUE DES COMÈTES. — VI. RAIES TELLURIQUES; découverte des raies telluriques; importance de la découverte. — *Résumé.* Conquêtes dues à l'analyse spectrale : 1° Unité de la matière moléculaire dans l'univers; 2° unité de l'énergie mécanique moléculaire dans l'univers. 501

CHAPITRE III

LA PHOTOGRAPHIE

I. AVANTAGES DE LA PHOTOGRAPHIE SUR LA VUE HUMAINE; faiblesse de la rétine humaine; puissance de la rétine photographique. — II. APPLICATION DE LA PHOTOGRAPHIE AUX CORPS CÉLESTES; construction de la carte céleste; découverte d'astres nouveaux; étude du mouvement des satellites autour des planètes; étude du mouvement des étoiles doubles et multiples; photométrie des étoiles; correction des erreurs commises par la rétine humaine. — III. CONCLUSIONS GÉNÉRALES; énumération des conquêtes dues à la lunette et au télescope, à l'analyse spectrale et à la photographie. 532

CHAPITRE IV

LE MOUVEMENT EST PARTOUT; IL NE PEUT ÊTRE CRÉÉ NI ANÉANTI

I. IL N'Y A PAS DE REPOS ABSOLU; TOUT EST EN MOUVEMENT. — II. IL N'Y A PAS DE FORCE INITIALE DU MOUVEMENT; le mouvement ne peut être créé ni anéanti. 538

RÉCAPITULATION

I. LA MATIÈRE. — II. L'ÉNERGIE. — III. LA MATIÈRE ET L'ÉNERGIE DANS LES ESPACES CÉLESTES. RÉSUMÉ DES FAITS ACQUIS EN CINQ PROPOSITIONS 546

APPENDICE

N° 1. CAS DES VAPEURS SATURÉES SÈCHES. 553
N° 2. PRINCIPES PHILOSOPHIQUES SUR LA MATIÈRE ET LE MOUVEMENT par Diderot. 556
N° 3. LOI DE DULONG ET PETIT; résumé de l'examen critique que M. Berthelot a fait de la loi. 560

Sceaux. — Imprimerie Charaire et fils.

ERRATA

Page 123, ligne 8, *au lieu de* : nitrite, *lisez* : nitrilo.
— 129, — 21, *au lieu de* : Polyglucoiside, *lisez* : Polyglucoside
— 264, — 6, *au lieu de* : « quo sera, *lisez* : « quello sera.

www.ingramcontent.com/pod-product-compliance
Lightning Source LLC
Chambersburg PA
CBHW060505230426
43665CB00013B/1392